코퍼스 언어학과 영어교육

코퍼스언어학과 영어교육

김정렬·이동주·전희철 지음

한국문화사

코퍼스언어학과 영어교육

발 행 일	2012년 5월 10일 초판 인쇄
	2012년 5월 20일 초판 발행
지 은 이	김정렬·이동주·전희철
꾸 민 이	김성아
펴 낸 이	김진수
펴 낸 곳	**한국문화사**
등 록	1991년 11월 9일 제2~1276호
주 소	서울특별시 성동구 아차산로 3(성수동 1가) 502호
전 화	(02)464-7708 / 3409-4488
전 송	(02)499-0846
이 메 일	hkm7708@hanmail.net
홈페이지	www.hankookmunhwasa.co.kr

책값은 뒤표지에 있습니다.

잘못된 책은 바꾸어 드립니다.
이 책의 내용은 저작권법에 따라 보호받고 있습니다.

ISBN 978-89-5726-961-9 93370

이 도서의 국립중앙도서관 출판시도서목록(CIP)은
e-CIP홈페이지(http://www.nl.go.kr/ecip)와
국가자료공동목록시스템(http://www.nl.go.kr/kolisnet)에서
이용하실 수 있습니다.(CIP제어번호: CIP2012002185)

■ 머리말

코퍼스 언어학(corpus linguistics)은 일상생활을 포함한 다양한 실제적 언어 환경에서 사용되는 다양한 언어의 샘플을 이용하여 언어를 탐구하고자 하는 응용언어학의 주요 분야이다. 코퍼스란 언어의 연구와 관련된 각 하위 분야에서 필요한 언어학적 자료이자 실제 언어 환경에서 활용되고 있는 실제적인 언어의 활용 양상과 그 사용에 대한 예를 보여주는 언어적 자료의 집합체를 말한다고 할 수 있다. 실제로 연구하고자 하는 목적과 그 조건만 만족할 수 있다면 우리가 생활 속에서 흔히 접하게 되는 학생들의 작문이나 학교신문을 비롯하여 상당수 이상의 어절이 포함되거나 글로 나타내어진 다양한 자료들을 이러한 코퍼스 자료로 구축할 수 있고 그러한 의미 있고 실제적인 자료들을 대상으로 다양한 언어학적, 언어 교육학적 자료로서 활용할 수 있다.

따라서 코퍼스라는 용어 및 그 정의는 구체적인 연구의 목적이나 코퍼스를 활용하고자 하는 대상 및 범위에 따라 다양하게 정의될 수 있다. 이러한 경향에 따라 최근에는 코퍼스라는 개념이 일정 규모 이상의 크기를 갖추고 있으며 그 내용의 다양성이 확보된 자료의 집합이라는 개념으로 흔히 활용되고 있다. 또한 컴퓨터 기술의 발달로 인해 코퍼스 작업은 과거에 비하여 훨씬 수월해졌으며 이러한 컴퓨터 전산 기술의 도움은 코퍼스의 구축 및 활용에 많은 기여를 하고 있다.

코퍼스는 영어교육에 있어 다양한 방법으로 활용될 수 있는 장점이 있다

첫째, 코퍼스 프로그램을 통해 분석된 자료 자체가 교실 수업에서 의미 있고 실제적인 자료로 활용될 수 있을 뿐 아니라 이러한 자료를 바탕으로 다양한 학습 활동 자료를 제공할 수 있다. 특히 어휘의 정확한 쓰임을 확인하거나 문장 내에서 적합한 어휘나 구문을 찾는 등의 활동 등을 통해 어휘의 의미는 물론 관련된 문법의 지식, 연어적 지식, 관용적 표현 등에 대해서도 학습이 가능하다.

둘째, 영어교육과 관련된 다양한 학문 분야 및 연구에 있어 학생들의 언어 발달 과정이나 언어 학습 환경에 따른 학습의 양상과 발달 과정은 물론 다양한 오류들에 대한 객관적이고 실제적인 자료를 얻을 수 있다.

셋째, 영어 교재를 만들고 개발하는 과정에서 얻게 된 다양한 영어교육 자료들이 포함하고 있는 어휘, 문장 및 문법 등의 요소에 대한 실제성을 평가할 수 있다. 영어교육의 차원에서 중요시 생각되고 있는 학습자 수준의 고려와 그에 따른 교재 및 교구의 선정에 있어 해당 자료들이 적절하게 등급화, 계열화되고 조직화 되었는지를 파악할 수 있는 실제적 자료와 근거를 제공할 수 있어 양질의 영어 교육 자료를 선별하고 개발하는 데에 적합하다.

이 책에서는 독자들에게 이러한 코퍼스 언어학에 대한 기초적인 지식과 정보를 정확히 전달하고자 하며 실제 코퍼스 언어학이 영어교육의 차원에서 활용될 수 있는 구체적인 방안과 그 활용의 예를 제시하고자 한다. 또한 영어교육의 차원에서 코퍼스 언어학과 관련되어 진행되었거나 진행 중인 다양한 연구의 실제를 제시하고 코퍼스와 관련된 연구를 진행하고자 하는 연구자들에게 실제적인 도움을 주고자 한다.

이러한 목적을 달성하기 위해 1장에서는 코퍼스 언어학에 대한 정의와 특징 등을 확인하고자 하였으며 2장에서는 본 교재의 주요 목적 중의 하나인 영어교육과의 관련성에 대하여 제시하였다. 3장과 4장에서는 코퍼스 구축을 위해 이해가 필요한 자료수집 및 전산화와 그에 따른 품사 및 구문 분석에 대한 내용으로 구성하였다. 이어지는 5장에서는 코퍼스 기반 연구를 위한 내용, 6장에서는 코퍼스 언어학과 대조 분석, 7장에서는 코퍼스 기반 문법 연구에 대한 내용 8장과 9장에서는 각각 코퍼스와 담화 화용론 및 코퍼스와 관용어 교육에 대한 내용으로 구성하여 실제 코퍼스 언어학을 활용하여 진행할 수 있는 영어교육 연구의 분야는 무엇이 있으며 어떠한 연구 방법을 활용할 수 있는지를 제시하였다. 이 책의 중요한 목적 중의 하나인 교실 영어 수업에서의 코퍼스 활용을 위해 10장에서는 교실담화와 코퍼스의 관련성에 대해서 구성하였고 11장과 12장에서는 Academic Corpora와 Business Corpora의 분석에 대해서 상세하게 다루었다. 또한 12장에서는 앞에서 언급한 교과서의 개발 및 분석을 위해 유용하게 활용될 수 있는 Coh-Metrix의 활용으로 구성하였다.

코퍼스를 활용해서 구축할 수 있는 수많은 언어 활용과 관련된 실제의 예문을 만들어 내는 것으로도 코퍼스 언어학은 영어교육과 깊은 관련성이 있다고 볼 수 있다. 실제 영어 학습에 있어서도 이러한 실제적인 예문 등을 활용하면 질적으로 우수한 영어 교재를 쉽게 만들고 적용할 수도 있다. 따라서 교사는 이러한 코퍼스를 구축하고 활용함에 있어 학습자 대상의 수준을 파악하고 그에 알맞은 자료를 활용하려는 노력이 병행되어야 할 것이다. 이렇게 영어교육에 있어 다양하게 활용될 수 있고 의미 있고 실제적인 자료의 구축이 가능한 코퍼스에 대한 이해를 돕고 활용을 돕고자 이 책을 세상에 내놓게 되었다. 이 책을 통해 어렵게만 느껴졌던 코퍼스 언어학이 영어교육을 위해 널리 편하게 활용될 수 있기를 바란다. 끝으로 코퍼스기반 영어교육을 함께 공부한 한국교원대학교 대학원생들에게 고마운 마음을 전하고 책을 엮는 데에 많은 도움을 준 한국문화사 관계자 분들께도 감사의 마음을 전한다.

2012년 4월 20일
김정렬·이동주·전희철

■ 차례

■ 머리말 / V

I. 코퍼스언어학 1
  1. 코퍼스의 개념 ··1
  2. 코퍼스 언어학의 기원 ··3
  3. 코퍼스 언어학의 특징 ··9
  4. 코퍼스의 요건과 종류 ··10
  5. 코퍼스의 활용 ··83

II. 코퍼스와 언어 학습 87
  1. 코퍼스와 습득의 상관관계 ··87
  2. 코퍼스 기반 언어습득 과정의 특성 ······························88
  3. 코퍼스 기반 언어학습의 교육적 함의 ··························90
  4. 코퍼스 기반 학습의 한계점 ··101
  5. 교실상황에서의 코퍼스 적용 ······································102

III. 코퍼스에서의 자료 수집 및 전산화 107
  1. 자료 수집의 기준 ··107
  2. 음성언어 자료 수집 ··115
  3. 문자 언어 자료 수집 ··116
  4. 파일 분류 및 관리 ··117
  5. 자료의 전산화 ··120

IV. 코퍼스를 활용한 품사 및 구문 분석   127

1. 코퍼스 주석달기 ···127
2. 구조표기(structural markup) ·································127
3. 코퍼스 태깅 ··135
4. 코퍼스의 구문분석 ··140
5. 품사분석 및 구문분석의 다른 유형 ·························146

V. 코퍼스 기반 연구   149

1. 코퍼스 기반 문법연구 ··150
2. 코퍼스 기반 어휘연구 ··159
3. 코퍼스 기반 언어변이 연구 ····································173
4. 코퍼스 기반 역사 언어학 연구 ································174

VI. 코퍼스언어학과 대조분석의 사례   177

1. 대조분석(contrastive analysis) 및 번역(translation)이론 ·········178
2. 자연언어처리(natural language processing) ················184
3. 실제적 사례 ··188

VII. 코퍼스 기반 문법 연구   **193**
1. 문법의 연구 ··193
2. 코퍼스 기반 문법 연구 ··201
3. 코퍼스 기반 문법 분석 ··207
4. 수업 적용 방법 ···210

VIII. 코퍼스와 담화 화용론   **229**
1. 담화 화용론의 정의 ···229
2. 담화 화용론의 연구 ···231
3. 코퍼스 기반 담화 화용론 연구 ··240
4. 코퍼스 기반 담화 화용론의 수업 적용 방법 ·······················250

IX. 코퍼스 분석에 근거한 관용어 교육   **265**
1. 관용어의 정의 ···265
2. 관용어 분석 ··268
3. 관용어 분석의 방법 ···272
4. 코퍼스 분석에 근거한 관용어 연구 ··································277
5. 코퍼스 분석에 근거한 관용어 교육 ··································285

X. 코퍼스와 교실 담화 및 교실 담화 분석방법　　　　295
1. 교실 담화 ···295
2. 코퍼스를 이용한 담화 분석 ·······································303
3. 코퍼스를 활용한 담화 표지어 교실 수업에 적용 ········314

XI. Academic Corpora의 분석 (연구/수업 활용의 예)　　　　319
1. ESP 와 EAP ···319
2. Written academic English ·······································323
3. Written academic English: examples of frequency ·······324
4. Spoken academic corpora ······································328
5. Lexical Approach ··335
6. 자료기반 학습 (Data-Driven Learning; DDL) ···········336
7. Academic corpora 의 교육적 활용의 예 ··················338

XII. Specializing: Business Corpora의 분석　　　　343
1. Business Corpora 분석의 필요성 ····························343
2. 특수목적어로서의 비즈니스 영어 ······························344
3. 교육학적 제언 ···360

XIII. 교과서 분석을 위한 Coh-Metrix의 활용　　　　　363
1. Coh-Metrix ··363
2. Coh-Metrix를 통한 텍스트 분석 ····································363

- 참고문헌 / 381
- 찾아보기 / 399

■ 표 차례

⟨표 1⟩ Cambridge International Corpus의 관련 코퍼스 ·················13
⟨표 2⟩ CIC의 코퍼스 유형별 미국식 영어에 사용된 어절 수 ··············14
⟨표 3⟩ CIC의 코퍼스 유형별 영국식 영어에 사용된 어절 수 ··············14
⟨표 4⟩ 학습자의 결과물을 소스로 한 자료(learner English)의 어절 수 분석 ·····14
⟨표 5⟩ Collins WordBanks Corpus내용 중 학습자 영어의 어절 수 활용 예 ······16
⟨표 6⟩ Frown 코퍼스의 특징 ·······································24
⟨표 7⟩ 브라운 계열의 텍스트 종류 ·································25
⟨표 8⟩ HKCSE(산문류) 내용 (Contents of HKCSE (prosodic)) ···········29
⟨표 9⟩ HKCSE 전사 표기 종류 및 특징 1 ····························30
⟨표 10⟩ HKCSE 전사 표기 종류 및 특징 2 ···························30
⟨표 11⟩ HKCSE를 활용한 분석 결과 ································34
⟨표 12⟩ ICE 코퍼스 구축의 특징 ···································36
⟨표 13⟩ 문법상 인식되는 ICE 태거 문장의 예 ·······················37
⟨표 14⟩ E(ICE-GB)에서 제공하는 ICECUP IV에 대한 설명 ·············38
⟨표 15⟩ ICLE의 에세이 형식 종류 ··································40
⟨표 16⟩ SEU corpus 구성 내용 (ICAME,1999) ······················43
⟨표 17⟩ LCIE data (Adolphs, 2008) ·······························54
⟨표 18⟩ 단편 소설 발췌 구의 코퍼스 별 비교 ·························61
⟨표 19⟩ ACE범주 A부터 J까지 표본의 수 (ICAME, 1999) ··············62
⟨표 20⟩ WSC의 언어 장르 ··71
⟨표 21⟩ WSC 관련 프로젝트 연구물 내용 ····························71
⟨표 22⟩ WWC의 텍스트 범주 ·····································74
⟨표 23⟩ WWC와 LOB의 텍스트 범주 비교 ···························75
⟨표 24⟩ VOICE 관련 연구물 ······································76

〈표 25〉 ELF 관련 연구물 ···76
〈표 26〉 VOICE의 와일드 카드의 종류와 예시표 ·····································80
〈표 27〉 데이터 수에 의한 코퍼스 구분 ···89
〈표 28〉 BNC 코퍼스 Register 중 구어 텍스트 유형 ·······························109
〈표 29〉 BNC 코퍼스 Register 중 문어 텍스트 유형 ·······························110
〈표 30〉 W3C 표준을 활용한 XML 구문의 예 ···114
〈표 31〉 Example of SGML header(British National Corpus, 2005) ···········119
〈표 32〉 Coates(1983)의 서법동사에 관한 연구 ···152
〈표 33〉 Oxford English, COBUILD, Longman 문법서 비교 ····················153
〈표 34〉 Grammar Dimensions과 Grammar in use 비교 ···························158
〈표 35〉 Longman, Cambridge, Collins COBUILD의 코퍼스 비교 ···········164
〈표 36〉 COBUILD, Oxford, Longman, Cambridge 학습용 사전 비교표 ········172
〈표 37〉 코퍼스 기반 범언어적 비교 유형(Johanssonn, 1998) ··················182
〈표 38〉 영한 병렬 코퍼스(English-Korean parallel Corpus)의 구성 ·········189
〈표 39〉 get-수동태 연구 내용 ··209
〈표 40〉 Compleat Lexical Tutor 활용 단어 빈도수 예시 1 ·····················218
〈표 41〉 Compleat Lexical Tutor 활용 단어 빈도수 예시 2 ·····················218
〈표 42〉 Corpus Grammar의 수업 활용 장면 예시 ····································221
〈표 43〉 담화 완성형 평가지 (임선미, 2006) ··252
〈표 44〉 역할 놀이 카드 (임선미, 2006) ··255
〈표 45〉 동영상 활용 Request Worksheet(1차시) ··259
〈표 46〉 동영상 활용 Request Worksheet(2차시) ··262
〈표 47〉 idioms occurring 10 or more times(CANCODE 100 list) ··············276
〈표 48〉 idioms occurring 10 or more times(American sample) ··················276

〈표 49〉 Collins Wordbanks Online English corpus 초기 화면 ·················277
〈표 50〉 Concordance first query form 화면 ·································278
〈표 51〉 Collins Wordbanks Online English corpus의 상세 검색 화면 ··········278
〈표 52〉 Collins Wordbanks Online English corpus 내 Context 선택 ···········278
〈표 53〉 Collins Wordbanks Online English corpus 내 Text type 선택 ·········279
〈표 54〉 Collins Wordbanks Online English corpus 검색창 입력 화면 ··········279
〈표 55〉 Collins Wordbanks Online English corpus 내 관용 표현 검색 1 ······279
〈표 56〉 Collins Wordbanks Online English corpus 내 관용 표현 검색 2 ······280
〈표 57〉 Michigan Corpus of Academic Spoken English 초기 화면 ············280
〈표 58〉 Michigan Corpus of Academic Spoken English 검색 화면 ···········281
〈표 59〉 Michigan Corpus of Academic Spoken English 내 관용구 검색 ·······281
〈표 60〉 Michigan Corpus of Academic Spoken English 내 확장된 문맥 제공 282
〈표 61〉 Webcorp 초기 화면 ··282
〈표 62〉 Webcorp 검색 화면 ··283
〈표 63〉 Webcorp 활용 관용구 표현 검색 ····································283
〈표 64〉 Webcorp 링크 기능 ··284
〈표 65〉 British National Corpus 메인 화면 ··································284
〈표 66〉 British National Corpus 검색 화면 ··································285
〈표 67〉 British National Corpus 검색 결과 화면 ······························285
〈표 68〉 Cambridge International Corpus에서 추출한 관용어자료의 예 ········289
〈표 69〉 관용구 의미 찾기 학습지 ··290
〈표 70〉 관용구 어원 설명 학습지 ··291
〈표 71〉 연어 격자를 활용한 학습 활동의 예 ································292

〈표 72〉 빈칸 채우기 학습지 ·· 294
〈표 73〉 BNC 내 끼워 넣는 말과 담화불변화사의 빈도 목록 ············ 304
〈표 74〉 McCarthy, Carter와 O'Keeffe의 담화 표지어 분류 ·············· 304
〈표 75〉 고등학생 대화에 나타나는 담화 표지어 빈도 ···················· 309
〈표 76〉 고등학생 대화에 나타나는 so 기능분석 ··························· 310
〈표 77〉 고등학생 대화에 나타나는 well 기능 분석 ······················· 312
〈표 78〉 전통적 방식의 수업에 사용된 간접의문문 학습지의 예 ········ 339
〈표 79〉 코퍼스 자료를 편집한 간접의문문 학습지의 예 ·················· 340
〈표 80〉 EBP 활용 영역 조사대상 대학 및 교과 ··························· 349
〈표 81〉 EBP 강좌의 종류와 개설 현황 ····································· 350
〈표 82〉 일상대화, 비즈니스, 학문영어 내 상위 50위 단어 목록 ······· 353
〈표 83〉 일상대화, 비즈니스, 학문영어 내 상위 50위 키워드 단어 목록 ········ 355
〈표 84〉 일상대화, 비즈니스, 학문영어 내 상위 50위 청크 목록 ······· 357
〈표 85〉 동일 주제에 대한 실제 대화와 Autotutor 대화 예시 ·········· 366
〈표 86〉 동일 주제에 대한 응집성 수치가 다른 텍스트 예시 ············ 368
〈표 87〉 Coh-Metrix 활용 매뉴얼 ··· 370

■ 그림 차례

〈그림 1〉 Cambridge International Corpus(CIC) 화면 ·················12
〈그림 2〉 ELFA 발화자의 모국어 종류 ··································19
〈그림 3〉 ELFA의 독백과 대화의 비율 ··································20
〈그림 4〉 ELFA의 발화 상황 ···20
〈그림 5〉 ELFA의 학문 영역 ···21
〈그림 6〉 ELFA의 영역별 독백과 대화의 비율 ························21
〈그림 7〉 HKCSE 정서법의 전사 예 ····································31
〈그림 8〉 HKCSE 운율법의 전사 예(소프트웨어 인식용) ···········31
〈그림 9〉 Hongkong corpus of spoken English 의 메인 화면 ·········32
〈그림 10〉 Hongkong corpus of spoken English의 검색 단어화면 예시 ··········33
〈그림 11〉 Hongkong corpus of spoken English의 구체적 정보 활용 ············33
〈그림 12〉 ICE 통사 분석 계열 ··37
〈그림 13〉 ICAME 코퍼스 접속 화면 (ICAME, 1999) ···············45
〈그림 14〉 ICAME 코퍼스 사용 화면 (ICAME, 1999) ···············46
〈그림 15〉 London-Lund 코퍼스 샘플 화면 (ICAME, 1999) ········46
〈그림 16〉 London-Lund 코퍼스 메뉴얼 소개 화면 (ICAME, 1999) ·················47
〈그림 17〉 완성된 SEU 코퍼스 구성 요소 (ICAME, 1999) ·········48
〈그림 18〉 University of Limerick 홈페이지 (LCIE, 2010) ············55
〈그림 19〉 Limerick 코퍼스 초기 화면 ·································55
〈그림 20〉 The Inter-Varietal Applied Corpus Studies 홈페이지 (IVACS, 2010) 57
〈그림 21〉 IVACS 초기 화면 (IVACS, 2010) ··························58
〈그림 22〉 LIBEL 코퍼스 소개 (IVACS, 2010) ························58
〈그림 23〉 LIBEL 코퍼스 관련 자료 (IVACS, 2010) ··················59
〈그림 24〉 ICAME 코퍼스 CD-ROM 모음 화면 (ICAME, 1999) ···64

〈그림 25〉 ACE 매뉴얼 (ICAME, 1999) ·· 64
〈그림 26〉 ACE 표본(ICAME, 1999) ·· 65
〈그림 27〉 Macmillian Dictionary 홈페이지 (Macmillian, 2010) ················ 68
〈그림 28〉 Visual thesaurus 화면 (Macmillian, 2010) ····························· 68
〈그림 29〉 Macmillan corpus 자료 화면 (Macmillian, 2010) ····················· 69
〈그림 30〉 VOICE 첫화면 ·· 78
〈그림 31〉 VOICE 로그인 화면 ·· 78
〈그림 32〉 VOICE 로그인 후 첫 화면 ··· 79
〈그림 33〉 VOICE 단순 검색 결과 화면 ·· 79
〈그림 34〉 VOICE 통계 결과 화면 ·· 80
〈그림 35〉 Voice style 결과 화면 ··· 81
〈그림 36〉 Plain style 결과 화면 ·· 82
〈그림 37〉 Kwic style 결과 화면 ·· 82
〈그림 38〉 귀납적 문법학습 활동의 예 ··· 90
〈그림 39〉 코퍼스를 활용한 고등학교 문법 지도 ····································· 91
〈그림 40〉 코퍼스를 활용한 학습 자료 찾기 ··· 93
〈그림 41〉 코퍼스를 활용한 학습 자료 구성하기 ····································· 94
〈그림 42〉 학습 자료 실행하기 ··· 94
〈그림 43〉 학습 자료 분석하기 ··· 95
〈그림 44〉 코퍼스를 활용한 고등학교에서의 표현의 진정성 지도 ··············· 95
〈그림 45〉 코퍼스를 통한 색채관련 용어에 대한 검색 결과 ······················ 97
〈그림 46〉 구글 검색을 활용한 코퍼스 활용 ··· 98
〈그림 47〉 대화의 지속을 위한 담화 표지어 ··· 99
〈그림 48〉 CLC를 통한 학습자 오류분석의 예 ······································ 100

〈그림 49〉 교과서 코퍼스를 활용한 중학교 어휘 지도의 예 ·····························103
〈그림 50〉 교과서 코퍼스를 활용한 중학교 어휘 의미 지도의 예 ·······················103
〈그림 51〉 교과서 코퍼스를 활용한 중학교 어휘의 품사 지도의 예 ····················104
〈그림 52〉 코퍼스를 활용한 중학교 문법 지도의 예 ·····································106
〈그림 53〉 Dragon Naturally Speaking 실행 ··121
〈그림 54〉 오디오 파일 불러오기(1) ···121
〈그림 55〉 오디오 파일 불러오기(2) ···122
〈그림 56〉 오디오 파일 선택하기 ··122
〈그림 57〉 Transcribe 준비 단계 ··123
〈그림 58〉 Transcribe 진행 단계 ··123
〈그림 59〉 TopOCR 시작화면 ··125
〈그림 60〉 TopOCR 실행화면 ··125
〈그림 61〉 American National Corpus의 소개 화면 ···································132
〈그림 62〉 XECS: Corpus Encoding Standard for XML의 소개 ·······················132
〈그림 63〉 SGML자료들을 위한 W3C 웹사이트 ··134
〈그림 64〉 AMALGAM "MultiTreebank"을 활용한 구문 분석 준거의 예 ·····141
〈그림 65〉 코퍼스 편집 프로그램 ICE Tree ··145
〈그림 66〉 CCED표지 ···165
〈그림 67〉 CCED 내용의 일부 ···167
〈그림 68〉 OALD 표지 ··168
〈그림 69〉 LDCE 표지 ··169
〈그림 70〉 CIDE표지 ··171
〈그림 71〉 다국어 코퍼스 유형 분류(Johansson, 1998) ································180
〈그림 72〉 국내와 국제 코퍼스 관련 연구의 주제별 비교 ·····························203

⟨그림 73⟩ Collins Concordance Sampler 기본 화면 ·················214
⟨그림 74⟩ Collins Concordance 활용 검색어 출력 장면 ·············214
⟨그림 75⟩ Collins Concordance 활용 결과의 수업 활용 예시 ········215
⟨그림 76⟩ Compleat Lexical Tutor 기본화면 ·······················216
⟨그림 77⟩ Collins Concordance 활용 검색어 입력 화면 ·············216
⟨그림 78⟩ Compleat Lexical Tutor 활용 컨코던스 출력 화면 ········217
⟨그림 79⟩ Compleat Lexical Tutor 활용 자료 색출 및 통계 방법 예시 ···217
⟨그림 80⟩ Compleat Lexical Tutor 활용 자료 추출 화면 1 ··········219
⟨그림 81⟩ Compleat Lexical Tutor 활용 자료 추출 화면 2 ··········219
⟨그림 82⟩ Compleat Lexical Tutor 내 Corpus Grammar 화면 ·······220
⟨그림 83⟩ Corpus Grammar 활용 문법 정·오 사항 체크 화면 ·······220
⟨그림 84⟩ WebCorp Searches Google 기본 화면 ··················222
⟨그림 85⟩ WebCorp Searches Google 출력 화면 ··················223
⟨그림 86⟩ WebCorp Searches Google의 수업 활용 장면 예시 ·······224
⟨그림 87⟩ WebCorp Searches Google의 수업 활용 학습지 제작 예시 ···225
⟨그림 88⟩ Michigan Corpus of Academic Spoken English (MICASE)
　　　　　기본 화면 ···226
⟨그림 89⟩ Michigan Corpus of Academic Spoken English (MICASE)
　　　　　출력 화면 ···227
⟨그림 90⟩ MONOCONC 기본 화면 ·································227
⟨그림 91⟩ ConcApp Concordancer 기본 화면 ······················228
⟨그림 92⟩ 감사표현의 어휘항목과 기본 문형의 빈도수 ·············245
⟨그림 93⟩ cheers의 다른 사용 (Schauer & Adolphs, 2006) ·········246
⟨그림 94⟩ 감사표현의 문형 빈도수 (Schauer & Adolphs, 2006) ·····247

〈그림 95〉 COCA 활용 담화상황 확인 (Davies, 2008) ·············253
〈그림 96〉 COCA 활용 요청표현 검색 (Davies, 2008) ·············253
〈그림 97〉 COCA 활용 담화상황 확인 (Davies, 2008) ·············256
〈그림 98〉 WebCorp를 이용한 요청 표현 검색 ···················257
〈그림 99〉 WebCorp에서 연결된 학습 관련 사이트 ················257
〈그림 100〉 동영상 활용 화행교수 관련 영화 ····················261
〈그림 101〉 NLPT 코퍼스 활용 영화대본 분석 ···················261
〈그림 102〉 NLPT 코퍼스 활용 문장 정렬 ······················262
〈그림 103〉 Functional types in BrE and AmE ····················275
〈그림 104〉 어휘 사용 빈도 코퍼스 자료① ·····················286
〈그림 105〉 어휘 사용 빈도 코퍼스 자료 ② ····················287
〈그림 106〉 코퍼스 활용 문법적 구조 학습의 예 ··················287
〈그림 107〉 money가 포함된 컨코던스 화면 예시 ·················293
〈그림 108〉 Mono Conc Pro 2.2 검색 ·························307
〈그림 109〉 고등학생 대화에 나타나는 담화 표지어 종류와 사용비율(%) ········307
〈그림 110〉 원어민 담화 표지어 종류와 사용비율(Jucker(1992)의 실험) ········308
〈그림 111〉 1분당 사용한 담화표지어의 빈도 (김광민, 2006) ············308
〈그림 112〉 Academic Text와 Fiction Text내 조동사의 분포 ············326
〈그림 113〉 Academic Text와 Newspaper Text 내 조동사의 분포 ··········326
〈그림 114〉 특수 코퍼스를 활용한 frequency list ··················328
〈그림 115〉 5개의 다른 영역의 코퍼스에 기초한 10개 단어 빈도수 비교 ·······329
〈그림 116〉 ACAD, CANCODE, CONV 내 단어 빈도수 비교1 ············331
〈그림 117〉 ACAD, CANCODE, CONV 내 단어 빈도수 비교2 ············332
〈그림 118〉 CANBEC 과 ACAD 의 상위 50개의 키워드 ···············333

〈그림 119〉 CANBEC 과 ACAD 의 three-word chunks 빈도수 ·······················334
〈그림 120〉 Dudley-Evans & St John의 ESP 장르분석 ································347
〈그림 121〉 의사소통에 있어서 비즈니스 영어의 위치 ································348
〈그림 122〉 Dudley-Evans와St John(1998)에 의한 영어교육의 유형 ············349
〈그림 123〉 실제 대화와 AutoTutor 대화 Coh-Metrix분석 결과 ····················367
〈그림 124〉 응집성 차이에 따른 텍스트 Coh-Metrix분석 결과 ·······················369
〈그림 125〉 웹 버전 Coh-Metrix 분석 항목 ··374

I
코퍼스언어학

1. 코퍼스의 개념

　우리 인간이 가진 자연 언어에 모어 화자로서의 언어 구조에 대한 무의식적이지만 완벽한 지식이라 할 수 있는 언어 능력과 그것이 실제로 사용되는 언어 수행의 두 측면이 있다는 것은 언어학 연구의 대전제 중의 하나이다. 지금까지 주류를 이루어왔던 언어학 연구 방법은 모어 화자의 직관에 의지하여 언어 능력의 실체에 좀 더 접근하고자 하는 것이었다. 그러나 1959년 런던대학에서 Quirk에 의해 시작된 '영어의 사용에 관한 조사(The Survey of English Usage, SEU)'는 실증주의 및 행동주의의 영향으로 직관에 기반을 둔 언어학(introspection based linguistics)을 거부하고 실제 자료에 기반을 둔 언어학(corpus based linguistics)을 목표로 공시적으로 사용된 영어 자료들을 수집하고자 한 것이었다. 이로부터 촉발된 코퍼스 언어학은 직관에 기반을 둔 언어 연구가 갖는 개인 방언적인 요소나 개인의 특성에 따른 우연한 생략이나 왜곡과 같은 단점들을 메우기 위하여, 언어가 실제 사용된 측면을 반영하는 일정량의 자료를 기반으로 언어 연구를 하고자 하는 언어학의 한 방법론이다. 곧, 종래의 직관 기반 언어학(introspection based linguistics)에 대한 관찰 기반 언어학(observation based linguistics)을 강조한 것이라 할 수 있다. 여기에서 말하는 '일정량의 자료'란 충분한 설명력을 갖는 관찰을 가능하게 할 만한 방대한 양의 자료를 말한다. 곧, 이와 같은 연구 방법은 종래의 언어학이 언어 현상에 대해 언어학자의 문법적 직관에 주로 의지하는 정성적 분석(qualitative analysis)을 한 데 반해, 원인을 알 수 없는 어떤 문제 발생에 대해 일정한 양의 현상에 대한 관찰을 토대로 하여 그 문제를 해결하고자 하는 방법으로 자연 과학에서 많이 이용되었던 정량적 분석(quantitative analysis)을 채용한 것이라고 할 수 있다.

이와 같은 방법론은 자료를 중시하는 전통적인 구조주의 언어학과도 일맥상통하는 것으로서, 60년대 후반 이후 우리나라에 소개되어 유행하였던 변형생성문법과는 대척점에 있다고 할 수 있다. 변형생성문법을 인간이 가지고 있는 언어 능력인 직관의 실체를 다시 그 직관을 이용해 밝히려 한 것으로 이해한다면, 코퍼스 언어학은 실제로 수행된 언어에서부터 출발하여 직관을 배제하고 객관화시켜 통계적, 정량적 방법으로 관찰 분석하려 하는 것이기 때문이다.

그러나 그렇다고 하여 변형생성문법이나 지배결속이론과 같은 직관기반 언어학의 무용론을 주장할 수는 없을 것이다. 언어 능력의 측면을 반영하는 추상적 언어에 대한 직관 기반 언어학에서 마련된 문법과, 언어 수행의 측면을 가진 문어와 구어라는 실제적 언어에 대한 자료 기반 언어학에서 마련된 문법이 서로 합일점을 가질 때에야 비로소 진정한 총체적 문법이 마련되어 인간의 자연 언어의 본질을 밝힐 수 있을 것이기 때문이다(신지연, 1997, p. 103).

코퍼스란 언어 자료를 모아놓은 뭉치로 우리말로는 말모둠 또는 말뭉치라고도 일컫는다. 언어 자료는 주로 글로 이루어진 언어 자료를 모아놓은 것이고 음성자료의 경우에도 전사 자료를 중심으로 구성된다. 물론 코퍼스 구성에 음성자료의 중요성이 높아지면서 음성자료 코퍼스도 있지만 아직은 기술적으로 음성자료를 쉽게 전사하여 분석하는 코퍼스 분석 도구의 발달이 미진하여 문자 자료의 연구에 더 많은 비중을 두고 있는 실정이다.

코퍼스 연구를 주도적으로 이끌어온 Sinclair(1991, p. 171)는 코퍼스를 "*A corpus is a collection of naturally occurred language text, chosen to characterize a state of variety of a language.*"라고 정의한다. Meyer(2002)의 정의에 의하면 코퍼스란 *a collection of texts or parts of texts upon which some general linguistic analysis can be conducted* 이다. 즉, 코퍼스는 일정한 상태에 있는 특정 언어의 모습과 특성을 파악하기 위하여 자연 언어 텍스트를 선별하여 모은 것 또는 일반적인 언어학적 분석이 가능한 텍스트의 모음이다. 여기에 현대적 의미의

코퍼스는 전자 저작물의 모둠으로 컴퓨터로 분석 처리할 수 있는 전산화된 형태의 텍스트 모둠을 의미한다.

코퍼스는 넓은 의미로 어떠한 종류의 텍스트들이든지, 문어이든 구어이든 상관없이 모아놓은 것을 말한다. 그러나 오늘날 현대 언어학 분야에서는 코퍼스를 텍스트의 무조건적인 집합 또는 모음으로 보기보다 좀 더 좁은 의미로, 언어 연구를 위해 모아 놓은 어느 정도 의도된 텍스트의 집합이라고 정의한다. 특히 오늘날 현대 언어학에서 코퍼스는 대용량 컴퓨터의 발달에 힙입어 전자 형태, 즉 컴퓨터에 저장된 기계가독형(machine-readable data)의 형태를 띠고 있다. 따라서 우리가 일반적으로 말하는 코퍼스는 언어 연구를 위해 모아 놓은 전산화된 텍스트들의 집합을 일컫는다고 볼 수 있다.

코퍼스 언어학은 이러한 코퍼스를 이용하여 언어를 연구하는 학문이다. 이해윤(2003)은 코퍼스 언어학은 코퍼스를 대상으로 통계 프로그램을 적용하여 결과를 얻어내고 이 결과를 바탕으로 언어학적 분석과 해석을 하는 학문이라고 하였다. 이런 관점에서 이해윤(2003)은 코퍼스 언어학을 언어학의 한 분야라고 보기보다는 언어학의 연구 방법론의 하나로 봐야 한다고 주장하였다. 언어 연구 방법론의 하나로서 코퍼스 언어학은 코퍼스의 구축에서 분석에 이르기까지 컴퓨터 기술을 적극 활용하여 통계적 방법과 정량화의 방법으로 언어 현상을 기술하고 분석하는 것이다.

2. 코퍼스 언어학의 기원

19세기 초반까지 미국과 영국의 외국어 교육은 구어가 사라지고 문어만 남아있는 그리스어나 희랍어 등의 고전어 교육을 위해 오랜 동안 이어온 문법-번역식 교수법(Grammar-Translation Method)이 주를 이뤘다. 교양과목으로 희랍/라틴어를 배우는데 있어 문법에 초점을 둔 번역식 교육이면 충분했고 그러한 번역식 교육이 인지능력의 발달에 도움을 준다고 믿었다. 그러나 산업혁명이후 꾸준한 무역과 국제교류의 증대로 의사소통을 위한 말하기 능력의 필요성이 증대되었다. 이에 따라

학계에서도 의사소통중심의 교육으로 전환해야 한다는 자각의 목소리가 커지게 되었다. 그러한 국가적 요구로 말하기 중심의 교육이 19세기 후반의 개혁 운동(Reform Movement)과 함께 사설교육기관을 통해 인기를 끌며 큰 성공을 거두게 되었다. 그 대표적인 예가 소위 Berlitz 교수법이라고도 불리는 직접 교수법(Direct Method)이었다. 직접 교수법은 원어로 수업하는 방식의 몰입식 교육으로 직접 몸동작을 보여주면서 지도를 하기 때문에 기초 수준의 학생들에게는 흥미를 유발시키고 언어 교육의 효과 면에서도 매우 성공적이었지만 원어민 수준의 교사확보 문제와 추상적인 개념을 몸동작으로 설명하는데 있어 한계점을 들어내며 상위 수준의 학습자들에게는 적절하게 사용할 수 없었다.

1920년대에 들어서면서 외국어 교육에 있어 가장 필요하고 효과적인 방법이 읽기교육이라는 인식이 팽배해짐에 따라 미국과 영국에서는 다시 읽기 교수법(Reading Approach)이 주요 흐름을 형성하게 되었다. 이즈음에 미국과 영국의 언어교육의 흐름에 있어 커다란 차이가 생겨나고 또한 코퍼스 활용에 관한 연구에 있어 일대 전환기를 만든 역사적 사건이 발생한다. 1957년 당시 소련에서 Sputnik 호라는 인공위성을 발사하게 되는 데 이것은 미국 사회에 커다란 충격을 가져다준다. 세계과학의 중심이 미국이라는 자부심에 큰 상처를 준 것이다. 이에 따라 미국에서는 우방국과의 교류를 통해 선진 과학기술을 도입해야 한다는 정책적인 결정과 함께 이러한 교류를 위한 외국어교육이 강화되었다. 1958년 국가 방위 교육법(National Defence Education Act)이 미 의회에서 통과됨에 따라 많은 언어교육 연구기관이 설립되었고 외국어교육을 위한 기존의 교수법들에 대한 연구와 검토가 이루어졌다. 그 중 당시 가장 최근에 까지 효과성이 검증된 것이 2차 세계대전 중에 연합군의 작전수행을 위해 도입되었던 군 특수 프로그램(Army Specialized Program)이었다. 이 교수법은 첩보원의 훈련이나 연합군간의 의사소통을 위해 개발된 외국어 교수 방법으로 일상생활 표현 중심의 듣기/말하기에 초점을 둔다. 그리하여 나름대로 성공을 거둔바 있는 이 프로그램을 바탕으로 한 행동주의의 대표적인 청화식 교수법(Audio-lingual Approach)이 1960대 초반까지 미국 외국어 교육의 흐름을 주도하게 된다. 이와 동시에 미국 언어학계에서 읽기 교수법(Reading Approach)이 급격히 쇠퇴하게 되었다. 이러한 이유로 현재까지도 미 국방부에서 외국어 교육의 상당 부분을 담당하고 있는 것이다.

반면 영국에서는 말하기 교육의 강화가 필요하다는 데는 공감을 하였으나 미국과는 달리 그 이후에도 상당기간 읽기 교수법(Reading Approach)이 강세를 보이면서 구두 상황 교수법(Oral-Situational Approach)의 도입을 통해 의사소통능력중심의 교육 또한 강화하였다. 이러한 두 시스템의 공존으로 영국권 국가에서는 현재까지도 꾸준히 읽기 교수법(Reading Approach)에 바탕을 둔 연구와 교재개발이 지속되고 있다.

미국과 영국의 외국어 교육이 크게 다르지는 않지만 이 시점에서 코퍼스의 개발과 활용에서는 큰 격차를 보이게 된다. 읽기 교수법(Reading Approach)에서 청화식 교수법(Audio-lingual Approach)으로 완전히 돌아선 미국에서는 1964년브라운 대학에서 Francis와 Kucera의 주도로 Brown Corpus라는 최초의 전자 코퍼스(electronic corpus)가 개발되었음에도 불구하고 코퍼스를 활용한 교재 개발이나 연구가 거의 이루지지 않았다. 그 이유는 학문중심교육과정으로 돌아선 미국의 외국어 교육은 무엇을 가르치느냐(what to teach)에서 어떻게 가르치느냐(how to teach)로 급속히 전환되었기 때문이었다. 이러한 논쟁은 기존의 교수 내용에 초점을 둔 'synthetic syllabus'와 학습의 방법론 쪽에 초점을 둔 'analytic syllabus'와의 충돌로 해석할 수 있다. 'Synthetic syllabus'는 일종의 상향식 접근법(bottom-up processing)으로 단어와 같은 하위 항목을 이해하고 그것을 문법적 구조에서 바라보면서 문장, 더 나아가 문단의 범위로 이해해 가는 방법이다. 다시 말해 미리 가르쳐야 할 내용들(예, 발음, 단어, 구, 문법 등)을 정해 놓고 학습이나 교수가 이루어지는 것이다. 반면 'analytic syllabus'는 하향식 접근법(top-down processing)으로 과업 중심 언어 교수(Task-Based Language Teaching, TBLT)가 대표적이다. 이러한 미국의 학문중심교육과정에서 비롯된 이론중심의 교육성향은 코퍼스를 이용하여 유용한 표현을 미리 선별하거나 빈도수에 따른 학습의 우선순위를 정한다는 코퍼스 활용연구에 부정적 입장을 취할 수밖에 없었고 이로 인해 최초의 전자 코퍼스를 개발하고도 코퍼스 연구는 미국에서는 빛을 볼 수 없게 되었다.

반면 영국은 1964년에 제작된 브라운 코퍼스에 자극을 받아 1978년 뒤늦게 브라운 코퍼스와 같은 형식에 같은 크기로 Lancaster Oslo/Bergen (LOB) corpus를 개발하고 이러한 코퍼스를 읽기 교수법(Reading Approach)에 접목하여 적극적으로 활용하게 되었다. 읽기 교수법(Reading Approach)은 소위 수준별 교재(Graded Reader)에 어휘가 단계적으로 통제된 읽기 교재를 광범위하게 활용하고 있었는데 이런 교재 개발에는 두 가지 문제점이 있었다. 첫째는 어휘를 어떤 방식으로 선정하여 어떻게 통제할 것인가와 둘째는 수준별 교재를 만드는 과정에서 발생하는 표현의 제한 및 변형에 따른 실제성(authenticity)의 파괴를 어떻게 하면 최소화할 수 있는가라는 것이었다. 이러한 문제를 해결하기 위해 영국학계에서는 필연적으로 코퍼스로 눈을 돌릴 수밖에 없었다. 초기 코퍼스 활용은 코퍼스를 구성하는 어휘의 빈도수를 분석하여 많이 쓰이는 어휘를 위주로 어휘목록을 작성하여 그러한 어휘를 우선적으로 학습하는 방법을 택했고 빈도수를 바탕으로 어휘를 등급화하여 등급화된 어휘를 통제하면서 수준별 교재를 개발하였다(Ketteman & Marco, 2002). 그리하여 이러한 코퍼스 활용을 위한 분석 및 어휘 통제 기술이 비약적으로 발전할 수 있었다. 코퍼스 개발의 두 번째 목적은 교재에 수록된 표현의 실제성 확보에 있다. 코퍼스는 원어민이 사용한 음성 또는 문자언어 자료를 집대성한 것이기 때문에 모든 표현이 실제적이고 사실적일 수밖에 없다. 따라서 사실적인 표현을 추출하여 교재를 구성함으로써 수준별 교재가 가지는 실제성의 파괴를 최소화하였다. 그리하여 영국학계에서는 읽기 교수법(Reading Approach)으로부터 비롯된 코퍼스를 지속적으로 교수-학습에 적용하면서 다양한 연구와 교재 개발에 응용하여 왔다. 이러한 코퍼스 활용은 여러 교수법에도 영향을 미치게 되었고 영국권 국가에서 적용되는 과업 중심 교수는 Long의 과업 중심 교수와는 달리 코퍼스 분석을 통한 학습 내용을 선별하여 과업에 활용하는 형식을 취하게 되었다. 최근에는 교재 시장에서 코퍼스 활용이 가속화됨에 따라 미국 학계에서도 Biber와 같은 학자들을 필두로 코퍼스 연구에 박차를 가하고 있다.

다음은 현존하는 대표적인 전자코퍼스들의 목록이다.

(1) The Brown Corpus (Johansson)
최초의 전자코퍼스로 100만 단어의 미국 영어(문자언어)로 구성 (500개의 텍스트로 구성되어 있으며 각 텍스트는 2000단어로 구성)
(2) The Lancaster Oslo/Bergen(LOB) corpus

Brown Corpus에 대응하여 제작된 100만 단어로 영국영어(문자언어)로 구성 (500개의 텍스트로 구성되어 있으며 각 텍스트는 2000단어로 구성)

(3) The Bank of English (COBUILD Corpus, Birmingham Corpus)
최초로 상업화에 성공한 코퍼스로 Sinclair (1987)의 주도하에 COBUILD English Dictionary를 제작하기 위해 수집된 코퍼스, 1980~1997년 사이에 수집된 자료는 300만 단어였지만 현재는 400만 단어가 넘는 최대의 코퍼스, 25%의 음성언어와 75%의 문자언어로 구성되어 있으며 70%는 영국영어이고 20%는 미국영어 그리고 10%는 그 밖의 영어권 국가에서 수집

(4) The British National Corpus (BNC)
가장 보편적으로 사용되고 있는 100만 단어의 영국 코퍼스로 1991~1995 사이에 수집되어 10%는 음성언어이고 90%는 문자언어로 4124개의 텍스트로 구성

(5) The Cambridge and Nottingham Corpus of Discourse in English(CANCODE)
현존하는 가장 큰 음성언어 코퍼스로 1995~2000년 사이 수집된 500만 단어의 영국 코퍼스, 현재는 제작사인 Cambridge University Press와 McCarthy나 Schmitt와 같은 참여연구자들이 독점하고 있으며 판매는 되지 않고 있음

(6) The International Corpus of English (ICE)
영국, 미국, 홍콩, 싱가폴, 남아공, 인도, 필리핀 등 여러 영어권 국가에서 1990년부터 수집이 시작된 코퍼스 세트로 각 코퍼스는 Brown Corpus와 같이 각 2000단어로 구성된 500개의 텍스트로 구성되어 있으며 60%가 음성언어, 40%가 문자언어

(7) London Lund Corpus (Survey of English Usage)
1959년에 University College London에서 Quirk에 의해서 주도된 Survey of English Usage (SEU)의 자료를 디지털화 한 후 1975년에 Svartvik이 Lund University에서 제작된 Survey of Spoken English(SSE) 자료와 통합한 것으로 1953~1987년의 음성언어자료, 50만 단어로 구성된 영국영어

위에서 언급한 상당수의 코퍼스와 그 밖의 다른 코퍼스는 International Computer Archive of Modern and Medieval English(ICAME)이라는 전자코퍼스 보관센터를 통하여 전 세계에 언어학적 또는 교육적인 연구 목적으로 판매되고 있다. ICAME에서 구입할 수 있는 코퍼스의 종류는 다음과 같다.

(1) Written English

　　　　　The Brown Corpus
　　　　　The LOB Corpus
　　　　　The Tagged LOB Corpus
　　　　　The Freiburg-LOB Corpus of British English (FLOB)
　　　　　The Freiburg-Brown Corpus of American English (FROWN)
　　　　　The Kolhapur Corpus of Indian English
　　　　　The Australian Corpus of English (ACE)
　　　　　The Wellington Corpus of Written New Zealand English
　　　　　The International Corpus of English - East African component
　　(2) Spoken English
　　　　　The London-Lund Corpus of Spoken English
　　　　　The Lancaster/IBM SEC Corpus
　　　　　The Wellington Corpus of Spoken New Zealand English (WSC)
　　　　　The Bergen Corpus of London Teenage Language (COLT)
　　　　　The International Corpus of English - East African component

　　초기 코퍼스의 활용은 코퍼스로부터 유용한 표현을 추출하거나 사전의 예문을 들어주거나 주요 어휘를 기준으로 수준별 교재를 제작하는데 주로 사용되었다. 이런 작업은 컴퓨터를 바탕으로 한 코퍼스 기술이 활성화되면서 가능하게 되었는데 이러한 초기 코퍼스 활용을 "Behind the Scenes Approach"라고 한다. 이 접근법은 말 그대로 현장에서 한걸음 물러나 미리 준비한다는 의미로 온라인으로 코퍼스를 실시간 활용하는 것이 아니라 오프라인으로 코퍼스를 분석하여 학습내용을 선정하거나 교재를 개발하는데 활용하는 것이다.

　　코퍼스 활용에 관한 연구가 가속화되고 웹기반 인프라가 급격히 발전함에 따라 코퍼스 활용에 대한 새로운 요구들이 생겨나기 시작했다. 이러한 접근법은 코퍼스의 샘플을 온라인으로 직접 연결하여 그 예를 학생들에게 제시하거나 코퍼스를 바탕으로 예시문항을 현장에서 바로 제작하여 활용하는 것으로 "On Stage Approach"라 한다. 이 방법은 데이터인 코퍼스에서 자료를 끌어와 교수-학습에 활용하는 것으로 학습자들은 많은 샘플을 보면서 목표 언어 항목의 쓰임이나 의미를 탐구하면서 문법 또는 어휘를 귀납적으로 습득하는 발견식 학습을 그 원리로 하고 있다. 이러한 원리에 기반한 새로운 언어 학습 접근법을 Data-Driven Leaning

(DDL)이라고 하는데, Tim Johns를 필두로 하였으며, 최근 들어 Cobb와 같은 학자들이 코퍼스 활용에 기초를 둔 웹사이트를 구축하여 그 활용을 극대화 하고 있다. 그 대표적인 사이트가 Cobb이 주도하여 만든 렉스튜터(www.lextutor.ca)로 퀘벡대학에 구축되어 있는 웹사이트이다.

3. 코퍼스 언어학의 특징

지금까지 주류를 이루어왔던 언어학 연구의 대전제는 인간이 가진 자연 언어에 모어 화자로서의 언어 구조에 대한 무의식적이지만 완벽한 지식이라 할 수 있는 언어 능력과 그것이 실제로 사용되는 언어 수행의 두 측면이 있다는 것이다. 그리고 언어학 연구 방법은 언어학자의 모국어 화자로서의 직관에 의지하여 언어 능력의 실체에 좀 더 접근하고자 하는 것이었다. 그런데, 1959년 런던대학에서 Quirk에 의해 시작된 '영어의 사용에 관한 조사(The Survey of English Usage, SEU)는 실증주의 및 행동주의의 영향으로 직관에 기반을 둔 언어학(introspection-based linguistics)을 거부하고 실제 자료에 기반을 둔 언어학(corpus-based linguistics)을 목표로 공시적으로 사용된 영어 자료들을 수집하고자 한 것이었다. 이로부터 시작된 코퍼스 언어학은 직관에 기반을 둔 언어 연구가 갖는 개인 방언적인 요소나 개인의 특성에 따른 우연한 생략이나 왜곡과 같은 단점들을 메우기 위하여, 언어가 실제 사용된 측면을 반영하는 일정량의 자료를 기반으로 언어 연구를 하고자 하는 언어학의 한 방법론이다. 종래의 직관 기반 언어학(introspection-based linguistics)에 반하여 관찰 기반 언어학(observation-based linguistics)을 강조한 것이라고 할 수 있다.

이러한 방법론은 자료를 중시하는 전통적인 구조주의 언어학과도 일맥상통하는 것으로서 변형생성문법과는 반대 입장에 있다고 할 수 있다. 변형생성문법을 인간이 가지고 있는 언어 능력이라고 하는 직관의 실체를 다시 그 직관을 이용해 밝히려한 것으로 이해한다면, 코퍼스 언어학은 실제로 수행된 언어에서 출발하여 직관을 배제하고 객관화시켜 통계적, 정량적 방법으로 관찰 분석하려 하는 것이기 때문이다.

그런데 코퍼스 언어학은 언어학 내부의 어떤 별도의 독자적인 연구 분야라기보다는 언어학을 하는 하나의 방법, 즉 언어 연구를 위한 하나의 방법론적 토대이다(Leech, 1992; Meyer, 2002). 즉 코퍼스 언어학은 음운론, 통사론 등과 같은 언어학 내부의 하위 분야의 성격을 띤 연구 분야도 아니고 심리언어학, 사회언어학 등과 같은 학제적 성격을 띤 분야도 아니다. 언어학이라는 말 앞에 붙은 '코퍼스'는 연구의 내용이나 대상을 나타내는 것이 아니라 연구의 수단을 나타내고 있다. 즉 코퍼스 언어학은 '코퍼스를 연구하는 학문 분야'라는 뜻이 아니라 '코퍼스를 이용하여 언어를 연구하기'라는 뜻으로 받아들이는 것이 일반적이다.

그럼에도 불구하고 강성 입장의 코퍼스 언어학자들은 Chomsky로 대표되는 이론언어학(생성문법)과 코퍼스 언어학을 대립관계에 놓고 있다. Chomsky의 언어 능력/언어수행 이분법에 근거하여 Leech(1992, p. 107)는 코퍼스 언어학이 추구하는 연구대상은 언어수행에 있다고 하면서 이론언어학은 모국어 화자의 직관을 통해 인간의 언어 능력을 언어 보편성에 입각한 명시적인 언어로 구현하는 반면 코퍼스언어학의 특징은 이론언어학과 달리 실제 사용한 언어를 관찰하고 분석한 결과를 이론으로 발전시키는 귀납적인 방법을 사용하고 있다고 말한다. 이론 언어학이 언어 탐구를 사고에 중심을 둔 이성적 문제로 보지만 코퍼스 언어학은 언어 탐구를 관찰에 중심을 둔 경험적 문제로 간주한다는 것이다.

그러나 언어 능력의 측면을 반영하는 추상적 언어에 대한 직관 기반 언어학을 통해 만들어진 문법과 언어 수행의 측면을 가진 문어와 구어라는 실제적 언어에 대한 자료 기반 언어학을 통해 만들어진 문법이 서로 상호보완적일 때에야 비로소 진정한 총체적 문법이 완성되어 인간의 자연 언어의 본질을 밝힐 수 있을 것이다.

4. 코퍼스의 요건과 종류

가. 코퍼스의 요건

문서를 대량으로 모은다고 해서 모두 코퍼스가 되는 것은 아니며 코퍼스는 몇 가지 요건을 갖추어야 한다. 첫째, 텍스트 수집이나 입력 과정에서 원래의 내용이나 형태의 누락이 있어서는 안 된다. 즉 원형을 유지하고 있다는 보장이 필요하다. 둘째, 언어의 다양한 변이를 담아내야 한다. 즉 언어의 특성을 잘 반영할 수 있는 구성으로 조합되어야 한다. 셋째, 해당 언어의 통계적 대표성을 지녀야 한다. 즉 유의미한 규모로 확보되어야 한다.

코퍼스가 지녀야 하는 두 가지 특성은 대표성과 균형성이다. 표본이 모집단을 통계적으로 대표할 수 있는가가 보장되지 못하면 그 표본으로 하는 연구는 그 결과를 일반화시키기에 곤란하다. 코퍼스의 대표성은 이 통계적 대표성을 의미한다. 그렇다고 해서 대표성을 너무 단순하게 크기의 문제로 환원해도 곤란하다. 영어의 경우 고빈도어 3000어 정도면 일상회화의 95%가 해결될 정도로 언어는 심하게 편중되어 있다. 하지만 적게 사용된다고 해서 그것이 덜 중요한 단어라고 할 수는 없다. 코퍼스의 균형성은 언어의 미묘한 면을 담고 있는 5%에 대한 배려를 말한다. 즉 다수가 가지는 대표성 못지않게 또 소수를 배려해야 하는 균형성이 필요한 것이다. 이를 위해서는 범주와 유형에 따른 세심한 구분이 필요하다. 픽션/논픽션, 구어/문어, 방송, 논문, 운문/산문, 공식/비공식, 작가의 연령/성별/국적/계급 등 매우 다양한 기준을 적용하여 언어자료를 수집하여야 한다.

코퍼스를 구축할 때는 1차 설계, 구축, 분석, 2차 설계, 구축, 분석과 같이 순환적으로 검토하면서 진행한다. 실험적으로 구축한 부분 코퍼스가 적당한지 검증을 해서 다시 2차 코퍼스를 구축하는 것이다. 이를 기존에 알려진 사실들과 대조하여 검증이 가능하다. 영어의 품사는 대략 어떤 비율을 가진다, 고빈도어는 대략 어떤 빈도를 가진다 등이 알려져 있기 때문이다. 좀 더 상세한 검증도 필요하다. 예를 들어 감탄사나 선어말 어미, 대명사의 사용 빈도는 장르에 따라 변화가 있다.

코퍼스는 클수록 좋겠지만, 크면 그만큼 다루기 힘들어지고 또 수집하기도 어렵다. 따라서 신뢰도를 어디까지 가져갈 것인가에 맞춰 크기를 결정하면 된다. 예전에는 어떻게 대표성을 유지하면서 코퍼스의 사이즈를 줄일 것인가를 고민했다. 컴퓨터의 성능이 그리 좋지 못했기 때문이다. 이 문제는 여전히 유효하고 그래서 글의 앞쪽 일부만을 취한다거나 하는 방법들도 있었지만 지금은 그렇게까지 조절하진 않아도 기술의 발달로 다량의 문서를 다룰 수 있다.

코퍼스 언어학의 연구방법으로 주석달기, 추상화, 분석의 세 가지가 있다. 주석달기(annotation)는 텍스트에 구조를 부여하는 것이다. 주석은 품사 주석, 구문 주석 등 목적에 따라 다양하게 달 수 있다. 추상화(abstraction)는 분석의 틀을 마련하는 것이다. 언어학 이론과 코퍼스를 함께 고찰하여 분석하고자 하는 목적에 맞는 틀을 고안한다. 분석(analysis)은 통계적으로 자료를 재조합하여 해석하는 것이다.

나. 코퍼스의 종류

● Cambridge International Corpus (CIC)

1) 구축 배경

<그림 1> Cambridge International Corpus(CIC) 화면

Cambridge International Corpus(CIC)는 영어가 실제 어떻게 사용되는지 알아보기 위해 컴퓨터 데이터베이스에 저장된 방대한 양의 영어 텍스트 모음이다.
이것은 영어 학습자를 위한 책을 집필하는데 참고가 되도록 하기 위해 Cambridge University 출판사에서 제작한 것이다. Cambridge University 출판사는 Cambridge University 자체의 진보된 학습이나 지식의 결과물을 활용하여 ELT(english language teaching)을 위한 자료들을 제작하여 전 세계에 보급하는 것을 목적으로 설립되었으

며 CIC는 그러한 자료 중의 하나이다. http://www.cambridge.org에서 <그림 1>과 같이 Cambridge University 출판사가 제작한 각종 자료를 다운로드할 수 있으며 각 자료를 활용할 수 있는 지도 자료(teaching resources)도 받아볼 수 있다.

2) 내용

CIC속에 포함된 영어는 신문, 베스트셀러, 광범위한 주제의 수필, 컴퓨터 웹사이트, 잡지, TV나 라디오 프로그램, 사람의 대화 녹음 등 다양한 요소에서 가져왔다.

CIC는 Cambridge Learner Corpus(CLC)를 포함하는데 이것은 방대한 양의 영어 학습자의 작문 자료를 모아놓은 것이다. 그 밖에도 CIC는 영국의 5백만 여 개의 구어를 녹음한 Cambridge and Nottingham Corpus of discourse in English(CANCODE), 영국과 미국의 잡지나 학술적 책 속에 나오는 텍스트 3천만 개를 모아 놓은 Cambridge Corpus of Academic English(CCAE), ESOL 시험을 친 학생들에 의해 작성된 스크립트로 구성된 Cambridge Learner Corpus(CLC) 등을 포함한다. 7개의 관련 코퍼스의 특징을 정리하면 <표 1>과 같다.

<표 1> Cambridge International Corpus의 관련 코퍼스

관련 코퍼스	특징	어절 수
Cambridge and Nottingham Corpus of Discourse in English(CANCODE)	영국식 영어의 구어 녹음, 쇼핑하는 상황, 정보 찾기, 일상적인 대화 등 다양한 상황의 대화를 녹음함.	500만 개
Cambridge and Nottingham Spoken Business English Corpus(CANBEC)	회사나 기업에서 사용되는 경제 용어의 구어 녹음, 미팅이나 전화대화 등을 녹음함.	100만 개
The Cambridge-Cornell Corpus of Spoken North American English	미국식 영어의 구어 녹음, CANCODE와 같이 일상적인 대화 등 다양한 상황의 대화를 녹음함.	50만 개
Cambridge Corpus of Business English	각국 신문에서 수집된 경제와 관련된 리포트나 문서의 모음.	1억7천5백만 개
Cambridge Corpus of Legal English	법률 관련된 책, 학술지, 신문사설의 모음, 영국식 영어와 미국식 영어를 모두 포함함.	2000만 개
Cambridge Corpus of Academic English	다양한 이론 및 주제와 관련된 학술적 책이나 학술지의 모음, 영국식 영어와 미국식 영어를 모두 포함함.	3000만 개

코퍼스 유형별로 사용된 영어를 미국식 영어와 영국식 영어로 나누어 각각에 사용된 어절 수를 나타낸 것은 <표 2>, <표 3>과 같다.

<표 2> CIC의 코퍼스 유형별 미국식 영어에 사용된 어절 수

어절 수	코퍼스
2억7천5백만 개	문어(written) 코퍼스
3000만 개	구어(spoken) 코퍼스
900만 개	학술 관련 문어(written) 코퍼스
4000만 개	경제 관련 문어(written) 코퍼스

<표 3> CIC의 코퍼스 유형별 영국식 영어에 사용된 어절 수

어절 수	코퍼스
7억 개	문어(written) 코퍼스
1800만 개	구어(spoken) 코퍼스
2000만 개	학술 관련 문어(written) 코퍼스
6000만 개	경제 관련 문어(written) 코퍼스
100만 개	경제 관련 구어(spoken) 코퍼스

학습자의 결과물을 소스로 한 자료(learner English)의 어절 수를 분석하면 <표 4>와 같다.

<표 4> 학습자의 결과물을 소스로 한 자료(learner English)의 어절 수 분석

어절 수	코퍼스
3000만 개	학습자의 작문 코퍼스
1500만 개	학습자의 작문에 나타난 오류

3) 전망

CIC는 다양한 장르를 소스로 하며, 영국식 영어와 미국식 영어를 모두 포함하는 문어(written) 및 구어(spoken) 코퍼스이다. 또한 경제 용어와 관련된 코퍼스, 법률 용어와 관련된 코퍼스, 일상 언어 코퍼스, 학습자 작문을 토대로 한 코퍼스 등

주제별로 7개의 코퍼스로 세분되어 있어 사전 편찬자 및 영어 학습자에게 실제적인 예시문을 제공해 줄 수 있다. 또한 CIC는 초보수준의 영어 자료에서부터 교육과정 중심의 교과서, 전자 문서, 학문적 자료에 이르기까지 다양한 자료를 포함하고 있으며 사용자들로 하여금 자료를 다운받아 볼 수 있도록 하여 질적, 양적 측면에서 영어 학습자와 교사 및 일반인에게 만족스러운 자료를 제공할 수 있다.

● Collins Wordbanks Online English Corpus

1) 구축 배경

Collins는 삽화와 해설이 들어간 실화(non-fiction)에 관한 책을 출판하는 곳 중의 하나이다. 또한 세계적으로 유명한 Collins Gem series와 베스트셀러가 된 Times Puzzle books를 발간한 곳이다. Collins WordBanks Online English Corpus는 Collins에서 제작한 온라인 인터넷 서비스로서 현대 문어 텍스트나 구어 텍스트가 저장된 데이터베이스에 접근할 수 있도록 하기 위한 것이다. Collins Word Web은 오늘날 언어가 어떻게 사용되는지에 관한 균형 있는 설명이 가능하도록 디자인 된 많은 코퍼스로 구성되어 있다. Collins Corpora는 신문, 잡지, 웹사이트, 학술지, 책, TV 나 라디오와 같은 광범위하고 다양한 소스에서 계속해서 가장 최근의 새로운 데이터를 가져오며, 이것은 Collins 사전을 편찬하는 등의 작업에 활용된다.

2) 내용

영어 코퍼스는 다양한 소스의 광범위한 텍스트로부터 2001년에서 2005년 사이에 사용되어진 5억 5천개 정도의 어절로 이루어져 있으며 문어 텍스트와 구어 텍스트를 모두 포함하고 있다. 또한 8종류의 다양한 영어로 구성되어 있다. Collins WordBanks Online English Corpus는 어휘나 문법에 있어 자연적이고 실제적인 예들을 제시해주며, 교실에서 색인을 이용하여 상호작용하는 과업이나 과제 준비 혹은 자기 학습에 유용하다. 또한 좀 더 깊이 있는 언어학적 분석을 수행하거나 관용구, 합성어, 문법, 동의어, 철자, 영국식과 미국식의 차이점 등을 살펴볼 때에도 유용하다. 이를 요약하면 <표 5>와 같다.

<표 5> Collins WordBanks Corpus내용 중 학습자 영어의 어절 수 활용 예

구축 목적	Collins 사전 편찬, 사전 속의 언어와 실제 사용되는 언어의 비교를 위함.
장르	신문, 잡지, 웹사이트, 학술지, 책, TV, 라디오 등
언어	문어 텍스트와 구어 텍스트 모두를 포함함, 5억 5천개의 어절, 8종류의 영어
활용	-깊이 있는 언어학적 분석 -관용구, 합성어, 문법, 동의어, 철자, 영국식 영어와 미국식 영어의 차이점 조사

3) 전망

Collins WordBanks Online English Corpus는 2001년도에서 2005년도 사이의 다양한 장르에서 도출된 약 5억 5천개의 어절로 이루어진 코퍼스로, 비교적 최신 자료로 구성되어 있어 최근에 사용되어지는 실제적인 언어 자료를 습득할 수 있다. 또한 Collins Word Web을 기반으로 한 Foreign Language Corpus를 개발하고 있어 영어 뿐 아니라 다른 외국어에 대한 코퍼스 구축도 기대해 볼 만 하다.

● Cambridge and Nottingham Corpus of Discourse in English (CANCODE)

1) 구축 배경

CANCODE는 캠브리지 대학과 노팅엄 대학에 의해 제작되어진 구어 텍스트 모음을 말하며 Cambridge International Corpus (CIC)의 일부분이다. 1995년과 2000년 사이 영국에서 녹음되었으며, 전문 전사자에 의해 입력되고, 부호화되었으며 특별히 디자인 된 소프트웨어인 컴퓨터 데이터베이스에 저장되어졌다.

2) 내용

CANCODE는 500만개의 단어로 구성되어져 있다. CANCODE의 녹음자료들은 영국의 섬을 포함한 수백 개의 지역에서 녹음된 것이며, 평상시의 대화나 직장에서의 상황, 쇼핑하는 경우, 정보를 찾는 상황, 토론, 그 밖에도 많은 상호작용 상황 등 광범위하고 다양한 상황을 포함하고 있다. 또한 녹음 자료들이 자연스러운 발화라는 특징이 있다. CANCODE가 다른 코퍼스들과 차별화된 특징은 함께 살고 있는 친밀한 사람, 일상적으로 아는 지인, 직장 동료, 전혀 모르는 사람이라는 발화자들 사이의 관계에 따라 녹음되었다는 것이다.

3) 전망

현재 CANCODE는 사전편찬자(lexicographer)가 실제 사용되는 언어 속에서 인용구를 찾는 작업에 많이 이용되고 있다. 그리고 CANCODE의 가장 큰 특징은 대화자들 간의 친밀한 정도에 따라서 사용하는 어휘 등이 어떻게 다른지를 나타낸다는 것이다. 이를 종합해 볼 때, CANCODE를 사용하여 편찬된 사전을 이용하면 일상생활에서 부딪히게 되는 다양한 상황뿐 아니라 같은 상황에서도 상대방과 자신과의 친밀한 정도에 따라 어떤 용어를 구사해야 하는지를 알 수 있다.

● English as a Lingua Franca in Academic Setting (ELFA)

1) 구축 배경

영어라는 언어는 이제 국제 공통어(Lingua Franca) 즉, 모국어를 공유하지 않는 사람들 사이에서 말하여지는 접촉 언어(contact language)로서 자리매김하였다. 기원적으로 하나의 소수 민족 언어였던 영어의 세계적 전파는 전례가 없는 것이다. 그러나 그러한 기원들이 언어의 계속적인 전파의 주요 동기가 되지는 않는다. 오늘날 영어를 사용하는 대부분의 사람들은 영어를 모국어로 하지 않는 사람들(non-native speakers)이며 영어를 외국어 또는 제2언어로 말하는 사람의 수가 영어를 모국어로 하는 사람들(native speaker)의 수를 넘어서고 있다. 오늘날 영어는 과학과 학문의 영역을 포함한 다양한 분야에서 주요 의사소통의 수단으로 여겨지고 있는 것이다. 그러나 의외로 국제적으로 사용되어지는 영어에 대한 실증적인 연구는 거의 없었다. 템퍼와 헬싱키의 연구소에서 수행된 ELFA 프로젝트는 이러한 영어의 다양성을 이해하는 실증적인 기반을 마련하는 데 이바지하고자 하였다. 국제 공통어로서의 영어(English as a Lingua Franca, ELF)를 조사하면서 이론적(theoretical), 설명적(descriptive), 적용적(applicational)인 측면에서 세 가지 흥미로운 점을 발견한다.

　이론적인 측면에서 흥미로운 점은 수단적인 언어라는 ELF의 특징에서 출발한다. 다른 접촉 언어들처럼 ELF는 제1언어를 공유하지 않는 대화자들의 상황에서 나타나지만, 특별한 특징들이 있다. 발화자들은 상당히 다른 언어적 배경을 가진 사람들이지만, 그러한 특징들이 두 언어 사이의 접촉에 제한이 되지 않는다. 게다가 발화자들은 특별한 학문적인 의사소통의 상황에서 영어에 관한 형식적인 교육을 받아왔으며, 모국어 화자(native speaker)와 모국어가 아닌 화자(non-native speaker)가 함께 모인 집단에서도 ELF가 사용되어진다는 것 또한 특징이라 할 수 있다.

　ELF의 설명적인 측면은 ELF 관점에서 영어의 핵심은 무엇인가와 관련된 물음에 대한 답을 찾는 것이다. 공용어로서 그것을 사용함으로써 나타나는 핵심적 요소는 모국어 화자들이 자신의 언어를 사용함으로써 나타내는 핵심적 요소와는 다르다는 것을 가정해야 한다.

　마지막으로 이러한 이론적, 설명적 측면의 적용은 오늘날 실질적으로 가장 중요하게 여겨진다. 우리는 국제 사회에서 언어의 수행을 위해 원리화된 방법이 필요하며 이것은 많은 양의 데이터를 요구한다. 또한 우리는 제2언어를 사용하는 사람들에 대한 연구와 함께 언어 학습자는 아니더라도 개인적인 목적에 따라 그 언어를 사용하는 학습자들의 언어에 대한 연구도 필요로 한다.

　언어의 변화는 자연스러운 발화 상황에서 가장 즉시 감지된다. 즉, 새로운 사용법이나 기준이 나타난다. 그래서 방대한 양의 데이터베이스는 언어의 다양한 측면뿐만 아니라 반복되어지는 패턴을 관찰하는데 있어 좋은 방법을 제공한다. 대체로, ELFA는 학문적이고 구어인 ELF를 전사한 100만개의 단어를 포함하며 발화를 녹음한 시간은 대략 131시간 정도이다. 각각의 데이터는 녹음자료 및 그것을 전사한 것을 모두 포함한다.

　Studying in English as a Lingua Franca (SELF)는 ELFA의 하위 코퍼스이며, 특별히 발화자의 관점에서 상호작용적이고 적용 가능한 언어를 양적으로 탐구한 것이다. 따라서 맥락 속에서 사용되어지는 ELF를 조명하고 있다.

2) 내용

ELFA는 100만개의 어절을 포함하는 학술적 구어 ELF, 즉 학술적인 상황에서 발화된 영어(국제 공용어)를 녹음한 것이다. 녹음 량은 131시간 분량이며 각 데이터는 녹음자료와 스크립트로 구성되어 있다. 녹음 작업은 Tampere 대학과 Helsinki 대학에서 진행하였다. 모든 데이터는 연구자의 목적에 따라 편집된 것이 아닌 발화된 그대로의(authentic) 자료들이다. ELFA의 내용을 분석한 그래프는 아래 <그림 2>와 같다.

The 51 first languages of the ELFA speakers

Akan / Twi	Dutch	Igbo	Romanian
Amharic	Efilo	Italian	Russian
Arabic	English	Japanese	Somali
Bengali	Estonian	Kihaya	Spanish
Berber	Finnish	Kikuyu	Slovakian
Bulgarian	French	Latvian	Swahili
Cantonese / Chinese	German	Lithuanian	Swedish
Catalan	Greek	Nepali	Turkish
Croatian	Hausa	Norwegian	Urdu
Czech	Hebrew	Oromo	Uzbek
Dagbani	Hindi	Persian	Welsh
Dangme	Hungarian	Polish	Yoruba
Danish	Icelandic	Portuguese	

<그림 2> ELFA 발화자의 모국어 종류

ELFA의 약 650명의 발화자(speaker)들은 아프리카 지역에서 아시아 지역, 유럽 지역에 이르기까지 다양한 나라에서 왔으며, 따라서 서로 다른 다양한 모국어를 가졌는데 그 종류는 약 51가지이다. 영어를 모국어로 하는 발화자는 5%에 불과하다.

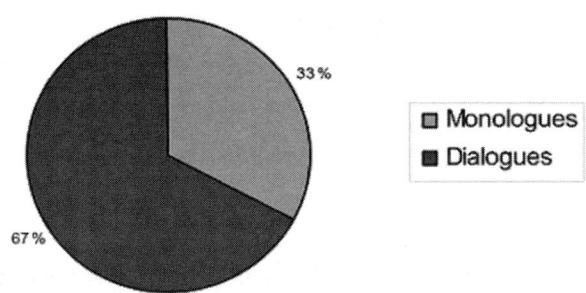

<그림 3> ELFA의 독백과 대화의 비율

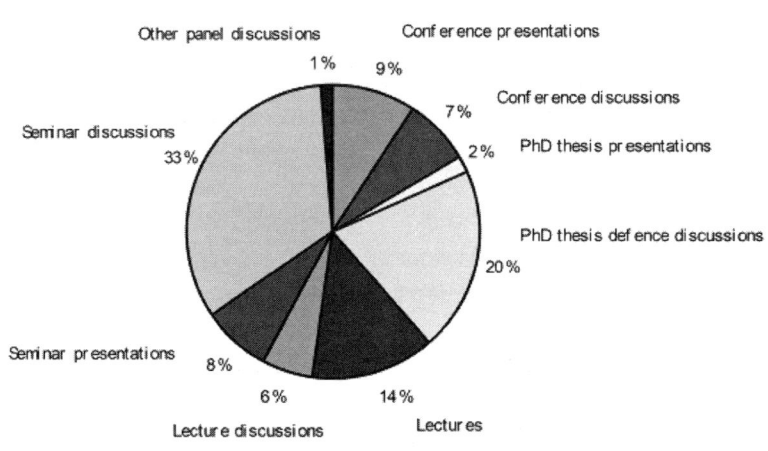

<그림 4> ELFA의 발화 상황

    <그림 3>과 <그림 4>에서 보듯이 ELFA의 발화 상황(speech events)은 강의나 프레젠테이션과 같은 독백형식(33%)과 세미나, 협의회, 토론과 같은 대화형식(67%)으로 구성되어 있어서 독백형식보다는 대화형식의 자료에 중점을 두었다.

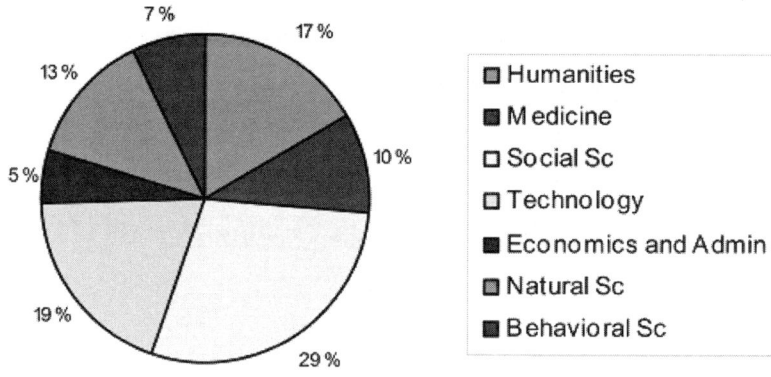

<그림 5> ELFA의 학문 영역

<그림 5>에서 학문의 영역별로 구성된 비율을 살펴보면, 사회과학 29%, 기술 19%, 인문학 17%, 자연과학 13%, 의학 10%, 행동과학 7%, 경제와 행정 5%이다.

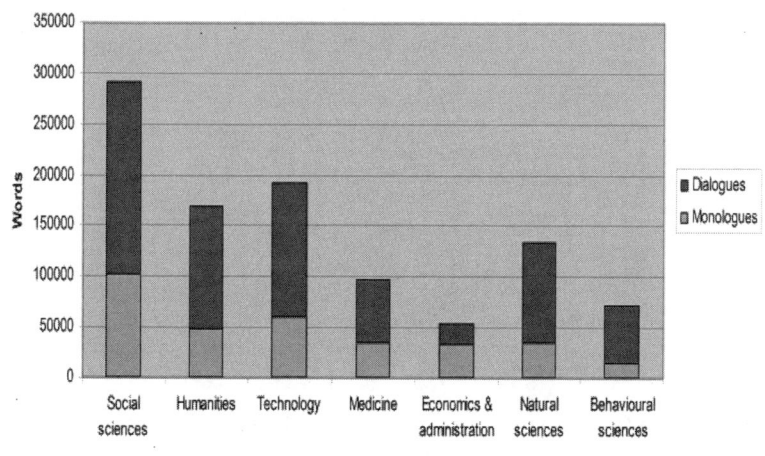

<그림 6> ELFA의 영역별 독백과 대화의 비율

3) 전망

ELFA는 서로 다른 모국어를 가진 사람들이 학술적 상황에서 사용하는 영어를 녹음한 것이다. 따라서 발음이나 어휘에 있어 영어를 모국어로 하는 사람들과는 차이를 보일 것이므로 국제공용어로 사용되는 영어의 특징을 알 수 있는 자료가 된다. 또한 서로 다른 모국어를 배경으로 한 발화자들의 다양한 발음을 접함으로써 역동적인 언어의 활용을 경험할 수 있다.

● Corpus of Spoken Professional American English (CSPAE)

1) 구축 배경

CSPAE는 1994년에서 1998년 사이 일어났던 다양한 형태의 대화를 전사한 것이다. 이 코퍼스는 주로 학문적, 정치적인 전문적 활동을 위해 모인 대략 400명의 발화자들 사이의 짧은 대화들로 구성되어 있다. 전문적인 상황에서의 상호작용을 전사한 것으로 구성된 CSPAE는 각각 100만개의 단어로 이루어진 두 가지 하위 장르의 대화로 구성되어 있다. 하나는 주로 평가와 관련된 위원회 모임이나 자문 회의와 같은 학문적인 토론으로 구성되어 있고, 다른 하나는 거의 질문과 답으로 이루어진 백악관 기자 회견을 전사한 것으로 구성되어 있다.

2) 내용

CSPAE의 의회 모임, 교수회의, 백악관 회의 등과 같은 대화의 스크립트는 200만개의 어절로 이루어져 있다. 그리고 part-of-speech(POS)가 태그 되어 있다.

이러한 스크립트는 비교적 편집이 되어 있지 않아서 망설임, 잘못된 시작 등과 같은 발화의 자연스러운 특징을 포함한다. 따라서 곧 발화할 것을 암시하는 'well' 등과 같은 구어 담화의 특징을 조사하는데 사용될 수 있다. 그러나 CSPAE의 스크립트는 담화 분석을 목적으로 한 것이 아니기 때문에 연구자가 찾고자 하는 정보가 부족할 수도 있다. 그럼에도 불구하고 이러한 스크립트는 전문적 상황과 관련된 언어의 구조나 어휘를 통찰하는 데 유용한 소스가 된다. 장르가 전문적인 담화라는 것은 상호작용의 형태가 일상적인 대화보다는 문어적(written) 담화와 유사하다는 의미이다.

3) 전망

CSPAE는 전문적인(professional) 상황에서의 대화를 비교적 편집 없이 녹음한 것이므로, 일상적인 대화 상황과는 다른 전문적 상황에서 나타나는 언어의 특징과 어휘에 관해 살펴볼 수 있다. 즉, 일상적인 대화 상황과는 다른 전문적인 상황의 대화에서 나타나는 망설임이나 같은 말의 반복, 앞으로의 발화에 대한 단서의 제공 등을 살펴볼 수 있다. 이를 통하여 전문적인 상황에서 망설임, 단서의 제공을 사용하여 자연스러운 발화를 하는데 도움을 줄 수 있다.

● Frown Corpus (Freiburg version of Brown Corpus) (ICAME, 1999)

1) 구축 배경

1991년 Christian Mair는 1990년대 초기의 언어를 대표한다는 차이만 둔 채 잘 알려지고 사용되고 있는 Brown과 LOB 코퍼스가 맞춰지도록 한 세트의 코퍼스 자료로 만들었다. 기존의 Brown과 LOB 코퍼스처럼 Frown은 약 2000개의 개별 단어로 구성된 500개의 본문을 포함하고 있고 15개 본문 계열로 나뉘어져 있으며, 이 15개 본문은 9개의 정보와 6개의 가상 정보로 구성되어 있다. 본문들은 임의 추출 방식으로 포함된 것이 아니며 브라운 코퍼스를 가능한 한 맞춰나가기 위해 주의 깊게 선택되어진 것들이다. 미국 인쇄물의 일반적인 수치상의 대표적인 종류보다 브라운과 가장 밀접한 비교가능성을 얻어 내려 한 점이다. 또 진보된 언어 변화를 연구하기 위해 경험적인 기초에 근간을 두어 언어학자들에게 자료를 제공하기 위함이다.

2) 내용

Frown 코퍼스에는 두 가지 종류가 있는데 기존의 버전과 Geoffrey Leech (Lancaster)와 Nick Smith(then Kancaster, now Salford)가 함께 자료화 해낸 POS-tagged 버전이 있다.

<표 6> Frown 코퍼스의 특징

프로젝트 책임자	Christian Mair, Albert-Ludwigs-Universität Freiburg
자료 수집 기간	1992-1996
자료 크기	약 1백만 개 단어
언어	English
본문 및 샘플 크기	500
기간	1992
출간년도	1999 (original version), 2007 (POS-tagged version)
협찬	Original (plain-text) version: DFG (German Research Foundation) Sonderforschungsbereich (special research group) 321 'Orality and Literacy' from 1994 to 1996

Pos-tagged 버전은 Geoffery Leech와 Nicholas Smith에 의해 랭카스터에서 연구 되었으며, the Arts and Humanities Research Board 및 the British Academy, the Leverhulme Trust에 의해 지원을 받았다. 매뉴얼 후기 편집은 the DFG(German Reseach foundation)에 의한 도움을 받았다. 이와 관련된 프로젝트는 다음과 같다.

- The Brown Corpus of Present-Day Edited American English
- The Lancaster-Oslo-Bergen Corpus of British English (LOB)
- The Freiburg update of the LOB corpus (F-LOB)
- The Kolhapur Corpus of Indian English (Shastri 1988)
- The Australian Corpus of English (Collins & Peters 1988)
- the Wellington Corpus of New Zealand English (Bauer 1993)

1960년대 브라운과 LOB 코퍼스, 1990년대의 업데이트 Frown과 F-LOB로 구성 된 4가지 코퍼스는 브라운 계열의 핵심에 포함되었다. 같은 구조와 본문 장르를 가지고 있다. 모든 브라운 계열의 코퍼스는 2000개 별개 단어로 구성된 500개의 본문으로 구성되어 있으며 한 코퍼스 당 백만 가량의 데이터를 제공하고 있다. 1백만 개 이상의 텍스트 코퍼스로 이루어진 브라운 계열의 텍스트 종류는 <표 7>과 같다.

<표 7> 브라운 계열의 텍스트 종류

장르	분류	분류 내용	텍스트 수
언론(88) Press	A	보도(Reportage)	44
	B	출간판(Editional)	27
	C	논평(Review)	17
일반 산문(206) General Prose	D	종교(Religion)	17
	E	기술, 무역, 취미(Skills, trades and hobbies)	36
	F	유명한 설화(Popular lore)	48
	G	순수문학, 자서전, 에세이(biographies, essays)	75
	H	잡다류(Miscellaneous)	30

장르	분류	분류 내용	텍스트 수
학문(80) Learned	J	과학(Science)	80
소설(126) Fiction	K	일반 실화(General fiction)	29
	L	미스터리 및 탐정소설 (Mystery and detective fiction)	24
	M	공상 과학(Science fiction)	6
	N	서부 모험(Adventure and Western)	29
	P	로맨스(Romance and love story)	29
	R	유머(Humor)	9
Total			500

3) 코퍼스 처리 방법

브라운과 LOB의 기본적 원리는 임의 추출이다. 관계 서적 목록으로 추출된 제목뿐만 아니라 임의 번호표를 사용한 본문의 특정 영역을 추출하였다. 실용적 관점 아래 자료의 이용성을 고려하여 한 본문이 2000개의 단어를 산출하지 못할 경우에 수정되었다. 다음 관사를 단순히 포함하기 보다는 문체와 주제와 관련된 적절한 관사가 선택되었다. 브라운과 LOB의 인쇄 영역들은 강도 높은 수치상의 대표적인 샘플은 아니다. Frown 코퍼스는 가능한 한 브라운 코퍼스와 밀접하도록 의도되었다. 본문 샘플들은 장르뿐만 아니라 내용과 문체상 유사한 출판물로부터 추출된 본문 또한 선택되었다. 정기간행물의 경우에는 1960년대부터 1990년대까지 지속적인 출판 역사를 지닌 것의 제목들로부터 추출되었다.

● Freiburg-LOB corpus of British English (ICAME, 1998)

1) 구축 배경

1991년 프레이버그 대학(Freiburg University)의 참여 학생 그룹은 처음 구축할 때는 시대착오적 행동처럼 보았다. 그들은 영국 신문에서 거의 2000개의 단어들을 뽑아냈다. 그 추출된 모델들이 LOB 코퍼스의 영역에 속해 있었으며, 1992년 새로운 브라운 코퍼스의 시초가 되었다. 기존 LOB 및 Brown 코퍼스와 가능한 한 밀접한 관계의 1990년대 초기 1백만 어절의 코퍼스를 구축하기 위한 의도에서 시작되었다. 이는 언어 변화 연구에 있어서 진보적이고 발전적인 토대를 마련해 주었다. 본 코퍼스의 목적은 다음과 같다.

첫째, 현대판 영어에서 언어적 변화 측면에서의 현대 가설들을 검증하기위해서이고

둘째, 어휘적 빈도수 특히 폐쇄적 계층의 문항(Closed-class items)들 간의 체계적인 비교를 통해 이전에 드러나지 않았던 문학상에서의 변화들을 살펴보기 위해서이며

셋째, 계속적 언어 변화에 관한 연구 중 방법론상의 주요한 이슈의 하나인 공시적인 지역상(영국과 미국의 경우) 및 문체상 다양성에 관한 장 의존성을 살펴보기 위해서 구축되었다.

2) 내용

새로운 영국과 미국 코퍼스의 부가적인 장점은 기존의 LOB와 Brown 보다 인디언, 호주인, 뉴질랜드인 코퍼스 (1980년대 후기 사용된 언어에 출현된 자료들) 사

이의 비교를 위해 보다 적합한 데이터베이스화 하였다는 점이다.

Brown 코퍼스와 LOB 코퍼스의 자료상에서 기본적으로 원리를 추출하였으며, 도서 목록으로부터 제목들뿐만 아니라 임의 번호표를 사용한 특정 영역을 본문에서 추출하였다. 이 추출 원리는 실용적인 관점에서 수정되었다. 예를 들어 자료의 유용성 차원에서 바로 다음 관사를 포함하기보다 문체와 주요한 일에 관련한 적합한 관사가 선택되었다. 이 수정안은 순수하게 임의로 샘플링 되었으며 신문 산문체의 분류들을 자료화하는데 광범위하게 쓰였다. 가장 주요한 목적은 수치화적인 대표성보다는 FLOB와의 근접한 비교 연구를 해냈다는데 있다.

부호화 시스템 특징은 기존의 본문 중 정보들을 최대한 많이 포함하는 ASCII 본문을 산출해내는데 있다. LOB 코퍼스는 다소 복잡한 부호화 체계를 사용하는 반면 ICE(the International Corpus of English)의 부수적인 코퍼스들의 부호화에 사용되었던 SGML에 근거한 부호화의 쉬운 버전을 사용하였다. 예를 들어 모든 활자의 서체들은 변하는데 밑줄, 볼드체, 이탤릭 등 이런 부분들은 하나의 일반적인 서체 변화 코드 범주에 포함되어 있다.

하나의 기준점에 부호화 체계가 둘러싸여져 있다. 그리고 모든 부호들은 시작 꼬리표(e.g. <quote_>)와 마침 꼬리표(e.g. <quote \ >)를 가지고 있다. 게다가 이러한 부호 꼬리표들은 원문의 미세한 구조들을 나타내는데 도움을 주며 ICE 부호체계는 원문을 대표하기 보다는 번역하는데 도움을 준다. (i.e., the marking of non-English text or transliterations of Greek or Hebrew text). 코퍼스\본문이 가능한 한 읽혀지도록 하기 위해 상징 부호의 사용은 원래 언어의 최소화하도록 하였다. 특히 중복 코드의 사용을 피하는데 노력한 흔적이 보인다. 만약 원문의 영어가 아닌 경우는 이탤릭체로 세팅되었으며, 영어가 아닌 것처럼 코드화되었다.

본 코퍼스와 관련된 출판물은 다음과 같다.

- Bauer, Laurie. 1994. "Introducing the Wellington corpus of written New Zealand English. "Te Reo: Journal of the Linguistic Society of New Zealand 37: 21-28.
- Gloderer, Gabriele. 1993. Morphological Regularisation of Irregular Verbs: A Comparison of British and American English. Unpublished M.A. Thesis:

Freiburg.
- Graf, Dorothee. 1996. Relative Clauses in Their Discourse Context: A Corpus-Based Study. Unpublished M.A. Thesis: Freiburg.
- Hundt, Marianne. 1997. "Has British English been catching up with American English over the past thirty years?" Ljung, Magnus, ed. Corpus-Based Studies in English: Papers from the Seventeenth International Conference on English-Language Research Based on Computerized Corpora (ICAME 17). Amsterdam: Rodopi. pp. 135-51.

Hongkong corpus of spoken English (Winnie Cheng., & Christopher Greaves., & Martin Warren, 2005)

1) 구축 배경

1990년 중반 자연스럽게 일어나는 타 문화 간 대화에서 5000개의 단어들을 수집하기 시작하였다. 50시간 지속된 각 대화에서 4가지 종류의 하위 코퍼스를 포함시켰으며, 이는 학문적 담화, 비지니스 담화, 대화 및 공공 담화로 나누어진다. 각 하위 코퍼스는 다양한 담화 타입과 참여자를 포함한다. 이를 통해 철자법이 맞는 전사에 운율법에 맞는 전사를 첨부함에 따라 교수-학습 자료로 쓰여지게 되었다.

2) 내용

수집된 5천 단어가 모두 네 가지 sub-corpora로 발전 정리되었으며, 각 sub-corpora는 50시간 (약 5천 단어)의 담화로 구성되어 있다 (약200시간의 오디오 녹음과 총 2백만 단어). 이 sub-corpora는 홍콩의 대표적인 언어 사용 장르에 따라 각 학문적 담화(academic discourses), 비즈니스 담화(business discourses), 대화(conversations), 대중담화(public discourses)로 구분되어 있다. 총 200시간의 담화는 코퍼스에 전산화 된 프로그램에서 검색 가능토록 변환되었다. HKCSE는 106시간의 타 문화 간 담화를 포함하고 있으며, 네 가지 sub-corpora를 요약하면 <표 8>과 같다.

<표 8> HKCSE(산문류) 내용 (Contents of HKCSE (prosodic))

담화 형식 (Discourse type)	지속시간 (Duration)	특징
• 학문적 담화 (28시간 30분) (Academic discourse)		영어과 포함 다양한 학과에서 일어나는 대화 오디오 녹음 (1997-1999)
강의(Lectures)	587분	
세미나(Seminars)	648분	
학생 발표(Student presentation)	199분	
개인지도 및 감독(Tutorials and supervisions)	244분	
워크샵(Workshops for staff)	30분	
• 비지니스 담화 (29시간 14분)		비즈니스와 직업 관련상 일어나는 담화 (1998-2002) 오디오 녹음
서비스 만남(Sevice encounters)	114.5분	
회의(Meetings)	215.9분	
인터뷰(Interviews)	622.2분	
발표 및 방송(Presentations and announcements)	638.6분	
전화 회담/화상 회담(Conference call/video conferencing)	33.7분	
공식 사무 담화(Informal office talk)	120.3분	
근무지 전화 통화(Workplace telephone talk)	9.2분	
• 대화(27시간)		
• 공식 담화(25시간)		홍콩 정부, 공공포럼, 라디오, TV 인터뷰 내용 등 포함 (2001-2002)
스피치(Speeches)	682.4분	
질의응답식에 따른 스피치(Speeches followed by Q&A)	210분	
질의응답식에 따른 언론 브리핑(Press briefings followed by Q&A)	77.6분	
TV 및 라디오 인터뷰(Interviews TV&radio)	478.7분	
토론회(Discussion forums)	26.2분	

전사 방법은 읽기는 편하나 컴퓨터와 호환되기는 쉽지 않은 형식임에 따라 Corpus Linguistic Software(iCon^2)에 읽혀질 수 있도록 새로운 세트의 전사 표기법을 고안해야 했다. 두 표기 방법은 <표 9>, <표 10>과 같다.

<표 9> HKCSE 전사 표기 종류 및 특징 1

담화 억양 시스템 (Discourse Intonation)	운율법(Prosodic)
• Brazil(1985,1997) 개발 • 의사소통적인 가치에 있어서 담화 어조의 기능의 중요성에 관한 것임 　(상황적 의미 파악에 용이함) 　ex) rising tone "Excuse me?" • 표준 영국 영어를 적용하지 않은 첫 번째 시도였음	• 운율법 전사 방법 : 각 3명의 Cross-Checking • 담화 억양 분석은 운율 전사를 포함한 유경험자였던 컨설턴트에 의함 • 방대한 양 측면의 첫 시도임

4가지 종류의 담화 억양 시스템

Brazil의 담화 억양 묘사에서 돌출, 어조, 번역본, 결말(Prominence, Tone, Key, Termination)
화자에게 가능한 담화상의 억양 선택사항들
(Discourse intonation choices available to speakers)

체계	선택 종류
중요성	눈에 띄는/눈에 띄지 않는 음절
어조	오르내림, 내림, 올림, 내리고 올림, 수준
실마리	높음, 중간, 낮음(이목을 끌지 않은 억제됨)
종결정도	높음, 중간, 낮음

(Hewings Martin, & Richard T. Cauldwell, 1997)

<표 10> HKCSE 전사 표기 종류 및 특징 2

읽기 쉬운 표기	
어조 단위(Tone unit)	//....//
중요성(Prominence)	대문자 표기
억양(Tone)	↘↗ (내린 후 올림); ↗ (올림); ↘ (내림); ↗↘ (오르내림)
실마리(Key)	눈에 매우 띔 - 구문 위의 선 표기 중간 정도 띔 - 구문 상의 선 표기 눈에 띄지 않게 쓰여짐 - 구문 아래 선 표기
종결성(Termination)	높음 - 밑줄 및 윗줄 표시 중간 - 구문 상 선 표기 및 밑줄 표시 낮음 - 구문 아래 및 밑줄 표시

소프트웨어 인식 표기

- 어조 그룹 경계 표시는 { }괄호와 함께 표시한다.
- 언급 및 선포형 어조(The referring and proclaiming tones)는 / \ 표시를 사용한다.
  : 올림 ' / ', 내리고 올림 'V', 내림 '\', 오르내림 '\ /'
- 단계형 어조(level tones)들은 '='로 표시하고 비분류형은 '?'로 표기한다.
- 중요성은 대문자 표시의 방법으로 나타낸다.
- 실마리는 []괄호 표시로 나타내고 높은 실마리와 낮은 실마리 표시는 '^' 및 '_' 표기로 한다. 중간 실마리는 표기하지 않는다.
- 종결성은 '<>'괄호 표시를 하고 실마리 표기와 같은 방법으로 그 정도를 나타낸다.

소프트웨어 인식용으로 전사하기 전과 후의 예는 <그림 7>, <그림 8>과 같다.

(Orthographic transcription)
1. B: no
2. a: ((laugh)) come on
3. B: no you you can actually make it more objective ((inaudible)) purely
4. ((inaudible)) I mean it it and then they make it clear than so many
5. achievements by results but don't you know there is a bit more to the
6. situation you've got a task but you cannot only tell the case for so long (.)
7. [bonuses have gone down taxes have gone up er I heard from HR even our
8. a: [yea
9. er our vacation pay is no longer tax deductible
10. a: ah really
11. B: yea
12. a: bad

<그림 7> HKCSE 정서법의 전사 예

(Prosodic transcription)
1. B: { \ < NO > }
2. a: ((laugh)) { = < COME > on }
3. -B: { \ < NO > } { ? you } { ? you can [ACtually] make it more < obJECtive
4. > ((inaudible)) purely ((inaudible)) } { = < I > mean } { ? it } { ? it } { \
5. and [THEN] they make it < CLEAR > than } { = < ^ SO > } { \ many
6. [aCHIEVEments] by < _ reSULTS > } { = < BUT > } { \ [DON'T] you
7. KNOW there is a BIT more to the < _ situAtion > } { = you've [GOT] a
8. < TASK > but } { \ you cannot only < ^ TELL > the case for so long } (.)
9. * { \ [BOnuses] have gone < DOWN > } { V [TAxes] have < GONE >
10. +a:** { \ < _ YEA > }
11. up } { = < ER > } { =i [HEARD] heard from H r < ^ Even > our er } { ? our }
12. { \ < ^ vaCAtion > pay } { \ is [NO] longer tax < deDUCtible > }
13. a: { \ < AH > } { V < REally > }
14. B: { \ < YEA > }
15. a: { \ < BAD > }

<그림 8> HKCSE 운율법의 전사 예(소프트웨어 인식용)

3) 코퍼스 사용 방법 (RCPCE, http://rcpce.engl.polyu.edu.hk/HKCSE/)

수집된 5천 단어가 모두 네 가지 sub-corpora 로 발전 정리되었으며, 각 sub-corpora 는 50시간 (약 5천 단어)의 담화로 구성되어 있다. (약200시간의 오디오 녹음과 총 2백만 단어) 우선 알고 싶은 단어나 구를 왼쪽 칸에 입력하며 부가적인 구문을 첨가하여 조사하고 싶을 때는 오른쪽 칸에 첨가한다.

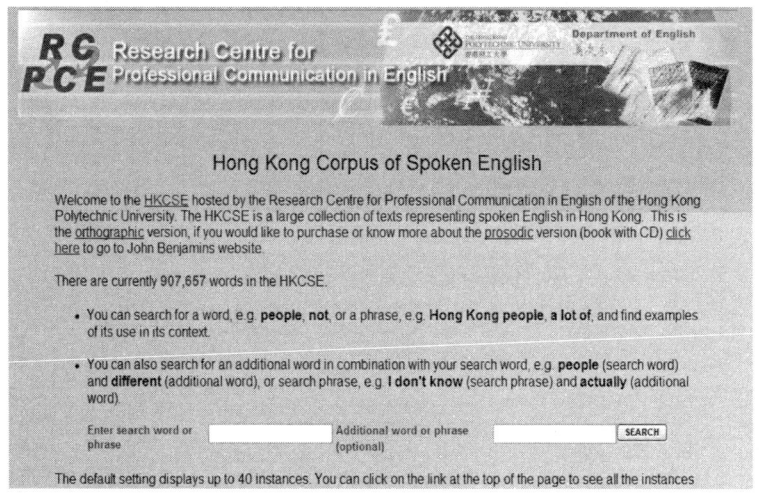

<그림 9> Hongkong corpus of spoken English 의 메인 화면

'not'을 입력하여 조사한 결과 3917개의 예시를 보여주고 있으며 오른쪽 상단을 클릭하면 최대 일만 개의 예시를 살펴볼 수 있다.

<그림 10> Hongkong corpus of spoken English의 검색 단어화면 예시

검색 결과 장면 하단에는 보다 구체화된 정보를 살펴보기 위한 검색 도구를 활용할 수 있으며, 그 종류로는 검색 문구와 동일한 정보(equal to), 검색 문구로 시작하는 단어들(starts with), 검색 문구로 끝나는 단어들(ends with), 검색 문구를 포함하는 단어(contains) 기능이 제공된다.

<그림 11> Hongkong corpus of spoken English의 구체적 정보 활용

4) 적용

최근 관련 프로젝트는 홍콩 학교 교과서 관련이었으며, 홍콩 학교들의 고등 수준의 형식에 가르쳐지는 구어의 기능과 형식들이 HKCSE에 비교되었으며 원어민 영어 발화 코퍼스를 출판하였다. 이 외에도 호텔 산업 및 비즈니스 의사소통에서의 의문 형태 등 직업에서의 담화 연구에도 적용되었다. HKCSE는 홍콩과 홍콩계 중국인 사이에서 녹취된 자연적으로 일어나는 구어적인 담화의 내용을 담고 있다. 또 주로 사회적이고 전문적인 내용을 다루는 광범위한 영어 중 자연적인 영어가 있으며, 홍콩에서 발견될 수 있는 억양, 사용단어, 문법, 담화, 실용문 등의 문화 간의 의사소통의 특징을 수치화하여 분석되어 있다. 분석 결과는 <표 11>과 같다.

<표 11> HKCSE를 활용한 분석 결과

Inexplicitness	tags(e.g. haven't you, didn't I, etc.)
• 대화상 홍콩계 중국인의 영어는 일반적으로 원어민 영어보다 애매한 표현들을 더 많이 사용하였다. 머뭇거리는 발화 또한 넘쳐나게 나오는데 그 이유로 발견된 것은 아래와 같다. • 홍콩계 중국인의 발화에서는 생략, 대치, 참조(대명사 등), 의미 전달을 위해 사용하는 맥락(here, there, etc)이 사용되지 않는다. • 홍콩계 중국인의 발화는 이전의 발화자가 언급한 내용을 부분적으로 또는 반복적으로 2.5배 정도 더 사용하는 경향이 있다.	• 홍콩계 중국인 영어는 원어민 영어보다 1:4 비율로 부가의문형태를 잘 사용하지 않는다. • 홍콩계 중국인 영어는 다양화되지 못한 형식 즉 is it, isn't it 형태를 자주 사용하는 경향이 있다. • 홍콩계 중국인 영어는 확신을 받기 위해 부가 의문 형태를 발화한다. • 원어민 영어는 주요하게 정보를 포함하거나 이미 발화된 것에 대한 강조를 하기 위해 부가 의문 형태를 취한다.
Discourse markers actually (보충어)	
HKC(홍콩계 중국 영어)	NSE(원어민 영어)
▫ 실제적으로 3배 정도 더 사용함 ▫ 교정, 재강조, 모순을 완화하기 위해 사용함 ▫ 소개하거나 관점 완화, 결속력 함축, 친밀감 조성을 위해 사용함 ▫ 의문 외적 요인을 위한 발화를 보임	▫ 의문 자체 중심적인 발화를 보임
관념의 차이로 인해 다른 형식의 발화를 보임을 설명할 수 있음	

HKCSE는 문화 간 영어 코퍼스라 문화상의 언어적 범위에 대한 필수적 정보를 제공한다. 이 프로젝트는 홍콩계 중국 발화자들에 초점을 둔 문화 간을 말하지만, 결과물들은 세계적인 연구자, 학생, 교사 및 다른 직업인들에 대한 관심을 표현하고 있으며 다른 구어 코퍼스에 응용되고 있음을 시사한다.

● International Corpus of English (ICE-Corpora Net, 2009)

1) 구축 배경

1990년 국제 영어의 비교 연구 자료 수집이라는 초기 목적을 가지고 시작되었다. 세계적으로 18개의 연구팀이 제 나라나 지역적으로의 다양한 영어에 대한 온라인 코퍼스를 준비하고 있었다. 각 ICE 코퍼스는 1989년 후반부터 사용되었던 1백만 개의 구어와 문어들로 구성되어 있으며 대부분의 참여 국가들을 위해 ICE 프로젝트는 국가적인 다양성에 대한 체계적인 연구의 자극제 역할을 하고 있다. 코퍼스 요소간의 호환성을 보장하기 위해 각 팀은 정형화된 코퍼스 디자인 체계를 따를 뿐 아니라 문법적인 표기에 있어서 정형화된 스키마를 사용하고 있다. 본 코퍼스의 목적은 다음과 같다.

> 첫째 인터넷을 통한 ICE 코퍼스를 자료화하기 위해 ICE 포맷에 맞춘 인터넷 자원화된 파일을 전환할 수 있는 소프트웨어이기도 한 웹크라울러(Webcrawler)의 기술적 실현가능성을 평가하기 위해서이고,
> 둘째 우간다, 파푸아뉴기니, 수단, 시에라리온, 오세아니아(솔로몬섬, 통가, 괌)의 5개 도메인으로부터 인터넷을 통한 문어체 영어 자료들을 수집, 분류, 주석화하기 위함이며,
> 셋째 인터넷 자원화된 텍스트 간에 복제가 될 수 있는 현재 ICE 텍스트 부류에 대한 크기를 평가하기 위함과 동시에 인터넷 자원화된 데이터화하기 위해 기존의 ICE 설계에서 필요한 요소들이 무엇인지를 고려하기 위해서이다.

2) 내용

각 코퍼스는 2000개의 단어들을 포함한 500개의 텍스트로 이루어진 총 1백만 개의 어절을 포함하고 있으며 브라운 코퍼스에서 쓰였던 같은 자료 추출 기법을

사용하고 있다.

그러나 브라운(The Brown Corpus)나 LOB 코퍼스(Lancaster-Osleo-Bergen Corpus)와는 달리 텍스트의 다수가 파생된 구어 데이터라는 점이다.

ICE 코퍼스는 철자법에 맞도록 전사된 구어 영어 중에 60%를 차지하는 육십만 개의 단어들을 포함하고 있다. 영국 ICE는(ICE-GB) 어구 구조의 문법상의 완벽한 분석이 되어 있으며, 이 분석은 부분 말하기 태깅(part-of-speech tagging)과 전체 코퍼스 분석을 포함한다. 코퍼스 구축을 특징은 <표 12>와 같다.

<표 12> ICE 코퍼스 구축의 특징

(http://ice-corpora.net/ice)	
지속 기간 (Duration)	2009년 1월1일 - 9월 30일

현재 이용 가능한 ICE 코퍼스 종류(Currently available ICE corpora)

East Africa*	New! Jamaica*	Hong Kong*	The Philippines*
Great Britain	New Zealand	India*	Singapore
New! Ireland			

조사 책임자(Principal Investigator)	Professor Gerald Nelson, Department of English, The Chinese University of Hong Kong.
연구 보조자(Research Assistants)	Ren Hongtao and Dora Huang Zeping

3) 코퍼스 처리 방법

ICE 코퍼스는 언어학 연구의 가치를 향상시키기 위해 아래 3가지 단계에 의해 주석화 및 표기화 되었다.

- Textual Markup
- Wordclass Tagging
- Syntactic Parsing

1) Textual Markup

문어 텍스트들은 문장, 문단 경계, 어두, 삭제, 활판 인쇄를 포함하여 표기되었다. 구어 텍스트들은 철자법에 맞추어 전사가 되었으며, 침묵, 동시 발화, 잘못된 시작이나 머뭇거림, 발화자 교체와 같은 담화 현상들이 표기되었다.

2) Wordclass Tagging

ICE 텍스트들은 런던 대학의 Sean Wallis에 의해 개발된 ICE 태거(the ICE Tagger)가 자동적으로 인식한다. 문법상으로 인식되는 문장의 예는 <표 13>과 같다.

<표 13> 문법상 인식되는 ICE 태거 문장의 예

Each	PRON(univ,sing)	responsibility	N(com,sing)
of	PREP(ge)	of	PREP(ge)
these	PRON(dem,plu)	one	NUM(card,sing)
is	V(cop,pres)	person	N(com,sing)
the	ART(def)		

3) 통사 분석(Syntactic Parsing)

모든 코퍼스의 문장은 구, 절, 문장 단계에 의해 분석되었으며 이 분석은 <그림 12>의 분석 계열을 따른다.

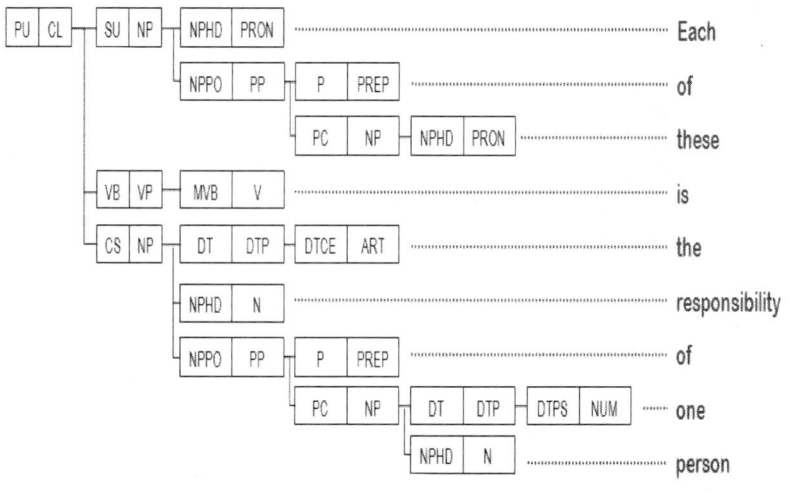

<그림 12> ICE 통사 분석 계열

위의 3가지 주석화 방법 외에도 몇몇의 ICE 팀은 철자법 전사와 함께 소리 녹음을 디지털화할 계획이며 영국 팀은 그 단계를 완성하였다. 미국 팀은 구어 텍스트 상의 전사에 상세하게 운율 전사를 첨가하고 있다. 아일랜드 팀은 실용화된 전사로 이루어진 코퍼스 버전을 만들어 냈다.

4) 코퍼스 사용 방법 (ICE-GB, 2005)

어구 구조의 문법상의 완벽한 분석이 되어 있는 영국 ICE(ICE-GB)에서 제공하는 ICECUP Ⅳ에 대한 설명은 <표 14>와 같다. 또한 플래쉬 화면을 통하여 ICE-GB의 ICECUP Ⅲ버전에 대한 설명을 살펴볼 수 있도록 제공하고 있다.
(ICE,GB, http://www.ucl.ac.uk/english-usage/resources/icecup/index.htm)

<표 14> E(ICE-GB)에서 제공하는 ICECUP Ⅳ에 대한 설명

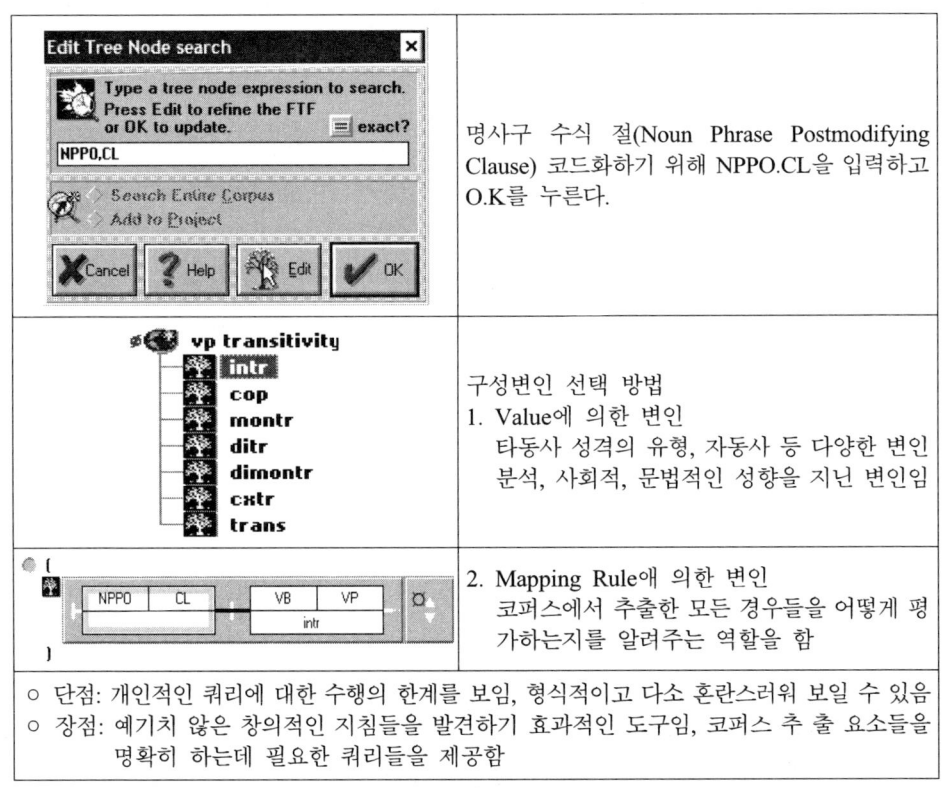

(Edit Tree Node search - NPPO,CL)	명사구 수식 절(Noun Phrase Postmodifying Clause) 코드화하기 위해 NPPO.CL을 입력하고 O.K를 누른다.
(vp transitivity: intr, cop, montr, ditr, dimontr, cxtr, trans)	구성변인 선택 방법 1. Value에 의한 변인 타동사 성격의 유형, 자동사 등 다양한 변인 분석, 사회적, 문법적인 성향을 지닌 변인임
(NPPO CL VB VP intr)	2. Mapping Rule에 의한 변인 코퍼스에서 추출한 모든 경우들을 어떻게 평가하는지를 알려주는 역할을 함
○ 단점: 개인적인 쿼리에 대한 수행의 한계를 보임, 형식이고 다소 혼란스러워 보일 수 있음 ○ 장점: 예기치 않은 창의적인 지침들을 발견하기 효과적인 도구임, 코퍼스 추 출 요소들을 명확히 하는데 필요한 쿼리들을 제공함	

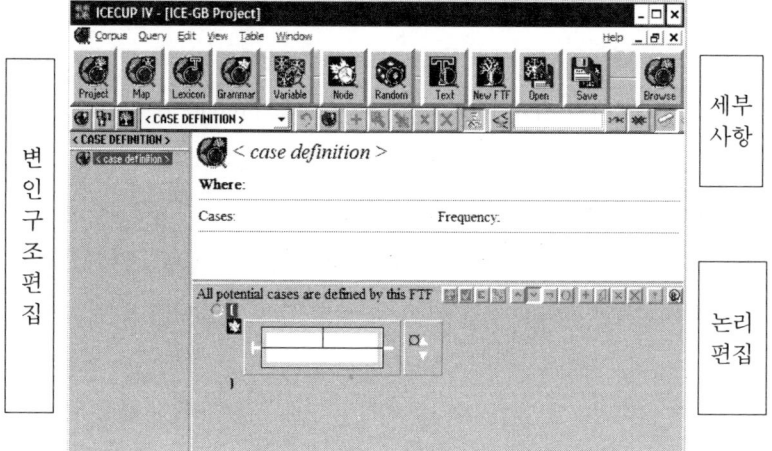

5) 적용

International Corpus English와 관련된 코퍼스 출판물은 다음과 같다.

- Sidney Greenbaum &Gerald Nelson (2009) An Introduction to English Grammar. 3rd edition. London: Pearson.
- Special issue of World Englishes on the ICE project, Volume 23 Number 2, May 2004.
- Nelson, Gerald, Sean Wallis, & Bas Aarts (2002) Exploring Natural Language: Working with the British component of the International Corpus of English. Amsterdam: Benjamins
- Greenbaum, Sidney (ed.) (1996) Comparing English Worldwide: The International Corpus of English. Oxford: Clarendon Press.
- Greenbaum, Sidney (1996) Oxford English Grammar. Oxford: Clarendon Press.

● International Corpus of Learner English (Granger, 2001)

1) 구축 배경

코퍼스 영어학을 위한 루뱅 센터(The Louvain Centre)가 컴퓨터 학습 코퍼스 구축에 선두 역할을 하였으며 ICLE로 알려져 있다. 국제적으로 여러 대학간의 8년

간 협동 결과물을 가지고 있으며 14개(현재는 23개)의 각기 다른 모국어를 지닌 학습자들에 의해 2백만 개의 단어들을 자료화한 상태이다. 외국어로서 상위 수준의 학습자에 의해 14개의 각기 다른 하위 코퍼스(E2French, E2German etc)로 이루어진 문어 코퍼스가 구성되었다. ICLE 와 네이티브 코퍼스를 비교하기 위해 LOCNESS- the Louvain Corpus of Native English Essays가 수집되었으며, 현재도 많은 국제적인 팀들이 중간언어 구문론(Interlanguage syntax), 어휘(Lexis) 그리고 담화의 특성(Discourse Features)에 관한 연구를 진행 중이다.

2) 내용

각 하위 코퍼스는 이십만(200,000) 단어를 기준으로 하고 있다. 이십만(200,000) 단어는 시간과 학생 수에 따라 한 개의 대학 또는 몇 개의 대학이 협력하여 수집하였다. 또한 코퍼스의 분석으로 도출된 의미 있는 결론 도달을 위해 학습자 프로필이 기재되어 있다. 가령 스페인어를 모국어로 쓰는 학습자, 집에는 영어를 쓰는 학습자, 독일어가 제2언어이고, 영어가 제3언어인 학습자, 또한 남녀의 비교 등이다. 코퍼스는 전적으로 에세이 형식으로 구성되어 있으며 아래 두 가지 형식의 에세이를 권장하고 있으며 이들은 전적으로 사적으로 작성된 것이며 500단어에서 최소 1000단어를 유지한 에세이를 포함한다.

<표 15> ICLE의 에세이 형식 종류

문학 시험지 Literature examination paper
예시) - "Crime does not pay" - "Feminism has done more harm to the cause of women than good" - "Pollution: a silent conspiracy"
논쟁이 가능한 형식의 에세이 (Argumentative essay writing)
묘사, 나레이션 또는 기술적 주제는 피한다. 예시) - "The joys of the English countryside" - "The British Electoral System" (prefer a topic such as "The British Electoral System is no guarantee of democracy") - "My year in America" - "The position of the adverb in journalistic English"- ...

코퍼스 포맷 형식은 아래와 같다.

- 스펠링의 실수는 무시하고 데이터를 입력한다.
- 참고문헌을 -(Granger, 1995)- 와 같이 표시하는 것은 <R> 심볼 (R for reference)로 바꾼다.
- 인용문은 매우 짧거나 e.g. 처럼 문장내에 포함된 성격이 아니면 <*> 심볼로 교체한다.
- 판독이 어려운 단어는 괄호와 물음표를 넣어 표시한다. <?sorglub?> 또는 간단히 <?>로 표시한다.
- 문장 내 책 제목, 저널, 팝송을 지우면 차후 태깅(tagging)에 문제가 있어 삭제하지 않는다.

3) 적용

다수의 ICLE 참여자가 1998년에 발간된 책(S. GRANGER (ed.). Learner English on Computer, Addison Wesley Longman)에 많은 기여를 하였다. Nijmegen 대학의 Prof. Jan Aarts의 지도하에 있는 TOSCA 연구팀이 개발한 ICLE tagger (part-of-speech tagger)도 접해 볼 수 있다. 1980년대 초부터 학습자 코퍼스 연구 및 코퍼스 언어학을 이끄는 역할을 했으며, TOSCA(Tools for Syntactic Corpus Analysis) 개발연구에 힘썼다.

● The London-Lund Corpus(LLC)

1) 구축 배경

LLC는 명칭으로 알 수 있듯이 다음 두 가지 프로젝트에서 이름을 따 왔다. 첫 번째는 런던대학의 Randolph Quirk가 1959년부터 시작한 영어 용법 조사(SEU) 프로젝트로서, 이는 1983년 Sidney Greenbaum에게로 이어졌다. 두 번째 프로젝트는 구어 영어 조사(SSE) 프로젝트로서, 1975년 스웨덴 Lund 대학 Jan Svartvik이 추진하였는데, 런던 프로젝트를 승계하였다.

영어 용법 조사의 목적은 교육받은 성인 영어 화자의 사문법(die grammar)을 확하게 기록하기 위한 자료를 제공하려는 것이었다. 그런 목적 때문에 조사의 주요한 활동은 영국식 영어 구어와 문어의 다른 형태들의 표본들로 구성되는 말뭉치에 대해 분석하는 일이었다. 100만 단어의 말뭉치라는 초창기 목표는 이제 도달했고, 코퍼스는 완성되었다. 그 조사는 계획을 수립하고 수행하며 코퍼스로부터 자료를 추가하려는 실험적인 방법과 관련되어 있다. 이러한 실험적인 생각들은 구분되거나 드문 활용, 그 문법적인 중요성에 대해 논의 중인 특성들에 대해 초점을 맞추고 있다. 그러한 조사는 원어민 영어 화자 가운데에서 판단과 용법의 변화에 대한 증거를 만들어 낼 수 있는 가치 있는 일로 여겨졌다.

2) 코퍼스 구성 요소

London-Lund Corpus(LLC)는 Spoken corpora로서 London 대학에서 컴퓨터 코퍼스로 만든 것이다. 그 자료는 1953년부터 1987년 사이, 약 30년 동안 수집된 자료를 이용한 것인데, 5천 어절로 이루어진 2백 개의 표본, 즉 100만 어절 규모이다. 다양한 형태의 구어 상황을 고려하였는데 문어에는 나타날 수 없는 구어의 여러 가지 특성을 보여 주고 있으며 구어 영어와 문어 영어가 절반씩 차지하고 있다. 구어 영어 텍스트는 dialogue와 monologue로 구성되어 있다. 문어 영어 텍스트는 인쇄되었거나 손으로 기록된 자료뿐만 아니라 방송 뉴스와 대본 등과 같이 큰 소리로 읽었던 자료 샘플까지도 포함하고 있다. 또한, LLC는 녹음된 자료를 전사한 것이기 때문에 문어 코퍼스에는 존재하지 않는 구어의 여러 가지 특징, 즉 성조 단위 경계, 핵의 위치, 휴지, 강세 등이 나타나므로 음성 및 음운 연구에도 유용하게 사용될 수 있다.

SEU 코퍼스는 200개 표본들과 하위 5천 단어로 구성되어 총 1백만 개의 규모를 지니고 있다. 자료들은 30년 이상 걸쳐 모아졌고, 구어와 문어 영어가 절반씩 차지하고 있다. 구어 영어 자료들은 대화와 독백으로 이루어졌다. 문어 영어 자료는 인쇄물, 원고, 소리 내어 읽은 자료, 예를 들어 방송 뉴스와 연설 원고들도 포함한다. 수집된 전체 코퍼스의 다양한 범위를 보여주는 것이 바로 <표 16>이다.

<표 16> SEU corpus 구성 내용 (ICAME,1999)

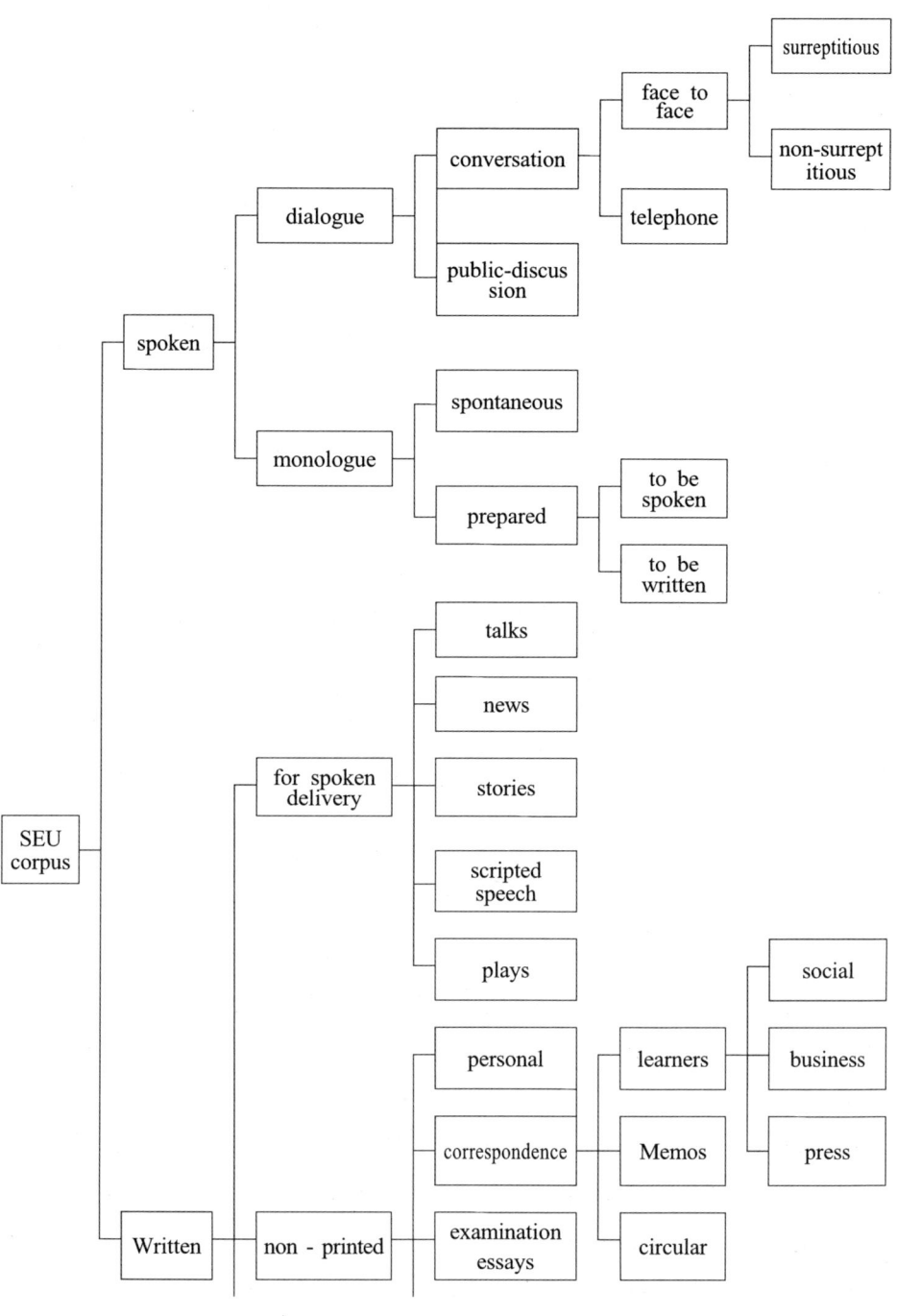

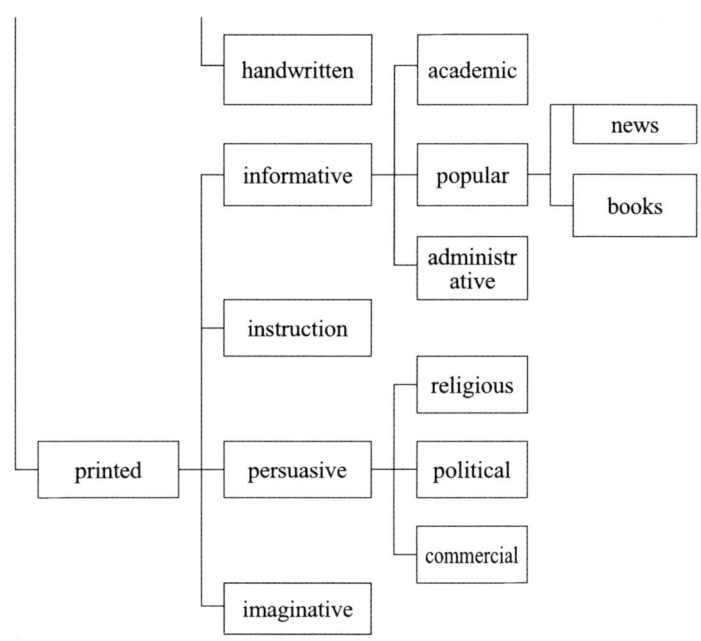

　　표에서 보듯이, 주요 구별은 dialogue와 monologue이다. dialogue 안에서 우리는 사적인 담화(conversation)와 공식적인 토론(discussion)을 구분한다. 가장 대표적인 담화 형식은 면대면으로, 이는 참여자들이 서로 반응을 확인할 수 있다. 과학 기술은 참여자들이 다른 공간에 있을 때, 대화를 이용하여 사적인 대화를 가능하게 한다. 공식적인 토론(public discussion)은 대화에 참여하지 않는 청자들에게 들리는 대화이다. 여기에는 인터뷰와 방송이었던 배심토의(panel discussion)가 포함된다. 모든 전화 담화자들과 많은 면대면 담화들은 은밀하게 녹음되었으며, 이는 녹음 시 한 사람 혹은 더 많은 참여자들이 그들의 대화가 보존되고 있는 것을 모르고 있음을 뜻한다. 이렇게 은밀하게 녹음된 대화들은 가장 자연스러운 구어 영어를 대표한다. 은밀하게 녹음된 모든 면대면 담화들은 Svartvik과 Quirk(1983)에 의해 발표되었다.

　　Monologue는 계획된 것과 계획되지 않아 억지로 하거나 연습하지 않은 자연스러운 것을 구별한다. 계획되지 않아 비교적 가장 가까운 담화인 자연스러운(spontaneous) monologue는 해설을 곁들인 스포츠 경기나 국가 행사에 대한 중계방송, 실험 실증, 의회 토론에서의 발화를 포함한다. 한편 계획된 monologue는 구어 영어에 가장 근접하지만 대본을 보고 읽는 게 아니기 때문에 약간의 자연스러움을 지닌다. 그러므로 애드리브(즉흥적인 발언)가 가능하다. 코퍼스에서 전형적인 준비된 monologue는 설교, 강의, 법원에서 법률가들이나 판사의 선고, 정치적인 발화 등이 해당한다. 계획된 monologue의 독특한 방식은 받아쓴 편지글로, 여기서의 발화는 기록되기 위한 것이다. 영어 사용법을 조사하려는 구어 코퍼스는 운율과 준언어적인(말이 아니라 어조, 표정, 동작 등으로 의사소통을 하는 것과 관련된) 특성을 표시하는 정교한 기호에 따라 글로 기록되었다. 구어 뿐 만 아니라 문어로 된 SEU 자료들은 문법적으로 분석되었다. 문법적인 분석과 운율 및 준언어적인 분석은 조사 파일에서 보여준다. 각 슬립은 17줄로 이루어져 있는데, 그 중 4줄은 그 슬립과 근접한 슬립들 사이에 중복된다(ICAME, 1999).

3) 사용법

http://icame.uib.no/newcd.htm을 입력하고 ICAME 코퍼스 Collection on CD-ROM 홈페이지에 접속한다.

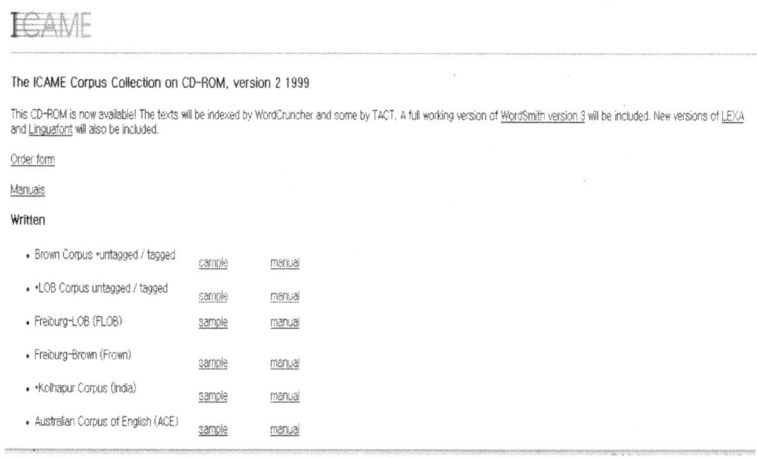

<그림 13> ICAME 코퍼스 접속 화면 (ICAME, 1999)

화면 오른쪽 스크롤바를 이용하여 화면 아래쪽으로 이동하여 London-Lund 코퍼스 ① sample과 ② manual을 클릭한다.

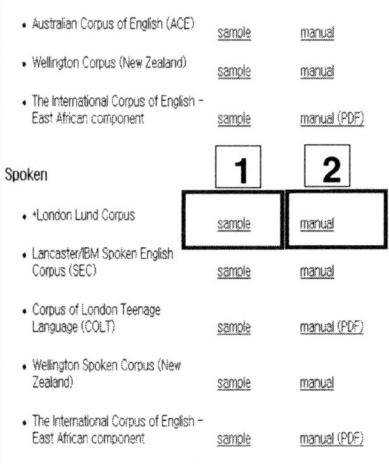

<그림 14> ICAME 코퍼스 사용 화면 (ICAME, 1999)

<그림 15>, <그림 16>과 같이 London-Lund ① 코퍼스 표본과 ② 코퍼스 매뉴얼을 영문으로 직접 살펴볼 수 있다.
(http://khnt.hit.uib.no/icame/manuals/londlund/index.htm)

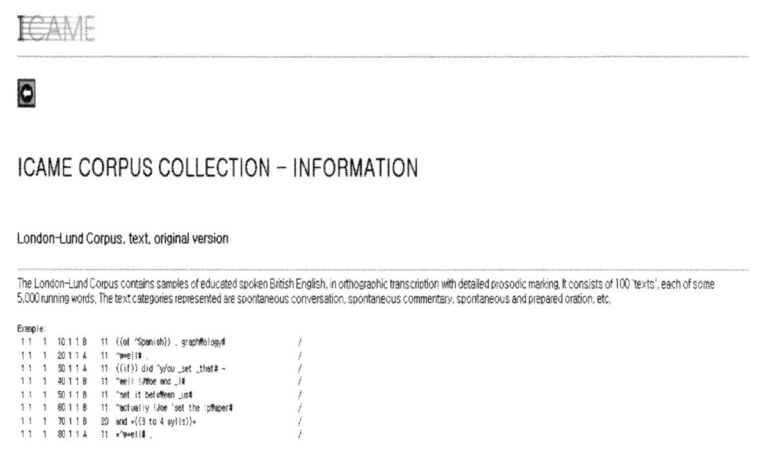

<그림 15> London-Lund 코퍼스 샘플 화면 (ICAME, 1999)

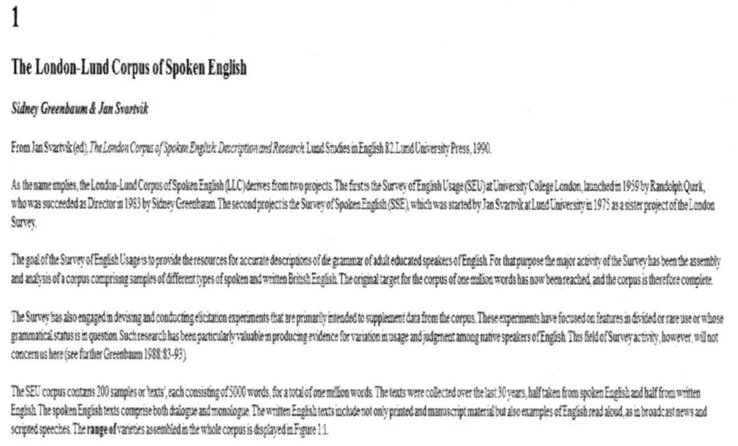

> **1**
>
> **The London-Lund Corpus of Spoken English**
>
> *Sidney Greenbaum & Jan Svartvik*
>
> From Jan Svartvik (ed), *The London Corpus of Spoken English: Description and Research.* Lund Studies in English 82. Lund University Press, 1990.
>
> As the name implies, the London-Lund Corpus of Spoken English (LLC) derives from two projects. The first is the Survey of English Usage (SEU) at University College London, launched in 1959 by Randolph Quirk, who was succeeded as Director in 1983 by Sidney Greenbaum. The second project is the Survey of Spoken English (SSE), which was started by Jan Svartvik at Lund University in 1975 as a sister project of the London Survey.
>
> The goal of the Survey of English Usage is to provide the resources for accurate descriptions of the grammar of adult educated speakers of English. For that purpose the major activity of the Survey has been the assembly and analysis of a corpus comprising samples of different types of spoken and written British English. The original target for the corpus of one million words has now been reached, and the corpus is therefore complete.
>
> The Survey has also engaged in devising and conducting elicitation experiments that are primarily intended to supplement data from the corpus. These experiments have focused on features in divided or rare use or whose grammatical status is in question. Such research has been particularly valuable in producing evidence for variation in usage and judgment among native speakers of English. This field of Survey activity, however, will not concern us here (see further Greenbaum 1988:83-93).
>
> The SEU corpus contains 200 samples or 'texts', each consisting of 5000 words, for a total of one million words. The texts were collected over the last 30 years, half taken from spoken English and half from written English. The spoken English texts comprise both dialogue and monologue. The written English texts include not only printed and manuscript material but also examples of English read aloud, as in broadcast news and scripted speeches. The **range of** varieties assembled in the whole corpus is displayed in Figure 1:1.

<그림 16> London-Lund 코퍼스 메뉴얼 소개 화면 (ICAME, 1999)

4) 관련 프로젝트

London-Lund 코퍼스는 1959년 런던 대학에서 시작한 구어 영어 용법 조사(SEU) 프로젝트와 1975년 Lund 대학에서 추진한 구어 영어 조사(SSE) 프로젝트의 결과로 구축되었다.

프로젝트의 초기 목표는 기계가 읽을 수 있는 형태로 구어 자료를 활용할 수 있도록 하는 일이었다. 구어 자료는 그 때까지만 해도 London 대학에서 자료를 수집되고 전사되었다. 87개의 텍스트는 43만 5천 어절로 그 자료는 변형된 전사 형태와 문법적인 분석 없이 투입되었다. 1980년대 초기, 구어 영어가 컴퓨터로 처리된 London-Lund 코퍼스의 첫 번째 사본이 전 세계적으로 관심 있는 학자들에게 배포되었다.

87개 텍스트로 이뤄진 이 최초의 London-Lund 코퍼스는 남아 있는 SEU 코퍼스 13개 구어 텍스트로 인해 논의되고 있다. SEU 프로젝트에서 초기 London-Lund 코퍼스에서 사용되던 체제와 함께 처리되었다. 이 13개의 텍스트들은 처음에 컴퓨터로 처리된 버전에 대한 추가물로 구성된다. 그리하여 완성된 London-Lund 코퍼스는 100개 구어 텍스트로 이루어져 있다. 게다가 SEU의 모든 문어 텍스트는 현재 컴퓨터로 처리되고 있다. 그러나 이것들은 London-Lund 코퍼스에 포함되지 않으며 London 대학의 SEU에서 참고자료로 이용될지라도 배포되지 않을 것이다. 지난 10년 동안, LLC는 학문적인 출판물로 널리 이용되었기 때문에, 초기 버전을 추가로 보완한 버전 및 보완한 내용을 포함하여 완성된 버전을 구분하는 일은 중요하다. 잘못 이해하지 않도록 하기 위해 다음과 같은 3가지 접미사를 사용하도록 권장한다.

    LLC:o 초기 코퍼스(87개 텍스트)
    LLC:s 초기 코퍼스에 추가하여 보완한 코퍼스(13 텍스트)
    LLC:c 완성된 코퍼스(100 텍스트)

완성된 SEU 코퍼스의 구성요소는 <그림 17>에서 볼 수 있다.

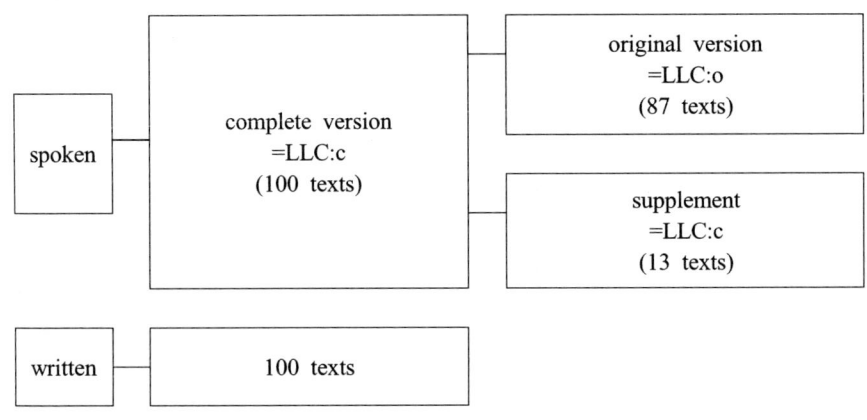

<그림 17> 완성된 SEU 코퍼스 구성 요소 (ICAME, 1999)

구어 SEU 코퍼스 안에는 17개의 텍스트들이 뉴스 방송, 연극, 연설 원고 등과 같이 글로 쓰여진 자료들이 구어로 진술한 내용을 기록되었다. 구어 텍스트와 같은 방식으로 전사하여 컴퓨터로 처리된 버전임에도 불구하고 이들은 LLC:c에 포함되지 않는다.

    LLC:c와 변형된 전사와 SEU 코퍼스에서 완전히 운율적이고 준언어적인 전사와 글로 쓰여진 자료로서 소리 내어 읽혀진 것으로 컴퓨터로 처리된 17개 텍스트를 구별해야 한다. 미세전사(full transcription) 에서 표시되었던 기본적 운율적인 특성은 성조 단위(tone unit)의 경계, 제1악센트가 있는 음절(nucleus)의 위치(배치), 핵음조(nuclear tone)의 방향, 휴지의 길이의 변화, 악센트의 변화 정도이다. 다른 특성들은 다양한 소리와 템포(경쾌함, 발음을 생략한, 모음을 길게 늘여 발음하는), 음질의 모음 변화(음의 범위, 리듬감, 속삭임, 삐걱거림 같은 준언어적인 요소 (의사소통을 위한 어조, 표정, 동작 등)들이다. 지시들은 화자의 발화시 중복되어 주어진다. 미세전사와 문법적인 분석은 London 대학에서 추진한 SEU에서 Slip에서만 이용된다.

변형된 전사는 컴퓨터로 처리된 LLC:c 코퍼스와 문어 영어를 소리 내게 하여 컴퓨터로 처리한 17개 텍스트는 전체 전사의 기본적인 운율적인 특성은 지니지만, 모든 준언어적인 요소와 강세(pitch), 고저(stress)는 생략한다. 그것은 다음과 같은 특성을 지닌다. 성조 단위들(종속된 성조 단위가 필요한 세분화된 부분을 포함하는) 성조 단위에서 첫 번째로 우세한 음절인 onset, 촉진제(boosters, 비교적 평탄한 강세), 휴지의 두 수준(brief and unit pauses alone or in combination), 고저의 두 수준(normal and heavy) 핵 음조의 위치, 핵 음조의 방향(내림성조, 오름성조, 평조, 올리고 내림 성조 등) 등이 그것이다. 또한 화자 확인, 동시 발화, 문맥적인 언급(웃음소리, 기침 소리, 전화 벨소리 등)과 이해할 수 없는 말들(녹음에서 뭐라고 하는지 확실하지 않은 부분)을 보여 주었다. 운율적이고 준언어적인 체계를 설명하기 위해, 우리는 1969년 Crystal에 대해 언급하기로 한다. 연구자는 SEU로부터 완전한 SEU 전사와 완전한 전사와 변형된 전사를 하는 일에 대한 차이점의 해석에 대한 정보를 얻을 수 있어야 한다.

LLC:o의 concordance(용어리스트)가 있다. 텍스트와 concordance는 ICAME (International Computer Archive of Modern English)로부터 이용할 수 있다. 미세전사되거나 변형되어 전사된 구어 텍스트는 학자들에 의해 구어 영어 연구와 구어와 문어 비교에 있어 전 세계적으로 광범위하게 사용되었다. 컴퓨터 연구에 있어 비교는 the London-Lund corpus와 두 1961년부터 인쇄된 텍스트의 두 코퍼스에 유도되었는데, 각각의 코퍼스는 약 1백만 어절로 구성된다. SEU 프로젝트는 LLC를 포함하여, 조사 자료로 사용된 발행 목록을 가지고 있으며, 해마다 목록을 갱신한다. 그 목록은 학자들이 요청하여 이용할 수 있다.

5) 코퍼스의 전망

1959년에 Randolph Quirk에 의해 설립된 이래로, SEU는 교육자와 연구자들에게 구어 코퍼스, 원고, 인쇄된 표준 영국식 영어 등 쉽게 접하기 곤란한 정보를 수집하기 편리하도록 편의를 제공하였다. 이런 방식으로 코퍼스는 관찰 가능한 증거들과 언어학적인 실험으로 언어학적인 성찰을 알리려는 모습을 보였다. 언어학적인 이론이 우여곡절이 많음에도 불구하고 조사는 그 토대를 닦은 사람들의 여유 있는 태도로 작업을 지속해 왔고, 교육학적인 안목뿐만 아니라 이론적인 중요성에 대해 이미 기초를 제공했다. 특히 최근 몇 년도의 조사 자료에 대하여 새로운 사용들이 발견되고 있으며, 코퍼스 조사의 구어 부분은 영국, 스웨덴, 노르웨이의 공동 노력을 통해 책의 형태와 컴퓨터 테이프 형태로 폭넓게 이용되어지고 있으며 앞으로도 그 활용 가치는 더욱 높아질 것이다.

● Limerick Corpus of Irish English (LCIE)

1) 구축 배경

LCIE는 CANCODE(the Cambridge and Nottingham Corpus of Discourse in English)에 견줄만한 코퍼스로, 아일랜드 Limerick에 위치한 Mary Immaculate College (MIC))에 의해 주도되었다. 한편, CANCODE는 영국 Nottingham 대학의 영어학부와 캠브리지 대학 출판부의 연합 프로젝트로서 아일랜드 남부에서 가족과 친구들 사이에서 흔히 일어나는 자연스러운 대화들로 구성되었다.

2) 코퍼스 구성 요소

100만 어절 규모의 아일랜드식 구어 영어를 포함하는 이 코퍼스는 아일랜드 북부를 제외한 전체에 걸쳐 다양한 비격식적인 상황에서 현재 두드러지게 기록된 대화들을 포함한다. 말 그대로, 이 코퍼스는 구어 아일랜드식 영어 100만 어절로 구성된다. 지리적인 경계는 부분적으로 이 프로젝트가 아일랜드식 영어 모음임을 정의한다. 모든 LCIE 자료는 아일랜드 공화국의 많은 자치주, 예를 들어, Limerick,

Clare, Cork, Tipperary, Kerry, Wexford, Waterford, Kildare, Roscommon, Westmeath, Mayo와 Dublin 등에서 나온다. 그러나 코퍼스가 지리적으로 대표하도록 고안되지 않았기 때문에, 이 코퍼스가 나라 전체로부터 온 자료를 포함하지는 않는다. 화자들의 연령은 14살부터 78살까지 다양하며 여성과 남성 화자 둘 다 동등한 대표성이 있다.

말뭉치가 주로 자연스러운 대화들로 구성된 반면, 다른 담화 장르의 범위를 참고로 하여 자연스러운 대화 자료와 함께 주의 깊게 수집된 전문적이고, 상호교류적인 성격이 강하며 교육적인 아일랜드식 영어인 20만 이상의 단어들이 있다. 이 말뭉치는 일상생활에서 자연스럽게 일어나는 아일랜드적인 정황(문맥)으로부터 얻어진 구어 자료들의 모음으로 현재 이 사이트에서 375개 전사들을 사용할 수 있다.

가) 설계 매트릭스

코퍼스를 구축하기 위해서는 다음 세 가지 단계가 있다. 첫 번째 단계는 코퍼스 계획 수립, 두 번째는 테이프를 자료화하고 화자 정보를 받아들이며 자료의 수집과 전사를 한다. 세 번째 단계는 전사들을 점검하고 전사된 자료를 익명화한다.

이 코퍼스를 위한 계획 행렬은 상호작용이 일어나는 정황과 발화 종류의 범위를 넘어서 화자 관계의 범위(친밀한 관계부터 전문적인 관계까지)를 중심으로 한다. CANCODE 같이 LCIE는 코퍼스 상호 간에, 특히 화자 간에 지니고 있는 언어학적인 선택과 관계에 관하여 비교하기 위하여 신중한 사회언어학적 분류 체계 표준(classification scheme)을 발전시켜 왔다.

● 맥락 유형

이 분류화의 중심축은 코퍼스에서 대인 커뮤니케이션과 다자간 대화 참여자끼리 지니고 있는 관계를 반영한다. 그러한 관계들은 5개의 넓은 범주에 속하는데, 시초에 '친밀한, 사회문화적인, 직업적인, 상호작용적인, 교수법적인' 것으로 구분된다.

(1) 가까운 사이

이 범주에서 화자끼리의 거리는 최소이며 때때로 동거와 관련 있다. 짝끼리 혹은 가까운 가족 간의 담화만이 이 범주에 해당하며, 참여자들이 언어적으로 가장 방심하지 않는 상태이다. 대화에서 모든 참여자들은 '친밀한' 관계로 구분되기 위한 대화를 위한 이 범주에 속해야 한다.

(2) 사회적 관계

이 범주는 소통 그 자체를 위해 다른 동료를 구하는 화자 간의 자발적인 소통을 암시한다. 화자끼리의 관계는 대개 우정에 따라 표시되고 '가까운 관계' 범주에서 화자들 간에 가까웠다는 것과 다르다.

(3) 직업적 관계

이 범주는 그들의 일상적인 업무의 일부로 상호작용하는 사람들끼리 지니고 있는 관계를 언급하고 있다. 다음과 같이, 이 범주는 오직 모든 화자들이 직업적인 정황의 부분일 경우에서의 상호작용에만 적용한다. 업무와 관련 없지만 직장에서 동료 간에 일어나는 말하기는 여전히 참여자들이 담화 주제가 업무와 관련 없을지라도 그들의 직업적인 관계를 유지하고 있다는 관찰에 기초하여 직업적인 내용으로 분류된다.

(4) 거래적인 관계

이 범주는 화자들이 서로 이전에 모르는 상태에서의 상호작용들을 포괄한다. 오고 가는 담화들에 대한 그 까닭은 대개 청자와 화자 쪽의 필요와 관련되었기 때문이다. 보통 말하는 그런 담화들은 특별한 거래적인 목적을 만족하기 위함을 목표로 한다.

(5) 교육적 관계

이 마지막 범주는 화자들끼리의 관계가 교육학적인 문맥으로 한정될 때 모든 대화를 포함하기 위해 형성되었다. 그처럼 강의와 피드백 세션들이 포함된다. 강조점은 상황보다는 화자와의 관계에 있다. 각 text는 성별, 나이, 직업, 화자의 학력 수준, 전반적인 주제와 지리적인 위치 등과 같이 화자에 대한 정보를 나타낸다.

나) 상호작용 유형

코퍼스에서 상호작용 유형을 결정할 때 예전 코퍼스 고안자들에 의해 채택된 대화 대 담화라는 전통적인 분류는 너무 좁은 분류라는 평가를 받았다. 코퍼스의 모든 텍스트는 어느 정도는 대화적인 성격을 띠지만 비공유적인 담화의 특징도 있을 수 있다. 공유된 텍스트 내에서 좀 더 구분하자면 의견 공유(collaboative idea)와 활동 공유(collaborative task)로 나눌 수 있다. 활동 공유는 Hasan의 물리적 행동(material action)과 유사한데, 우리가 활동 공유에 해당하는 의사소통의 전형적인 상황은 물리적인 물체를 주고받는 서비스를 받을 때이다. 마찬가지로 물리적 실체나 사건과 관련해서 언어가 부수적이고 상보적인 역할을 하는 모든 의사소통은 이 범주에 들어간다. 언어는 의견이 공동으로 개진되는 의사소통에서보다는 활동 공유에서 덜 명확하다. 의견 공유라는 범주는 코퍼스에서 가장 큰 범주로서 대화 당사자들이 담화를 공동으로 구축해나가는 모든 대담에 적용된다.

비공유적인 텍스트는 말하는 사람이 설명과 정보를 제공하거나 어떤 일에 대해 말하고 이야기하는 텍스트를 가리킨다. 담화에서 그런 언급은 대개 다른 사람들이 맞장구를 쳐주는 경우를 제외하고는 방해를 받지 않는다. 이런 대담은 한 사람의 화자로부터 그 이야기를 듣는 다른 사람들에게 정보가 전달되는 일방적인 특징을 띠므로 정보 제공(information provision)이라고 한다(Adolph, 2008).

<표 17> LCIE data (Adolphs, 2008)

맥락 유형	상호작용 유형		
	정보 제공	의견 공유	활동 공유
교육적 관계	▪ 80,253어절 ▪ 강연 ▪ 박물관안내원의 설명	▪ 60,473어절 ▪ 영시 교습 ▪ 미용실 수다	▪ 1만 어절 ▪ 일대일 컴퓨터 수업 ▪ TV 선택 및 구입
직업적 관계	▪ 14만 5천 어절 ▪ 부동산 중개 상담 ▪ 그룹 미팅에서의 구두 보고	▪ 10만 어절 ▪ 팀 미팅 ▪ 작업장에서의 기획 회의	▪ 6만 어절 ▪ 설거지 담당 종업원들 ▪ 창문 닦는 일을 하는 사람들
사회적 관계	▪ 5만 어절 ▪ 새로 생긴 술집에 대해 서술하기 ▪ 친구들에게 농담하기	▪ 54,356어절 ▪ 대학에 대해 의논하는 친구들 ▪ 친구들과 추억하기	▪ 3만 어절 ▪ 잠자리에서 친구들과 이야기나누기 ▪ 함께 일하는 친구들
가까운 관계	▪ 6만 어절 ▪ 엄마의 이야기 구연 ▪ 본 영화에 대해 이야기 하는 사람들	▪ 26만 6천 어절 ▪ 휴일 계획을 세우는 사람들 ▪ 어린 시절 이야기를 나누는 자매들	▪ 6만 어절 ▪ 가족 식사 준비하기r ▪ 실내 장식하는 연인들
거래적인 관계	▪ 5천 어절 ▪ 제품 설명회	▪ 1만 어절 ▪ 택시에서의 수다	▪ 1천 어절 ▪ 시력 검사

3) 코퍼스 사용 방법

http://www.ul.ie/~lcie/corpus%20description_2.htm 주소를 입력하고 Limerick 대학교 홈페이지에 접속한다.

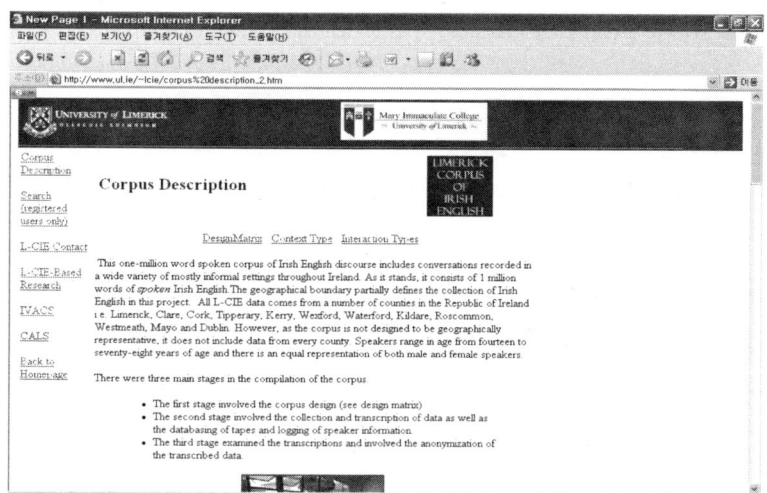

<그림 18> University of Limerick 홈페이지 (LCIE, 2010)

위 <그림 18> 화면에서 1번 **Bact to homepage**를 클릭하면 아래와 같이 Limerick 코퍼스 구축 배경에 대해 간단한 영문 설명을 직접 살펴볼 수 있다.

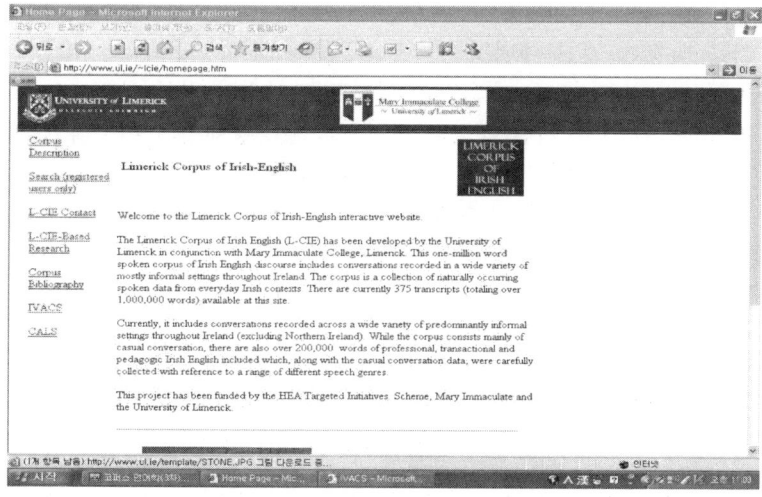

<그림 19> Limerick 코퍼스 초기 화면

위 <그림 19> 화면에서 2번 IVACS를 클릭하면 아래와 같이 Limerick 코퍼스와 관련 있는 Limerick-Belfast 코퍼스 홈페이지로 이동할 수 있다.

I. 코퍼스 언어학 55

Limerick-Belfast(LIBEL) Corpus of Academic Spoken English

1) 구축 배경

The Inter-Varietal Applied Corpus Studies (IVACS) 연구 센터는 그 목적이 문맥에 언어 변화를 추가로 기록하려는 연구자들을 연결해 주고, 어떻게 이 실증적인 연구 결과를 교육학에 적용할 수 있는 방법을 모색한다. 연구에 대한 토대에서 'variety'라는 용어는 언어의 지리적인 다양성, 원어민과 비원어민 화자의 다양성을 아우르고, 게다가 문맥의 사용으로 인한 언어에서의 다양성으로 여겨진다. 이 연구의 초점은 상황적인 문맥들과 언어 다양성을 거친 연구 질문의 검사로 이어진다. 그렇게 함으로써, 이는 언어 사용과 사용하는 상황끼리의 연결로 보다 세련된 직관을 부여한다. IVACS는 전문 지식을 배우고 코퍼스 연구결과를 비교하고 싶은 연구자들이 모이는 내부 기관의 연구 센터이다. 연구 결과는 국제적인 토론과 편집된 형식의 출판물과 국제 저널을 통해 발표된다. 1997년 이래, 이 기관의 회원들은 다음과 같은 영역에서 연구를 지속하기 위해 코퍼스 결과들을 서로 비교해왔다.

- 기관 상황에 걸친 대비책
- 영국식의 자연스러운 대화와 아일랜드 라디오와 전화 상황에서 호격 사용
- 아일랜드와 영국 기관 양식과 비기관적인 상황에서의 비공식 루트와 청취자 작동 장치 영국, 미국, 아일랜드식 영어
- 기관들과 유사 기관들의 상황에서의 공지사항에서 아일랜드적 상황과 영국적인 상황들에서 간단한 말

2) 코퍼스 구성 요소

LIBEL은 아일랜드의 Limerick 대학과 아일랜드 북부에 위치한 벨파스트의 퀸즈 대학, 두 대학이 구어 자료에서 수집한 100만 어절로 구성된다. 이 코퍼스의 분석을 통해 우리는 형태와 기능, 불분명한 단어, 학문적인 정황 등을 확인할 수 있다. 그리고 이 연구물들은 아일랜드 공화국과 영국으로부터 수집된 일상적인 구어를 비교할 수 있었다.

아일랜드 북부 벨파스트의 퀸즈 대학과 아일랜드 공화국의 Limerick 대학에서

학문적인 성격의 구어 자료로 수집되었다. 코퍼스의 50%는 강의, 세미나, 소그룹 과외, 구두 프리젠테이션과 회의 자료에서 수집되었다. 각 사이트와 의도 기반(주형)은 두 기관 내에서 내적인 비교성과 전반적인 대표성을 성취하기 위해서였다. 구축된 코퍼스의 규모는 강의, 소그룹 과외, 연구실, 프리젠테이션 활동에서 수집된 50만 어절로 구성되었다.

3) 코퍼스 사용 방법

http://www.mic.ul.ie/ivacs/ 주소를 입력하고 The Inter-Varietal Applied Corpus Studies (IVACS) 홈페이지에 접속한다.

<그림 20> The Inter-Varietal Applied Corpus Studies 홈페이지 (IVACS, 2010)

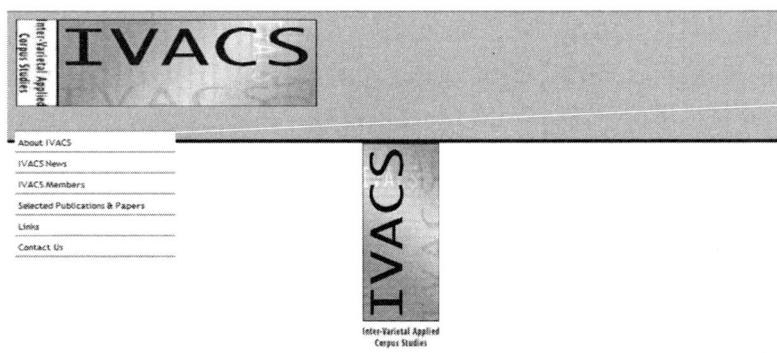

<그림 21> IVACS 초기 화면 (IVACS, 2010)

IVACS 홈페이지 왼쪽에 About IVACS, IVACS News, IVACS Members, Slected publication & papers, Links, Contact us, home 등 7가지 메뉴를 이용할 수 있다.

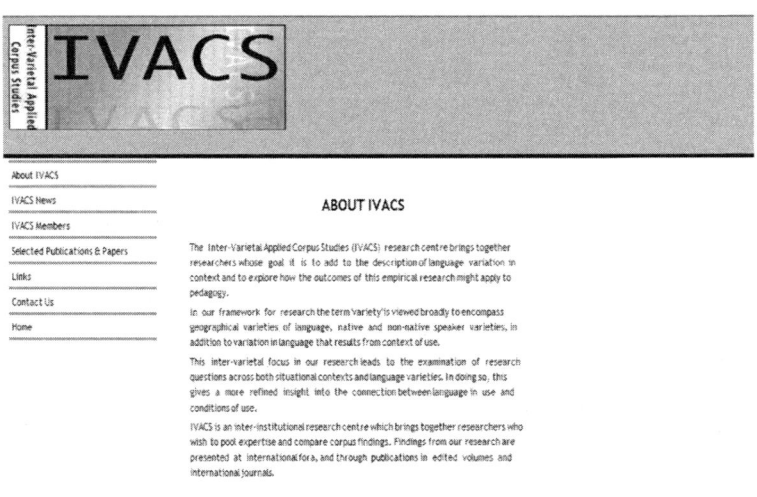

<그림 22> LIBEL 코퍼스 소개 (IVACS, 2010)

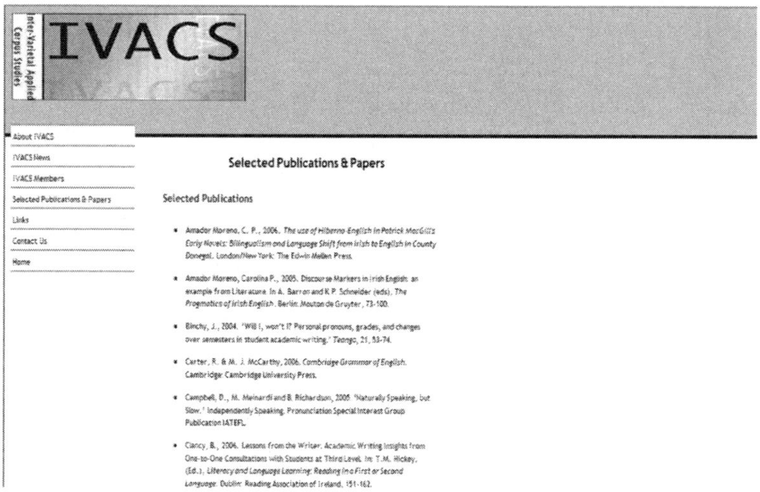

<그림 23> LIBEL 코퍼스 관련 자료 (IVACS, 2010)

다. 관련 연구물

1997년 이후, LIBEL 코퍼스 연구자들은 다음 영역에 대한 연구를 하기 위해서 코퍼스 결과를 비교했다.

1) Hedging across institutional contexts
2) Use of vocatives across British casual conversation and Irish radio phone-in contexts
3) Modality in Irish and British institutional and non-institutional contexts
4) Backchannels and listenership devices in British, American and Irish
5) English, and in young women's talk
6) Questions in institutional and semi-institutional contexts
7) Small talk in Irish and British contexts
8) Suggestions episodes in use and in EFL course books

후에, 벨파스트 퀸즈 대학과 시드니 기술대학 연구자들이 연구팀에 합류했고, 다음 영역에서 비교할만한 연구에 이르렀다.

- 영국, 아일랜드, 미국, 호주적인 상황에서의 관계적인 언어

- 영국과 아일랜드적인 정황 속에서 교실 담화 탐구

Macquarie Corpus of Written Australian English (ACE)

1) 구축 배경

The Australian Corpus of English (ACE)는 호주 Macquarie 대학에서 1986년부터 언어학 분야의 자료를 모아 편찬한 것이다. 이 프로젝트는 호주 학술탐사지원 편의회(the Australian Research Grants Council)와 Macquarie 대학으로부터 1988년부터 1989년까지 소규모의 지원을 지속적으로 받아 진행되었다. 또 다른 지원으로 the National Languages and Literacy Institute of Australia와 뉴사우스 웨일즈 대학(the University of New South Wales)도 있었다. 이 프로젝트는 Pam Peters, Peter Collins and David Blair가 시작하여 많은 학술탐사 지원자들의 도움으로 진행되었다. 특히, Macquarie's Speech, Hearing and Language Research Centre의 지속적인 기반시설 지원으로 인해 이 프로젝트는 탄력을 받을 수 있었다.

2) 코퍼스 구성 요소

ACE는 Brown sampling model을 사용하여 다양한 언어학 연구를 지원하기 위해 호주에서는 처음으로 체계적으로 이질적이며 다양한 말뭉치들을 모았다. 호주 영어, 영국식 영어, 미국식 영어의 차이에 대한 관심에서 모형화된 말뭉치는 쉽고 편리하게 비교할 수 있다는 걸 의미하였다. 또한, 그것은 현재 호주식 영어의 전략적으로 중요한 영어 모델로서, 또한, 호주에서 전문화되고 단일화된 기준 모델로서 이바지할 것이다.

ACE는 코퍼스의 구조와 사용자 등 많은 부분에서 the Brown and LOB corpus와 일치하므로, 방언끼리 직접 비교하는 일은 인쇄된 종류를 범위로 이루어져야 할 것이다. 그러나 가장 최신의 호주식 영어 코퍼스를 만들어 내려던 기대는 연대순으로 Brown과 다시 말하면, 1960년대 초기에 출판물로부터 모아진 LOB 코퍼스에 부응하지 않으려는 결정을 촉발했다. 대신, ACE는 1986년부터 자료를 구성했다. 그래서 시차는 그 자체만으로 후자에 대한 영향을 보여줄 수 있어서 상당한 관심거리가 될 거라는 것을 짐작할 수 있음에도 불구하고, Brown과 LOB를 지역적인 내적 비교로 인해 생긴다. 사실상 25년간의 시차는 60년대 호주 출판물에 대해 다시 살펴보는 코퍼스를 구축하려 했던 노력들보다 더 많은 범주의 출판물에 필적할 수 있다. 독립적인 남반구 출판업은 제2차 세계 대전 이후 꾸준히 늘어났으나, 여전히 1986년에도 소설이 출판되는 지역의 범위가 한정되었으며 Brown/LOB 코퍼스에서 요구하는 할당량에는 미치지 못했다. 단편 소설로부터 발췌한 구들이 견본 코퍼스들에서 사용된 것들보다 훨씬 높은 비율로 <표 18>과 같이 상회했다. ACE를 구축하는 주요 목적은 Brown과 LOB에서 나타난 장르의 균형을 맞추는 것이었다. 또한, 각 범주에 다소 2천 개의 어절 표본에 상당하는 세트를 구축하는 일이었다. 이 일은 Brown 코퍼스와 LOB 코퍼스의 15개의 각 범주에 계량할 수 있는

<표 18> 단편 소설 발췌 구의 코퍼스 별 비교

Categories	ACE	Brown	LOB
A Press: reportage 보도기사	44	44	44
B Press: editorial 신문논설	27	27	27
C Press: reviews 평론	17	17	17
D Religion 종교 저작물	17	17	17
E Skills, trades, and hobbies	38	36	38
F Popular lore 민간지식	44	48	44
G Belles lettres, biography, essays 서간,전기,수필	77	75	77
H Miscellaneous 잡다한 종류의 편찬물	30	30	30
J Learned and scientific writings 학문적인 저작물	80	80	80
K General fiction 일반 소설	29	29	29
L Mystery and detective fiction 탐정소설	15	24	24
M Science fiction 과학소설	7	6	6
N Adventure and western fiction (bush)	8	29	29
P Romance and love story 연애소설	15	29	29
R Humor	15	9	9
S Historical fiction 역사소설	22	-	-
W Women's fiction 여성소설	15	-	-
Total	500	500	500

목표물을 규정하였다. 그리고 ACE 범주 A부터 J까지 표본의 수는 <표 18>에서 보듯이 두 코퍼스와 잘 조화되었다. ACE 소설 범주는 다음과 같은 이유로 구성 성분에서 차이가 있지만, 소설 표본의 전체는 같다.

<표 19> ACE범주 A부터 J까지 표본의 수 (ICAME, 1999)

	TEXTS	
M01(a)	Omega Science Digest March 1986 (2000 words)	Josie Flett
	Warhead (1981 words)	
M01(b)	Qwertymania (19 words)	Carole Wilkins
	Publisher – Magazine Promotion Pty Ltd	
M02	Omega Science Digest January/February 1986 (2004 words)	Freda McLennan
	Memorable Story	
	Publisher - Magazine Promotion Pty Ltd	
M03	Trail to the Stars 1986 (2018 words)	Royce Hall
	Chapter 4 - And Then There Were Three	
	Sample Used by Permission of Royall Publications	
M04	Omega Science Digest September 1986 (2018 words)	Terry Dowling
	The bullet that grows in the gun	
	Publisher – Magazine Promotion Pty Ltd	
M05	The Bulletin 1 April 1986 (2008 words)	Peter Corris
	Big Jol	
	Publisher - ACP - Australian Consolidated Press	
M06	Omega Science Digest March 1986 (2010 words)	Damien Broderick
	The striped hole caper	
	Publisher - Magazine Promotion Pty Ltd	
M07	Politicana 1986 (2019 words)	Julian Lloyd
	Publisher - Newsprint Novels	
N01	Don't hold your breath 1986 (2002 words)	John Gillard
	Chapter 8	
	Sample Used by Permission of GBH Pty Ltd	
N02	Benson's break 1986 (2000 words)	JA Grenoni
	Chapter 23	
	Sample Used by Permission of GSR Publications	

N03	Operation Sea Dragon 1986 (2002 words)	Ronald Botsjtsuh
	Chapter Four - On the Gun Line	
	Publisher - Ryebuck Publications	
N04	Pelandah 1986 (2001 words)	Kenneth Bullock
	Sydney	
	Publisher - Brolga Press	
N05	Disobedience - From a bush log book February 1986 (2015 words)	Frank Moorhouse
	Publisher - Meanjin	
N06	Southerly April 1986 (2020 words)	Bruce Holmes
	Where the pelican builds	
	Sample Used by Permission of The English Association	
N07	Quadrant November 1986 (2004 words)	Shane McCauley
	Kalgoorlie Alice	
	Sample Used by Permission of Quadrant Magazine Company Ltd	
N08	Latitudes: New Writing from the North 1986 (2009 words)	Gerard Lee
	The Isa	
	Publisher - University of Queensland Press	

각 코퍼스 범주 내에서 표본 추출 절차는 하위 장르와 하위 영역에 조화시키기 위해 절실한 필요로 이루어지기 때문에 대개 무작위로 진행된다기보다는 전략적이다. 소설 같은 범주에서, 코퍼스 요건은 우리가 이미 표본으로 추출했던 그 당시, 호주에서 발행한 모든 전공 논문들이었다. 그러므로 ACE 표시는 거의 전체이다. 어떤 논픽션 범주에서 전공 논문들을 발췌하는 일과 같이 선택할 수 있었다. 우리는 여러 지역에 있는 여러 도서실에서 보유하고 있는 전공논문을 더 선호했다. 그리하여 아마도 더 많은 독자들과 더 많은 영향이 있었다. 대중적이면서도 학문적인 출판물 가운데, 전임자들에 의해 확보된 광범위한 훈련과 관심들을 확보하기 위해서 전공 논문의 주제에 의해 선택하게 되었다.

3) 코퍼스 사용 방법

http://icame.uib.no/newcd.htm를 입력하고 ICAME 코퍼스 Collection on

CD-ROM 홈페이지에 접속한다.

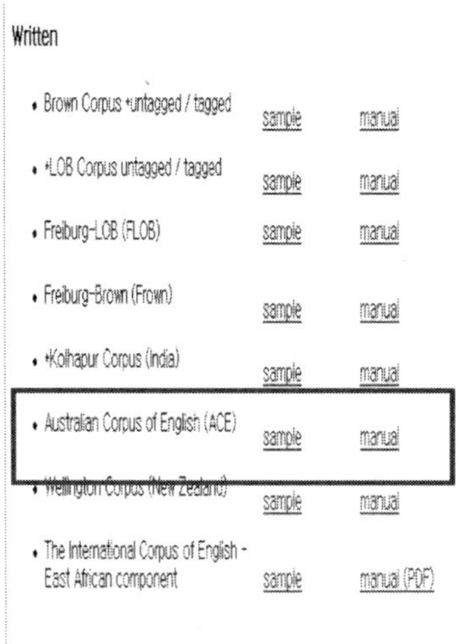

```
Written
 • Brown Corpus +untagged / tagged     sample    manual
 • +LOB Corpus untagged / tagged       sample    manual
 • Freiburg-LOB (FLOB)                 sample    manual
 • Freiburg-Brown (Frown)              sample    manual
 • +Kolhapur Corpus (India)            sample    manual
 • Australian Corpus of English (ACE)  sample    manual
 • Wellington Corpus (New Zealand)     sample    manual
 • The International Corpus of English -
   East African component              sample    manual (PDF)
```

<그림 24> ICAME 코퍼스 CD-ROM 모음 화면 (ICAME, 1999)

화면 오른쪽 스크롤바를 이용하여 화면 아래쪽으로 이동하여 Australian 코퍼스 manual을 클릭한다. ACE 매뉴얼을 영문으로 직접 살펴볼 수 있다(http://khnt.hit.uib.no/icame/manuals/ace/INDEX.HTM).

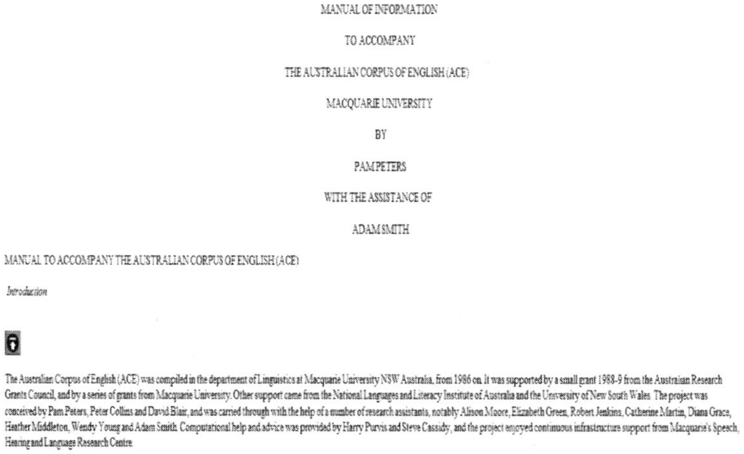

MANUAL OF INFORMATION
TO ACCOMPANY
THE AUSTRALIAN CORPUS OF ENGLISH (ACE)
MACQUARIE UNIVERSITY
BY
PAM PETERS
WITH THE ASSISTANCE OF
ADAM SMITH

MANUAL TO ACCOMPANY THE AUSTRALIAN CORPUS OF ENGLISH (ACE)

Introduction

The Australian Corpus of English (ACE) was compiled in the department of Linguistics at Macquarie University NSW Australia, from 1986 on. It was supported by a small grant 1988-9 from the Australian Research Grants Council, and by a series of grants from Macquarie University. Other support came from the National Languages and Literacy Institute of Australia and the University of New South Wales. The project was conceived by Pam Peters, Peter Collins and David Blair, and was carried through with the help of a number of research assistants, notably Alison Moore, Elizabeth Green, Robert Jenkins, Catherine Martin, Diana Grace, Heather Middleton, Wendy Young and Adam Smith. Computational help and advice was provided by Harry Purvis and Steve Cassidy, and the project enjoyed continuous infrastructure support from Macquarie's Speech, Hearing and Language Research Centre.

<그림 25> ACE 매뉴얼 (ICAME, 1999)

위 화면에서 Australian 코퍼스 옆에 있는 Sample을 클릭하면 아래와 같이 코퍼스 표본을 영문으로 직접 살펴볼 수 있다.

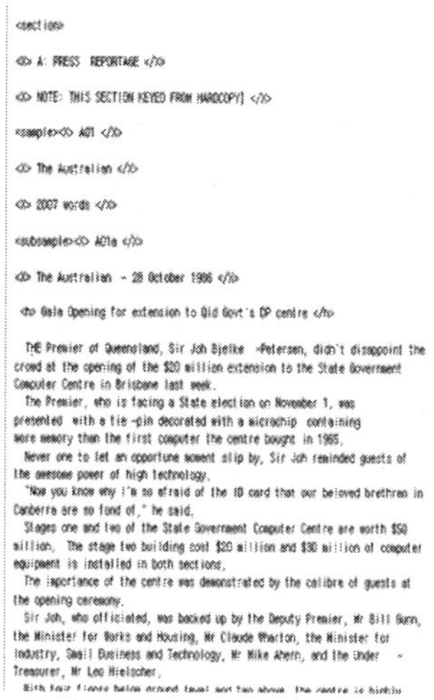

```
<section>

<#> A: PRESS  REPORTAGE </#>

<#> NOTE: THIS SECTION KEYED FROM HARDCOPY] </#>

<sample><#> A01 </#>

<#> The Australian </#>

<#> 2007 words </#>

<subsample><#> A01a </#>

<#> The Australian  - 28 October 1986 </#>

<h> Gala Opening for extension to Qld Govt's DP centre </h>

  THE Premier of Queensland, Sir Joh Bjelke  -Petersen, didn't disappoint the
crowd at the opening of the $20 million extension to the State Government
Computer Centre in Brisbane last week.
  The Premier, who is facing a State election on November 1, was
presented  with a tie -pin decorated with a microchip  containing
more memory than the first computer the centre bought  in 1965.
  Never one to let an opportune moment slip by, Sir Joh reminded guests of
the awesome power of high technology.
  "Now you know why I'm so afraid of the ID card that our beloved brethren in
Canberra are so fond of," he said.
  Stages one and two of the State Government Computer Centre are worth $50
million.  The stage two building cost $20 million and $30 million of computer
equipment is installed in both sections.
  The importance of the centre was demonstrated by the calibre of guests at
the opening ceremony.
  Sir Joh, who officiated, was backed up by the Deputy Premier, Mr Bill Gunn,
the Minister for Works and Housing, Mr Claude Wharton, the Minister for
Industry, Small Business and Technology, Mr Mike Ahern, and the Under   -
Treasurer, Mr Leo Hielscher.
```

<그림 26> ACE 표본(ICAME, 1999)

4) 관련 프로젝트

이 코퍼스는 LOB(The lLancaster-Oslo-Bergen corpus of British English)와 Brown 코퍼스의 모델이 되었다. 현재 LOB 코퍼스는 Lancaster 대학과 Oslo 대학, Bergen에 소재한 노르웨이 전산 센터가 공동 작업을 한 결과이다. 1970년부터 1976년 사이에 그 계획은 Lancaster 대학, 언어학 및 현대 영어학부에서 Geoffrey와 Longman 출판사와 영국 학술원의 지원을 받으며 추진되었다. 1977년에 프로젝트는 노르웨이로 이전되었고, 그곳에서는 Oslo 대학 영어학부의 스티그 존슨에 의해 추진되었다. 노르웨이 학술 의원회로부터 경제적인 지원을 받아 1978년에 완성하였다.

● The Macmillan World English corpus

1) 구축 배경

Samuel Johnson이 첫 번째 영어 사전을 썼다. 어떤 단어들이 사전에 포함되고 포함되지 않는지에 대한 중재자는 바로 Johnson 그 자신이다. 근래에는 사전에 들어갈 낱말의 선택은 과학적이고 객관적이다. 코퍼스의 사용은 단순히 단어의 사용 빈도 수 기록에만 제한되어 있지 않고. 우리들에게 용법의 양상, 용법에 있어 미묘한 차이와 의미를 분명하게 해 준다. 늘어나는 인터넷 접근과 인터넷 사용으로 이 도구는 더 강력하게 되었다. 우리 모두가 신참 사전 편찬자가 되고 인터넷이 우리들에게 제공하는 매우 유용한 조사와 교수 도구로서 가능하다.

2) 코퍼스 구성 요소

The Macmillan World English 코퍼스는 2억 어절 이상의 독특한 현대적 데이터베이스는 단어들이 어떻게 사용되며, 최근 구어와 문어 자료로서 영어의 자연스러운 표본임을 드러낸다. 이는 다양한 매체인 책, 잡지, 신문, 전자우편, 텔레비전과 라디오, 영어학습자들이 만들어낸 구어와 문어 자료, ELT 구어와 문어 자료들에서 수집된 영국과 미국 구어와 문어 텍스트로부터 생성된 가장 최신의 코퍼스이다. 이 코퍼스의 규모는 구어와 문어 자료로 이루어진 약 2,200만 어절을 포함하고 있다. 구어와 문어의 비율은 문어가 90%, 구어가 10% 정도를 차지하고 있다. 또한, 이 코퍼스의 주요 구성요소들은 a British English component, an American English component, World English component, a corpus of learners' text, ELT 자료로 이루어진 말뭉치들이다. 이 말뭉치에 사용된 텍스트의 형태는

- 학문적인 대화 Academic discourse
- 인쇄물 및 방송용 텍스트 print and broadcast journalism
- 지어낸 이야기 fiction
- 전화통화를 비롯해 녹취된 대화들 recorded conversations(including telephone calls)

- 녹음된 사업적인 만남 recorded business meetings
- 일반적인 실화 general non-fiction
- 전화자동응답기 메시지 answerphone messages
- 전자우편들 emails
- 법적으로 저해 받지 않는 텍스트들 legal texts
- 학문적인 세미나들 academic seminars
- 문화적인 연구 자료들 cultural studies texts

이 코퍼스는 또한 다음과 같이 구성되었다.

- 영국식 영어 구성요소
- 미국식 영어 구성요소
- 학습자의 text 코퍼스
- ELT 자료의 코퍼스

또한 코퍼스는 단어들이 작동하는 방식에 대해 알려주는 주요한 정보의 원천이다. 이는 말의 의미에 대한 서술과 단어들이 통사적으로 서로 어떻게 결합하는지에 대한 기초를 형성한다. 또한 어휘의 빈도수, 문법적인 패턴, 연어 등에 대한 정보를 제공한다. 그리고 사전에서 보여주는 표본 문장이 나오는 주요한 원천이다 (Macmillian, 2010).

3) 코퍼스 사용법

Google 주소창에 http://www.macmillandictionary.com/about.html를 입력하고 Macmillan dictionary 홈페이지에 접속한다.

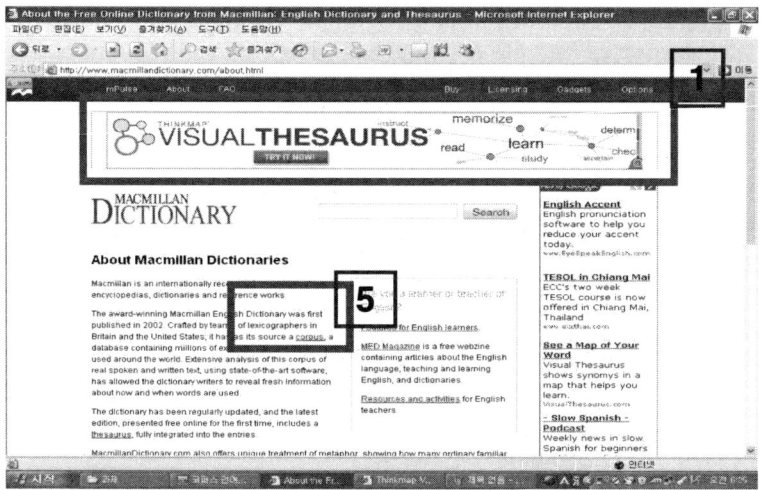

<그림 27> Macmillian Dictionary 홈페이지 (Macmillian, 2010)

위 <그림 27> 화면에서 ①VISUAL THESAURUS를 클릭하면 해당 화면으로 이동하며 검색하고자 하는 단어를 <그림 28>의 ② Look up a word에 입력 후 ③ Look it up을 클릭하면, ④과 같이 thesaurus들을 시각적으로 연결된 화면을 볼 수 있다.

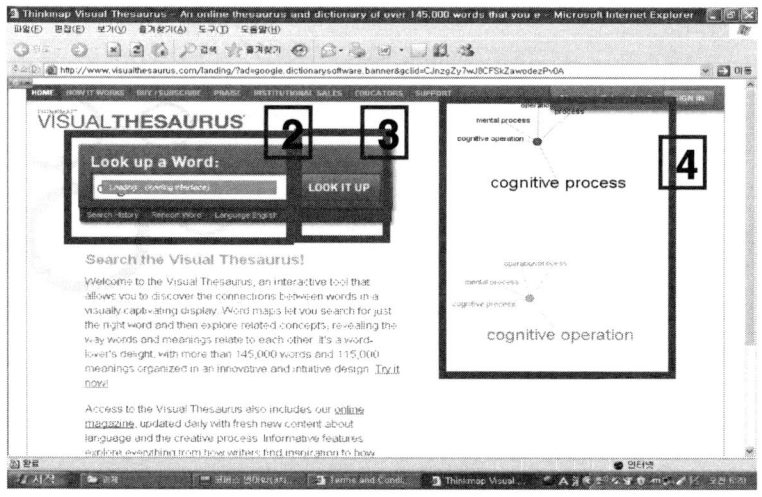

<그림 28> Visual thesaurus 화면 (Macmillian, 2010)

또한 위 <그림 27> 화면에서와 같이 ⑤ corpus를 클릭하면 다음과 같이 Macmillan 코퍼스에 대해 간략하게 설명한 화면으로 이동한다.

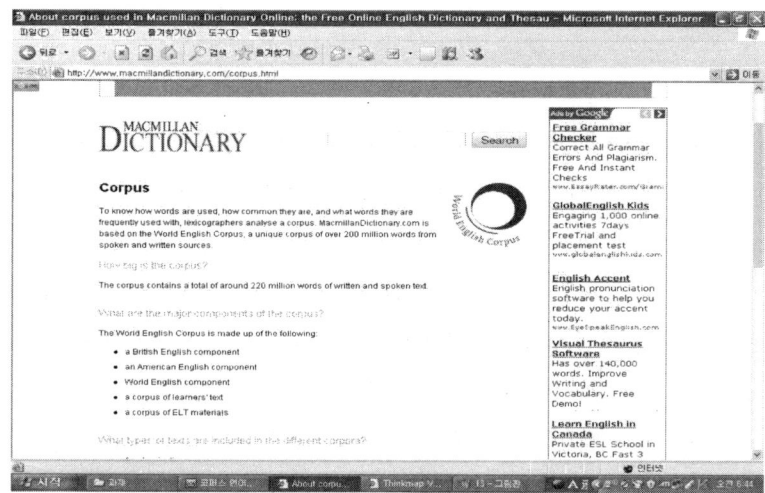

<그림 29> Macmillan corpus 자료 화면 (Macmillian, 2010)

4) 코퍼스의 전망

Macmillan 코퍼스로부터 정보를 얻기 위해 다양한 형태의 컴퓨터 프로그램을 사용하였다. 사전 편찬자 대부분이 그러하듯이, 그들은 말의 사용이나 형태를 조사하기 위해 용어색인 프로그램과 어휘적인 정보 수집 분석 프로그램을 사용한다. 이 프로그램들은 지금까지 활용되었던 연어들에 대해 가장 자세하고 신뢰할 만한 정보를 제공한다.

Macmillan 코퍼스는 단어들이 어떻게 사용되는지에 대한 중요한 정보를 제공한다. 코퍼스는 단어의 의미와 단어들이 문장 안에서 다른 단어들과 서로 조합하는 방식에 대해 기본적으로 기술하고 있다. 또한 코퍼스는 빈도수, 즉 어절들, 의미들, 문법적인 형태와 연어들에 관한 정보를 제공한다. 그리고 마침내, 코퍼스는 사전에서 보여주는 표본 문장들의 주요한 근본이다.

이러한 특징은 제2외국어로서의 영어 학습을 위한 비원어민 화자들의 어휘 학습에 있어 중요한 교수 요목을 제공할 수 있어 그 활용 가치가 매우 높아질 것으로 전망된다.

● Wellington Corpus of Spoken New Zealand English(WSC)

1) 구축 배경

WSC가 처음에는 A Computerised Corpus of English in New Zealand (ACCENZ)로 알려 졌었다가 나중에 Wellington Corpus of Spoken New Zealand English로 다시 알려졌다.

만들어진 목적을 살펴보면 Brown University Corpus of American English와 The Lancaster-Oslo/Bergen Corpus of British English (LOB), Macquarie Corpus of Australian English 의 세 가지 코퍼스와 직접적인 비교를 해 보기 위해 만들어졌다. 각각의 코퍼스들마다 영어를 사용하는 지역이 다르다는 점을 알 수 있다. (미국영어, 영국영어, 오스트레일리아영어, 뉴질랜드영어) WSC를 구축할 즈음에 Macquarie Corpus of Australian English를 이용할 수 없어서 주로 LOB 코퍼스에 기반을 두고 내용과 코딩을 만들었다.

2) 내용

WSC는 뉴질랜드 영어의 형식적(formal) 담화, 중간 형식적(semi-formal) 담화, 비형식적(informal) 담화의 이 세 가지 담화가 다른 비율로 구성되어 있다. 15개의 언어장르로 구성되어 있는데 형식적 담화는 모든 독백(monologue categories)과 출판물의 Parliamentary debate 부분에 해당하며, 중간 형식적(semi-formal) 담화는 인터뷰와 public and private: oral history (DPH), social dialect (DPP), 그리고 broadcast interviews (DGI) 에 해당한다. 마지막 남은 대화(dialogue categories) 부분이 비형식적(informal) 담화를 구성하고 있는데 이 부분이 전체 코퍼스의 50%를 차지하고 있다.

<표 20>은 영어자료를 7가지로 구분하여 언어장르를 나눠놓은 것이다. 또한 언어장르마다 코드명을 알 수 있다. 표를 보면, 전체 100만개 어절 수의 반을 차지하

는 것이 대화문임을 알 수 있다.

<표 20> WSC의 언어 장르

구분	언어장르	코드명	어절 수
Monologue	broadcast news	MSN	24,000
Public scripted, broadcast	broadcast monologue	MST	10,000
	broadcast weather	MSW	2,000
Monologue	sports commentary	MUC	20,000
Public unscripted	Judge's summation	MUJ	4,000
	Lecture	MUL	28,000
	Teacher monologue	MUS	12,000
Dialogue	Conversation	DPC	500,000
Private	Telephone conversation	DPF	70,000
	Oral history interview	DPH	20,000
	Social dialect interview	DPP	30,000
Dialogue	Radio talkback	DGB	80,000
Public	Broadcast interview	DGI	80,000
	Parliamentary debate	DGU	20,000
	Transactions and Meetings	DGZ	100,000
전체			1,000,000

3) 관련 프로젝트 연구물

석사학위논문, 박사학위논문, 학회지 발표논문, 관련 출판서적들이 있다. Holmes와 Bauer가 여러 개의 논문과 서적을 출판했음을 알 수 있다(Bernadette, 1998).

<표 21> WSC 관련 프로젝트 연구물 내용

석사학위 논문	Hay, Jen 1995. Gender and Humour: Beyond a Joke. Unpublished MA (Linguistics) thesis. Wellington: Victoria University.
	Na, Xingwei 1998. A Corpus-based Study of Irregular Full Verbs. Unpublished MA (Applied Linguistics) Research Project. Wellington: Victoria University.
	Yang, Wen 1996. Discourse Analysis of Direct and Indirect Speech in Spoken

	New Zealand English. Unpublished MA (Applied Linguistics) thesis. Wellington: Victoria University.
박사학위 논문	Hundt, Marianne 1996. New Zealand English and its relation to British and American English: A Corpus-Based Study in Morphosyntactic Variation. Unpublished PhD Thesis. Freiburg: University of Freiburg.
	Sigley, Robert 1997. Choosing your Relatives: Relative Clauses in New Zealand English. Unpublished PhD Thesis, Victoria University of Wellington.
학회지 발표 논문	Bauer, Laurie 1991. Progress with a Corpus of New Zealand English and early results. Paper presented to ICAME Conference, Ilkley.
	Bauer, Laurie 1993. The Wellington Corpus of Written New Zealand English. Paper presented to New Zealand Linguistic Society Conference, Hamilton.
	Bauer, Laurie 1994. The Wellington Corpus of Written New Zealand English. Paper presented to Australian Linguistic Society Conference, Melbourne.
	Holmes, Janet 1991. Progress with the Wellington Corpus of Spoken New Zealand English. Paper presented to New Zealand Linguistic Society Conference, Christchurch.
	Holmes, Janet 1992. Progress with the Wellington Corpus of Spoken New Zealand English. Paper presented to New Zealand Language and Society Conference Auckland.
	Holmes, Janet 1993. Chairpersons and goddesses: non-sexist usages in New Zealand English, Te Reo 36: 99-113. Paper presented to Third New Zealand Language and Society Conference, Auckland.
	Holmes, Janet 1994. Two for /t/: flapping and glottal stops in New Zealand English. Te Reo 38: 53-72. Paper presented at the Fourth New Zealand Language and Society Conference, Lincoln University.
	Holmes, Janet and Maria Stubbe 1994. You know, eh and other "exasperating expressions": an analysis of social and stylistic variation in the use of pragmatic devices in a sample of New Zealand English. Paper presented at the Fourth New Zealand Language and Society Conference, Lincoln University.
	Sigley, Robert 1996. How Far can New Zealand English be Yanked? Paper given at the 5th New Zealand Language and Society Conference, Christchurch.
관련출판 서적	Holmes, Janet 1993b. He-man beings, poetesses, and tramps: sexist language in New Zealand. In Laurie Bauer and Christine Franzen (eds) Of Pavlova, Poetry and Paradigms: Essays in Honour of Harry Orsman. Wellington: Victoria University Press, 34-49.
	Holmes, Janet 1993c. Sex-marking suffixes in New Zealand written English, American Speech 68, 4: 357-370.
	Holmes, Janet 1994a. Inferring language change from computer corpora: some methodological problems, ICAME Journal 18: 27-40.

Holmes, Janet 1994b. New Zealand flappers: an analysis of T Voicing in New Zealand English, English World-Wide 15, 2: 195-224.
Holmes, Janet 1994c. The Wellington Corpus of New Zealand English, TESOLANZ Newsletter 3, 3: 7.
Holmes, Janet 1994d. Methodological problems in collecting spoken New Zealand English, ICE Newsletter 19.
Holmes, Janet 1995a. Glottal stops in New Zealand English: an analysis of variants of word-final /t/, Linguistics 33, 3: 433-463.
Holmes, Janet 1995b. Two for /t/: flapping and glottal stops in New Zealand English, Te Reo 38: 53-72.
Holmes, Janet 1995c. The Wellington Corpus of Spoken New Zealand English: a progress report, New Zealand English Newsletter 9: 5-8.
Holmes, Janet 1996a. Collecting the Wellington Corpus of Spoken New Zealand English: some methodological challenges, New Zealand English Journal 10.
Holmes, Janet 1996b. The New Zealand spoken component of ICE: some methodological challenges. In Sidney Greenbaum (ed) Comparing English Word-Wide: The International Corpus of English. Oxford: Oxford University Press.
Holmes, Janet and Laurie Bauer 1996. Intervocalic /t/ in New Zealand English, World Englishes 15: 117-126.
Holmes, Janet and Maria Stubbe 1995. You know, eh and other "exasperating expressions": an analysis of social and stylistic variation in the use of pragmatic devices in a sample of New Zealand English, Language and Communication 15, 1: 63-88.
Johnson, Gary and Janet Holmes 1996. The Wellington Corpus of Spoken New Zealand English: transcription and ethical issues, New Zealand English Journal 10.
Sigley, Robert 1997a. The influence of formality and channel on relative pronoun choice in New Zealand English, English Language and Linguistics 1 (2), 207-232. Sigley, Robert 1997b. Text categories and where you can stick them: a crude formality index, International Journal of Corpus Linguistics 2 (1), 1-39.
Yang, Wen 1997. Discourse Analysis of direct and indirect speech in spoken New Zealand English, New Zealand Studies in Applied Linguistics 3, 62-78.

4) 발전방향

영국영어, 미국영어, 오스트레일리아영어와의 비교를 위해 만들어졌기 때문에 이를 위한 연구에 꾸준히 사용 가능성이 많으며 세 나라의 영어 이외에도 다른 종류의 영어와의 비교도 가능할 것으로 보인다. 또한 관련 서적들이 계속 출간될 것으로 보이며, 뉴질랜드 영어를 조사하고 연구하는 대학원생 및 연구원들에게도 큰 도움이 될 것으로 보인다.

● **Wellington Corpus of Written New Zealand English (WWC)**

1) 구축 배경

WWC는 Brown University Corpus of American English와 the Lancaster-Oslo/Bergen Corpus of British English(LOB), Macquarie Corpus of Australian English 의 세 가지 코퍼스와 직접적인 비교를 해 보기 위해 만들어졌다. 이를 통해 각각의 코퍼스들마다 영어를 사용하는 지역이 다르다는 점을 알 수 있다. WWC를 구축할 즈음에 Macquarie Corpus of Australian English를 이용할 수 없어서 주로 LOB 코퍼스에 기반을 두고 내용과 코딩을 만들었다. 그런 이유로 LOB 코퍼스와 내용구축의 전반과 코딩 기호가 많이 비슷하고 두 코퍼스의 범주(category)가 거의 비슷하게 구성되어 있다.

2) 내용

Victoria University of Wellington의 언어학자들이 연구한 세 가지 코퍼스 중 한 가지인 WWC는 문어체의 뉴질랜드 영어 단어를 모아놓고 있다.

<표 22> WWC의 텍스트 범주

텍스트 범주	A press: reportage
	B press: editorial
	C press: reviews
	D Religion
	E Skills, trades and hobbies
	F Poplular lore
	G Belles lettres, biography, essays
	H Miscellaneous
	J Learned and scientific writings
	K L Fictions

이와 같은 텍스트 범주화는 LOB와 거의 비슷하게 만들어졌다. <표 23>을 보면 LOB와 WWC 비교가 가능하다.

<표 23> WWC와 LOB의 텍스트 범주 비교

텍스트 범주	각 범주 속에 들어있는 텍스트 수	
	LOB corpus	WWC corpus
A press: reportage	44	44
B press: editorial	27	27
C press: reviews	17	17
D Religion	17	17
E Skills, trades and hobbies	38	38
F Poplular lore	44	44
G Belles lettres, biography, essays	77	77
H Miscellaneous	30	30
J Learned and scientific writings	80	80
K L Fictions (K-R in LOB)	126	126
총 합계	500	500

<표 23>에 나온 것처럼 두 개의 코퍼스는 같은 텍스트 범주로 되어있고 단지 Fiction 부분에서 LOB 코퍼스가 좀 더 세분화되어 범주화하고 있다는 것을 알 수 있다. (K에서 R까지 영역이 구분되어 있다.) 각 범주 속에 들어있는 텍스트 수도 두 코퍼스가 똑같다. 많은 부분을 차지하고 있는 것이 소설 분야임을 알 수 있다. 전체 500개의 텍스트 수 중에서 126개를 차지하고 있다.

● Vienna-Oxford International Corpus of English (VOICE)

1) 구축 배경

어떤 한 나라에 국한되지 않고 전 세계적으로 널리 사용되는 영어 즉, Lingua Franca로서의 영어를 매개로 삼아 코퍼스를 만들었다. 모국어가 영어가 아닌 사람들이 말하는 영어의 광범위하고 깊이 있는 언어학적 규범을 만들고자 시작되었다.

2) 내용

영어가 모국어가 아닌 나라의 사람들이 말하는 영어 즉 전 세계적으로 널리 사용되는 영어를 매개로 하였다. 이를 위해 49개 나라의 영어 사용자들 753명의 발화를 녹음하여 만들었다. 대부분의 코퍼스가 상업적인 이유 또는 다른 이유를 들어 온라인상에서 쉽게 이용할 수 없도록 만들었지만, VOICE의 경우는 모두가 쉽게 접근할 수 있도록 하였다. 현재 VOICE 1.0 버전이 만들어져 있으며 사이트에 이름을 등록하면 언제든지 로그인하여 들어갈 수 있다. Barbara Seidlhofer를 중심으로 4명의 연구원들이 함께 VOICE를 만들었으며 모국어가 다른 49개 나라의 영어 사용자들 753명의 자연스런 발화를 녹음하여 만들었다.

3) 관련 프로젝트 연구물

VOICE Corpus와 직접적인 관련이 있는 연구물은 최근 2008, 2009년에 들어와서 나왔다. ELF에 관하여서는 2000년도에 들어와서 끊임없이 연구되고 있는 분야로 전 세계적으로 많은 언어학자들의 연구물들을 찾아볼 수 있다(Barbara, 2009).

<표 24> VOICE 관련 연구물

2009년	Breiteneder, Angelika; Klimpfinger, Theresa; Majewski, Stefan; Pitzl, Marie-Luise. 2009. "The Vienna-Oxford International Corpus of English (VOICE) - A linguistic resource for exploring English as a lingua franca". ÖGAI-Journal 28/1, 21-26.
2008년	Pitzl, Marie-Luise; Breiteneder, Angelika; Klimpfinger, Theresa. 2008. "A world of words: processes of lexical innovation in VOICE". Vienna English Working PaperS 17/2, 21-46.(Available at http://anglistik.univie.ac.at/fileadmin/user_upload/dep_anglist/weitere_Uploads/Views/views_0802.pdf)

<표 25> ELF 관련 연구물

2009년	Böhringer, Heike. 2009. The sound of silence: Silent and filled pauses in English as a lingua franca business interaction. Saarbrücken: VDM-Verlag Müller. Breiteneder, Angelika. 2009. "English as a lingua franca in Europe: An empirical perspective". World Englishes 28/2, 256-269.

Breiteneder, Angelika. 2009. English as a lingua franca in Europe. A natural development. Saarbrücken: VDM-Verlag Müller. Breiteneder, Angelika; Klimpfinger, Theresa; Majewski, Stefan; Pitzl, Marie-Luise. 2009. "The Vienna-Oxford International Corpus of English (VOICE) - A linguistic resource for exploring English as a lingua franca". ÖGAI-Journal 28/1, 21-26. Hülmbauer, Cornelia. 2009. "'We don't take the right way. We just take the way that we think you will understand' - The Shifting Relationship between Correctness and Effectiveness in ELF". In Mauranen, Anna; Ranta, Elina (eds.). English as a Lingua Franca: Studies and findings. Newcastle upon Tyne: Cambridge Scholars Publishing, 323-347. Klimpfinger, Theresa. 2009. "'She's mixing the two languages together' - Forms and Functions of Code-Switching in English as a Lingua Franca". In Mauranen, Anna; Ranta, Elina (eds.). English as a Lingua Franca: Studies and findings. Newcastle upon Tyne: Cambridge Scholars Publishing, 348-371. Osimk, Ruth. 2009. "Decoding sounds: an experimental approach to intelligibility in ELF." Vienna English Working PaperS 18/1, 64-89.(Available at http://anglistik.univie.ac.at/fileadmin/user_upload/dep_anglist/weitere_Uploads/Views/0901final.pdf) Osimk, Ruth. 2009. Verständlichkeit in Englisch als Lingua Franca. Die Rolle von Aspiration, [Θ]/[ð] und /r/. Saarbrücken: VDM-Verlag Müller. Pitzl, Marie-Luise. 2009. "'We should not wake up any dogs': Idiom and metaphor in ELF". In Mauranen, Anna; Ranta, Elina (eds.). English as a Lingua Franca: Studies and findings. Newcastle upon Tyne: Cambridge Scholars Publishing, 298-322. Seidlhofer, Barbara. 2009. "Accommodation and the idiom principle in English as a lingua franca". Journal of Intercultural Pragmatics 6/2, 195-215. Seidlhofer, Barbara. 2009. "Common ground and different realities: World Englishes and English as a lingua franca". World Englishes 28/2, 236-245. Seidlhofer, Barbara. 2009. "ELF findings: form and function". In Mauranen, Anna; Ranta, Elina (eds.). English as a Lingua Franca: Studies and findings. Newcastle upon Tyne: Cambridge Scholars Publishing, 37-59.

4) 사용방법

비엔나 대학교 홈페이지로 들어가서 VOICE 부분을 찾아 들어간다.

(http://www.univie.ac.at/voice/page/index.php)

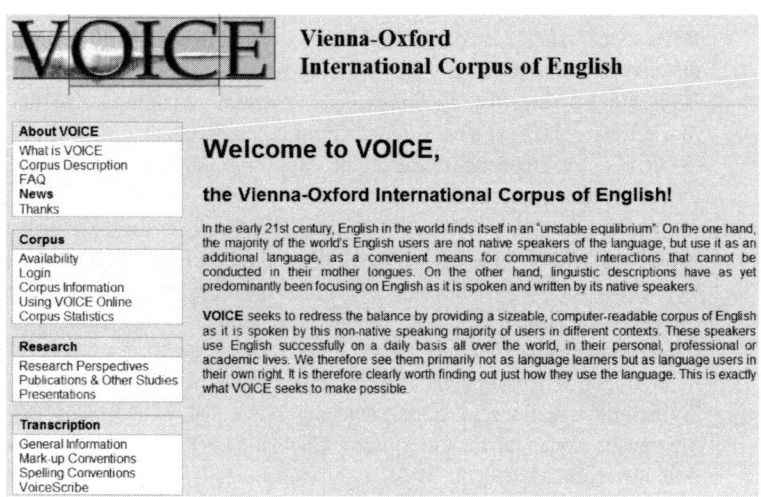

<그림 30> VOICE 첫화면

왼쪽 메뉴중에서 <Log-in>을 찾아 클릭하여 들어간다.

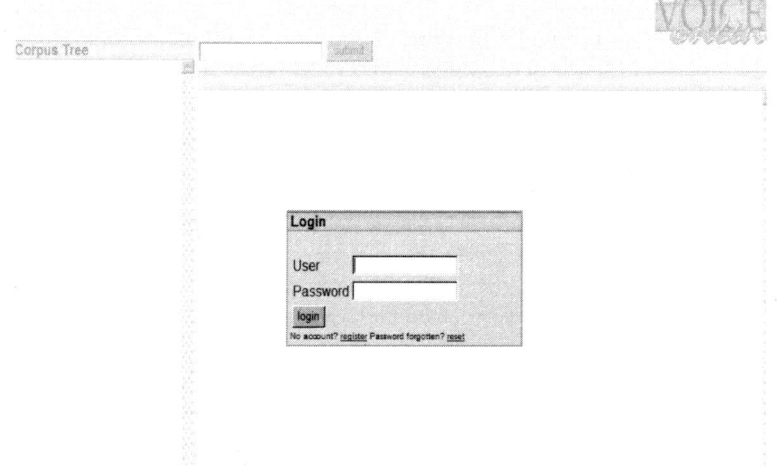

<그림 31> VOICE 로그인 화면

무료로 사이트에 가입을 하고 아이디와 비밀번호를 설정하고 로그인하여 들어간다.

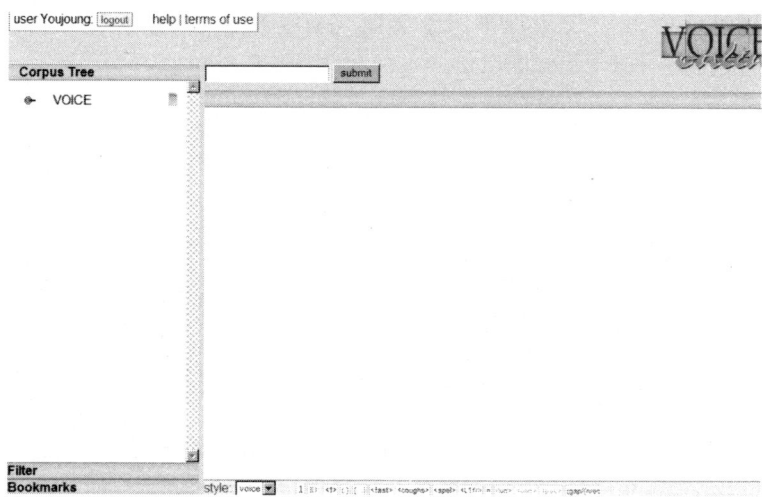

<그림 32> VOICE 로그인 후 첫 화면

이제 찾고자 하는 것을 간단하게, 또는 세부적인 단계에 맞게 코퍼스에서 찾아볼 준비가 완료됐다. 화면에 보이는 검색창에 찾고자 하는 단어나 구를 입력하면 결과를 쉽게 얻을 수 있다. (예: tired 검색)

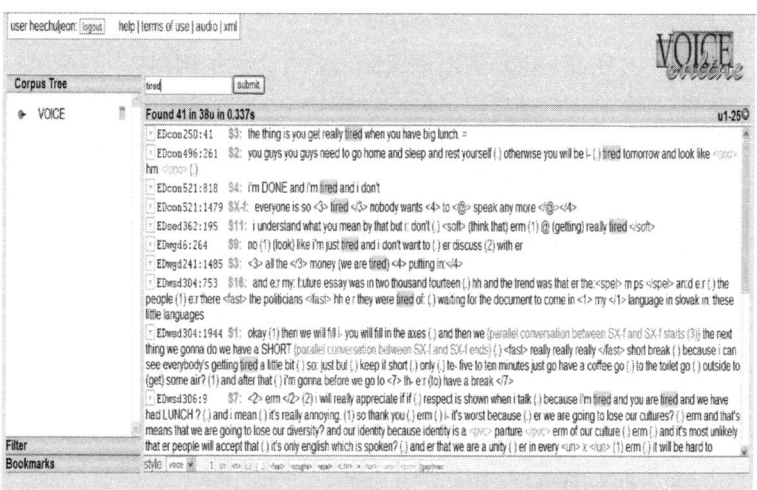

<그림 33> VOICE 단순 검색 결과 화면

찾은 단어나 구의 검색 결과에 대한 통계 자료를 얻을 수 있다.

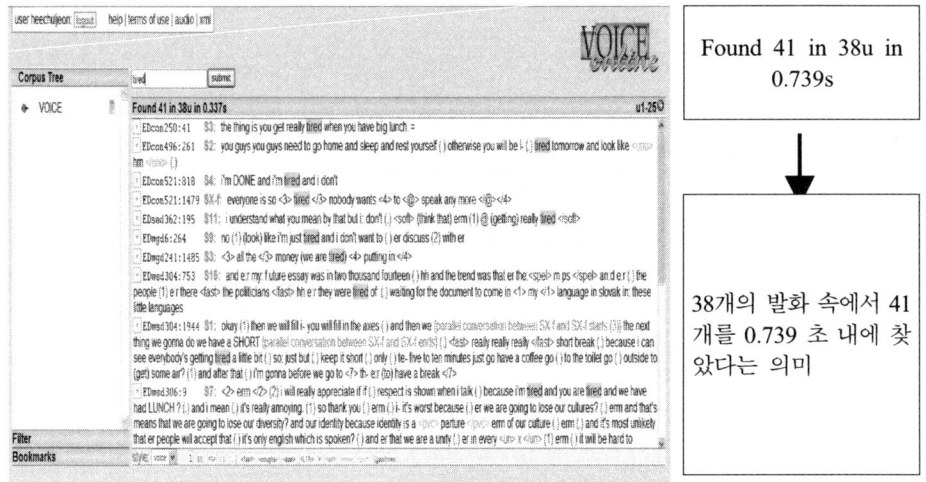

<그림 34> VOICE 통계 결과 화면

와일드카드 *, ?, + 등을 사용하면 <표 26>과 같은 결과들을 얻을 수 있다 (Barbara, 2009).

<표 26> VOICE의 와일드 카드의 종류와 예시표

검색종류	검색결과
*	zero or more characters
*rise	e.g. arise, enterprise, rise
hous*	e.g. house, houses, housing
house *	e.g. house in, house the, house
* house *	e.g. the house and, a house in, own house with
?	zero or one character
?ise	e.g. rise, wise
house?	e.g. house, houses
house ?	e.g. house, house i; NOT: e.g. houses, house the
? house ?	e.g. a house, house i
+	one or more characters

+rise	e.g. enterprise, surprise, sunrise; NOT: e.g. rise
house+	e.g. houses, household, housewives
house +	e.g. house in, house the, house again; NOT: houses
+ house +	e.g. a house in, same house like, lovely house and

<표 26>은 와일드카드로 검색을 했을 경우의 예를 보여준다. 와일드카드는 단어의 앞, 뒤, 또는 앞 뒤 모두에 쓰일 수 있으며 한 칸을 띄우는지 아닌지에 따라서도 결과가 달라질 수 있다. 검색을 한 이후 산출 결과는 크게 3가지 종류가 있다. VOICE style, Plain style, KWIC(KeyWord-in-Context) style이다. 사용자가 희망하는 산출 결과를 얻을 수 있는데 이는 화면의 제일 아래에서 조정할 수 있다.

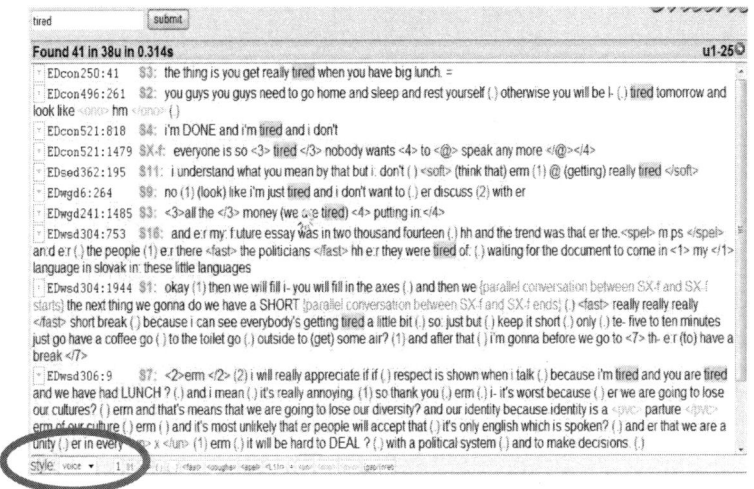

<그림 35> Voice style 결과 화면

<그림 35>는 VOICE style로 얻어지는 결과이다. tag와 mark-up을 이용하여 결과를 산출하였다. 복잡해 보이지만, 각각의 태그의 의미를 알고 있다면 쉽게 이해할 수 있다. 아래 표는 각각의 태그와 마크업이 지니는 의미를 설명하고 있다.

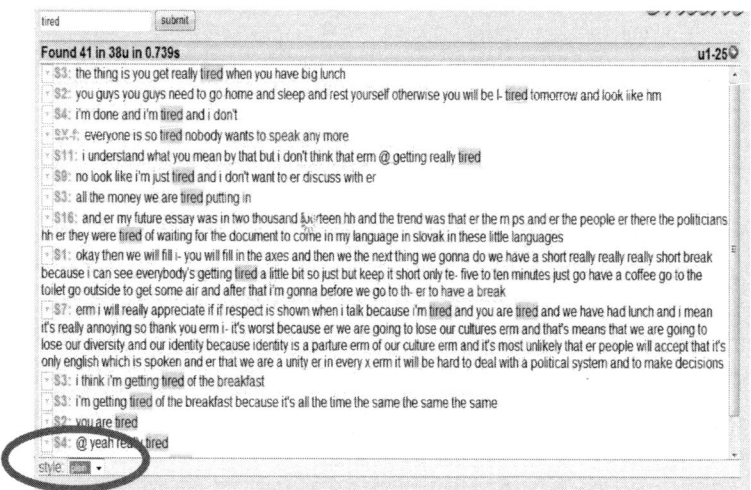

<그림 36> Plain style 결과 화면

<그림 36>은 Plain style 로 얻어진 결과를 보여준다. Voice style 과 달리 검색 단어의 단순한 결과 화면을 나타내고 있다.

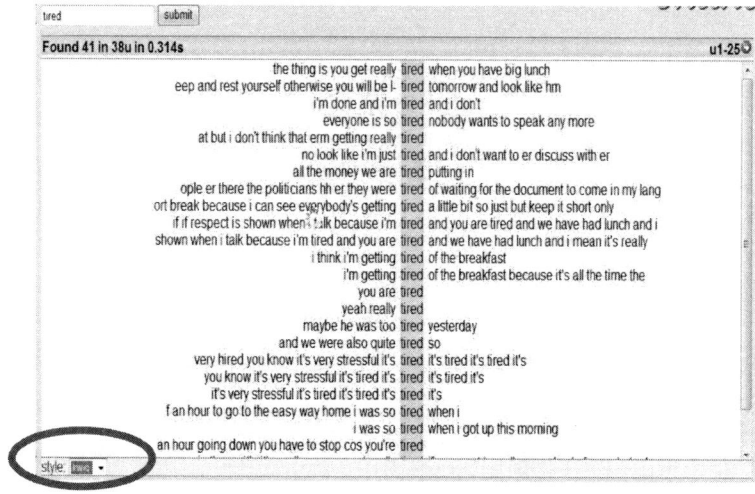

<그림 37> Kwic style 결과 화면

<그림 37>은 Kwic style로 얻어낸 검색결과이다. Kwic 이란 Key word in context

의 약자로 즉, 문맥 속에 나온 단어의 검색 결과를 확인할 수 있다. Kwic 의 결과를 통해 단어의 전후로 어떤 전치사 및 어떤 단어와 쓰이는 지에 관해 알 수 있다.

5) 발전방향

온라인상으로 누구나 손쉽게 접근할 수 있도록 만들어진 특성상 많은 사람들이 VOICE를 사용할 수 있다. 전 세계의 언어학자들, 코퍼스를 기반으로 연구를 하려는 연구원들에게도 반가운 자료가 될 수 있다. 또한 현재 Version 1.0 online 으로 작년에 만들어진 VOICE는 Version 1.0 으로 끝나지 않고 앞으로도 계속되는 발전과 노력을 통해 점점 업그레이드 된 코퍼스를 기대할 수 있다.

5. 코퍼스의 활용

코퍼스를 분석하여 얻을 수 있는 가장 유용한 정보는 빈도이다. 특정 어휘, 특정 환경이 코퍼스 내에서 얼마나 많이 나왔느냐를 관찰하면 이후 연구의 방향을 잡을 수 있기 때문이다. 또 언어학적 가설을 검증할 때 코퍼스 내에서의 빈도는 강력한 증거가 된다. 이 빈도는 단순하게 수치만을 볼 수도 있으나 적절하게 비교하기 위해서는 정규화 할 필요가 있다.

가. 변이 연구

코퍼스는 목적에 따라 다르게 구축할 수 있다. 예를 들어 구어 코퍼스를 따로 구축하면 문어와 대비되는 구어의 사용 양상을 찾아볼 수 있다. 마찬가지로 공적인 문서와 사적인 문서를 구분해두면 특정 어휘나 스타일이 다른 영역에서 어떻게 사용되는가를 계량적으로 파악할 수 있다. 성, 인종, 국가, 계급 등 적절한 분류만 있다면 얼마든지 분야별 코퍼스를 만들 수 있다. 이러한 접근은 사회언어학, 심리언어학 등에서 특히 유용하다.

나. 역사 언어 연구

대개의 코퍼스는 현대어 위주로 구축되어 있지만 역사 코퍼스를 구축하면 통시적 연구가 가능해진다. 특정 어휘가 어떤 식으로 변해왔는가를 추적할 수도 있고, 그 시대 어휘만을 다룬 역사 사전도 만들 수 있다. 물론 역사 코퍼스는 구축이 어렵다. 그리고 표기의 일관성이 보장되지 않아 수많은 이표기를 함께 처리해야하는 불편함이 있다. 사실 역사 코퍼스는 문서 수가 한정적이므로 균형을 갖춰 구축하는 것 자체가 어려운 면이 있다. 그럼에도 불구하고 역사 코퍼스는 역사 언어 연구의 필수 불가결한 도구이자 대상이 되어가는 중이다.

다. 비교 언어학

2개 국어 이상의 번역된 문서를 모은 코퍼스를 병렬코퍼스(parallel corpus)라 부른다. 최초로 구축된 병렬 코퍼스 중 하나인 영어-노르웨이어 병렬코퍼스는 동일 장르 간 영어권과 노르웨이어권의 비교, 영어가 노르웨이어로 번역되면서 어떤 변화가 생기는가 혹은 그 반대의 고찰, 노르웨이어로 쓰인 문학과 노르웨이어로 번역된 문학의 비교, 이렇게 세 가지 목적을 가지고 만들어졌다. 병렬 코퍼스를 구축할 때의 가장 큰 주의 점은 되도록 직역한 것 위주로 모으는 것이 좋으며 원문과 번역문의 표시를 명확하게 해야 한다는 것이다.

라. 언어 교육

코퍼스에서 수많은 용례가 쏟아지는 것만으로도 사실 충분한 언어 교육의 효과가 있다. 이런 관점으로 만들어진 방법론이 CALL(computer-assisted language learning)이고 교사는 이러한 시스템을 통해 학습자를 지도할 수 있다. 찾고자하는 용례를 검색하는 방법을 가르쳐주고 학습자가 그것을 찾아내도록 도와주는 과정 속에서 학습자는 배우고자 한 어휘 또는 문장과 함께 그 주변의 어휘나 문장까지 함께 접하게 된다. 여러 용례 안에는 다양한 변이와 주변 환경이 함께 제시되기 때문에 읽어나가는 과정에서 복합적인 이해를 할 수 있게 되는 것이다. 여기서는 어떤 예문이 좋은 예문인가 혹은 학습자의 수준에 맞춰 예문을 제시하려면 어떤 기준이 필요한가 등이 함께 고민되어야 한다.

마. 사전 편찬

사전 편찬은 언어학 정보를 집대성하는 과정이라고 해도 과언이 아니다. 따라서 코퍼스를 토대로 한 언어 연구의 결과물은 사전 편찬과정에 반영되기 마련이고 대규모의 코퍼스는 사전 편찬과 함께 발달되었다. 그리고 점차 실제 쓰이는 언어를 반영하는 기술적 측면이 강조되고 있으므로 코퍼스의 활용도는 절대적이다. 즉, 표제어를 선정할 때 뿐 아니라 예문을 고르고 의미 구분의 기준을 잡을 때에도 매번 코퍼스를 참고하지 않으면 안 된다.

II
코퍼스와 언어 학습

1. 코퍼스와 습득의 상관관계

    코퍼스의 품사분석기술(POS-tagging)과 구문분석기술 또는 범주화기술(parsing)을 활용하여 원하는 데이터를 얻어내는 과정과 관련지어 볼 때, 이러한 데이터는 구체화된 문장의 요소가 어떻게 빈도 높게 사용되고 있는가를 알 수 있게 하고 이로써 예문을 통한 언어요소의 습득을 가능하게 한다. 습득은 아이들이 모국어 능력을 계발하는 방법과 동일하지는 않지만 비슷한 과정이다. 언어습득은 잠재의식적인 과정으로 언어 습득자들은 자신이 언어를 습득하고 있다는 사실을 대체로 인지하지 못한다. 단지, 그들은 의사소통을 하면서 언어를 사용하고 있다는 사실만 인지하게 된다. 그 결과 언어습득의 결과물인 습득된 언어능력은 잠재적인 것이라고 할 수 있다. 일반적으로 우리는 습득한 언어의 규칙을 의식적으로 인지하는 것이 아니라 그저 옳다고 느끼는 것이다. 마찬가지로, 어떤 규칙이 위반되었을 때 그것을 의식적으로 알지 못하더라도 문법적으로 무언가 잘못되었다고 느끼게 된다(Krashen, 1982). 다음은 코퍼스와 습득의 관계를 규명해주는 기본적인 토대가 되는 것들이다.

2. 코퍼스 기반 언어습득 과정의 특성

가. 문맥적 조우(Contextual Encounters)

학습자들은 많은 문장을 읽음으로써 빈도와 문맥을 통해 문법규칙과 어휘의 의미를 발견하고 습득하게 된다. 이를 통해 자연스럽게 어휘의 의미와 쓰임, 문법적으로 옳고 그름을 파악할 수 있게 된다. 문맥이 없다거나 충분하지 학생들은 단순하게 규칙을 암기하거나 단어의 뜻을 암기하는 수준을 벗어나지 못할 것이다. 그러나 문맥을 통해 학습한다면 문장과 지문에 드러난 상황적 맥락, 화자의 발화의도, 문화적 배경 등을 통해서 어휘의 쓰임을 더 잘 이해하고 실제 의사소통에서 적용하게 될 것이다. 규범문법(prescriptive grammar)에서 기술문법(descriptive grammar)로 초점이 옮겨지고 있는 상황에서 맥락이 없는 전통적인 문법만 고집한다면 학습자들에게 살아있는 언어를 가르친다고 할 수 없을 것이다.

나. 의식의 상승(Awareness Raising)

의식의 상승은 문법의 습득을 촉진한다. 자연스러운 대화의 기록이든 혹은 방송과 영화에 등장하는 구어체 표현이든 상관없이 대화에 등장하는 표현들을 모아놓은 구어체 코퍼스 자료를 통해 문법 규칙에 대한 인식을 갖게 되면 구어체에 등장하는 문법요소를 듣게 될 때 좀 더 주의를 기울여 아는 내용을 알아채게(noticing) 된다. 이것은 사실상 주의를 기울여 듣기(listening to something)보다 더 나아가 발견하기 위한 듣기가(listening for something) 되어 습득을 촉진하게 된다. 또한 빈도가 높은 덩어리 표현(chunk)과 빈도가 낮은 덩어리 표현이 있을 때 학생들은 호기심과 희귀성 때문에 빈도가 낮은 덩어리 표현을 보다 쉽게 인식하고 발견할 수 있다. 그러나 빈도수가 높은 표현을 좀 더 강조함으로써 학생들에게 유용한 덩어리표현에 대한 인식(awareness)을 높여 실제 상황에서 더 자주 사용할 수 있게 된다.

다음의 예를 통해서 의식의 상승과정을 살펴볼 수 있다(O'Keefe and Farr 2003, p. 401).

student A: What's the difference between 'collaborate' and 'cooperate'?
student B: Well, 'collaborate' is generally used for something which is negative and 'cooperative' is more positive.
student A: So can I say 'I am cooperating with Maria on this project? Collaborate would be wrong here?'
student B: Well yes, no, mm I'm not too sure. What does the dictionary say? Let's check

a) 이 두 단어의 의미 차를 알기 위해서 사전을 활용한다.
b) 코퍼스를 사용해서 유사어의 의미가 어떻게 다른가를 알아본다.
c) 위의 발췌된 수업의 일부를 보다 효과적으로 전달하도록 다시 설계한다.

다. 충분한 언어입력(Affluent Language Input)

Krashen(1982)은 만일 입력이 충분히 주어지고 그것이 이해되면 필요한 문법은 자동적으로 제공된다고 하였다. 방대한 양의 코퍼스를 통해 보다 많은 예문들에 노출됨으로써 학습자들은 어휘를 가지고 놀이를 하거나 새로운 패턴을 만들도록 동기부여가 된다. 이로써 언어를 만들어내는데 보다 창의적이 되고 그 과정에서 상호작용적인 능력도 발달시키게 된다(McCarthy, 2007).

<표 27> 데이터 수에 의한 코퍼스 구분

코퍼스 종류	데이터 수	언어
Cambridge International Corpus(CIC)	1 billion words	BE/AE
Macmillan World English Corpus	220 million words	BE/AE
British National Corpus(BNC)	100 million words	BE
Longman Written American Corpus	100 million words	AE
Collins Wordbanks Online English Corpus	56 million words	BE/AE
American National Corpus(ANC)	22 million words	AE
The Longman Learners' Corpus	10 million words	AE

라. 스스로 발견하기(Finding Solutions on One's Own)

학습자 자신에게 맞는 특정한 중간언어 단계에 따라 주어진 문제에 대해 해결

책을 찾도록 하는 귀납적 접근방식은 언어습득이 일어날 수 있는 조건을 보다 용이하게 만들어 낸다(Cobb, 1977). 그러므로 학습자의 언어능력의 수준 차이가 있더라도 그 수준에 맞게 코퍼스 자료를 제시할 경우 언어 사용의 예를 먼저 제시하는 귀납적 방법으로 접근하게 되면 언어습득이 쉽게 일어날 수 있다. 코퍼스 자료에서 추출한 콘코던스(concordance) 예문들이 많은 유형별 용례를 보여주기 때문에 그것을 쉽게 교실상황에 적용할 수 있다. 다음의 예를 보면 콘코던스를 활용한 귀납적 문법 활동의 효과를 알 수 있다.

Figure 7: Extract from *Natural Grammar* (Thornbury 2004: 155)

Exercises

❶ Look at these concordance lines, and identify the meaning of *there* in each case. Is it a pronoun (showing that something exists) or is it an adverb (saying where something is)?

a **There**'s a bar and a lecture room for guests' use.
b **There**'d been another quake at 4am, a 6.5 shock.
c It was only in my third year that I really felt happy **there**.
d You say **there**'s a certain amount of risk. How much?
e I was **there** for her birth and it was the most exciting thing.
f But **there**'ll be no alcohol on sale.
g He was standing **there** with Mrs Kasmin as she tried to give him tea.
h He had been **there** since he left the Pit a year earlier.
i He was confident **there**'d be no problem. So was I.

<그림 38> 귀납적 문법학습 활동의 예

3. 코퍼스 기반 언어학습의 교육적 함의

가. 코퍼스 기반 학습의 효용성

1) 데이터 중심 귀납적 학습(Data-Driven & Inductive Learning)

Johns(1994)는 데이터 중심학습을 학습자가 가능한 한 직접적으로 데이터와 직면하게 되는 과정으로 보고 있다. 그는 이러한 상황을 모든 학습자가 탐정 셜록홈즈가 되어 언어탐색을 하게 만드는 과정으로 묘사하고 있다. 이것은 귀납적 접근

방법으로써 문법규칙이나 어휘가 실질적인 언어맥락에 노출되게 하는 방법이다 (Goner, Phillips, and Walters 1995, p. 135). 귀납적 접근방식은 유창성을 방해하는 문법적 용어나 규칙에 초점을 두기보다 언어의 사용에 초점을 두고 있다. 그래서 학생들의 참여를 촉진하고 유의미한 맥락(meaningful context) 속에서 목표어를 연습하게 한다. 다음의 'that'의 쓰임에 관한 고등학교 문법 수업활동의 예를 통해서 데이터 중심 귀납적 학습의 효과를 살펴볼 수 있다.

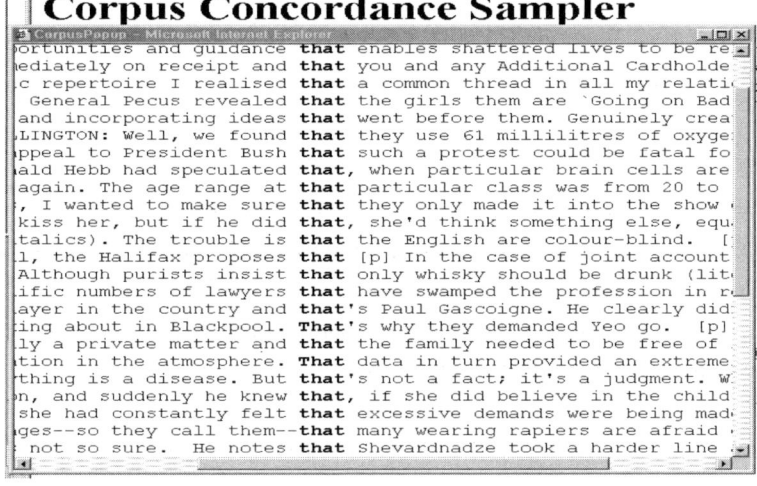

<그림 39> 코퍼스를 활용한 고등학교 문법 지도

학생들이 고등학교 읽기과정에서 교과서 해석을 할 때 가장 힘들어하는 부분이 접속사(conjunction) *that*과 관계대명사(relative pronoun) that의 구분이다. 위의 KWIC인 *that*을 콘코던스(concordance)를 활용해서 검색한 내용을 학생들에게 먼저 보여주고 *that*의 위치와 *that*아래의 문장을 구조를 통해 스스로 *that*의 접속사적 특성과 관계대명사적 특성을 발견하게 한다. 위의 콘코던스에 나타나 있는 예문들을 통해서 학습을 돕는 과정을 보면 다음과 같다.

<발견 이전>
a. ...we found **that** they use 61 milliliters of oxygen...
b. Although purists insist **that** they only whisky should be drunk....

c. ...ideas **that** *went before them...*
　　d. *He notes* **that** *Shevardnadze took a harder line....*
　　e. *...lawyer* **that** *have swamped the profession in...*

　이 후 학생들은 위의 서로 다른 예를 통해서 *that* 앞에 동사가 오는 경우와 *that* 뒤에 동사가 오는 경우가 있음을 알 수 있다. 또한 *that*이 동사 뒤에 오는 경우는 *that*이 동사의 목적어절로 해석될 수 있지만 *that*이 동사 앞에 오는 경우는 그렇게 해석할 수 없음을 알게 된다. 이러한 위치와 해석의 차이를 발견하면서 학생들은 *that*이 서로 다른 부류일 것이라는 추측을 하게 된다. 그래서 학생들은 다음과 같이 범주화할 수 있게 된다.

　　<발견 이후>
　　(Type A) a. *...we found* **that** *they use 61 milliliters of oxygen...*
　　(Type A) b. *Although purists insist* **that** *they only whisky should be drunk....*
　　(Type A) d. *He notes* **that** *Shevardnadze took a harder line....*
　　(Type B) e. *...lawyer* **that** *have swamped the profession in...*
　　(Type B) c. *...ideas* **that** *went before them...*

　이 후 학생들은 또 한 가지의 사실을 발견하게 된다. 'Type A'는 *that*이하에 완전한 문장이 나타나고 'Type B'는 주어가 없는 불완전한 문장이 나타난다는 것을 알 수 있다. 이로써 명칭을 알지 못하더라도 *that*의 접속사적 특성과 관계대명사적 특성을 범주화할 수 있게 된다. 이러한 과정이 곧 발견의 과정이고 데이터를 통한 귀납적 학습이 일어나는 과정이라고 할 수 있다.

2) 학습자의 자발성(Enhancing Learner's Autonomy) 향상 1

　데이터 중심학습의 교육적 맥락은 구성주의 학습이론들을 상기시킨다. 즉, 언어학습과 발달이 학습자의 자발성(autonomy)의 범위 내에서 일어나게 되는 것이다. 그러므로 학습자는 타의에 의한 학습이 아니라 능동적으로 참여하는 자발적인 학습을 통해 언어를 재구성하는 것이다. 학습자의 자발성 혹은 자율성이라는 것은 학습자 스스로 학습 자료를 구성하고 학습을 진행해가는 것을 말한다(Holec,

1981). 그러므로 코퍼스를 통해서 학습자는 자신이 어떤 학습 자료를 찾을 지 미리 계획하고 자료를 검색한 후 결과를 스스로 피드백 받을 수 있고 자신의 학습전략과 내용에 대해서 스스로 평가도 할 수 있다. 그러므로 궁극적으로 코퍼스를 통한 데이터 중심학습은 학습자의 자발성을 향상시키는 좋은 방법인 것이다. 다음의 4단계를 거쳐 학습자들은 스스로 학습 자료를 찾고 구성하고 학습 내용을 분석할 수 있다.

<1단계>
학생들은 자신들이 좋아하는 영어 사이트를 방문하여 자료의 내용물을 찾는다.

<그림 40> 코퍼스를 활용한 학습 자료 찾기

<2단계>
위에서 찾은 자료의 내용물을 복사하여 윈도우의 메모장에 붙여 넣는다.

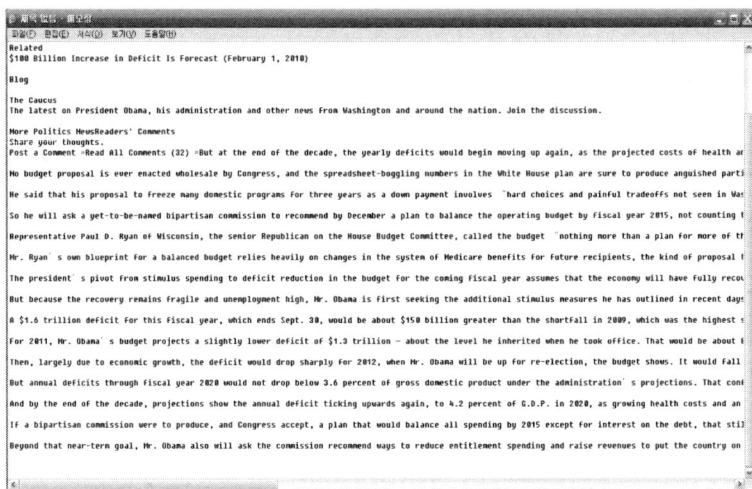

<그림 41> 코퍼스를 활용한 학습 자료 구성하기

<3단계>

인터넷에서 'monoconc' 프로그램을 다운받아 실행시킨 후 파일을 불러온다.

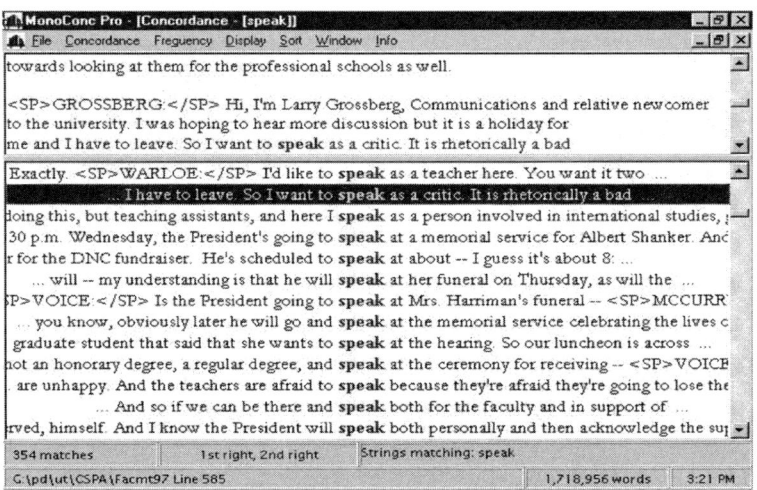

<그림 42> 학습 자료 실행하기

<4단계>

프로그램의 콘코던스를 활용하여 자료를 검색하고 분석한다.

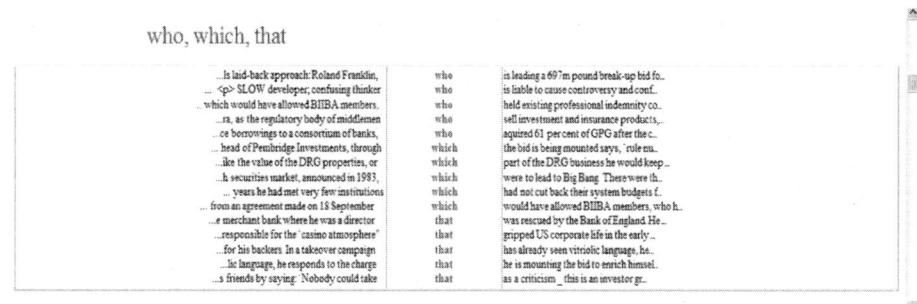

<그림 43> 학습 자료 분석하기

3) 학습자의 자발성(Enhancing Learner's Autonomy) 향상

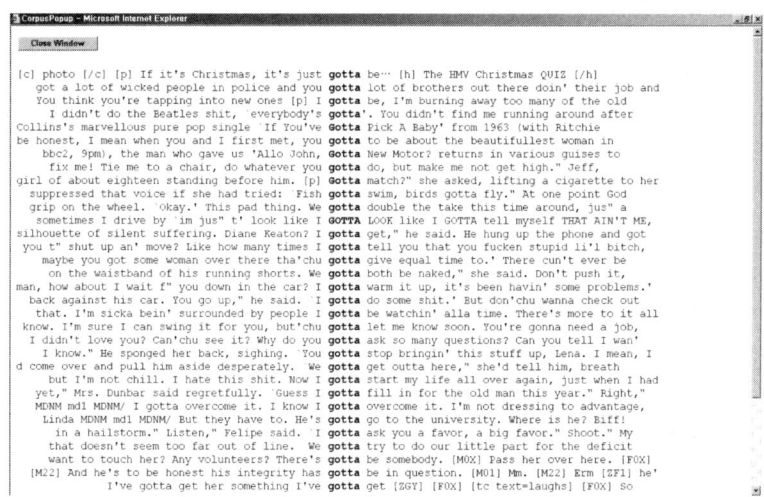

<그림 44> 코퍼스를 활용한 고등학교에서의 표현의 진정성 지도

학습자는 의도적으로 고안된 예문의 데이터를 접하는 것이 아니라 진정성 있는 자료를 경험하게 된다. 여기서 '고안된' 예문이라는 것은 언어의 특징이나 규칙을

설명하기 위한 교육적 목적을 위해 특별하게 만들어진 예들을 의미한다(O'Keeffe, McCarthy & Carter, 2007). 언어학습의 목표는 학습자가 효과적으로 의사소통을 하기 위한 것이다. 이것을 달성하기 위해서 학습자는 실제 의사소통 상황에서 사용되는 진정성 있는 자료를 경험할 필요가 있다.

고등학교 교과서에서 종종 등장하고 독해문제집 지문에서도 가끔 볼 수 있는 'have got to' 라는 표현은 실생활의 회화에서 축약된 표현으로 쓰이고 있는 것을 잘 인식하지 못하고 있다. 그러나 사실 그 축약형인 'gotta' 는 위의 Collins Wordbanks 코퍼스 예문에서 보면 구어체 예문에서 자주 쓰이고 있음을 알 수 있다. 이러한 구어체 예문을 통해 학생들은 진정성 있고 자연스러운 표현을 익히게 된다. 다음의 팝송가사(Des'Ree의 'You Gotta Be' 중에서)를 보면 실질적으로 우리가 접하는 일상의 문화 속에서 교과서에서는 보기 힘든 살아있는 구어체 표현을 발견할 수 있다.

Listen as your day unfolds,
challenge what the future holds
Try to keep your head up to the sky
Lovers they may cause you tears
Go ahead release your fears
Stand up and be counted,
don't be shamed to cry
*You **gotta** be.*
*You **gotta** be bad, you gotta be bold,*
*you **gotta** be wiser*
*You **gotta** be hard, you gotta be tough,*
*you **gotta** be stronger*
*You **gotta** be cool, you gotta be calm,*
*you **gotta** stay together.*
All I know, all I know
Love will save the day

그러므로 이러한 팝송과 같은 진정성이 있는 영어자료에서 경험하는 말들을 코퍼스를 통해 검색해 보고 얼마나 빈도 높게 사용되는가를 분석해 봄으로써 의사소통에 필요한 말들을 실질적으로 학습하는 효과를 거둘 수 있게 된다.

4) 사회언어학적 배경의 이해(Understanding Sociolinguistic Backgrounds)

많은 구어체 언어의 코퍼스 데이터는 나이, 성별, 교육수준, 사회경제적 배경과 같은 사회언어학적 변수를 가지고 구성되어진다. 그러므로 코퍼스 데이터를 통해 그 언어가 사용된 지역의 특성 및 그 지역 사람들의 사회적, 문화적 특성을 엿볼 수 있다. 실제로 아래 그림에서처럼 북아메리카의 색깔과 관련된 용어의 빈도를 CIC(10 million words)를 검색해서 그 빈도를 보게 되면 *white*와 *black*이 가장 현저하게 빈도가 높게 분포하고 있음을 알 수 있다. 이것은 곧 북미사회에서 인종문제가 여전히 삶 속에서 중요한 문제로 자리 잡고 있음을 알 수 있다(O'Keeffe, McCarthy & Carter, 2007).

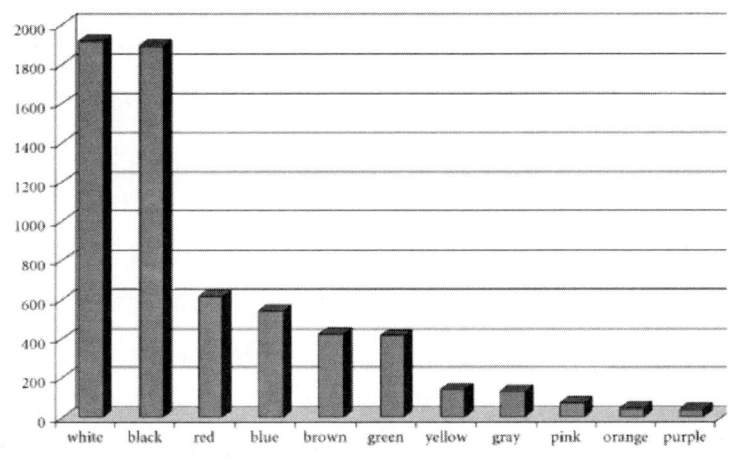

<그림 45> 코퍼스를 통한 색채관련 용어에 대한 검색 결과

코퍼스를 활용하는 경우도 있지만 아래의 예처럼 학생들이 보다 친숙하게 느끼는 매체인 구글(google)검색을 통해서 그 빈도를 확인함으로써 언어의 사회적 맥락을 경험할 수가 있다. 검색창에 "*the handicapped*"와 "*the physically challenged*"

를 각각 입력하여 검색하면 빈도수가 다르게 나타난다. '*the handicapped*'는 '약점을 가진 사람'으로 인식될 수 있기 때문에 그보다 더 완곡하면서 존중의 뜻을 포함하고 있는 '*the physically challenged*'를 사용하기를 더 선호하는 것을 느낄 수 있다. 이렇듯 유사한 의미를 가진 단어 혹은 표현이라도 사회적 인식 혹은 역사적 배경에 의해 사람들에 의해 사용되는 선호도가 다름을 알 수 있다.

<그림 46> 구글 검색을 활용한 코퍼스 활용

5) 직관에 대한 경험적 근거의 제공(Empirical Basis for Checking Intuition)

수많은 언어 연구들이 보여주고 있는 사실은 교과서에 등장하는 언어가 흔히 언어사용의 실질적인 증거를 제시하기 보다는 우리가 언어를 어떻게 사용하고 있는지에 대한 직관에 대해 나타내 주고 있다는 것이다. 교과서의 대화문은 담화지시어, 애매모호한 발화, 생략, 회피하는 말 등을 담고 있지 못한 경우가 많다(O'Keeffe, McCarthy & Carter, 2007). 이러한 중요 항목을 나타내 주는 코퍼스 데이터는 훨씬 더 구어체 언어를 이해하는데 도움을 준다고 할 수 있다. 다음의 대화의 예와 코퍼스의 예를 보면 화자는 대화를 지속하기 위해서 말 중간에 '*mm*'(음~)이라는 표지어를 사용하고 있다. 우리가 흔히 생각으로만 알고 있던 것을 실질적으로 코퍼스의 많은 예를 통해 경험적 증거로 받아들이게 되는 것이다.

> S1: Why did you want to start it? Was it from the radio perspective?
> S2: Well 'twas basically from the radio perspective because we saw an opening that ah radio in this country ah you know right up until recently was very

when I say archaic it was mostly run by Dublin.
S1: Mm.
S2: And ah there was nothing outside Dublin.
S1: Mm.
S2. You know and the idea then was starting to catch on in em in England.
S1: Mm.

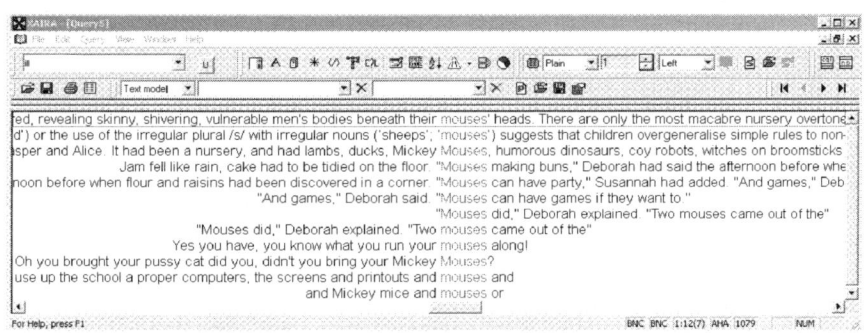

<그림 47> 대화의 지속을 위한 담화 표지어

6) 학습자 코퍼스(Learner Corpus)의 활용

Granger(2003)는 학습자 코퍼스를 외국어 학습자 혹은 제2언어 학습에 의해 생산된 진정성 있는 텍스트의 전자적으로 수집된 데이터로 정의하고 있다. 이러한 코퍼스는 전형적인 학습자의 오류 패턴을 연구할 수 있는 매우 가치 있는 데이터로서 오류가 상존하는(error-coded) 유형에 속한다(Dagneaux, E., Denness, S., and Meunier, F., 1996). 학습자 코퍼스의 몇몇 데이터는 또한 특정 원어민이 존재하지 않는 공통어(lingua franca)로서의 영어를 더 잘 이해하는데 기여할 수 있다(Seidlhofer, 2001). 그리고 학습자 코퍼스는 일반적으로 의사소통에 장애를 일으킬 정도로 문제가 있다고 보지 않는다.

학습자 코퍼스는 주로 작가, 편집자, 혹은 어휘학자들이, 학습자들이 영어를 어떻게 사용하는 지를 보기 위해 주로 사용한다. 그들은 어떤 단어들 혹은 문법구조의 패턴들이 성공적으로 사용되고 있는가를 알아낼 수 있다. 무엇보다도 영어의 어느 영역이 학습자들에게 가장 큰 문제를 일으키고 있는가를 발견할 수 있다. 또한 학생들의 평가에 대해서도 피드백을 해 줄 수 장점이 있다. CLC(Cambridge Learner Corpus)의 경우 error-codding system을 사용하여 학습자들이 가장 많이 오류를 범하는 단어나 문법구조가 어떠한 것인가를 보여주고 그 많은 예들을 데이터화시키고 있다. 아래 그림에서 빨간 글씨로 된 부분이 학습자 코퍼스에서 오류로 분석되어 나온 부분이다. 영어학습자들이 전치사(preposition)에서 오류를 많이 범하는데 그 중에서 'to'에 관한 오류가 가장 빈도가 높음을 오른쪽의 통계표를 통해서 알 수 있다. 이러한 방식으로 학습자 코퍼스는 영어를 학습하는 많은 학습자들에게 오류분석을 통한 통찰력을 제공하고 있다.

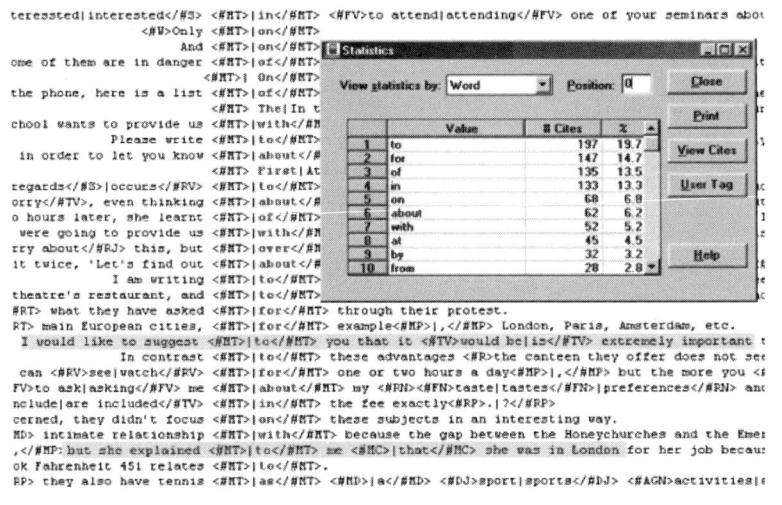

<그림 48> CLC를 통한 학습자 오류분석의 예

7) 학습자의 창의성 신장(Creating Relationships)

학습자가 코퍼스에 등장하는 예들이 어떻게 사용되고 있는가를 인식(awareness)하게 되면 어휘의 의미와 관계를 창의적으로 함께 재구성할 수 있고(co-construct), 결국 그러한 작업은 학습자로 하여금 하나의 패턴을 형성하는 언어를 만들어 내도록 장려하게 된다. 예를 들어서 하나의 단어를 여러 상황에서 사용하거나 기존의 단어를 가지고 새로운 단어를 만들어 내는 일도 하게 된다. 그 예는 다음과 같다(O'Keeffe, McCarthy & Carter, 2007, p. 189).

a. *And my mum's like, non stop three or four times, come and tell your grandma about your holiday.*(직접인용)
b. *Just watching it all on TV was a shattering, frightening experience* **like**.(근접 표현)
c. *When we were living there as students, we'd have lots of parties and stuff* **like** *that.*(말 흐리기)
d. *Well, for a start he's atrractive...***attractiveish**.(말 만들기)

4. 코퍼스 기반 학습의 한계점

가. 응집성과 일관성의 부족(Lack of Cohesion and Coherence)

교사들이 온라인상의 코퍼스 데이터를 사용함으로써 수업부담을 줄이고 학생들에게 설명하는 시간을 줄일 수는 있지만 코퍼스가 쉽게 조명할 수 없는 응집성과 일관성이라는 보다 일반적인 문제에 부딪히게 된다(Gilmore, 2009). 즉, 코퍼스가 일반적으로 전체적인 맥락이 아닌 부분적인 맥락(문장 단위)으로 제시되기 때문에 문단 이상의 맥락을 이해해야 어휘의 정확한 의미를 이해할 수 있는 경우에는 한계를 드러내게 된다.

나. 데이터 신뢰도의 문제(Problem of Data Reliability)

발화의 결과를 모아놓은 데이터(performance data)는 발화자의 기억력의 한계, 주의산만, 혹은 주의환기나 오류에 의해 영향을 받을 수 있기 때문에 신뢰할 수 없다는 지적이 있다(Chomsky, 1965). 물론, 상당히 반복되어 나타나는 결과에 대해서는 신뢰도가 높지만 여전히 코퍼스 데이터를 수집하는 연구자의 데이터 수집 신뢰도가 데이터의 신뢰도를 좌우할 수 있다. 특히, 구어체 언어의 경우가 그러하다. 신뢰도가 낮은 데이터일 경우 학습자의 오류가 고착될 수 있는 우려가 있다.

5. 교실상황에서의 코퍼스 적용

가. 코퍼스 기반 어휘학습(Corpus-based Vocabulary Learning)

콘코던스(concordance)를 빈칸으로 주고 예문의 맥락을 보고 빈칸 채우기(cloze test)를 하게 하거나 유사어를 주고 미묘한 의미의 차를 콘코던스(concordance)를 중심으로 나타나 있는 예문을 통해 적어보게 하거나 한 단어의 여러 가지 뜻을 코퍼스의 실제 문맥 통해 발견하게 하고 그 뜻을 적게 하는 활동을 할 수 있다. 동사와 명사가 결합되는 연어(collocation)를 학습할 때 명사를 주고 그에 상응하는 동사를 찾게 한다. 다음의 51개 교과서의 본문으로 구축된 코퍼스를 활용한 실질적인 교실수업 예를 통하여 어휘학습이 어떻게 이루어지고 있는 가를 볼 수 있다.

교과서 코퍼스의 실제적인 수업지도방안에서 다음과 같이 3가지를 효과적으로 지도할 수 있다.

첫째, 새로운 어휘와 그 어휘에 해당하는 연어(collocation)를 지도할 수 있다. 예를 들면, 중학교 2학년 수업에서 디딤돌 Lesson 1의 새로운 단어인 information을 배운다고 할 때, 먼저 학생들의 수준에 맞는 2학년 교과서 코퍼스에서 information의 용어색인을 찾아 의미를 유추하게 할 수 있으며, 학생들이 여전히 의미가 명확하지 않을 때는 전체 교과서 코퍼스에서 information이 들어간 용어색인을 통하여 information의 의미뿐만 아니라 연어를 더 정확하게 발견할 수가 있다. 또한, <그림 49>처럼 파워포인트로 새 단어 information을 소개하면서 information에 링크를 걸어 information의 용어색인과 문맥을 볼 수 있도록 쉽게 학습자료도 만들 수 있다(박미실, 2008).

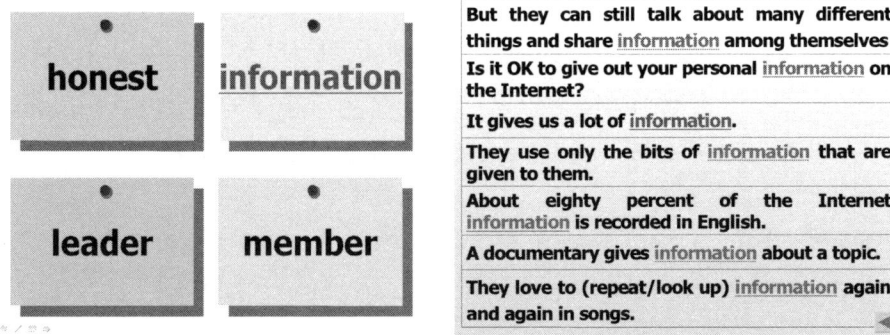

<그림 49> 교과서 코퍼스를 활용한 중학교 어휘 지도의 예

둘째, 한 단어의 다양한 의미들을 지도할 때 코퍼스가 유용하다. 예를 들면, 디딤돌 중학교 2학년 Lesson 6에서 make up이 나왔을 때 교과서 코퍼스에서 make up의 4가지 의미가 들어가 있는 문장들을 발췌하여 의미를 찾아보고 동의어도 함께 가르칠 수 있다. 먼저 교과서 코퍼스에서 make up의 본문의 의미를 가장 쉽게 유추할 수 있는 문맥을 제시하고, make up의 다른 의미를 가진 다른 문장들을 제시한 후 학생들이 의미와 동의어들을 발견하도록 그룹 활동을 할 수 있다(박미실, 2008).

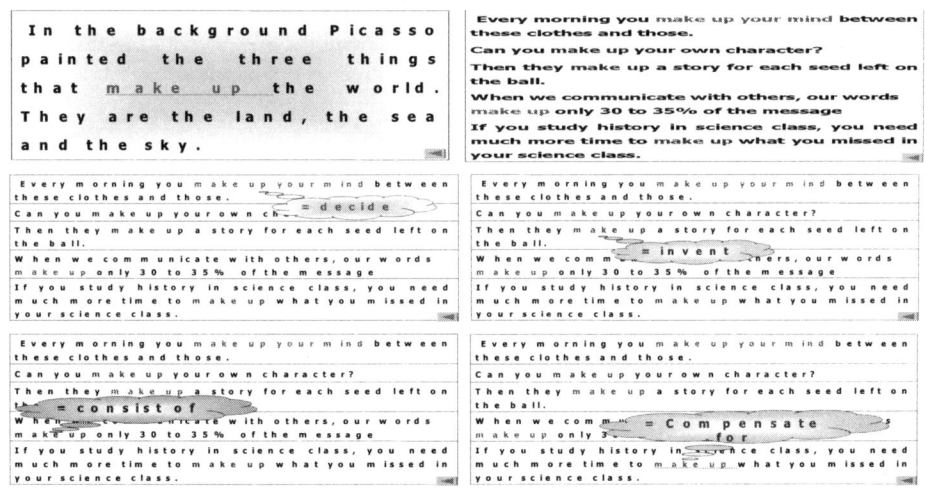

<그림 50> 교과서 코퍼스를 활용한 중학교 어휘 의미 지도의 예

위와 같이 해당 어휘가 포함된 문장이나 문맥이 쉽다면 상관없지만 어려운 단어들로 구성되어 있으면 학생들이 단어의 의미를 완전히 유추할 수 없다. 그러므로 교과서 편찬자들이 새로운 단어를 제시할 때 되도록 새로운 단어의 의미를 쉽게 유추할 수 있는 지문을 선정하는 세심한 배려가 필요할 것이다.

셋째, 한 단어의 다양한 품사와 품사에 따른 의미 변화를 지도할 수 있다. 단어의 품사가 달라질 때 의미도 달라진다는 것은 학년이 낮을수록 또는 학습 수준이 낮을수록 인지하기 어려운 부분이지만 교과서 코퍼스를 이용하면 학생들이 품사의 차이를 쉽게 인식할 수 있다. 예를 들면, 중학교 2학년 학생들은 이전 수업시간에 단어 cook을 동사인 '요리하다'로 배웠고 이번 단원에서는 명사인 '요리사'의 의미를 습득해야할 때 이를 교과서 코퍼스를 통하여 제시하였을 경우 이전에 배웠던 동사 cook(요리하다)이 들어가 있는 문장들에 명사 cook(요리사)이 들어가 있는 문장들이 첨가된 형태이므로 이 두 품사의 비교·대조를 통하여 학생들이 단어 cook의 새로운 품사와 의미를 쉽게 이해할 수 있고, 더 나아가 단어 uncooked의 의미까지 유추할 수 있다.

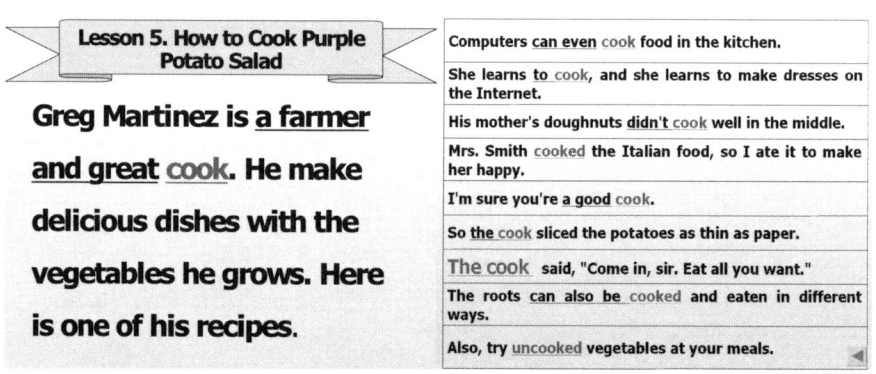

<그림 51> 교과서 코퍼스를 활용한 중학교 어휘의 품사 지도의 예

이처럼 교과서 코퍼스를 이용하면 이미 배운 내용을 한 번 더 제시하여 학생들에게 복습의 효과를 제공하고, 한 가지 교과서에서만 한정되지 않고 여러 교과서에서 학생들의 수준에 맞는 여러 가지 예문을 제시하기 때문에 학생들이 품사에

따른 의미변화를 쉽게 배울 수 있는 것 같다(박미실, 2008).

나. 코퍼스 기반 문법 학습(Corpus-based Grammar Learning)

전통적인 학교문법인 규범문법(prescriptive grammar)과 기술문법(descriptive grammar)을 비교할 수 있는 기회를 제공하고 토론을 통해 어떠한 맥락(context)과 화자의 인식(perception)에 따라 문법적 규칙이 다르게 적용되는 가를 적어보게 한다. 또한 문법의 패턴을 발견하게 한다. 어떠한 상황에서 반복적으로 쓰이고 있는 가를 알게 하고 그와 관련이 있는 규칙을 말해 보게 한다. 다음의 예를 통해 실제 교실의 지도방법을 볼 수 있다.

중학교 2학년 디딤돌 Lesson 4의 Language Focus에서 '몇몇 동사들은 목적어로 *that*절을 취하며 접속사 *that*은 생략할 수 있다'는 문법 개념을 이해하기 위하여 교과서 코퍼스를 이용할 수 있다. 예를 들면, 이 연구자는 중학교 2학년 9개의 반 중 5개의 반 학생들에게 본문에서 동사 *see*와 *think* 뒤에 접속사 *that*이 생략되어 있는 문장들을 제시하고 공통점을 찾아보게 하였다. 그러나 5개의 반 모두 한 두 명의 학생들만 *that*이 생략되었다는 것은 인지하고 있었고, 이 동사들 뒤에 주어+동사가 온다는 공통점을 말하였다. 반면, 나머지 4개의 반에는 교과서 코퍼스에서 접속사 *that*이 생략된 문장뿐만 아니라 생략되지 않은 문장도 포함하는 *see, think, know*의 용어색인을 보여주고 공통점을 찾아보도록 하였더니 절반 이상의 학생들이 위의 특성을 말하였다. 이는 해당 단원에 나오는 소수의 문장들만으로는 학생들이 목표문법을 이해하기 어렵다는 것을 보여주고 있으며, 반면에 이전에 배운 문장들과 교과서 코퍼스에서 발췌한 다양한 예문들을 이용하면 학생들은 충분히 문법규칙을 발견하고 원어민들이 실생활에서 사용하는 문법을 익히는데 도움을 줄 수 있다는 것을 시사한다(박미실, 2008).

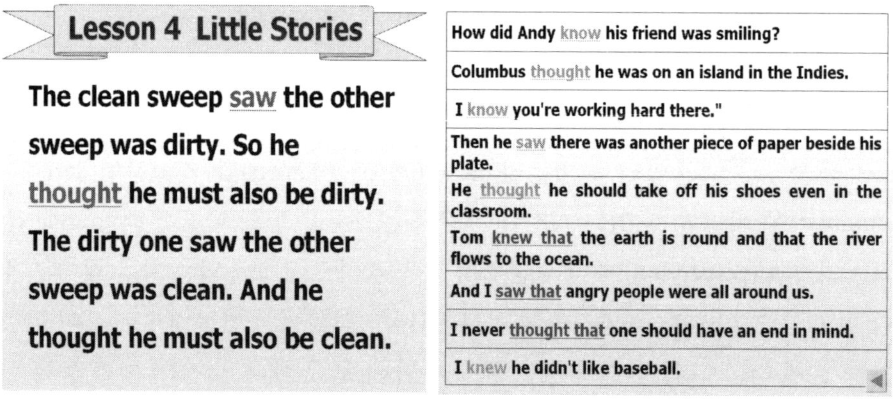

<그림 52> 코퍼스를 활용한 중학교 문법 지도의 예

다. 코퍼스 기반 작문(Corpus-based Writing)

학생들의 작문 결과를 가지고 학습자 코퍼스(learner corpus)를 만들어 학생들로 하여금 자신들의 공통된 오류를 인식하게 하고 다음 과정에서 학습자 스스로 혹은 학습자 간에 오류에 대한 피드백을 코퍼스 데이터 검색을 통해 확인하게 한다. 학습자로 하여금 어떠한 오류가 빈번히 일어나고 있는가를 인식하게 함으로써 스스로 오류를 수정하게 하고 의사소통에 방해가 되는 광의(global)의 오류가 오해를 불러일으키는 중요한 요소임을 깨닫게 할 수 있다. 또한 유사어의 의미를 코퍼스를 통해 구분함으로써 자신의 생각대로 어휘를 선택하여 문장을 써 내려가는 것이 아니라 독자가 자신의 글 쓴 의도를 정확하게 파악할 수 있도록 가장 적합한 어휘를 선택하도록 도움을 줄 것이다. 또한 어떤 표현이 구어체에 많이 쓰이고 어떤 표현이 문어체에 많이 쓰이는 지 구분할 수 도 있게 된다.

III

코퍼스 자료 수집 및 전산화

1. 자료 수집의 기준

코퍼스는 문자 언어 자료와 음성 언어 자료를 가지고 구축하지만 모든 자료가 활용될 수 있는 것은 아니다. 코퍼스 구축에 활용되는 자료는 해당 장르를 대표할 수 있는 신뢰성 있는 자료여야 한다(O'Keeffe, McCarthy & Carter, 2007). 즉, 코퍼스 구축자는 구축의 목적에 가장 부합되는 신뢰성 있는 자료를 수집하여야 한다.

가. BNC의 자료 수집 원칙 (British National Corpus, 2005)

BNC 코퍼스는 약 1억 개의 단어 샘플을 가진 세계 최대의 문자 언어 코퍼스이다. BNC 코퍼스 구축을 위해서 아래와 같은 기준에 의해 자료를 수집하였다.

1) 자료수집 분야

자료수집 분야(domain)는 수집된 글의 종류를 나타내는 말로 사실적 정보를 제공하는 글(informative writings)과 상상력에 의존하여 쓰여진 글(imaginative writings)로 크게 분류하여 수집하였다. 이 중 사실적 정보 제공을 목적으로 하는 글이 전체의 약 75%를 차지하고 있으며 상상하여 쓴 글이 25%를 차지하고 있다.

가) informative writings

- applied sciences • arts, belief & thought • commerce & finance
- leisure • natural & pure science • social science • world affairs

나) imaginative writings

- literary and creative works

2) 자료의 형태

BNC 코퍼스는 글의 종류 뿐 아니라 출판물의 형태(medium)를 기준삼아 자료를 수집하였다. 책을 비롯하여 신문, 잡지 등의 간행물, 브로셔, 광고지 등의 기타 출판물, 편지, 일기, 수필, 메모 등의 비 간행 출판물, 연극 대본, 연설물이나 뉴스 대본 등의 출판물의 형태에 기준을 두었다. 이 중 책의 비율을 약 60% 정도로 잡았으며, 간행물 25%, 나머지 출판물을 5~10%의 기준 하에 수집하였다.

3) 수집시기

BNC는 출판시기를 자료 수집의 기준으로 정하였다. 이는 비교 대상이 되는 자료가 동일한 시대의 자료여야 그 시대의 언어를 가장 잘 대표할 수 있다고 보아 일부 소설을 제외한 모든 자료는 1975년 이후의 자료로 제한하였다. 왜냐하면 일부 소설의 경우에는 비록 출판된 지 오랜 시간이 흘렀음에도 아직도 많은 사람에 의해 읽혀지고 있으며 현대 영어에 계속해서 영향력을 미치고 있다고 판단하였기 때문이다.

4) 텍스트의 유형

텍스트의 유형은 언어학의 텍스트와 관련된 register, genre, text type을 포괄하는 넓은 의미이다. 코퍼스 구축 시에 사용된 자료를 사회언어학적 관점에서 서로 비슷한 유형끼리 분류해 놓은 목록을 의미하는 것으로 원하는 자료를 더 빠르고 효율적으로 찾는데 도움을 주고자 만들어진 것이다.

뿐만 아니라 Register는 WordSmith나 MonoConc 또는 BNC Web등과 같은 PC-based concordancer 프로그램과 연계하여 연구자가 찾고자 하는 전문적이고 상세한 분야까지 쉽게 길을 안내하는 역할을 하기도 한다. Daved Lee에 의해 설정된 목록에 기반을 둔 BNC 코퍼스의 Register를 살펴보면 <표 28>, <표 29>와 같다.

<표 28> BNC 코퍼스 Register 중 구어 텍스트 유형

Spoken texts: 24 Registers
S_brdcast_discussn TV or radio discussions
S_brdcast_documentary TV documentaries
S_brdcast_news TV or radio news broadcasts
S_classroom non-tertiary classroom discourse
S_consult mainly medical & legal consultations
S_conv face-to-face spontaneous conversations
S_courtroom legal presentations or debates
S_demonstratn 'live' demonstrations
S_interview job interviews & other types
S_interview_oral_history oral history interviews/narratives some broadcast
S_lect_commerce lectures on economics commerce & finance
S_lect_humanities_arts lectures on humanities and arts subjects
S_lect_nat_science lectures on the natural sciences
S_lect_polit_law_edu lectures on politics law or education
S_lect_soc_science lectures on the social & behavioural sciences
S_meeting business or committee meetings
S_parliament BNC-transcribed parliamentary speeches
S_pub_debate public debates discussions meetings
S_sermon religious sermons
S_speech_scripted planned speech, whether dialogue or monologue
S_speech_unscripted more or less unprepared speech, whether dialogue or monologue
S_sportslive 'live' sports commentaries and discussions
S_tutorial university-level tutorials
S_unclassified miscellaneous spoken genres.

<표 29> BNC 코퍼스 Register 중 문어 텍스트 유형

Written texts: 46 Registers

W_ac_humanities_arts academic prose: humanities
W_ac_medicine academic prose: medicine
W_ac_nat_science academic prose: natural sciences
W_ac_polit_law_edu academic prose: politics law education
W_ac_soc_science academic prose: social & behavioural sciences
W_ac_tech_engin academic prose: technology computing engineering
W_admin adminstrative and regulatory texts in-house use
W_advert print advertisements
W_biography biographies/autobiographies
W_commerce commerce & finance economics
W_email e-mail sports discussion list
W_essay_school school essays
W_essay_univ university essays
W_fict_drama excerpts from two modern drama scripts
W_fict_poetry single- and multiple-author collections of poems
W_fict_prose novels & short stories
W_hansard Hansard/parliamentary proceedings
W_institut_doc official/govermental documents/leaflets company annual reports etc.; excludes Hansard
W_instructional instructional texts/DIY
W_letters_personal personal letters
W_letters_prof professional/business letters
W_misc miscellaneous texts
W_news_script TV autocue data
W_newsp_brdsht_nat_arts broadsheet national newspapers: arts/cultural material
W_newsp_brdsht_nat_commerce broadsheet national newspapers: commerce & finance
W_newsp_brdsht_nat_editorial broadsheet national newspapers: personal & institutional editorials & letters-to-the-editor
W_newsp_brdsht_nat_misc broadsheet national newspapers: miscellaneous material
W_newsp_brdsht_nat_report broadsheet national newspapers: home & foreign news reportage
W_newsp_brdsht_nat_science broadsheet national newspapers: science material
W_newsp_brdsht_nat_social broadsheet national newspapers: material on lifestyle leisure belief & thought
W_newsp_brdsht_nat_sports broadsheet national newspapers: sports material
W_newsp_other_arts regional and local newspapers: arts
W_newsp_other_commerce regional and local newspapers: commerce & finance
W_newsp_other_report regional and local newspapers: home & foreign news reportage
W_newsp_other_science regional and local newspapers: science material
W_newsp_other_social regional and local newspapers: material on lifestyle, leisure, belief & thought
W_newsp_other_sports regional and local newspapers: sports material

```
W_newsp_tabloid  tabloid newspapers
W_non_ac_humanities_arts  non-academic/non-fiction: humanities
W_non_ac_medicine  non-academic: medical/health matters
W_non_ac_nat_science  non-academic: natural sciences
W_non_ac_polit_law_edu  non-academic: politics law education
W_non_ac_soc_science  non-academic: social & behavioural sciences
W_non_ac_tech_engin  non-academic: technology computing engineering
W_pop_lore  popular magazines
W_religion  religious texts excluding philosophy.
```

5) 음성 언어 자료 수집 기준

위에서 언급된 분류 기준 이외에도 글의 수준을 고려하여 아래와 같은 분류기준을 추가로 정하여 자료를 수집하였다.

- Sample size(number of words) and extent(start and end points)
- Topic or subject of the text
- Author's name, age, gender, region of origin, and domicile
- Target age group and gender
- Level of writing(a subjective measure of reading difficulty): the more literary or technical a text, the "higher" its level.

6) 기타 분류 기준

BNC 코퍼스는 문자 언어 자료 뿐 아니라 인구 통계학적 기준과 상황별 기준에 의해 1,000만 어절로 구성된 음성 언어 코퍼스를 구축하였다. 인구 통계학적 기준에 의해 구축된 코퍼스는 공공기관이나 공적인 장소에서 이루어지는 자연스런 대화와 대본으로 구성되어 있으며 상황별 기준에 의해 구축된 코퍼스는 특정 상황이나 특별한 행사 상황에서 이루어지는 대화와 대본으로 구성되어 있다.

가) 인구통계학적 기준

인구통계학적 기준에 맞는 음성언어 코퍼스는 BMRB(British Market Research Bureau)에 의해 선발된 124명의 자원봉사자에 의해 녹음되었다. 녹음에 참여한 자원봉사자들은 영국을 4개의 지역군으로 나눈 후 각 지역을 대표하는 38개의 서로 다른 지역에서 남녀성비와 연령비에 맞게 골고루 선발되었다. 이렇게 지역군으로 나누어 녹음한 이유는 지역별로 서로 다른 방언이나 통속어가 표준 언어로 오인되는 것을 막고 영국 전역에서 사용되는 일반적인 언어를 가지고 구축하고자 한 것이다.

나) 상황별 기준

BNC 코퍼스는 모든 대화의 상황을 크게 네 가지 상황으로 보고 상황별로 기준을 세워 녹음의 양을 정하였다. 그 이유는 각 각의 상황에 같은 양만큼의 대화를 녹음하기 위해서이다.

- Educational and informative events: lectures, news broadcasts, classroom discussion, tutorials.
- Business events: sales demonstrations, trades union meetings, consultations, interviews.
- Institutional and public events: sermons, political speeches, council meetings, parliamentary proceedings.
- Leisure events: sports commentaries, after-dinner speeches, club meetings, radio phone-ins.

녹음에 참여한 자원봉사자들은 최대한 녹음 상황을 의식하지 못하도록 모두 개인 스테레오 녹음기를 사용하여 각자 처한 상황별로 2~3일에 걸쳐 녹음을 진행하였다. 녹음 후에는 녹음 날짜, 목적, 녹음 양 등의 자세한 녹음 정보를 특별한 노트에 기록하여 추후에 코퍼스 구축자가 활용하도록 하였으며 녹음 된 자료는 코퍼스 구축을 위해 활용해도 좋다는 개인별 동의서를 받은 후 활용하였다.

나. Mark-up Language

코퍼스 구축에 사용되는 모든 문서에는 문서 내용 이외에, 문서의 논리 구조나 체제와 같은 문서의 서식 작성(formatting)을 지정하거나, 문서 내용의 찾아보기 또는 찾아보기 작업(indexing) 방법을 지정하거나 문서 중의 단어나 구, 화상과 같은 어떤 요소를 같은 문서 또는 다른 문서 중의 다른 요소와 연결(link)하는 방법을 지정하여 컴퓨터 시스템에 지시하는 마크업 정보가 필요한데 이 때 컴퓨터가 인식할 수 있는 언어가 마크업 언어이다. 마크업 언어는 문서 내에 끼워 넣는(embed) 일련의 부호로 구성되는데 코퍼스에 사용하는 대표적인 마크업 언어로는 국제표준화기구(ISO)가 표준화한 표준 범용 문서 생성 언어인 SGML과 확장성 생성 언어인 XML 들 수 있다. 마크업 언어는 각 텍스트의 중요한 정보를 담고 있는데, 각 정보간의 다음과 같은 사항들을 특징으로 한다.

1) 코퍼스 마크업 언어

가) SGML

SGML(Standard Generalized Markup Language)은 문서용 마크업 언어를 정의하기 위한 메타언어로 IBM에서 1960년대에 개발한 GML(Generalized Markup Language)의 후속으로 개발되었다. SGML은 많은 응용이 가능하도록 다양한 마크업 구문을 제공하는데 심지어는 SGML 선언을 변경함으로써 꺾쇠 괄호('<', '>')를 사용하지 않는 것도 가능하게 되었다. SGML은 정부나 항공우주 기업의 대규모 계획 사업 과정에서 기계 판독형(machine-readable) 문서를 공유할 목적으로, 몇 십 년 이상(정보 기술 분야에서는 매우 긴 기간임)의 기간 동안은 판독 가능하도록 설계되었고 인쇄와 출판 산업에 광범위하게 사용되지만, 너무 복잡한 이유로 소규모 범용 목적으로 사용하는 데는 걸림돌이 되기도 하지만 일반적인 코퍼스 구축에 가장 많이 사용하는 마크업 언어이다.

나) XML

정식 명칭은 extensible markup language(확장성 생성 언어)이다. XML은 1990년대에 개발되기 시작한 마크업 언어로 웹 페이지의 기본 형식인 HTML(hypertext markup language)에는 확장성이 없어서 새롭게 만들어진 문서 요소들을 정의하는데 적절하지 않았다. 따라서 XML은 웹상에서 보여지는 문서 작성을 위해 개발된 SGML(standard generalized markup language)을 인터넷용으로 최적화하고 단순화한 SGML의 부분 집합이라 볼 수 있으며 SGML과 마찬가지로 DTD(document type definitions)를 이용해서 문서 형태와 문서 안에서 사용되는 태그의 의미들을 정의하는데 사용한다. XML은 문서 파일의 처음과 끝에 <BEGIN> … </BEGIN> 같은 태그를 붙여 의미 분석을 쉽게 해주는 문법 규칙을 채택하는데 XML은 HTML보다 다양한 종류의 하이퍼텍스트 링크를 제공한다. 그러한 링크에는 양방향 링크와 문서 일부와 관련된 링크 등이 있다. 문서 작성자가 새로운 태그를 정의할 수도 있기 때문에, XML DTD는 웹 브라우저를 어떻게 해석할지에 대해 지시하는 규칙들을 반드시 포함해야 한다. 예를 들어 단위 개체(entity)가 어떻게 표시되어야 하는지 또는 전자우편 메시지를 작성하는 것 같은 응용 프로그램의 처리 명령 등이 포함된다. BNC와 ANC같은 대규모 코퍼스에서는 XML 마크업 언어의 가장 최근 형태인 W3C 표준을 채택 하였다.

<표 30> W3C 표준을 활용한 XML 구문의 예

```
<wtext type="FICTION">
<wtext type="FICTION">
 <pb n="5"/>
 <div level="1">
  <head>
   <s n="1">
    <w c5="NN1" hw="chapter" pos="SUBST">CHAPTER </w>
    <w c5="CRD" hw="1" pos="ADJ">1</w>
   </s>
  </head>
  <p>
   <s n="2">
    <c c5="PUQ">'</c>
    <w c5="CJC" hw="but" pos="CONJ">But</w>
    <c c5="PUN">,</c>
    <c c5="PUQ">' </c>
    <w c5="VVD" hw="say" pos="VERB">said </w>
    <w c5="NP0" hw="owen" pos="SUBST">Owen</w>
    <c c5="PUN">,</c>
    <c c5="PUQ">'</c>
    <w c5="AVQ" hw="where" pos="ADV">where </w>
    <w c5="VBZ" hw="be" pos="VERB">is </w>
    <w c5="AT0" hw="the" pos="ART">the </w>
    <w c5="NN1" hw="body" pos="SUBST">body</w>
    <c c5="PUN">?</c>
    <c c5="PUQ">'</c>
   </s>
  </p>
  ....
 </div>
</wtext>
```

- wtext: written text

- `<pb>`: page number in the original source text
- `<div>`: first subdivision, chapter of this text
- `<head>`: header information
- `<P>`: paragraph

2. 음성언어 자료 수집

가. 음성언어 자료의 종류

Meyer(2002)는 담화는 의사소통을 하는 가장 기초적인 방법으로 자연발생적인 집단적인 대화에서부터 대본이 있는 독백, 라디오나 텔레비전의 인터뷰, 전화에 이르기 까지 모든 분야의 음성언어를 포함한다고 하였으며 음성언어 자료의 수집은 말로 이루어지기 때문에 문자 자료에 비해 내용이 방대할 뿐 아니라 셀 수 없이 쏟아지는 화자의 대화를 논리적으로 추출하여 녹음한다는 것 자체가 불가능하다. 따라서 음성언어 자료 수집은 문자언어 자료 수집에 비해 힘들 뿐 아니라 코퍼스 개발자는 더 많은 고민과 방법상의 효율성을 고려하여 철저한 계획에 따라 자료를 수집해야한다 라고 하였다.

나. 음성 언어자료 수집 시 주의할 점

음성 언어자료를 수집할 때 코퍼스 개발자가 반드시 고려해야 할 몇 가지 사항들이 있다.

1) 진실성(꾸밈없는 자료)

어떠한 형태의 음성언어 자료이건 그 것은 "꾸밈없는 자료(진실성)"이어야 한다. 특히 진실성은 자연스런 집단 대화나 한 두 사람의 비공식적인 대화 자료를 수집할 때 더 요구되어지는데 만약 진실성이 결여되어 있다면 그 대화는 과장되고 형식적이며 부자연스럽게 되어 코퍼스 자료의 신뢰성을 떨어뜨리게 될 것이다 (Meyer, 2002, p. 61).

2) 관찰자로 인한 오류

음성 언어자료를 수집할 때 고려해야할 또 한 가지는 "Observer's Paradox"(관찰자로 인한 오류)이다. 관찰자로 인한 오류는 누군가가 나의 대화를 지켜보고 있다고 느끼는 감정으로부터 생기는 대화의 부자연스러움이다. 우리는 무의식적인 대화 속에서 나의 발화가 항상 완전하다고 확신하는 사람은 아무도 없다. 항상 깊은 고민과 성찰을 통해 완벽한 발화만을 할 수는 없기 때문이다. 하지만 나의 대화가 누군가에 의해 녹음되고 모니터 된다고 생각하는 순간 우리는 자연스러움 보다는 보다 형식적으로 세련된 문장을 만들기 위해 인위적인 노력을 가하게 된다. 이러한 인위적인 자료는 코퍼스 구축을 위한 자료로는 부적합하게 되는 것이다(Meyer, 2002, p. 61).

3) 진실성 향상 방법

- 음성 언어자료일 경우 녹음 전 화자에게 간단한 녹음 동의서를 받거나 프로젝트의 의도, 목적 등에 대한 간단한 안내를 통해 최대한 자연스러운 대화를 이끌어내야 한다.
- 최대한 많은 양을 녹음하여 녹음 자료 중 가장 진실성 있는 자료만을 취사선택하여 코퍼스 구축에 활용되도록 한다(Meyer, 2002, p. 61).

3. 문자 언어 자료 수집

가. 문자 언어자료의 종류

음성언어 자료와 마찬가지로 코퍼스 구축을 위한 문자언어 자료 또한 방대하여 잡지, 저널, 책 뿐 아니라 서한문, 인터넷 상의 글, 학술지, 연구 논문, 출판되지 않은 모든 문자 자료까지도 포함한다.

나. 문자 언어자료 수집 시 주의할 점

현재 미국의 저작권법은 비영리 학문 연구를 위해서는 텍스트의 전부 또는 일부를 인용하여 사용하는 것을 허락하고 있지만 2천 어절 이상을 코퍼스 구축을 위해 전산화하는 경우에는 비영리 목적임에도 불구하고 저자로부터 허락을 받고 사용하도록 규정하고 있다.

음성 언어자료의 경우에는 녹음 직전에 화자로부터 허락을 받고 바로 녹음 작업을 할 수 있고, 허락하지 않더라도 녹음 대상을 쉽게 바꿀 수 있지만 문자 언어자료인 경우에는 오랜 시간을 들여 적합한 자료를 찾은 후 저자의 허락을 기다려야 한다는 단점이 있다. 저자의 허락을 받는 과정 또한 간단하지 않다. 저자의 소재를 파악한 후 우편이나 이메일을 통해서 서면 동의서를 보내더라도 허락 여부를 알지도 못하는 회신을 막연히 기다려야만 한다. 이러한 단점을 보완하기 위해 미국의 저작권법은 코퍼스 구축자가 저자의 허락을 구하기 위해 최대한의 노력을 했다면 회신 여부에 상관없이 자료의 사용을 허가하고 있지만 대부분의 신중한 연구자들은 사후에 있을지 모르는 저자와의 법적분쟁을 원하지 않으며 ICE-USA 또한 저자의 허락 없는 문자 자료는 사용을 금하고 있다(Meyer, 2002, p. 62).

근래에는 코퍼스 구축을 위해 웹사이트 상의 자료를 많이 활용한다. 웹사이트 상의 저널, 잡지, 정기 간행물 등의 자료는 일정기간 사용 허락을 받은 후 손쉽게 전산화 하여 내려 받아 코퍼스 자료로 활용할 수 있다. 하지만 이 경우 웹 사이트에 올라있는 자료나 책, 기타 인쇄화된 출판물을 하나의 장르로 보느냐 서로 다른 두 개의 장르로 보느냐 하는 새로운 문제가 발생되는데 대부분 두 개의 서로 다른 하위 장르로 구분하여 코퍼스를 구축한다. 웹사이트 자료는 인쇄된 자료보다 전산화에 걸리는 시간을 크게 단축할 수 있으며 실시간으로 업데이트되기 때문에 가장 최근의 글의 흐름을 잘 반영하여 나타낼 수 있다는 장점이 있을 뿐 아니라, 야후(yahoo)나 구글(google) 같은 포털 사이트의 웹 카테고리를 잘 활용하면 보다 효율적으로 원하는 자료를 찾을 수 있다(Meyer, 2002, p. 62).

4. 파일 분류 및 관리

수집된 문자 언어자료와 음성 언어자료들은 코퍼스 내에서 특별한 방법으로 관리되어져야 하는데 그 작업이 바로 수집된 텍스트에 관련된 자세한 정보를 입력하는 일이다. 텍스트 정보에는 글의 저자나 음성 자료의 녹음 지역 등의 정보가 포함되는데, 이러한 정보들은 SGML 또는 XML과의 호환을 위해 header의 형태로 입력된다. 만약 자료들이 체계적으로 저장되어 있지 않거나 제대로 관리되지 않아 자료들이 섞여 있다면 자료를 수정하고, 재사용하는데 어려움을 겪게 될 것이다. 아래에서 어떻게 자료가 관리되는지에 대해 간단히 소개하고자 한다.

가. 번호 달기

각각의 샘플 자료는 수집된 후 그 자료가 어떤 형태의 자료인지를 구분하는 특별한 숫자를 부여받는다. 예를 들어 ICE-Great Britain 코퍼스에서 S1A-001과 같은 번호는 "direct conversation"을, S1B-001은 "classroom lecture"를 의미하기로 약속하는 것이다. 이렇게 샘플 자료에 번호를 부여함으로 코퍼스 구축자는 자료가 어디에 속해 있고 그 분야에 얼마나 많은 양의 자료가 모아졌는지에 대한 정보를 쉽게 파악할 수 있게 된다(Meyer, 2002, p. 64).

나. 이름 달기

번호를 부여받은 샘플 자료는 그 다음에 샘플의 자세한 정보를 담게 될 짧은 이름을 부여받는다. 예를 들면 S1A-001(direct conversation)에 *Instructor and dance student, Middlesex Polytechnic*"와 같은 이름을, S1B-001(classroom lecture)에 *"Jewish and Hebrew Studies, 3rd year, UCL."*과 같은 이름을 붙일 수 있다. 그 이름들은 코퍼스 구축자들에게 짧은 연상 기호의 역할을 하여 텍스트가 담고 있는 많은 정보를 제공해 준다. 녹음된 음성 자료에 대하여는 녹음된 시점이나 누가 녹음했는지, 어디에서 녹음되었는지 그리고 길이는 어느 정도인지에 대한 정보들을 담고 있다. TV나 라디오 방송의 녹음은 방송국 이름이나 방송국의 위치 등에 관한 추가적인 정보까지 담아야한다(Meyer, 2002, p. 64).

<표 31> Example of SGML header(British National Corpus, 2005)

> <bncDoc xml:id="FX8"><teiHeader><fileDesc><titleStmt><title> General practitioner's surgery: medical consultation. Sample containing about 125 words speech recorded in public context </title><respStmt><resp> Data capture and transcription </resp><name> Longman ELT </name> </respStmt></titleStmt><editionStmt><edition>BNC XML Edition, December 2006</edition></editionStmt><extent> 125 tokens; 130 w-units; 15 s-units </extent><publicationStmt><distributor>Distributed under licence by Oxford University Computing Services on behalf of the BNC Consortium.</distributor><availability> This material is protected by international copyright laws and may not be copied or redistributed in any way.
> <text FX8 in BNC, containing "utterances" from a doctor's surgery>

다. 참여자 정보

번호 달기와 이름 달기가 수집된 텍스트 자체에 대한 정보라면, 이와는 별도로 코퍼스 구축에 참여한 사람들에 대한 정보도 기록해 놓는 것이 좋다. 예를 들면, 참여자들의 나이, 성별, 직업, 출신지역 등이 여기에 해당한다. 하지만 일부 코퍼스는 목적에 어울리는 다양한 정보를 싣기도 하는데 MICASE의 경우에는 화자의 나이와 성별 뿐 아니라 전공과목, 학력, 모국어 등의 특수한 목적에 어울리는 정보도 포함하고 있다(Meyer, 2002, p. 65).

라. 데이터베이스

위에서 말한 모든 정보들이 모아지면 이제 그 정보들을 데이터베이스화 하는 작업이 필요하다. 데이터베이스에는 위의 정보들 외에 전산화와 관련된 정보, 수집된 정보의 수정 및 교정 여부와 같은 추가 정보를 포함하게 된다. 코퍼스 구축을 위해 한 번 사용된 텍스트나 녹음 자료는 코퍼스 구축 후 관리가 제대로 되지 않아 후속연구나 다른 연구를 위해 재사용 시 찾는데 어려움을 겪는 경우를 보게 되는데, 이러한 수고를 덜기 위해서라도 한번 수집된 자료는 정확한 정보에 의해 잘 관리되어져야 한다(Meyer, 2002, p. 66).

5. 자료의 전산화

전산화란 수집된 문자 언어 자료와 음성 언어 자료를 타이핑, 스캐닝 등의 방법을 이용하여 컴퓨터가 인식할 수 있도록 입력하는 것이다. 하지만 자료를 전산화하는 작업은 방대한 노동을 필요로 하며 특히 녹음된 음성 언어자료를 전산화하는 일은 같은 내용을 수십, 수백 번 들어야하는 시간과의 줄다리기일 수밖에 없다.

가. 음성 언어자료의 전산화

음성 언어 자료의 전산화를 위해 사용되는 가장 전통적인 방법은 전사법(transcription)이다. 하지만 요즈음엔 컴퓨터 기술의 발달로 다양한 음성인식 프로그램과 전사를 도와주는 프로그램이 개발되어 활용되고 있다.

- VoiceWalker 2.0
- Sound Scriber
- Cool Edit
- Viavoice
- Dragon NaturallySpeaking

위 프로그램들 중 VoiceWalker 2.0과 Sound Scriber와 같은 프로그램은 실질적인 음성인식 프로그램이 아니라 코퍼스 구축자가 녹음된 파일을 들으며 내용을 타이핑 할 때 반복듣기, 천천히 듣기 등의 기능을 제공하여 타이핑을 도와주는 프로그램이며, 실제 음성인식 프로그램은 Viavoice와 Dragon naturally Speaking이다. Viavoice와 Dragon사의 Naturally Speaking은 직접 마이크, 컴퓨터와 연결하여 음성녹음과 동시에 웨이브 파일로 컴퓨터 하드에 저장되며 자동으로 녹음된 음성 자료를 텍스트화 하여 파일로 구축할 수 있도록 해준다. 아래에서는 Dragon Naturally Speaking 프로그램을 통해 오디오파일을 텍스트 파일로 만드는 방법을 간단히 설명하도록 하겠다.

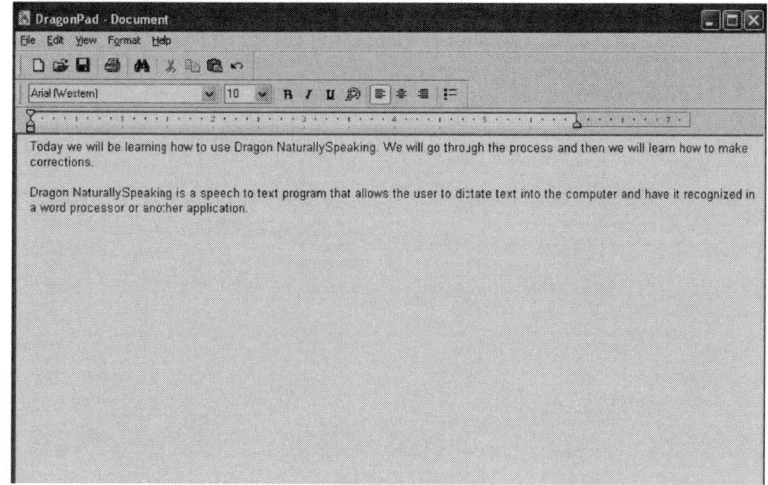

<그림 53> Dragon Naturally Speaking 실행

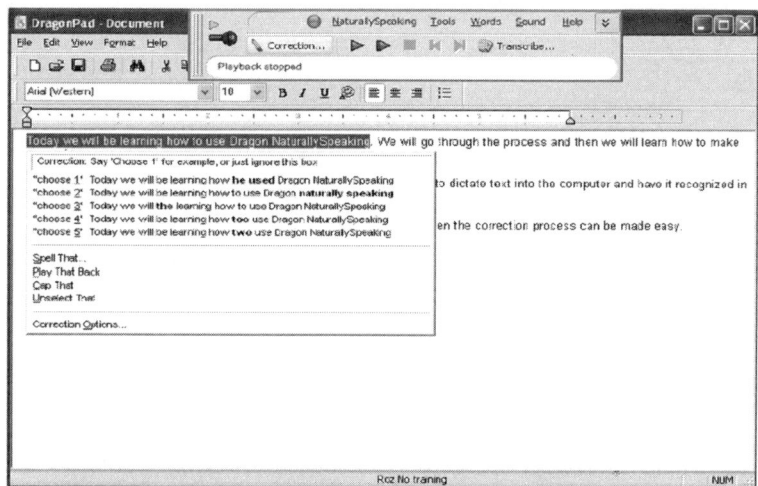

<그림 54> 오디오 파일 불러오기(1)

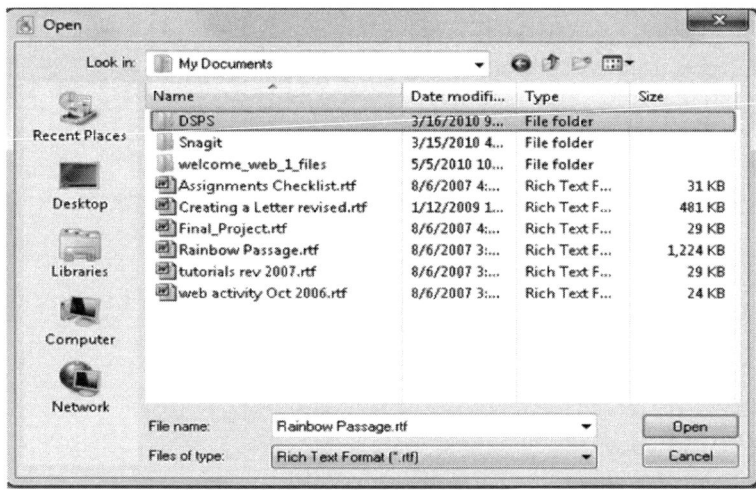

<그림 55> 오디오 파일 불러오기(2)

<그림 56> 오디오 파일 선택하기

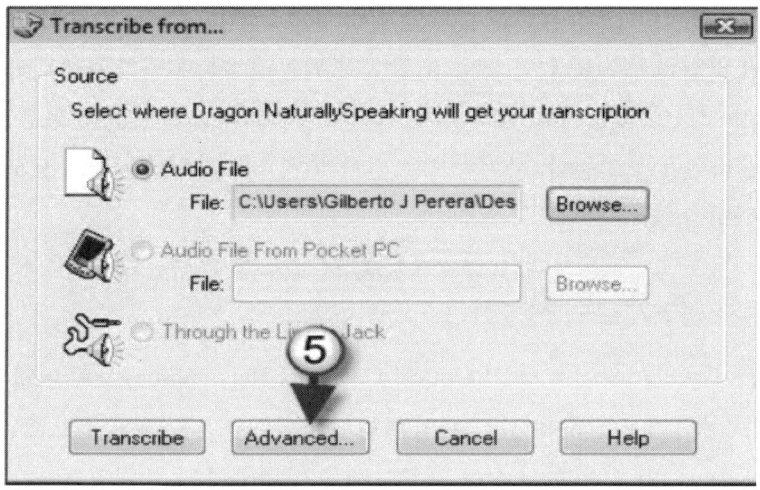

<그림 57> Transcribe 준비 단계

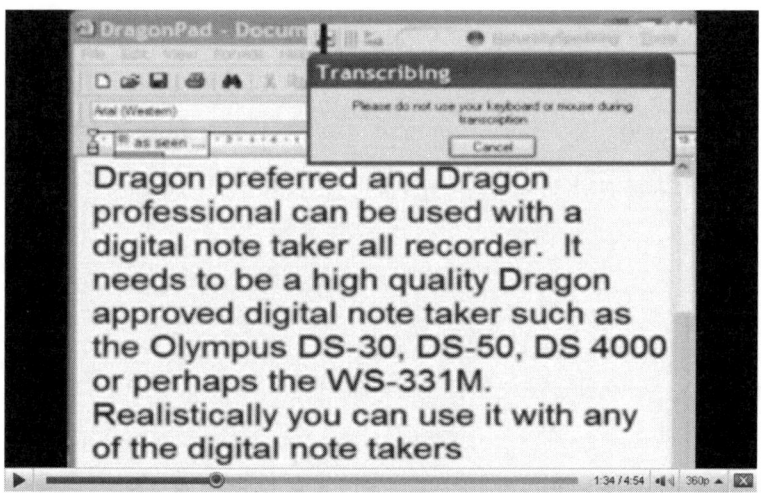

<그림 58> Transcribe 진행 단계

    Dragon Naturally Speaking은 마이크를 사용하여 실시간으로 전사하는 방법과 녹음된 오디오 파일을 실행시킴으로 오디오 파일의 내용을 전사하는 방법의 두 가지 방법이 있는데, 위의 그림은 녹음된 오디오 파일을 전사하는 방법에 대해 간단히 소개한 것이다.

전사방법은 먼저 프로그램을 실행한 후 Sound → Transcribe Recording 메뉴를 실행하면 파일의 위치를 묻는 메뉴가 활성화 되는데, 이 때 원하는 오디오 파일이 어디에 이 어디에 있는지를 선택한 후 <그림 57> Advanced 버튼을 누르면 <그림 58> 같은 파일을 보여준다. 마지막으로 전사된 텍스트를 원하는 이름으로 저장한 후 종료하면 된다.

나. 문자 언어자료의 전산화

문자언어는 타이핑이나 OCR(Optical Character Recognition) 소프트웨어, 스캐너 등을 이용하여 전산화에 걸리는 시간을 단축할 수 있다. OCR 소프트웨어에는 아르미, Readiris와 같은 한글 상용 프로그램을 비롯하여 많은 프리웨어가 있어 간단한 프로그램은 인터넷에서 쉽게 다운받아 직접 활용할 수 있다. 스캐너는 OCR 프로그램을 활용하기 전단계인 문서나 그림의 스캔을 위한 하드웨어로 form-feed 스캐너와 flatbed 스캐너의 두 종류가 있는데 flatbed 스캐너가 더 정확한 결과물을 얻을 수 있는 반면 값이 좀 비싸다는 단점이 있다. 하지만 요즘은 인터넷의 발달로 거의 모든 책과 잡지, 신문, 논문 등의 텍스트가 인터넷에 올라와 있기 때문에 타이핑이나 스캐닝의 불편함 없이 좀 더 쉽게 전산화된 자료를 다운받아 얻을 수 있게 되었다.

- 아르미
- Readiris
- TopOCR

아르미와 Readiris는 상용화된 한글 지원 OCR 프로그램으로 상업용으로 제작되었기 때문에 일정 금액을 지불하고 구입하여 사용하도록 되어있다. 반면 TopOCR 프로그램은 영문판으로 인터넷에서 프리웨어 버전을 다운받아 컴퓨터에 설치한 후 쉽게 사용할 수 있다. TopOCR의 사용법을 소개하면 <그림 59>, <그림 60>과 같다.

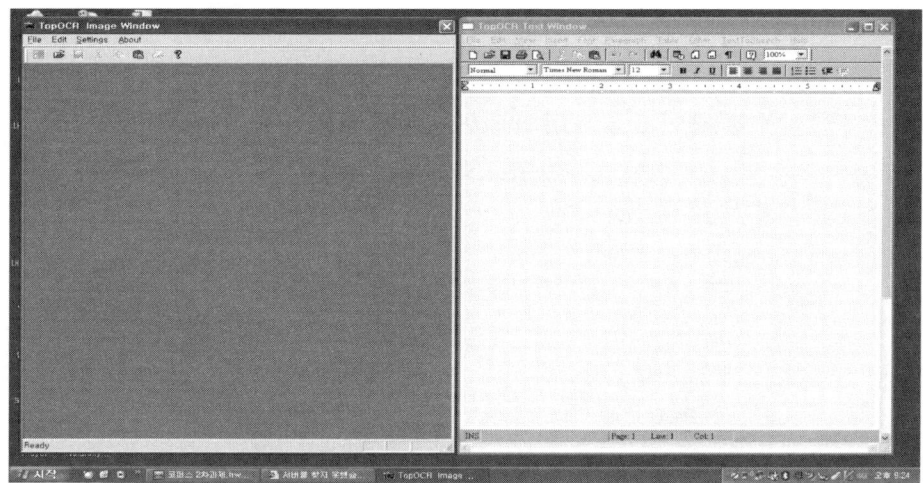

<그림 59> TopOCR 시작화면

<그림 59>는 TopOCR 프로그램을 실행시킨 첫 화면으로 왼쪽과 오른쪽에 각각 하나의 창이 있는데, 왼쪽 창은 Image window로 변환하고자 하는 텍스트를 포함하고 있는 해당 이미지 파일을 불러오면 그 이미지 파일을 화면으로 보여주는 창이다. 오른쪽 창은 Text window로 이미지 파일 속에 있는 글자를 텍스트 파일로 변화하여 보여주는 창이다(Softonic, 2010).

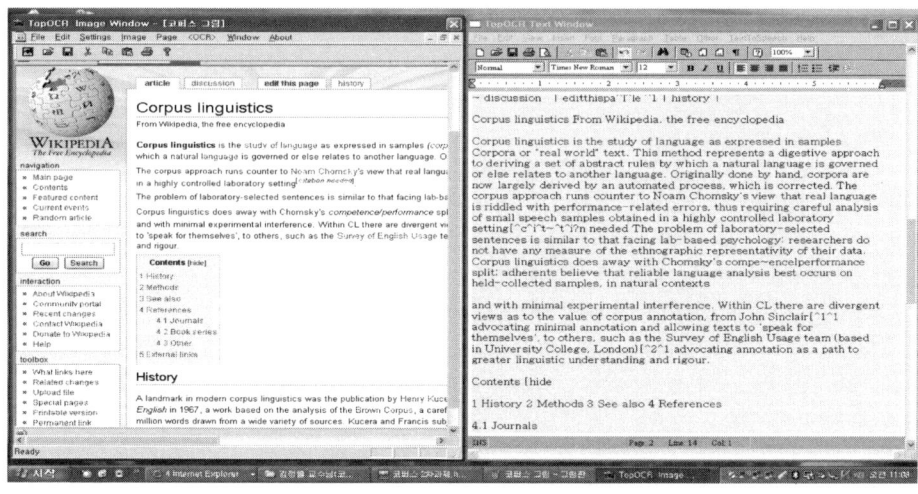

<그림 60> TopOCR 실행화면

<그림 60>은 TopOCR 프로그램을 이용하여 이미지 파일을 불러온 후 자동으로 텍스트 파일로 변환된 모습을 보여주는 그림이다. 위와 같이 왼쪽에 생성된 텍스트는 수정, 삭제 및 페이지 넣기 등의 간단한 편집 작업을 할 수 있으며 완료 후 저장하면 새로운 텍스트 파일로 저장된다(Softonic, 2010).

IV
코퍼스를 활용한 품사 및 구문 분석

1. 코퍼스 주석달기

코퍼스에 삽입될 수 있는 주석, 즉 "표기(markup)-"로는 "구조" 표기("structural" markup), "품사" 표기 ("part-of-speech" markup), "문법" 표기 ("grammatical" markup)의 세 유형이 있다.

구조표기("structural" markup)는 텍스트에 관한 기술적 정보를 제공한다. 텍스트에 관한 일반적 정보가 그 텍스트 시작 부분에 위치하는 "파일 헤더(file header)"에 수록될 수 있으며, 문어 텍스트에 관한 완전한 참고문헌 열거항목과 같은 정보나 구어 대화 참여자들에 관한 개인 정보(예: 연령, 성)를 포함할 수 있다. 품사표기("part-of-speech" markup)에는 코퍼스에 있는 모든 단어에 품사(예: 명사, 동사)를 자동적으로 부여하는 "품사분석기(tagger)"라는 소프트웨어 프로그램에 의해 삽입된다. 문법표기("grammatical" markup)는 단어 수준을 넘어서는 문법구조(예: 구, 절)에 명칭을 부여하는 "구문분석기(parser)"라는 소프트웨어 프로그램에 의해 삽입된다.

2. 구조표기(structural markup)

워드프로세싱 프로그램에 의해 만들어진 문서는 글자 모양과 크기를 바꿀 수 있고, 텍스트의 부분들을 이탤릭체로 또는 진한 글씨로 만들 수 있으며, 각주 표시도 위첨자 형태로 보일 수 있는 등 여러 가지 방식으로 형식을 바꿀 수 있다. 그러나 이 문서가 ASCⅡ(또는 텍스트) 형식으로 전환되는 즉시 이러한 형식은 모두 소실되고 단지 순수 텍스트만 드러난다.

ASCⅡ 문서형식의 장점은 ASCⅡ가 보편적으로 인정되는 텍스트 형식, 즉 어떠한 워드프로세싱 프로그램과 그리고 품사분석기 및 구문분석기와 용어색인기와 같은 많은 코퍼스 작업용 소프트웨어 프로그램들과 함께 사용될 수 있는 것이라는 점이다. 단점은 ASCⅡ가 아주 제한된 문자 집합을 가지고 있어 많은 문자와 기호가 그것으로 표시될 수 없는 점이다.

그러므로 ASCⅡ 형식으로 컴퓨터에서 컴퓨터로 전송된 텍스트에 대해서는, 텍스트를 받는 사람은 누구나 그 텍스트가 원래 어떻게 보였는지 "재구성할(reconstruct)" 수 있도록 어떤 표지 시스템이 있어야 한다. 그리고 언어 코퍼스에서는 이 문제가 특히 중요하다. 문어 코퍼스에서 보존되어야 할 특성들이 있을 뿐만 아니라, 구어에서도 코퍼스 사용자가 쉽게 식별할 수 있도록 표시될 필요가 있는 (중복발화와 같은) 특징들도 있기 때문이다.

초창기 코퍼스에서는 구어와 문어의 다양한 특성을 주석으로 달기위해 상당히 최소의 비표준화 된 표기(markup) 집합이 사용되었다. 예를 들면, London-Lund Corpus에서 화자는 (A, B, C등) 알파벳 문자에 콜론(:)을 붙여 식별되었으며, 발화의 중복 부분은 그 앞뒤에 별표로 묶어 표기되었다.

    A: *yes that I think you told me *I**
    B: **and* none of them have been what you might call very successful in this world.*

최근에 전자문서가 급격히 확산함에 따라 전자문서의 표기에 대한 표준이 만들어졌다. 표준 일반화 표기언어(Standard Generalized Markup Language: SGML)로 알려진 이 표준은 일련의 정해진 기호, 즉 "표찰(tags)"이 아니라, 전자문서의 구조를 기술하기 위한 메커니즘을 제공하는 "상위 언어(meta language)"이다. 코퍼스 편찬자들에게는 자기들의 코퍼스에 SGML호환 표기를 사용하는 것의 주요 이점은 코퍼스가 컴퓨터에서 컴퓨터로 전송될 때 그 코퍼스에 관한 정보가 일관성 있고 명료하게 기술되고 유지될 수 있다는 점이다.

SGML표기는 순전히 "기술적(descriptive)"이다. 그것은 컴퓨터가 텍스트에 어떤 작용을 수행하라고 지시하는 것이 아니라, 단순히 "문서의 부분들을 범주화하는 명칭만 제공하는 표기부호"(markup codes which simply provide names to categorize parts of a document)로 구성된다.

아래 예는 앞에 나온 발췌문이 ICE프로젝트에 쓰인 SGML호환 "구조표찰(structural tags)"로써 어떻게 주석이 붙여지는지를 보여준다.

    <$A×#:1> yes that I think you told me <{×[>I<[/>
    <$B×#:2> <[> and <[/×{/> none of them gave what you might call very successful in this world

일부 표기는 대화구조에 관한 기술을 제공해준다. <$A>와<$B> 두 표찰(tags)은 대화에서 특정한 시간에 말하고 있는 화자가 누구인지 나타낸다. 다른 표찰(tags) <#:1>와 <#:2>는 소위 텍스트 단위라 불리는 것들은 구분하여 연속적으로 번호를 매긴다. 텍스트 단위란 문법적 문장이거나 또는 구어에서는 발화, 즉 문법적으로는 불완전하나 통일성 있는 문법 단위를 형성하는 발화의 조각들인 구어 또는 문어 텍스트의 조각들을 말한다.

예를 들면, *Yeah*라는 표현은 문법적 문장이 아니지만 발화이다. 대화에서 *yes/no* 의문문에 대한 대답으로 사용되면, 이 표현은 완전히 뜻이 통하며 의미적으로 통일성이 있다. 발췌문 속의 다른 표찰(tags)들은 대화의 개별적 특성들을 기술한다. 두 표찰 <{>와 <{/>는 중복발화를 포함하는 발화부분의 시작과 끝을 나타낸다. 위의 긴 대화조각 속에는 각 화자의 차례에 중복되는 2개의 개별 부분들을 표시하는 <[>와 <[/>와 같은 표찰 짝이 2개 더 있다. ICE프로젝트는 ASCⅡ 형식에서는 표시되지 않는 이탤릭체, 진한 글씨체, 작은 대문자, 아래첨자 및 위첨자 기호, 외래문자와 같은 문어의 특성들을 주석으로 나타내기 위해서 문어 텍스트를 위한 표기도 또한 개발하였다. 전형적으로 SGML호환 표찰(tags)에는 중복발화를 나타내기 위해 사용된 표찰(tags)들이 붙어있는 위의 발췌문의 경우에서와 같이 시작표찰(tags)과 종결표찰(tags)이 들어있다.

텍스트에 바로 두어지는 표기(markup)를 포함하는 것 외에도, ICE텍스트는 파일헤더 즉 문어텍스트에 대해서는 참고 문헌적 정보나 또는 구어 텍스트에 대해서는 개인에 관한 민족지학적 정보를 제공해주는 ICE표찰(tags)에 둘러싸인 일련의 진술들로 시작한다. 아래는 ICE-영국편에 수록된 문어 텍스트에 대한 파일 헤더의 시작 부분이다.

```
<text.info>
<file description>
<textcode>ICE-GB-W2A-008</textcode>
<number.of.subtexts>1</number.of.subtexts>
<category>printed;informational:popurlar:humanties</category>
<wordcount>2101</wordcount>
<version>tagged by TOSCA tagger using the ICE tagset</version>
<free.comments>
</free.comments>
<file description>
```

위 파일헤더 속의 표찰(tags)들은 텍스트가 분류된 장르, 텍스트에 들어 있는 단어의 수, 그리고 TOSCA 품사분석기가 ICE표찰 목록에서 가져온 품사 명칭을 부여하였다는 진술과 같은 텍스트에 관한 중요한 기술적 정보를 제공해 준다. ICE에 사용된 표찰은 SGML표찰 그 자체가 아니라 SGML호환 표찰이라는 점이 강조되어야 한다. 즉 위의 표찰에 사용된 명칭과 기호는 SGML에 의해 규정된 제약들 범위 내에서 ICE프로젝트에 의해 개발된 것들이다.

ICE프로젝트를 위한 표찰은 1980년대 후반에 개발되었으며, 따라서 전자문서들, 특히 인문분야 및 언어 코퍼스에 사용된 것들을 위한 종합적인 SGML호환 표기체계를 개발하려는 텍스트 부호와 계획(Text Encoding Initiative:TEL)이 수행한 최근의 작업을 반영하지 않는다. Burnard가 주목하듯이, TEL호환 표기로써 주석이 달린 전자문서는 세 유형의 "표찰집합(tagset)"을 포함하고 있다. 즉 "핵심(core) 표찰집합" (어떠한 문서에나 삽입 가능한 파일헤더나 문단구분과 관련된 것들과 같은 일련의 표찰), "기저(base)표찰집합"(운문, 희곡, 발화표기와 같은 특정 종류의 텍스트와 관련된 일련의 표찰)과 "추가(additional) 표찰집합"(이미 문서 속에 있는 핵심 및 기저 표찰목록에 사용자가 첨가하고 싶은 모든 표찰)이 그것이다. TEL가 코퍼스 표기에 있어 새로운 표준으로 떠오른 것처럼 보이기 때문에 (전체 British National Corpus가 TEL표기로써 주석달기가 이루어짐) 코퍼스 제작을 심사숙고하고 있는 사람은 누구나 텍스트 표기를 위해 TEL 표준을 사용할 것인지를 신중히 고려해 보아야 한다. 코퍼스 제작자가 자기가 삽입하려는 표기에서 표준화되면 될 수록 사용자가 코퍼스를 분석하는 것이 그 만큼 더 쉬워질 것이다.

코퍼스언어학 사회에서는 최근 들어 확장가능 표기언어 (Extensible Markup Language: XML)이라는 새로 급부상하는 표기 체계에 관심이 쏠리고 있다. XML은 웹문서에 주로 사용하도록 고안된 SGML의 제한된 버전이다.

XML(Extensible Markup Language)은 W3C에서 다른 특수 목적의 마크업 언어를 만드는 용도에서 권장되는 다목적 마크업 언어이다. XML은 SGML의 단순화된 부분집합이지만, 수많은 종류의 데이터를 기술하는 데 적용할 수 있다. XML은 주로 다른 시스템, 특히 인터넷에 연결된 시스템끼리 데이터를 쉽게 주고받을 수 있게 하여 HTML의 한계를 극복할 목적으로 만들어졌다. Extensible Markup Language(XML)는 콘텐트를 마크업 하는 방식을 제공한다. XML을 사용하여 저장된 정보를 사용하여 파서로 알려진 애플리케이션은 관련 정보들을 안전하게 추출하고 이를 여러 상황에 맞게 처리한다.

American National Corpus (길이와 수록범위에 있어 BNC에 상응하는 미국영어 코퍼스)는 수록될 텍스트에 주석을 달기 위해 XML을 사용할 계획이다.

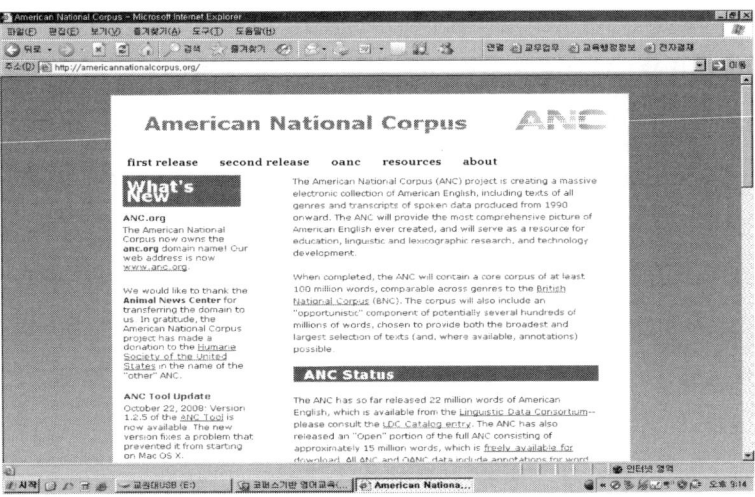

<그림 61> American National Corpus의 소개 화면

EAGLES 프로젝트는 코퍼스 주석달기를 위한 XML 사용법을 기술하는 "코퍼스 부호와 기준(Corpus Encoding Standard)"을 개발하기위해 광범위한 작업용 문서를 보유하고 있다.

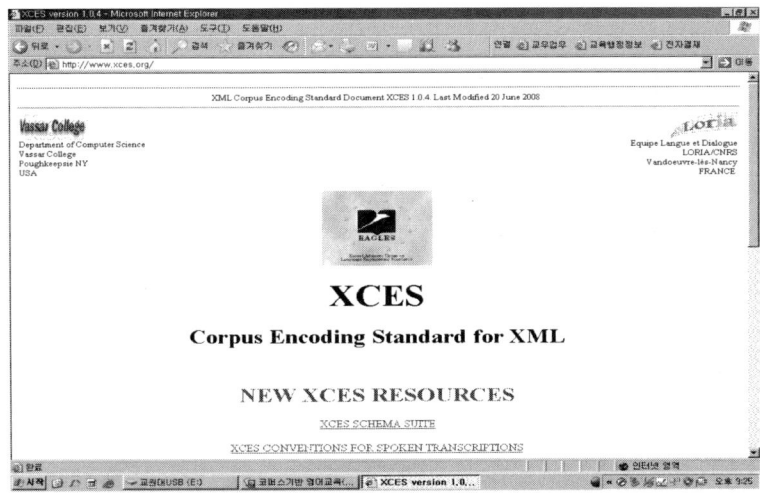

<그림 62> XECS: Corpus Encoding Standard for XML의 소개

그리고 TEL 프로젝트는 XML을 자기 기준 내에 통합하는 작업을 진행해 왔다. 현재로서는 XML이 코퍼스언어학 사회에서 얼마나 널리 사용되게 될지는 명확하지 않다. 그러나 XML의 확실한 장점은 웹페이지에서 사용할 수 있다는 점이며, 웹이 발전함에 따라 그것은 코퍼스 보급에 점점 더 중요한 매체가 될 것이다.

SGML호환 표기체계 내에서 통합될 수는 있으나 전형적으로 통합되지 않았던 주석 유형이 한 개 더 있는데, 그것은 고저 변화 또는 성조단위 경계와 같은 구어 텍스트 속의 역양 자질들을 표시하기 위해 사용되는 주석이다. 아래의 예는 Santa Barbara Corpus of Spoken American English에 사용된 주석체계를 예시해준다.

 G: *For^most people, it's^celebration,*
  for^me=,_
  it's..it's a%^ti+me,_
  to=_
  (H)to *'got in^be=d,\/*

위의 예에서, 모든 주석은 하강음조(\\), 주강세(^), 장음화 음절(=), 그리고 짧은 휴지(..)와 같은 특정한 억양 특징들을 나타낸다. 운율적 주석은 구두점보다 발화 흐름을 좀 더 정확하게 묘사하지만, 반면에 필요한 운율적 표기를 삽입하는 것은 발음 표기 시간을 엄청나게 증가시킬 수 있어 경우에 따라서는 발음표기 시간을 2배 또는 3배로 증가시킨다. 발음 표기 시간을 최소화하기 위해서, ICE프로젝트는 휴지의 길이를 긴 휴지 및 짧은 휴지의 두 종류만을 표시하고 다른 운율적 표시는 없애도록 결정하였다.

비록 SGML호환 기호 체계가 텍스트에 관한 중요한 기술적 정보를 제공해 주기는 하지만, 코퍼스 편찬자와 코퍼스 사용자 모두에게 수많은 어려움을 제기할지도 모른다. 우선 많은 표기를 수작업으로 삽입해야 하기 때문에, 코퍼스 편찬자가 예를 들어 TEL 체계의 모든 가능성을 활용하고 싶어 할 경우, 그 편찬자는 표기를 삽입할 보조원들을 채용하기 위해 상당한 재원이 필요할 것이다. 표기 삽입에 도움이 될 수 있는 도구들이 있다. ICE텍스트의 주석달기를 보조하기위해, ICE Markup Assistant가 개발되었다. 이 프로그램은 텍스트에 ICE 표기를 삽입하기 위해 일련의 Wordperfect 매크로를 사용한다. 이 매크로들은 주어진 표찰이 어디에 삽입되어야 할지 예측하는 것이 얼마나 쉬우냐에 따라 수작업으로 또는 자동으로 삽입된다. 예를 들면, 발화의 중복 부분들은 대화 내내 무작위로 발생하기 때문에 그들의 발생은 예측될 수 없으며, 따라서 그것들은 수작업으로 삽입해야 한다. 역으로, 문어 텍스트에서 텍스트 단위표찰들은 문장 경계에 자동으로 삽입될 수 있으며, 그런 다음에 잘못 표기된 것들은 수작업으로 사후에 편집된다.

SGML자료들은 W3C 웹사이트 (http://www.w3.org/MarkUp/SGML)에서 찾아 볼 수 있다.

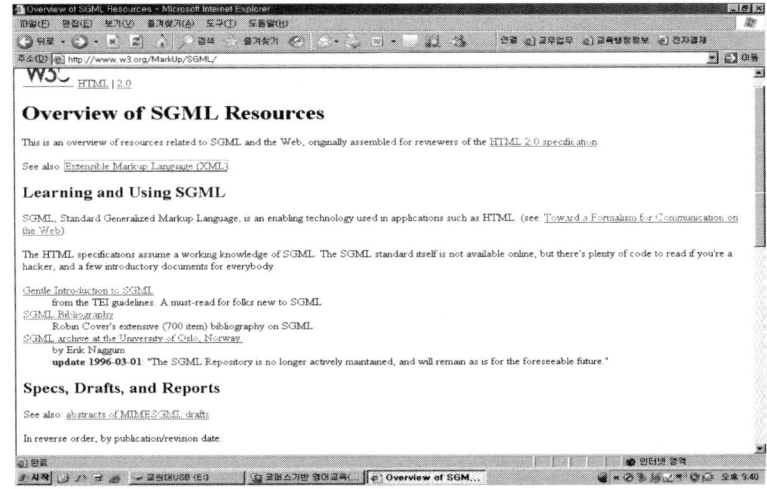

<그림 63> SGML자료들을 위한 W3C 웹사이트

텍스트의 주석을 붙이는데 소요되는 시간을 최소화하는 또 다른 방법은 축소된 주석체계를 사용하는 것이다. ICE프로젝트는 ICE의 모든 개발된 표기를 삽입할 재원이 부족한 ICE팀들을 위해 ICE텍스트에서 요구되는 구조표기(structural markup)양을 가장 "필수적(essential)"표기로 축소하였다.

구조표기(structural markup)로써 주석이 달린 텍스트는 코퍼스의 자동 분석 아주 용이하게 하는 반면, 텍스트(특히 구어텍스트)를 훑어보고 싶은 사용자는 그 텍스트가 사실상 읽을 수 없음을 알게 될 것이다. 이는 텍스트가 표기 속에서 보이지 않게 되기 때문이다. ICE-영국편은 사용자 본인이 텍스트에서 얼마만큼의 표기를 보고 싶어 하는지 선택할 수 있게 함으로써 이러한 문제를 해결한다.

코퍼스언어학에서 앞으로의 과제 중 하나는 엄청난 양의 주석을 포함하고 있는 코퍼스에 쉽게 접속할 수 있도록 해주는 도구의 개발이다. 코퍼스에 XML 표기의 도입은 이 분야에 잠재적인 도움을 제공해준다. 웹브라우저들은 XML 주석달린 문서를 읽을 수 있도록 고안된 것이기 때문에 그것들은 코퍼스를 브라우저에 의해 웹사이트 상에 전시된 그러한 종류들의 문서로 전환할 수 있을 것이다.

3. 코퍼스 태깅

코퍼스의 품사분석 과정에는 "품사표찰집합(tagset)"과 "품사분석기(tagger)"로 구분하는 것이 중요하다. "품사표찰집합(tagset)"은 여러 품사를 나타내는 기호들의 집합이며 "품사분석기(tagger)"는 품사표찰집합(tagset)을 이루는 개별 품사(tags)를 삽입하는 소프트웨어 프로그램이다. 품사표찰집합들이 포함하고 있는 품사표찰의 수나 유형이 서로 다르고 그리고 일부 품사분석기가 두 유형 이상의 품사표찰 집합을 삽입할 수 있기 때문에 이 구분은 중요하다.

아래의 예에서는 AMALGAM품사분석 프로젝트에서 사용할 목적으로 조정된 Bril 품사분석기를 사용하여 문장 '*I'm doing the work*' 속의 각 단어에 품사표기를 부여한 것이다.

I/PRON(pers,sing)
'm/V(cop,pres,encl)
doing/V(montr,ingp)
the/ART(dep)verbs,
work/N(com,sing)
./PUNC(per)

ICE 품사표찰집합에서 가져온 품사표찰을 포함하고 있는 이 예에서, 개별 단어는 주요 단어부류에 할당된다. 즉, *I* 는 대명사 부류에, '*m and doing* 은 동사 부류에, *the* 는 관사부류에, *work* 는 명사부류에, 마침표는 구두점 부류에 할당된다. 각각의 주요 단어 부류의 뒤에 나오는 괄호 안에는 그 단어에 관한 더 구체적인 정보를 제공하는 명칭이 들어간다. 즉, *I*는 단수 인칭 대명사이며, '*m*은 계사 *be*의 전접(즉 축약된)현재시제형이며, *doing*은 단항타동사(목적어 하나를 요하는 동사)의 -*ing*분사이며, *the*는 정관사이며, *work*는 보통명사이며, 그리고 특정 구두점은 마침표이다. ICE 품사표찰집합이 개발된 방식은 품사표찰집합을 만드는 사람들은 "간결성(Conciseness)", "명확성(Perspicuity)"(표찰 명칭을 가능한 읽을 수 있게 만드는 것), "분석 가능성(Analalyzability)"(품사표찰이 "논리적 구성부분으로 해체될 수 있도록 하여", "명사"와 같은 품사표찰이 "단수"나 "현재시제"와 같은 더 구체적인 표찰위에 계층적으로 나타나도록 하는 것)을 추구해야한다.

    수년간에 걸쳐 다양한 품사표찰집합을 삽입한 목적으로 많은 상이한 품사분석 프로그램들이 개발되어 왔다. 첫 품사 프로그램은 1970년대 초에 Greene & Rubin에 의해 Brown Corpus에 명칭을 고안하기 위해 만들어졌다. 이 프로그램에서 처음에는 LOB코퍼스를, 그리고 뒤에는 British National Corpus를 품사분석하기 위해서 The University of Lancaster에서 개발된 CLAWS 프로그램의 다양한 버전이 생겨났다. The University of Nijimegen의 TOSCA팀은 2개의 품사표찰집합, 즉 TOSCA 품사표찰집합과 ICE 품사표찰집합을 삽입할 수 있는 품사 분석기를 개발했다. AUTASYS분석기도 역시 LOB 품사표찰집합 뿐만 아니라 ICE 품사표찰집합을 삽입하는 데 사용될 수 있다. Bill 품사분석기는 사용자가 작업하고 있는 품사표찰집합이 어떠한 것이든 그것을 영어 또는 다른 언어로 된 텍스트에 삽입할 수 있도록 훈련이 될 수 있는 다목적용 품사분석기이다.

    품사분석기에는 규칙기반 품사분석기와 확률기반 품사분석기의 두 유형이 있다. 규칙기반 품사분석기에서는 품사분석기 속에 기록된 문법규칙을 기초로 하여 품사표찰이 삽입된다. 초기 규칙기반 품사분석기 중의 하나가 TAGGIT 프로그램으로, Brown Corpus를 품사분석하기 위해 Greence와 Rubin이 고안한 것으로 Francis에 자세히 기술되어 있다. 품사분석에서 첫 번째 단계는 프로그램의 어휘부에서 주어진 단어를 찾아보는 것이다. 그리고 그 단어가 찾아지면 그것에게는 어휘부 속에서 그 단어와 관련된 품사표찰이 아무리 많더라도 모두 부여된다. 만일 이러한 조사 후에도 그 단어가 찾아지지 않으면, 그 단어의 어미를 접미사 목록과 그 접미사들과 관련된 품사표찰들을 상응시키려는 시도가 이루어진다. 만일 이러한 조사 과정에서도 역시 상응하는 짝을 찾지 못하면, 그 단어는 영어에서 대다수의 단어들이 속하는 3개의 형태부류 명칭인 3개의 표찰, 즉 단수 또는 집합 명사, 동사(기본형) 또는 형용사가 임의로 부여된다.

이 분석단계에 도달하는 단어 중에서, 61%는 1개의 품사표찰을 가질 것이고 나머지 단어 중의 51%는 1개의 품사표찰과 관련된 접미사를 가질 것이다. 나머지 단어들은 2개 이상의 품사표찰을 가질 것이며 따라서 중의성 해소의 후보들이다. 처음에 이것은 단어가 나타나는 문맥을 보는 일련의 "문맥틀 규칙(context frame rules)"에 의해 자동적으로 행해진다. 예를 들어, 문장 The ships are sailing에서 ships라는 단어는 복수명사와 3인칭단수 동사라는 2개의 품사표찰을 가질 것이며, 그러므로 동사 표찰을 삭제하고 이 단어에 복수 명사 표찰을 부여할 것이다. 문맥틀 규칙은 ships가 관사 뒤에 나타난다는 점을 주목할 것이며, 그러므로 동사표찰을 삭제하고 이 단어에 복수 명사표찰을 부여할 것이다. 비록 문맥 규칙이 많은 품사표찰들의 중의성을 해소할 수는 있지만, 그 중의성 해소 과정은 매우 복잡하다. 그것은 여러 개의 품사 표찰을 가진 특정 단어를 둘러싸고 있는 주위의 많은 단어들 자체가 여러 개의 품사표찰을 가지고 있어 중의성 해소 과정을 아주 복잡하게 만들기 때문이다. 즉 분석가는 각 예를 보고 어느 품사표찰이 가장 적합한가를 결정해야 했다. 그러한 과정 자체가 오류와 일관성 결여를 유발하고 추가 사후 편집으로 유도하였다.

비록 규칙기반 품사분석기들이 대체로 확률기반 품사분석기들로 대체되었지만, 아직 1개의 규칙기반 품사분석기가 쓰이고 있는데, 그것은 TAGGIT과 같은 초기 규칙기반 품사분석기에 내재되어 있던 몇 가지 본질적인 문제점들을 극복하기 위해 고안된 EngCG-2이다. 특히, EngCG-2의 규칙들은 TAGGIT의 규칙들보다 적용 범위가 더 넓고, 국부적인 문맥만이 아니라 "문장 경계까지 참조" 할 수 있다. 이러한 능력으로 인해 TAGGIT에 비해 EngCG-2의 정확성이 크게 향상되었다.

규칙기반 품사분석기가 품사분석기에 입력되어 있는 규칙들에 의존하기 때문에, TAGGIT이후 개발된 대부분의 품사분석기는 사실상 확률기반 품사분석기이다. 즉, 그것들은 주어진 품사표찰이 주어진 문맥에 나타날 통계적 가능성을 근거로 품사표찰을 부여한다. Garside와 Smith는 문장 시작부분에 나타나는 구문 *the run*을 예로 든다. *run*은 문장을 시작하고 한정사 *the*의 뒤에 나타나기 때문에 동사라기보다는 명사일 확률이 높다. 확률기반 품사분석기의 장점은 이 분석기들은 코퍼스를 기초로 훈련될 수 있어서 시간이 경과하면 높고 정확한 확률을 발전시킴으로써 그 품사분석기가 정확하도록 만들 수 있다는 점이다. 그러나 비록 EngCG-2와 같은 몇몇 규칙기반품사분석기와 확률기반 품사분석기가 95%가 넘는 정확도를 달성할 수 있지만, 나머지 부정확성은 생각하는 것보다 더 광범위할 수도 있다.

Kennedy는 그러한 정확도는 "평균치 계산 (averaging)"을 포함한다는 점을 주목한다. 즉 (정관사 *the*처럼) 발생빈도가 높아 거의 항상 정확하게 품사 분석되는 구문들의 수치를(부사나 종속접속사가 될 수 있는 단어 *once*처럼) 80-85% 만이 정확하게 품사 분석되는 다른 구문들과 결합함으로써 품사분석의 성공률을 계산하는 것을 말한다. 만일 코퍼스가 사후 편집되지 않으면, 특정 단어에 대한 부정확한 품사분석의 비율은 아주 높을 수가 있다. 예를 들어, Wellington Corpus of Written New Zealand English가 CLAWS 품사분석기로써 품사 분석된 후, Kennedy는 *once*의 사용 예의 20% 이상이 잘못 분석되었음을 발견하였다. 문장 *Once implemented, it will be with us*에서 *Once*는 종속접속사가 아니라 부사로 잘못 분석되었다. 다른 예들에서 *Once*의 부사적 용법이 접속사로 분석되었다. 대규모 코퍼스 전체에 걸쳐 확산되면, 20%정도의 높은 오류비율은 상당한 부정확성으로 유도하여 코퍼스 사용자들이 의식하고 있어야 할 지점까지 이를 수 있다. 만일 사용자들이 분석대상 자료를 실제로 면밀히 보지 않고 코퍼스의 자동분석을 하려고 의도한다면 특히 그렇다. 품사 분석된 코퍼스를 사후 편집하는데 소요되는 시간과 노력 때문에, 앞으로는 어떠한 사후 편집도 없이 사용할 수 있는 코퍼스를 볼 수 있을 가능성이 더 많다.

품사분석기는 작업 대상 자료에서 부적절한 부분을 제거할 수 없기 때문에 품사분석기가 왜 인간 언어의 단어를 완전히 정확하게 품사분석 할 수 없는지 그 이유를 이해하는 것은 쉽다. 인간 언어는 품사분석기가 설명해야 할 예외적이며 "특이한 현상"들로 가득 차 있기 때문이다. 예를 들어, AMALGAM 품사분석기가 *What's he want to prove?* 라는 문장을 어떻게 분석했는지를 살펴보자.

what/PRO(nom)
's/V(cop,pres,encl)
he/PRON(pers,sing)
want/V(montr,pres)patch
to(PRTCL(to)
prove/V(montr,infin)
?/PUNC(qm)

이 문장을 축약하지 않은 완전한 형태는 *What does he want to prove?* 이다. 그러나 's가 보통은 *is*의 축약형이기 때문에, 품사분석기는 그것을 계사 *be*의 현재시제 후접어(enclitic)로 잘못 분석하였다. 이러한 유형의 문제가 되는 사례들을 다루기 위해서, CLAWS 품사분석기를 고안하는 사람들은 일련의 코퍼스 "패치(patch)"를 개발했다. 그 패치란 CLAWS를 사용하여 품사 분석된 출력을 취하여 이전의 품사분석 작업에 의해 확인된 지속적으로 문제가 되는 사례들을 바로 잡으려고 시도하는 맥락의존규칙(context-sensitive rules)을 말한다. 그러나 이러한 규칙으로도 품사분석을 하는데 2%의 오류비율은 계속 남는다.

코퍼스에 주석을 다는데 사용되는 품사표찰집합들은 그것들을 삽입하는데 사용되는 품사분석기만큼이나 다양하다. 예를 들어, Brown Corpus 품사표찰집합은 77개의 품사표찰을 포함하고 있으며 ICE 품사표찰집합은 262개의 품사표찰을 포함하고 있다. 조동사 *do*에 대한 품사표찰들의 목록은 이 2개의 집합이 어떻게 다른지 그 방식을 예시해준다. Brown 품사표찰집합은 *do*에 대해 이 동사가 취하는 주요 표면구조 형태를 명시하는 3개의 품사표찰만을 포함하고 있다.

품사표찰	형태
Do	*do*
DOD	*did*
DOZ	*does*

반면에, ICE 품사표찰집합은 do에 대해 8개의 품사표찰을 포함하고 있으며 이 조동사가 갖는 여러 형태들을 더 자세히 열거하고 있다.

품사표찰	형태
Aux(do, infin)	*Do sit down*
Aux(do, infin, neg)	*Don't be silly*
Aux(do, past)	*Did you know that?*
Aux(do, past, neg)	*You didn't lock the door*
Aux(do, present)	*I do like you*
Aux(do, pres, encl)	*What's he want to prove?*
Aux(do, pres, neg)	*You just don't understand*
Aux(do, pres, procl)	*D'you like ice-cream?*

품사표찰집합에서의 차이들은 영문법에 관한 서로 다른 개념들을 반영한다. *do*의 3형태를 가진 Brown 품사표찰집합은 이 조동사가 취하는 형태들에 관한 좀 더 전통적인 관점, 즉 이 품사표찰집합은 편집을 거친 문어영어 코퍼스에 적용하도록 고안되었기 때문에 아주 실행가능성이 있는 견해에 기초를 두고 있다. 대조적으로 ICE 품사표찰집합은 명확히 표현된 문법관에 기초를 두고 있으며 최근의 Longman Grammar of Spoken and Written English도 역시 코퍼스, 즉 Longman Spoken and Written English Corpus에 기초를 두고 있다. 이 코퍼스는 구어 및 문어에서 구분되는 특성들에 민감한 품사표찰집합을 가진 품사분석기에 의해 분석되었다. 품사표찰집합이 크면 클수록 품사분석 오류가 그 만큼 더 많을 것처럼 보이지만, 연구결과 실제는 그 반대라는 사실이 밝혀졌다.

4. 코퍼스의 구문분석

품사분석과 구문분석은 아주 긴밀하게 통합된 과정이기 때문에 많은 구문분석기가 품사 분석기를 내장하고 있다. 품사분석기와 마찬가지로 구문분석기도 확률기반 또는 규칙기반일 수도 있으며, 그 기저에 깔린 문법들은 문법에 관한 특정의 개념들, 심지어 특정 문법이론들을 반영한다.

결과적으로 여러 가지 다른 "구문분석 준거(parsing schemes)," 즉 세부 내용과 그리고 표시되는 문법 구문의 유형 모두에서 서로 다른 문법 주석 체계들이 생기게 된다.

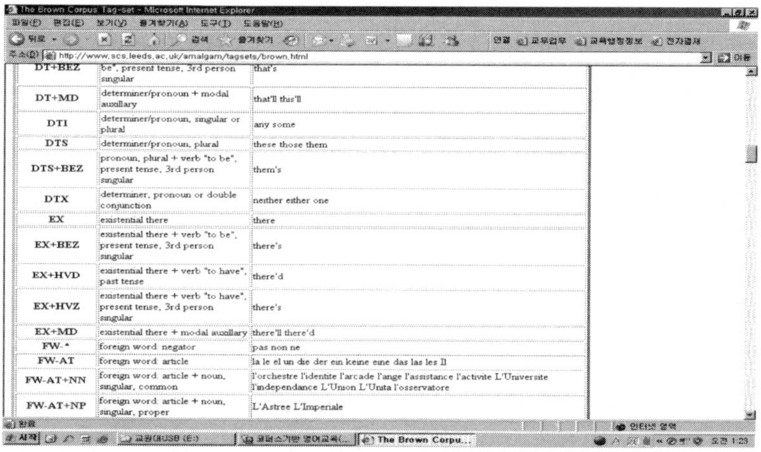

DT+BEZ	be", present tense, 3rd person singular	that's
DT+MD	determiner/pronoun + modal auxillary	that'll this'll
DTI	determiner/pronoun, singular or plural	any some
DTS	determiner/pronoun, plural	these those them
DTS+BEZ	pronoun, plural + verb "to be", present tense, 3rd person singular	them's
DTX	determiner, pronoun or double conjunction	neither either one
EX	existential there	there
EX+BEZ	existential there + verb "to be", present tense, 3rd person singular	there's
EX+HVD	existential there + verb "to have", past tense	there'd
EX+HVZ	existential there + verb "to have", present tense, 3rd person singular	there's
EX+MD	existential there + modal auxillary	there'll there'd
FW-*	foreign word: negator	pas non ne
FW-AT	foreign word: article	la le el un die der ein keine eine das las les Il
FW-AT+NN	foreign word: article + noun, singular, common	l'orchestre l'identite l'arcade l'ange l'assistance l'activite L'Universite l'independance L'Union L'Unita l'osservatore
FW-AT+NP	foreign word: article + noun, singular, proper	L'Astree L'Imperiale

<그림 64> AMALGAM "MultiTreebank"을 활용한 구문 분석 준거의 예

확률기반 구문분석기와 규칙기반 구문분석기 중에서 어느 것이 더 바람직한가에 관해 자연언어처리 분야의 언어학자들 사이에 논쟁이 계속되고 있지만, 두 종류의 구문 분석기 모두가 코퍼스를 분석하기 위해 널리 쓰이고 있다. 확률기반 구문분석기의 지지자들은 그것이 "더 규칙적이고 평범한 유형의 문장 구조들 뿐만 아니라 희귀하거나 비정상적인 종류의 언어도 분석할 수 있기" 때문에 더 유익한 것으로 여겨왔다. 이러한 능력은 주로 구문분석기의 훈련에 도움이 되는 "트리뱅크(treebank)"의 제작의 결과이다. Lancaster Parsed Corpus와 Penn Treebank같은 트리뱅크는 전체적으로나 부분적으로 구문 분석된 문장들을 수록하고 있는 코퍼스이며, 그리고 구문분석기는 새로이 접하는 구조들을 분석하고 구문분석기의 정확성을 향상시키기 위해 트리뱅크에 있는 이미 분석된 구조들을 이용할 수 있다. 아래의 예는

Lancaster Parsed Corpus에서 가져온 이미 구문분석된 문장을 포함하고 있다.

A01 2
[S[Na_AT move _NN[Ti[Vi[to_TO stop_VB Vi][N/0Mr_NPT Gaitskll_NP N][P from_IN[Tg[gnominating_VBG Vg][N any_DTI more_AP labour_NN life_NNpeers_NNS N]Tg]P]Ti]N]V is _BEZ V][Ti[Vi to_ TO be BE made_VBN Vi][P at-at In{N a_AT meeting_NN[Po of_INO[N labour_NN \0MPs_NPTS N]Po]N]P][N tomorrow_NR N]Ti].-.S]

위 예의 첫째 줄은 LOB Corpus의 표본 'A01' (신문보고 장르)에서 가져온 둘째 문장임을 나타내며, 이 코퍼스의 부분들(주로 짧은 문장들)이 트리뱅크속에 포함되어 있다. 열고 닫은 대괄호 짝은 문장구성성분의 경계를 표시한다. 따라서 "[S"는 문장의 시작을, 그리고 "S]"는 문장의 끝을 표시한다. *a move*앞에 나오는 "[N"은 명사구의 시작을 표하며, *to stop*뒤에 나오는 "N]"은 명사구의 끝을 표시한다. 위 문장에 표시된 다른 구성성분 경계는 "Ti"(to 부정사절 *to stop* Gaitskll)를 포함한다. 이들 구성성분 속에서, 각 단어는 품사표찰을 부여받는다. 예를 들어, *a*는 관사라는 것을 가리키는 "AT"로 표기되고, *move*는 단수 보통명사를 가리키는 "NN"으로 표기된다. 비록 많은 트리뱅크가 공개되어 언어분석에 활용될 수 있지만, 트리뱅크의 주목적은 구문분석기들을 훈련시켜 그것들의 정확성을 높이는 것이다.

언어분석 목적으로 의도된 문법적으로 분석된 코퍼스를 제작하기 위해서, Nijmegan University의 TOSCA그룹은 Nijmegan Corpus와 ICE-영국편의 부분들을 구문 분석하는데 사용된 규칙기반 구문분석기인 TOSCA 구문분석기를 개발했다. TOSCA 구문분석기의 기저를 이루는 문법은 기능, 범주 및 자질의 3개의 기술층위를 인정한다. 첫 기술층위인 기능은 절과 구 모두에서 명시되며 범주는 구와 단어 층위 모두에서 표시된다. 문법자질은 기능이나 범주의 다양한 특색들을 기술한다.

ICE- 영국편의 구문분석에서 사용되는 문법기능, 품사범주, 문법자질의 목록은 "Quick Guide to the ICE - 영국편"에서 볼 수 있다.

(http: //www.ucl.ad.uk/english-usage/ice-gb/grammar.htm)

TOSCA 구문분석기가 고안된 일차적 목적은 "언어학자들에 의해 사용될 수 있는 자세한 정보를 수록하는데 데이터베이스를 만들어 형식문법의 견지에서 형식화된 언어학적 가설들을 검증할 수 있게 하는" 문법적 주석이 달린 코퍼스를 만드는 것이다. 최근 품사분석기의 개발이 번성했지만 반면에 구어분석기는 여전히 개발 단계에 있다.

구문 분석기는 개별 단어뿐만 아니라 구와 절도 포함하기에 품사분석기 보다 분석해야할 구조의 범위가 훨씬 더 넓다. 문장 *"The child broke his arm and his wrist and his mother called a doctor"*를 EngFDG 구문분석기를 사용하여 분석된 출력을 보여준다.

```
 0
 1  The  data: >  2@DN>DET SG/PL
 2  child child sub: 3@SUBJN NOM SG
 3  broke break main: >0 @+FMAINV V PAST
 4  his he attr: >5 @A>PRON PERS MASC GEN SG3
 5  arm arm obj: >3 @OBJ N NOM SG
 6  and and @CC CC
 7  his he attr: >8 @ A PRON PERS MASC GEN SG3
 8  wrist wrist @ SUBJ N NOM SG @OBJ N NOM SG @PCOMPL-S N NOM SG@A>N NOM SG
 9  and and cc: 3 @CC CC
10  his he attr: >11 @A>PRON PERS MASC GEN SG3
11  mother mother subj: >12@SUBJ N NOM SG
12  called call cc: >3 @+FMAINV V PAST
13  a a det:>14 @DN >DET SG
14  doctor doctor obj: >12@OBJ N NOM SG
```

위의 예문은 2개의 주절뿐만 아니라 2개의 명사구 *his arm and his wrist*를 등위 접속하는 등위접속사 *and*를 포함하고 있다. *and*와 같은 등위접속사는 절뿐만 아니라 구를 등위 접속할 수 있기 때문에, 구분석기가 구 등위접속과 절 등위접속을 구분하는 것은 어렵다. 위의 예문에서 구문분석기는 *his wrist*가 *his arm*과 등위 접속하는지 또는 *his mother*와 등위 접속하는지를 결정하지 못한다. 그러므로

*his wrist*는 2개의 기능명칭이 부여된다. 즉 하나는 주어 (@SUBJ)이며 *his wrist*와 *his mother*가 등위 접속된 명사구로서 둘째 절의 주어로 기능한다는 것을 나타내고, 다른 하나는 목적어(@SUBJ)이며, 실제로 옳은 구문분석인데, *his arm* 과 *his wrist*가 등위 접속된 명사구로서 첫째 절의 동사 *broke*의 목적어로 기능한다는 것을 나타낸다. 등위구조가 너무 흔하여 등위접속구문의 구문분석이 여러 개가 있을 가능성을 증가한다는 사실로 인해 구문분석기가 등위접속구문에서 갖는 어려움은 더욱 크게 된다. 구문분석기가 문어자료 뿐만 아니라 구어자료의 구문분석을 위해 사용된다면 복잡도가 한층 더 증가된다. 위의 구문분석 결과는 EngFDG 구문분석기의 전시용 버전을 사용하여 나온 것으로 Conexor의 웹사이트에서 사용가능하다. (http://www.conexor.fi/testing.html#/1)

구문분석기가 분석해야 할 구조가 더 복잡해져서 결과적으로 많은 경우에 여러 구문분석들을 야기 하고, 품사표찰의 중의성 해소과정을 품사분석기 출력의 경우보다 더 복잡하게 만든다. 품사분석의 경우에는 중의성 해소는 개별 단어에 부여된 일련의 품사표찰들 중에서 1개를 선택하는 것이다. 대조적으로, 구문분석의 경우에는 중의성 해소는 단일 단어들이 아니라, 더 높은 층의 성분들과 관련된다. 예를 들면, TOSCA구문분석기를 사용함에 있어, Willis의 보고에 의하면 한 문장에 대해 구문분석기를 돌린 뒤에, 만일 단일의 정확한 구문분석 수형도가 생성되지 않으면, 12개에서(어떤 경우에는) 120개의 서로 다른 구문분석 수형도를 중에서 선택해야 했다고 한다. 이러한 종류의 사후 편집 작업을 보조해주는 소프트웨어로서 ICE프로젝트를 위해 품사분석 및 구문분석이 이루어진 코퍼스를 사후 편집하는 작업을 보조하기 위해 고안된 일반적인 편집 프로그램인 ICE Tree (http://www.ucl.ac.uk/english-usage/ice-gb/icetree/download.htlm)와 그리고 TOSCA구문분석기의 출력을 사후편집하기 위해 사용될 수 있는 Nijmegen TOSCA Tree 편집기 (http://lands.let.kun.nl/TSpublic/tosca/page4.html) 같은 것들이 있다.

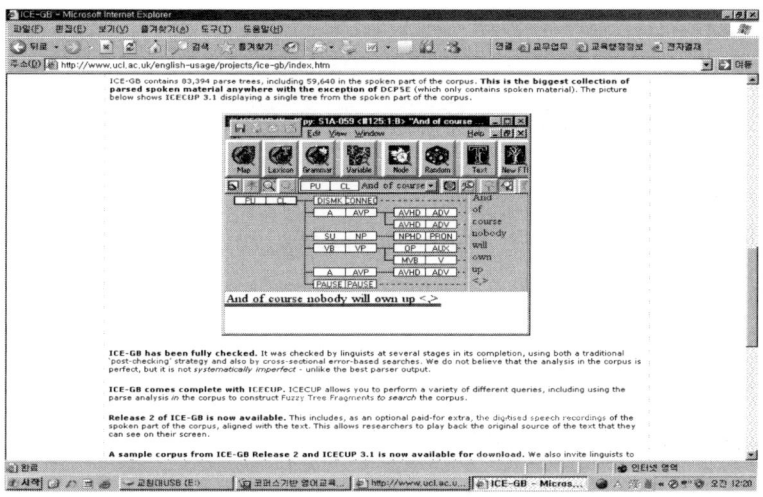

<그림 65> 코퍼스 편집 프로그램 ICE Tree

구문분석의 정확성을 높이고 필요한 사후편집 작업의 양을 줄이기 위해서 구문분석기는 다른 접근법들을 택한다. TOSCA 구문 분석기는 테스트가 구문분석기로 보내지기 전에 그 텍스트에 대해 일정한 양의 수작업에 의한 사전처리 과정을 필요로 한다. 즉 문제가 있는 구문들 주위에는 통사적 표지가 삽입되며 구어 텍스트들은 규범화된다. 등위 접속된 구조들이 정확히 구문분석 되도록 확실히 하기 위해서, 그 구조들의 시작과 끝이 표시된다. 문장 "*The child broke his arm and his wrist and his mother called a doctor*"에서 *his arm* 과 *his wrist*가 등위접속된다는 것을 나타내기 위해 이 2개의 명사구 앞뒤에 표지가 붙여지고, 그리고 *wrist* 뒤에 나오는 등위접속사 *and*가 2개의 절을 등위 접속한다는 것을 나타내기 위해 등위 접속되어 있는 2개의 주절 앞뒤에 표지가 붙여진다. 구문분석 작업 이전에 표시되어야 하는 다른 문제 있는 구문들로는 명사구 후치수식어, 부사적 명사구, 동격 명사구 및 호격이 있다.

5. 품사분석 및 구문분석의 다른 유형

가. 의미적 품사분석(Semantic tagging)

의미적 품사분석은 코퍼스의 다양한 의미자질을 명시하는 표지로써 코퍼스에 주석을 다는 과정을 포함한다. Wilson과 Thomas(1997)는 사용되어 온 많은 의미적 품사분석 체계를 기술하고 있다. 이들 각 체계에서는, 코퍼스의 단어들은 그들의 의미를 나타내는 다양한 방식으로 주석이 달린다. 예를 들어, 한 가지 방식에서는, 각 단어에 "의미장(semantic field)표찰" 이 부여된다. 즉 *cheeks*와 같은 단어는 "신체 또는 신체부위"라는 표찰이 주어지며, *lovely*와 같은 단어는 "미적 정서"라는 표찰이 주어진다. 이런 유형의 방식은 사전을 제작하거나, "내용 분석(content analysis)"을 하는, 즉 특정한 주제에 관심이 있는 사용자들이 큰 문서 데이터베이스를 자동 분석을 할 수 있도록 하기 위해 그러한 주제들에 대한 문서를 검색하는 시스템을 개발하는데 상당히 유용할 것이다.

나. 담화적 품사분석(Discourse tagging)

코퍼스 속 단어들의 의미를 주석으로 표기하는 것 외에도, 의미적 품사분석 체계들은 텍스트 속의 동 지시 연결들을 한데 묶는 조응현상과 같은 의미현상들도 역시 살펴보았다. 이것은 담화적 품사분석의 한 유형으로, 이 과정에 의해 텍스트의 자질들이 주석으로 표기되어 분석자는 텍스트의 담화구조를 복원 할 수 있게 된다. Rocha는 대화속의 "주체(topics)"를 연구하기 위해 자기가 개발한 체계를 기술하고 있다. 이 체계에서 Rocha는 텍스트에 나타나는 각 조응소를 분류하고 그것의 다양한 특징을 표시할 수 있도록 해주는 주석달기 방식을 개발하였다. 예를 들면, 각 조응소에는 그 조응소의 유형을 명시하는 주석이 달린다. 즉, 인칭대명사는 주어대명사(sp) 또는 목적어대명사(op)로 표시되며, 지시사는 (De)로, 소유격은 (PoP).. 등등으로 표시된다. 또한 선행사가 명시적(ex)인지 또는 비명시적(im)인지와 같은 다른 정보도 제공된다. Rocha는 이 방식을 이용하여 영어나 포르투갈어 조응소 해결을, 즉 텍스트에서 조응소의 지시 관계를 궁극적으로 해결하기 위해 어떠한 "연결체"의 연쇄가 필요한지를 비교하였다. Rocha의 잠정적 결과는 대부분의 조응소가 인칭대명사이며 그 지시사는 압도적으로 명시적임을 보여준다.

다. 문제 지향적 품사분석(Problem-oriented tagging)

De Haan(1993)은 분석자가 사용될 품사표찰들을 정의하고 분석될 구문들에 수작업으로 그 표찰들을 부여하게 하는 품사분석 방법을 기술하기 위해 "문제지향(problem-oriented)" 품사분석이라는 용어를 만들어냈다. 예를 들면, Meyer가 Brown, London-Lund 및 Survey of English Usage 코퍼스들 속에 있는 동격구문을 연구하기 위해 이 방법을 사용했다. Meyer가 확인한 각각의 동격구문은 일련의 표찰들을 부여받았다. 문장 *I called one of my closest friends, John*에서 *one of my closet friends, John*과 같은 동격구분은 그 구문의 통사적 형태, 통사적 기능, 그 두 동격단위가 병렬되어 있는지의 여부 등과 같은 정보를 제공해주는 여러 가지 표찰 값을 부여받는다. 이러한 각각의 일반 범주 내부에서는 수치가 부여되는 광범위한 선택들이 있었다. 예를 들면, Meyer는 자기가 분석한 코퍼스 속의 동격구분들은 78개의 서로 다른 통사형태를 가지고 있음을 발견하였다. 위의 동격구문은 부정명사구 뒤에 고유명사가 나오는 형태로 수치 6이 부여된 형태를 가졌다. 표찰에 수치를 무여함으로써 표찰들은 통계적으로 처리될 수 있었다. 문제지향 품사분석은 수작업으로 수행되어야 하기 때문에, 그 작업은 많은 시간이 걸릴 수 있다. 그러나 이러한 유형의 품사분석 작업을 신속하게 수행하기 위해 사용될 수 있는 소프트웨어 프로그램으로 PC Tagger가 있다.

문제지향 품사분석의 이점은 분석자가 사용될 표찰들을 정의할 수 있어, 다른 사람의 품사표찰집합에 의해 제약을 받지 않는다는 점이다. 뿐만 아니라, 품사분석이 아주 자세하여 단지 어휘적으로만 분석된 코퍼스에서는 수행될 수 없는 문법적 연구를 가능하게 해준다. 문제지향 품사분석이라는 용어는 이러한 유형의 분석이 주로 품사분석과 관련됨을 암시해준다. 그러나 그 과정은 실제로는 구무분석 과정이기도 하다. 즉 단어보다 더 큰 성분들에게 통사적 명칭이 부여된다.

V
코퍼스 기반 연구

　오늘날 모든 학파의 언어학자들은 코퍼스가 다양한 연구 계획을 추구하는데 아주 유용한 자료가 될 수 있다는 것을 발견하였다. 코퍼스는 이론적 언어 연구의 기반이 될 뿐만 아니라 사전 편찬과 언어 교육의 응용 분야에서 없어서는 안 될 중요한 자원이다. 코퍼스는 언어분석 대상이 되는 말과 글의 모음으로, 이론적인 용도에서부터 실용적인 용도에 이르기까지 광범위한 용도를 가지고 있으며 언어의 기술적, 이론적 응용적 논의를 위한 소중한 자료가 된다. 즉 오늘날 코퍼스는 문법이론, 사전편찬, 방언연구, 역사언어학, 대조분석 및 번역이론, 자연언어처리, 언어습득 분야 등에서 언어연구를 위해 널리 활용되고 있다. 또한 문학, 역사 등 텍스트 기반의 전통적 인문학에 새로운 방법론을 제시할 수 있으며, 신문 자료 코퍼스는 사회 변동 연구 등 사회과학적 연구에도 활용될 수 있다.
　이 장에서는 코퍼스가 어떻게 언어학연구에 영향을 미쳤는지를 다음의 4가지 부분 즉 문법연구, 사전편찬, 언어변이, 역사언어학 영역에서의 코퍼스가 어떻게 사용되었는지에 대해 코퍼스 사용기반 예시들을 제시하고자 한다.

1. 코퍼스 기반 문법연구

가. 의의

오늘날에는 전산 언어학과 코퍼스 언어학의 발전에 힘입어 대규모의 코퍼스 축적이 가능해졌고, 대규모의 코퍼스를 통해 과거에 알지 못했던 여러 가지 언어 현상에 대한 관찰이 가능해졌다. 언어는 한 번에 많은 양을 관찰하게 되면 다르게 보일 수 있다(Sinclair, 1991). 직관에만 의존해서 가능하였던 언어 현상의 기술이 축적된 코퍼스의 관찰을 통해 실증적으로 확인하는 일이 가능해졌다. 코퍼스의 관찰에 의한 전형성과 중심성을 이루는 언어 현상으로서 연어와 패턴 문법이 있다. 전형성은 가장 빈번한 단어 결합을 보이는 단어와 연어 또는 연어 구성어 기술에 사용되고, 중심성은 개별 단어보다 현재시제, 진행 시제와 같은 문법 항목 기술에 사용된다(Hunston, 2002). 이들 전형적 단어 결합을 이루는 말뭉치는 흔히 연어, 어휘구, 고정 표현, 조립식 패턴, 구 구성(phraseology) 등으로도 지칭된다. 한편, 동일한 구조의 문법적 행동을 보이는 단어들이 공유된 의미의 집합을 이룰 때는 패턴 문법으로 지칭된다. 따라서 코퍼스를 통해서 전형적으로 관찰되는 말뭉치 패턴인 연어와 단어들이 보이는 중심적 용법인 패턴 문법은 가장 빈번하고 표적인 언어 현상이므로 영어학습자들이 반드시 학습해야 할 언어 요소라 할 수 있다.

나. 코퍼스활용 문법연구

최근의 문법연구는 어휘연구와 함께 코퍼스를 활용하는 연구가 가장 빈번한 연구 방법이다. 코퍼스는 문법과 어휘를 공유하는 패턴학습을 제공하고 있다. 패턴 문법은 문법구조의 형태와 사용에 관한 정보를 제공하기위해 코퍼스를 사용할 뿐 아니라 논의 중에 있는 문법구조를 위한 코퍼스에서 광범위한 예시를 포함할 수 있다. 영어 교육에 코퍼스를 활용하여 어휘중심 교수법의 원리의 적용과 자료와 과제 중심 귀납적 학습 활동이 가능할 수 있다. 대체로 많은 영어 학습자들과 교사들이 어휘와 문법을 별개의 항목으로 구별하여 학습하거나 가르치려는 경향이 있는데, 이에는 최근 어휘와 문법의 이분법을 배격하고 말뭉치 패턴과 문법의 학습에 관찰(observation), 가설(hypothesis), 실험(experiment)의 O-H-E 패러다임을 제시하고 있는 어휘중심 교수법이 있다. 어휘중심 교수법은 교수요목의 중심 원리로 문법화된 어휘(lexis)를 적용한다. 코퍼스의 용어 색인 관찰을 통해 어휘와 패턴의 학습을 권장하는 학습 방법으로는 자료 중심 학습(Johns, 1991)이 있다. 자료 중심 학습을 적용하면 학습자들이 코퍼스의 관찰을 통해 말뭉치 패턴과 규칙에 대한 가설을 형성하고 증거를 찾아 가설 검증과 결론에 도달하는 귀납적 학습이 가능하다(Larsen-Freeman, 2001). 그러므로 자료 중심 학습은 학습자가 스스로 사고하고 일반화에 도달하는 일종의 발견 학습이라 할 수 있다(Thornbury, 1999). 또 코퍼스를 활용하면, 교사는 학습자에게 언어 분석 활동 과제 즉, 어휘 패턴과 규칙에 대한 자각 고양 활동 과제를 부과할 수 있으므로 코퍼스를 입력 자료로 하는 과제 중심 학습(Ellis, 2003, pp. 162-71)이 가능하다. 그리고 코퍼스 자료를 통해 연어와 패턴 문법을 관찰하는 학습은 학습자가 활동 방법, 내용 및 속도 조절할 수 있으므로 학습자 중심 학습(Willis & Willis, 1996)과도 관련된다.

다. 문법연구의 예

1) 특정 언어구문에 관한 문법 연구

특정문법구문이 가지는 다양한 형식, 그것의 전체적인 빈도, 그것이 나타나는 특정한 맥락 및 의사소통적 잠재력과 같은 구문에 한한 언어학적 정보를 산출하는 그 구문에 관한 자세한 연구를 제공하는 것이 가장 일반적인 코퍼스 연구이다. 코퍼스기반연구는 많은 상이한 종류의 문법구문들의 용도와 구조에 초점을 두었다. 이러한 연구를 위해서는 빈도가 상대적으로 높은 구문을 연구하는 것이 유리함을 알게 되었다. Brown Corpus 보다는 British National Corpus 연구가 더욱 유리할 수 있다. 그러나 작은 코퍼스라도 신뢰할 수 있고 타당성 있는 정보를 산출할 수 있다.

서법동사에 관한 연구에서 Coates(1983)는 상대적으로 규모가 작은 코퍼스에서도 신뢰성 있게 연구될 수 있음을 보여 준다.

<표 32> Coates(1983)의 서법동사에 관한 연구

	Coates(1983)	Mindt(1995)
규모	총172.5만 단어	8,000만 단어
종류	Lancaster Corpus (문어 영국영어LOB Corpus모체) London Corpus (구어, 서신, 일기 포함)	Brown 및 LOB Corpus Longman-Lancaster Corpus The Times과 The Independent의 신문기사의 CD-ROMS
내용	상이한 분포 개별 서법동사들과 관련한 빈번한 의미들을 기술	형식과 의미연구, 약 3만개 동사구를 바탕으로 영어동사구에 관한 종합적 관점 제시
결과	서법동사는 문어보다 구어에서 빈도가 더 높음 (구어 will, can, would 문어는will, would 순)	

2) 참조 문법 1

19-20세기 초 Jesperson 등 전통문법학자들은 영국작가들의 문어 텍스트에 자신들의 문법을 두었다. 그러나 최초의 주요 참조 문법서 A Grammar of Comtemporary English(1972), A Comprehensive Grammar of the English Language(1985)에서 문법구문에 관한 논의는 London Corpus에서 정보를 얻었다. Biber외 (1999)은 7년간의 문법프로젝트 연구를 이끌어 왔다. 그 연구는 미국영어와 영국영어의 대화, 소설작품, 뉴스기사, 학문적인 글을 바탕으로 자신들이 만든 코퍼스기반 영어문법 교육을 창조하였다. 이 문법에는 40만개의 문어와 구어 단어를 분석하였다. Carter와 McCarthy(2006)는 Cambridge International Corpus에 그들의 문법을 신문, 베스트셀러 소설, 여러 가지 주제, 웹사이트, 잡지, 정크메일, TV와 라디오 프로그램, 대학세미나에서 친근한 가족의 대화에 까지 다양한 사회계층의 사람들의 일상대화에서 10년간에 걸친 700만개 이상의 영어단어들로 구성기반을 두고 있으며 지금도 진행되고 있다. Carter와 McCarthy는 문어와 대치되는 구어관한 말들을 분리하기 위해서는 많은 사례들이 절대적으로 중요하다는 것을 알았다.

<표 33> Oxford English, COBUILD, Longman 문법서 비교

문법서	Oxford English Grammar (Greenbaum 1996)	Collins COBUILD project	Longman Grammar of Spoken and Written English(1999)
Corpus	International Corpus of English의 영국편(ICE-GB)	Bank of English (Sinclair 1987)	Longman Spoken and Written English Corpus
특징	국가, 지역, 사회변이정보를 가진 현대 미국 영국영어, 미국과 영국의 컴퓨터화된 텍스로부터 실제로 사용되는 다양하고 광범위한 보기제공	총 5억 2,400만 개의 단어가 수록되어 있는 BANK OF ENGLISH를 이용해 문어와 구어체 언어를 철저한 분석으로 명확하고 상세한 그림과 함께 현대 영어문법을 제공하였으며 활용법(Usage), 문법(Grammar), 토픽(Topic)의 3개 항목으로 나눠 색인을 표시	약 4천만 어절 미국 영국 영어 영어권에서 사용되는 문장 및 각종 자료를 기초로 한 영문법 교재. 일상생활에서 문학 작품에 이르기까지 서로 다른 영역에서의 빈도수를 도표와 그래프로 정리수록. 영국 영어와 미국 영어의 문법상의 차이점, 구어와 문어의 차이점을 명시

3) 참조 문법 2

L2에서 형식적인 문법 지도가 학습자들의 L2 학습에 기여한다고 보는 견해로 점차 의견의 일치를 보여 가고 있다(Pica, 1983). 문법과 어휘에 대한 견해로 문법과 어휘는 서로 연결되어 있다고 본다(Sinclair, 1966; Halliday, 1991). 모든 단어는 패턴에 비추어 기술되고, 의미는 패턴을 공유하는 단어들의 의미공유를 통해 나타난다. 또 패턴의 지도는 언어에 대한 이해, 정확성, 유창성, 표현의 융통성을 촉진시킨다. 문법은 의사소통능력의 일부로 어휘와 더불어 의미의 생성에 반드시 필요한 학습 요소로 효과적인 학습 지도 방법의 모색이 필요하다. 이 점에서 의사소통능력에 초점을 둔 문법 지도의 방안과 구문 패턴의 지도가 필요하다고 본다(김부자, 2004). 문법 과제를 통한 L2 학습은 두 가지 측면에서 기여할 수 있다. 첫째, 암시적 지식의 학습을 촉진할 수 있는 의사소통의 기회를 제공할 수 있고 둘째, L2 규칙의 명시적 지식을 개발할 수 있는 기회를 제공할 수 있다(Fotos & Ellis, 1991). 학습자 코퍼스를 구축하여 학습자의 언어 자각을 높일 수 있다(이은주, 2004). 이선(2003)은 중등 영어 교과서 코퍼스를 구축하여 교육용 코퍼스를 활용하면 전치사의 용법, 작문 지도 시 문법 형태에 대한 주목, 텍스트 분석과 빈 칸 채

우기 활동 등이 가능하고 교사들이 수업 자료를 효과적으로 준비할 수 있다고 말한다. 어휘와 패턴 지도에는 코퍼스 중심 교수요목의 개발이 필요하다. 또 코퍼스 중심 자료 개발은 자료 중심 학습을 통한 의식 고양 활동이 중요할 수 있다(김희진, 2004). 영어 교육용 코퍼스를 활용하여 패턴 문법을 학습한 집단과 새로운 구문중심으로 문법 학습을 하여 문법 능력이 향상 될 수 있다(김승태, 2006).

라. 문법서 종류

1) 전통적 문법서

한국의 영어교육에서 가장 큰 실패는 시험 영어를 준비하기 위한 독해력 증진 위주의 문법 제공이 오랫동안 당연시되면서 모든 문법이 가르치는 사람의 머리에서 정해지고, 책을 쓰는 사람의 머릿속에 전통적으로 전해져 내려온 문법은 그대로 아무런 의심 없이 학습자들에게 계속 전수되는 식이었다. 1972년에 처음 나온 A Grammar of Contemporary English (GCE)는 한국에 널리 퍼진 전통 영문법의 기반이고 A Practical English Grammar (PEG)에서도 그 흔적이 진하게 보인다. 1985년에 나온 A Comprehensive Grammar of the English Language (CGEL) 특히 PEG는 지난 한 세대 동안 한국에서 나온 영문법이 따른 prescriptive grammar의 원초적인 틀로 여겨진다. GCE도 그러한 역할을 한 게 틀림없다. 물론 일본어 번역서 등을 통해서 한국으로 들어왔을 것이다. The Oxford English Grammar (OEG) 에서 Sidney Greenbaum이 코퍼스의 예문을 통해 반은 규범적이지만 반은 기술적 성격을 지닌 문법 해설을 제공하고 있다.

2) 현대의 문법서

가) Longman Grammar of Spoken and Written English (LGSWE)

LGSWE는 기술문법을 이루려는 시도의 결과이다. 과거의 규범주의의 영향을 벗어나서 컴퓨터 기술의 도움을 받아서 영어가 실제로는 어떻게 쓰이고 있으며 영어 사용자들은 영어의 어떠한 모습을 실제로 그려가고 있는지를 처음으로 만들어 낸 문법서이다. 지금은 ELT 사전 만들기의 기본이 되어 버린 언어 데이터베이스인 코퍼스가 있어서 가능하기도 하다. LGSWE는 4천만 단어 크기의 Longman Spoken and Written English (LSWE) Corpus를 바탕으로 이루어진 것이다. LGSWE는 연구 분석을 위해 사용한 LSWE 코퍼스의 여섯 가지의 register 중에서 CONVersation, FICTion, NEWS, ACADemic이라는 네 가지의 register에 속하는 텍스트 정보를 선정해서 정밀하게 상호 비교 분석함으로써 각 문법 정보, 패턴, 구조 등이 각 register마다 어떻게 다르게 나타나는지 그 결과를 정밀하게 추적해냈다. 영어 학습 자료를 만드는 사람에게는 더욱 중요한 데이터이고 문법서이다. LGSWE는 학습 자료를 구성할 때 어느 것에 우선도를 부여해야 하는지, 또 어떤 어휘, 구문, 문법 구성을 해야 하는지 실체를 잡게 해 준다. 이전에는 불가능했던 빈도 정보가 이제는 문법과 어휘가 결합된 형태의 분석으로 가능해져 그 데이터를 학습 자료 구성에 바로 활용할 수 있게 된 것이다.

나) English Grammar in Use (EGU)

기본 영문법은 책을 하나 가지고 정확하게 익히는 것이 좋다고 한다면, 먼저 기초 수준은 Edmond Murphy가 지은 Cambridge University Press에서 나온 Grammar in Use 시리즈의 책들이다. 영국의 ESL 학교에서 많이 쓴다. English Grammar in Use는 중급자 이상이 보는 것이고 Essential Grammar in Use는 기초를 다룬다. 왼쪽에 한 Unit의 문법에 대한 간단한 설명이 나오고 오른쪽에서는 그것을 가지고 연습문제를 푼다. Grammar in Use (GIU) 시리즈는 한국의 영어 학습자들에게 매우 좋은 책이다. 이 책은 현재 수준별로 3단계로 나뉘어 Essential Grammar in Use (EGIU), Advanced Grammar in Use (AGIU) 와 같이 출간되었다.

다) Practical English Usage (PEU)

보통 문법책의 편집 형태인 품사 등의 큰 항목 아래에 배치하는 게 아닌 문법 아이템별로 그것도 알파벳순으로 정리되어 있다는 것이 특징이다. 학습자가 *all*에 대해서 알고 싶다면 바로 알파벳 순서로 찾아볼 수 있도록 만들어져 있다는 것이다. 그러기 때문에 거의 모든 학습자들이 어렵게 생각하는 문법 사항을 필요한 부분만 다시 참조할 수 있도록 되어 있다. 그런데 CCEG에 비해 PEU는 어떤 단어에 대한 어법이 생각이 나면 알파벳 순서를 따라 바로 본문을 검색할 수 있다는 것도 상대적 장점이다. 문법책은 참조형으로 보는 것이 기본이니까 PEU의 형식이 더 의미가 있다.

라) Collins COBUILD English Grammar (CCEG)

이 책은 'Referring to People and Things'처럼 문법 항목이 가지는 공통의 의미 주제를 정해 그 아래에 관련 문법 항목을 나열하는 식으로 배치했다. 가장 큰 특징은 한 가지 문법 항목의 설명에 그 문법의 패턴에 해당하는 단어들을 나열하고 있다는 것이다. 이유는 비슷한 패턴을 취하는 단어들을 통해 패턴의 중요성을 인식시키고 기억을 돕는다.

CCEG는 인간의 언어 인식 구조를 존중하면서 큰 주제로 구분된 각 문법 항목들이 각 장마다 체계적으로 나열되어 있기 때문에 이것들을 하나씩 장기적으로 읽어나가는 것은 문법을 문법의 주된 사용 목적에 따라 형성할 수 있는 과정이 된다. 문법 항목이 알파벳 순서로 배치되지는 않았지만 뒤에 인덱스가 있기 때문에 알파벳 순서로 찾을 수도 있다. 반대로 PEU에 비해서 CCEG는 어떤 문법 항목을 필요한 문법의 내용으로 찾을 때는 도움이 된다. 그러나 이것도 문법의 체계에 익숙한 이들에게만 쉬운 일이다. 가장 편한 방식은 역시 알파벳 순서이다.

마) The Oxford English Grammar (OEG)

OEG는 큰 항목으로 이루어진 각 장 아래에 작은 구체적인 문법 항목이 놓여 있다. 특징은 각 세부 문법 항목의 설명에 저자인 문법계의 권위자이고, 영문법의 '법전'인 A Comprehensive Grammar of the English Language (CGEL)와 A Grammar of Contemporary English (GCE)를 공저한 4인 중의 한 명인 Sidney Greenbaum의 영문법에 대한 생각이 가득 들어 있다는 것이다. 가장 큰 특징은 예문이 실제의 영어 사용 자료인 corpus에서 뽑아낸 것으로써 그에 바탕을 둔 설명을 Greenbaum이 제공하고 설명이 있다. 특히 문법과 그 사용에 대한 문법의 설명은 이 책의 최대의 장점이다. PEU나 CCEG도 그러한 설명을 간단하게 넣고 있지만 OEG의 특색이다.

바) A Practical English Grammar (PEG)

PEG는 상당히 전통 문법책 형식에 가까운 책이다. 이 책은 1960년대부터 상당히 오랫동안 한 시대를 풍미한 책인데 명사, 동사처럼 큰 구분을 품사로 한 것이 국내의 문법책 양식과 비슷하다. 기존의 한국에서 나온 문법책의 형식을 도저히 벗어나지 못하고 있다. PEG는 품사 등으로 구분된 큰 분류 아래에서는 순서 번호가 연속으로 달려 있는데 인덱스와 연결된 기능일 뿐이다.

사) Index to Modern English (IME)

IME는 1964년에 출간된 책이고 그 내용을 보면 한국의 문법책저자들이 참고했을 가능성이 높은 책 중에 하나이다. 미국의 McGraw-Hill에서 나온 책인데 특색은 PEU처럼 본문의 문법 항목이 찾아보기 쉽게 알파벳순으로 편집되어 있다는 것이다.

아) Grammar Dimensions

GD의 책 표지에 'Form, Meaning, and Use'라는 부제가 있듯이 이 책은 영문법 지식을 이해하고 사용할 수 있도록 하는 데 그 목표가 있다. 그에 발맞춰서 각 Focus 위에는 Form, Meaning, Use 중에서 각 섹션이 강조하는 목표 능력을 표시하고 있다. 학습자는 그것을 보고 해당 Focus가 어떤 능력을 겨냥하고 있는지 알 수 있다. 그러한 취지와 목적을 가지고 나온 영문법 학습서가 Grammar Dimensions (GD) 시리즈이다.

자) Grammar Dimensions과 Grammar in use 비교

<표 34> Grammar Dimensions과 Grammar in use 비교

An Analytical Comparison of Two Grammar Books Rated on a scale of 1-5 1 poor 2 not so good 3 fairly good 4 very good 5 excellent			
	Category	Grammar Dimensions	Grammar in use
1	문법 설명	5	4
2	본문 영어의 난이도 조절	5	4
3	영어 사용 능력 중시도	5	3
4	본문 이해도	4	4
5	문법 설명의 간결성	5	4
6	구어 영어 중시도	4	3
7	언어학적 학습 흐름 일치도	4	2
8	생산적 영어 가능성	5	3
9	청취 학습 연관성	3	1
10	작문 능력 실현성	4	3
11	문법 구성의 실용성	5	3
12	회화 능력 중시도	4	2
13	문법 학습의 독창성	5	3
14	문법 예문	4	3
15	activity의 다양성	5	2
16	내용 구성의 세밀도	5	3
17	수준별 연계성	5	3
18	내용의 흥미로움	4	2
19	필수 문법의 선별성	4	4
20	문법의 학습단위 구분	4	4
21	수준별 문법책의 독립성	3	5
22	섹션 배열의 체계성	4	4
23	문법의 수준별 구분	4	5
24	가독성	4	3
25	연습문제 난이도 조절	5	4
26	내용의 색 구분	4	3
27	약어 사용량	3	4

28	활자 인식도	5	4
29	표 구성	5	3
30	레이아웃	4	4
31	섹션별 내용 강조 표시	5	1
32	학습단위 페이지 분할	3	5
33	문법학습의 교사 의존도	2	3
34	강의 능력 요구도	2	3
35	교사에 대한 전문 지원	5	4
36	학습의 부교재 의존도	3	5
37	단독 학습 가능도	3	4
38	집단 학습 용이성	5	4
39	단기 학습 가능성	2	3
40	중장기 학습 성공 가능성	4	3
41	멀티미디어 특성	5	1
42	인쇄 오자	4	5
43	가격	3	5
44	책의 크기	4	5
45	책의 두께	4	5
46	전체 가격 부담	3	4
47	책의 휴대성	3	4

Ratings given here are subject to change slightly with more data available.

2. 코퍼스 기반 어휘연구

어휘연구는 사전 편찬에 관한 일을 연구하는 학문으로 사전 편찬자들은 대규모 언어코퍼스의 단어사용을 연구함으로써 더 효율적으로 사전을 편찬할 수 있다는 것을 발견하였다. 최초의 컴퓨터 코퍼스는 1960년대 초 미국 브라운대에서 만들어졌다. 이것은 1백만 어절 규모의 미국 영어 텍스트 자료인데 보통의 책 약 20권의 분량이다. 오늘날의 기준으로 보면 아주 작은 규모이지만 당시 컴퓨터 입력의 수단이 키펀치였던 것을 고려하면 많은 수고의 결과였다. 브라운 코퍼스를 기반으로 영어 단어의 사용 빈도가 실증적으로 측정돼 언어 교육 및 심리학에 도움을 주기는 했으나 코퍼스의 규모가 작았기 때문에 그 효용성은 제한적이었다.

코퍼스가 언어학에 큰 영향을 미친 사건은 1980년대에 영국 Birmingham 대학이 콜린스 출판사와 손잡고 2천만 어절 규모의 코퍼스를 구축하고 이것에 기반한 COBUILD(COBUILD)영어 사전을 편찬한 것이었다. 이전까지의 언어 사전이 사전 편찬자의 직관에 의존하거나 수작업을 통한 제한적인 용례 수집에 의존하였던 것에 비해 COBUILD 사전은 대용량의 코퍼스에 기반해 올림말을 결정하고 단어 의미를 기술하며, 사람들이 많이 사용하는 자연스러운 용례를 찾아 사전에 수록할 수 있었다. 그 이후, 사전 편찬에서 코퍼스는 필수적인 수단으로 인식됐으며, 모든 주요 사전 편찬 사업이 코퍼스에 의존하고 있다.

1990년대 이후 코퍼스의 크기는 1억 어절 이상이 일상적이 됐으며, 영국의 국가 코퍼스(British National Corpus, BNC)가 대표적이다. 오늘날의 코퍼스는 이와 같이 양적인 면에서 성장하였을 뿐만 아니라, 언어의 형태, 통사, 의미적 분석을 한 결과의 코퍼스와 같이 다양한 것들이 만들어져 언어 연구에 도움을 주고 있다.

가. 절차 및 방법

어휘항목들에 대한 타당한 정보를 얻기 위해서는 규모가 아주 큰 코퍼스를 분석할 필요가 있다. 그 이유는 상대적으로 적은 수의 단어들(기능어)이 높은 빈도로 나타나며, 상대적으로 많은 수의 단어들(내용어)이 훨씬 낮은 빈도로 나타난다는 사실이다. 만일 어휘분석 목표가 사전을 만드는 것이면 소규모 코퍼스(LOB Corpus)의 조사는 사전편찬자에게 영어에 존재하는 어휘의 범위와 그 어휘항목들이 가지고 있는 다양한 의미에 관한 완전한 정보를 제공해주지 못 할 것이다. 대규모코퍼스의 특징은 코퍼스가 정적이고 고정된 것이 아니라 새 단어와 의미가 영어에 항상 추가되고 있다는 사실을 반영하기 위해서 지속적으로 갱신되고 있다. 이러한 이유에서 the Birmingham Corpus는 the Bank of English Corpus로 대체되었다.

사전들이 점차 컴퓨터와 소프트웨어의 발달과 더불어 방대한 텍스트자료들이 너무 많으므로 사전편찬의 많은 단계가 자동화 될 수 있다. 용어색인 프로그램(concordancing program)을 활용하여 사전편찬의 여러 단계를 수행 할 수 있다. 용어색인 프로그램은 몇 초 만에 단어들의 빈도순으로 정렬을 할 수 있고, 접두사 접미사, 불규칙형태를 찾고 단어들을 사전표제어(lemmas)를 기준으로 분류도 가능하다. 또한 개별단어의 의미 연구를 위해 KWIC(key word in context)형식으로 제시, 각 단어의 품사표시등 사전편찬에 컴퓨터는 핵심이다. Fillmore(1992, p. 42)의 코퍼스에 나타나는 위험을 분석하여 틀 의미론으로 연구를 통해 사전편찬자는 얻어진 결과들이 특정한 단어의 실제 의미를 더 정확하게 반영한다고 확신할 수 있게 되었다.

나. 사전 분류

사용언어에 따라 표제어 항목들과 그에 대한 설명도 같은 언어로 단일어사전, 표제어 항목에 대한 설명이 그 언어 이외의 다른 언어로 된 다국어 사전이 있으며, 사전종류에 따라 어휘, 문법, 발음, 문화, 방언, 관용구, 속담 등 모두 포함하는 통합사전과 특정 분야를 중점적으로 다루는 분류사전으로, 편찬방식에 따른 종이사전 혹은 전자사전으로 분류된다. 또한 사전의 구조에 따라 거시구조와 미시구조를 이루고 있다. 사전의 거시구조는 크게 사전의 사용 대상, 표제어 수와 그 선정 및 배열 방법 및 어휘 통제, 그리고 코퍼스를 다룬다. 즉 사전의 사용자가 모국어 화자인지 외국어인지, 그 대상이 초급인지, 중급인지, 고급인지를 다루거나, 표제어는 어떤 단어로 몇 개를 선정하여 어떻게 배열할 것인지, 단어 뜻을 풀이하는 데에는 몇 개의 단어가 쓰여야 하는지, 또 어떤 코퍼스를 얼마나 사용해야 하는지 등에 관한 연구가 거시구조의 연구로 분류된다. 이에 반해, 구체적으로 각 단어를 제시하는 방법과 관련된 사전의 미시구조는 발음, 활용, 용법, 화용, 관련어, 길잡이말, 참고 사항, 및 그림 자료와 부록 등의 분야를 다룬다. 다음은 이러한 거시적 구조로 분류된 일부 ESL 사전과 NS(Native Speaker) 사전의 특징을 미시적 구조로 살펴보고자 한다.

1) 대형사전에 들어간 mass noun 표시

1998년에 나온 The New Oxford Dictionary of English (NODE)는 대사전에 속하는 판형이지만 NS들만을 위해서 만든 사전이 아니라 세계의 사용자들을 염두에 두고 만든 것으로 보인다. 통상적으로 NS용 사전에는 없는 것들이 많이 들어갔는데 전문적으로 판단하면 외국인을 위한 사전으로 보인다. NODE는 [mass noun]이라는 표시로 기존 ESL 영어사전에서 쓰이는 U표시를 대신하고 있다. 장점은 내가 이전의 사전에 관한 글에서 쓴 것처럼 기억의 원리에 적합한 방식인, U를 디폴트로 처리하는 방식을 채택했다. Oxford Advanced Learner's Dictionary of Current English (OALD)가 6판에서도 이렇게 되어 있다. [U]를 위주로 표시하고 variable은 [U], [C]가 함께 충실히 표시되어 있다.

2) Oxford (NODE) 의 동사 구분

NODE는 동사의 자/타 구분도 해놓았다. [with obj.]과 [no obj.]으로 표시해주고 있는데 기타 확장 문형도 한 번 더 생각해야 하는 약호보다는 서술식으로 단어로 풀어서 설명하고 있어서 어찌 보면 OALD보다 더 이해하기는 쉽다. NODE는 idiom도 일부 표시하고 있으나 WSP(Word-Specific Prepositions)는 독립된 한 분류로 표시하지 않고 일부 단어의 예문에만 볼드체로 두드러진다.

3) Oxford (NODE)의 스타일 표시

NODE의 또 다른 특징은 스타일 표시를 했다는 것이다. 스타일은 화용능력과 함께 많이 강조되는 것인데 특정 단어를 안다고 해도 사용해야 할 상황에 맞게 사용할 수 있어야 한다. 이것은 문화능력을 포함하여 갈수록 아주 중요한 언어 기능의 한 가지가 되고 있다.

4) COBUILD의 화용론

Collins COBUILD English Dictionary (CCED; 1995, 초판)에는 오른쪽의 usage column에 'PRAGMATICS'라는 표시를 해놓고 있다. CCED를 사용하는 이들은 이게 무엇을 뜻하는지 모른다면 사전의 중요한 기능을 버리고 있는 것이다. 화용론의 연구대상인 화용능력은 register 등에 대한 이해가 바탕이 되어야 한다. 여기에는 또한 style이 포함된다. *formal, informal, derogatory, figurative, archaic, traditional, religious, taboo, baby talk, church talk, metaphorical* 등을 구분할 줄 모르면서, 언어를 사용해서 자신의 목적을 효과적으로 이룰 수 있는 능력인 화용능력이 형성될 수는 없는 일이다.

이런 면에서 NODE는 적어도 지역정보 표시와 스타일을 표시를 하고 있어서 기초적인 언어 사용 구분 능력에는 큰 도움이 된다. 지역정보 표시는 British, Australian처럼 영어 단어나 표현이 쓰이는 지역을 나타내고, 스타일 표시는 formal, disapproving, derogatory, technical처럼 단어의 쓰임새에 대한 추가 정보이다. Cambridge International Dictionary of English(CIDE)나 Oxford Advanced Learner's Dictionary of Current English(OALD), Longman Dictionary of Contemporary English (LDCE)는 모두 지역정보 표시와 스타일 정보를 담고 있다.

5) Oxford (NODE)의 어원 표시

NODE에는 간단한 어원 정보가 들어 있다. ESL 사전의 현재 약점이 바로 이런 어원 정보가 거의 없다는 것인데 NODE는 항목의 끝에 이것을 다루고 있다. Merriam Webster's Collegiate Dictionary(MWCD; 1996, 10판)나 그 이전 판인 Webster's Ninth New Collegiate Dictionary(WNNCD; 1989, 9판)을 보면 어원 정보가 모두 발음기호 바로 다음에 나온다.

6) 미국 NS 영어사전의 특징

어원 정보의 위치는 사전마다 다른데 최근에 나온 Random House Webster's College Dictionary(RHWCD; 1999, 2판)는 어원을 headword의 끝에 담고 있는데 RHWCD의 특색은 어휘의 출생 시기를 표시하고 있다는 것이다. 그러나 New World Dictionary of the American Language(NWDAL; 1980, 2판)이나 Webster's New World Dictionary of American English(WNWDAE; 1994, 3판)는 모두 어원을 단어의 발음기호 바로 옆에 표시하고 있다.

다. 코퍼스 사용예시

Longman, Cambridge, Collins COBUILD의 코퍼스 비교 내용은 <표 35>와 같다.

<표 35> Longman, Cambridge, Collins COBUILD의 코퍼스 비교

사전	Longman Dictionary of American English	Cambridge International Dictionary of English	Collins COBUILD English Dictionary
코퍼스	British National Corpus	Cambridge International Corpus(CIC) Cambridge Learners' Corpus	the Bank of English Corpus
특징	구어 문어 미국영어 코퍼스 수집	10억개 이상 단어	16개의 사전과 문법으로 지속적 업그레이드

라. 학습용 영어사전의 비교

최근의 한국 사회의 영어 학습 경쟁 분위기 속에서 영어 학습의 초석을 놓는 역할을 하는 영어사전의 중요성이 갈수록 부각되고 있다. 그 중에서도 영영사전 등의 원어사전의 시장성이나 그 효과에 대한 기대가 또한 점증하고 있는 게 사실이다. 그래서 최근에 한국의 영어 학습자들에게 관심이 고조되고 있는 주요 EFL/ESL 사전인 Oxford Advanced Learner's Dictionary(OALD, 6th Edition), Longman Dictionary of Contemporary English(LDCE, 3rd Edition), Collins COBUILD English Dictionary for Advanced Learners(CCED, 3rd Edition), Cambridge International Dictionary of English(CIDE, 1st Edition)를 비교하고자 한다.

1) Collins COBUILD English Dictionary for Advanced Learners (CCED)

가) CCED의 정의와 예문 수정

CCED은 전반적으로 많은 변화가 있다고 할 수 있다. 무엇보다도 COBUILD 사전 시리즈를 만드는 영국 Bilmingham 대학의 Sinclair 교수가 자랑하고 사수하려고 하는 실제 예시문을 일일이 다듬고 바꿨다. COBUILD 사전의 핵심을 뒷받침하는 구어 문어 사용 정보의 집합체, 즉 코퍼스인 The Bank of English의 양이 그 사이에 4억 단어 수준으로 늘어났다. 그래서 사전 편집자들은 그 사이에 생겨난 더 좋은 예문으로 기존의 구식인 것을 교체하였고 정의도 부분적으로 수정했다.

CCED의 표제어 정의는 KWIC(Key Word in Context)라는 방식으로 만든 최초의 사전이다. 물론 이 특징은 여전히 COBUILD가 가장 내세우는 업적이기도 하다. CCED의 정의는 표제어가 실제로 쓰이는 패턴에 맞게 만들려고 했고 예문도 수많은 자료 중에서 의미뿐만 아니라 한 표제어의 구문적인 쓰임이나 연어

<그림 66> CCED표지

관계 등에 가장 '전형적인' 예문을 코퍼스에서 선택하여 넣은 것이다. 물론 사전 편집자들이 하나하나 보고 그 의미나 문맥, 어구 등을 검토하여 각 위치에 넣은 것이다.

나) CCED는 초보자 사전이 아니다

CCED의 초창기 편집자 Sinclair는 이 3판에서도 실제예문과 예문 역할도 수행하는 정의 문장 부분에서 문법 기호들이 눈을 복잡하게 하지 않도록 하기 위해 실제 예시문을 따로 컬럼을 만들어서 '분리 수용'했다고 말하고 있다. 학습자들이 조금이라도 편하게 사전을 사용하게 하려는 좋은 의도에서 비롯된 것이기 때문이다. 그런데 따로 설정된 컬럼의 문법 정보는 앞에서 말했듯이 접근 자체가 쉽지가 않다. 종류도 상당히 많을 뿐더러 약호를 먼저이해하기 위한 노력도 만만치가 않다. 더군다나 중급 학습자 이하는 약호의 이해도 쉽지 않은데 그 약호로 이루어진 따로 설정된 컬럼의 내용을 이해하고, 다시 정의 문장을 대조하면서 의미와 구문 정보를 동시에 수용하려고 하는 것은 상당히 높은 수준의 학습자들에게만 해당되는 말이다. 그래서 이 3판에는 for Advanced Learners라는 표현이 붙었다.

다) CCED의 의미와 품사 구별 없음

CCED의 본 항목의 특징은 의미란에 다른 사전과 달리 품사별 구분이 없다. 아직 다른 사전들은 품사별로 의미 항목을 완전히 구분하고 있는데다가 그 아래에

다시 의미별 소분류까지 추가하고 있다. 이렇게 하는 이유는 당연히 CCED처럼 '한 표제어의 모든 관련 의미는 한 곳에 있어야 한다'는 생각으로 뭉뚱그려 놓으면 그 의도와는 달리 학습자들은 그게 동사인지 명사인지 기억하기에 힘들기 때문이다. Sinclair는 '의미를 한 군데로 묶는다'는 주장은 한 표제어 영역 안에서만 생각을 한 것이지만 학습자들의 '혼돈'은 사전 전체 영역에 대한 느낌에서 나올 수 있는 것이다.

라) CCED의 늘어난 어휘

CCED의 주요 변화 또 한 가지는 어휘 수가 110,000으로 상당히 늘었다는 것이다. 1판의 어휘 수가 70,000, 2판의 어휘 수가 75,000이었으니 상당히 늘린 것이다. 이 변화는 CCED가 영어 학습사전에서 어느 정도는 reader용 사전의 기능까지 하도록 이번에 큰 변화를 꾀한 것을 말해 주는 것이다. 최근까지도 한국에서는 사전의 '유일한 평가 기준'이 바로 수록 어휘 수였다. 지금도 이렇게 사전을 고르는 이들이 많다. 그런데 ESL/EFL 학습자에게 단어가 10만 단어 이상 들어 있는 것이 무조건 좋은 것인지는 고려해 보아야 한다.

마) CCED 본문 항목의 '섹션화'

사전의 편집 형태면에서 볼 때 CCED에서 가장 두드러져 보이는 것은 다시 정의 문장과 실제 예시문에 대한 배려이다. 이번에 전문 편집자들이 새로 고치고 다시 쓴 이 부분이 사전의 중요한 부분인 것을 의식해서 더욱 쉽게 그리고 확연하게 보이도록, 한 가지의 정의 문장과 해당 예문이 들어간 각 단락을 섹션화해서 그 단락 앞의 경계 표시 번호를 네모 상자에 넣어서 더 잘 보이도록 만들었다. 그리고 예문도 이탤릭체로만 해 놓으면 잘 안 보이는 것을 알아차리고 그 시작 부분에 입체형으로 두드러져 보이는 작은 네모 상자를 넣어서 더 쉽게 구분하도록 했다.

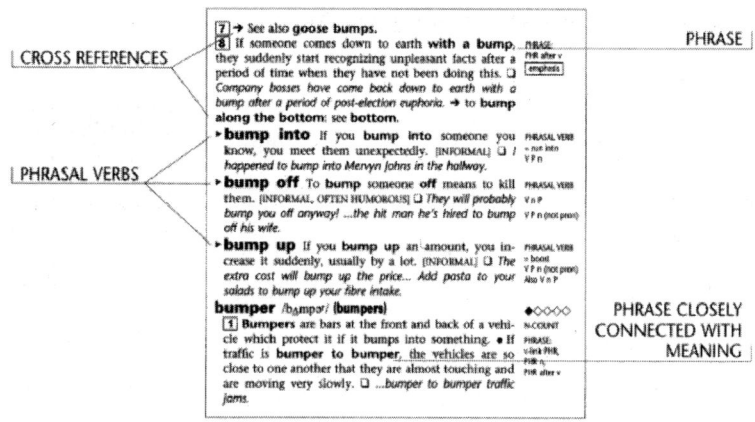

<그림 67> CCED 내용의 일부

바) pragmatics 삽입의 변화와 빈도 표시

따로 만들어진 컬럼에 있는 화용론적 정보 삽입을 CCED 3판에서는 드디어 각 단어마다 해당하는 화용론 세부 정보를 직접 넣어 주었다. 네모 상자에 쌓인 *emphasis, disapproval*같은 항목이 보인다. CCED가 가지는 또 하나의 장점이 있다. 단어 사용 빈도 표시이다. 일부 사전에서는 정의 영역에서도 중요한 뜻은 볼드체의 컬러로 표시해서 시각적 효과를 높이는 사전들이 많다. COBUILD는 The Bank of English라는 코퍼스를 근거로 얻은 데이타로 분석해서 영어 단어의 실제 사용 빈도를 과학적으로 추려내었다.

사) 초보자용 COBUILD

CCED는 전반적으로 볼 때 초보자가 보기에는 당연히 어려운 사전이다. 그렇다면 Collins COBUILD Learner's Dictionary (CCLD)나 Collins COBUILD New Student's Dictionary (CCSD)를 사용하도록 해야 할 것인데 OALD처럼 표제어의 정의 항목이 모두 연이어서 편집되어 의미 항목 구분이 쉽지 않게 되어 있다.

V. 코퍼스 기반 연구　167

2) Oxford Advanced Learner's Dictionary (OALD)

가) 방대한 코퍼스 BNC 기반

옥스포드의 전통으로 만들어진 최고의 English Language Teaching(ELT) 영영사전으로 183,500개의 단어와 어구, 85,000개의 예문과 수많은 신조어를 수록한 방대한 사전으로, 1억 이상의 어휘를 보유한 The British National Corpus(BNC) 언어데이터베이스에서 엄선한 어휘들로 구성되어 있다. CD-Rom 자료를 포함하고 있다.

<그림 68> OALD 표지

나) 장점

가장 큰 변화는 CIDE의 guide words와 LDCE에서 좋은 역할을 하고 있는 signposts와 유사한 short cuts의 출현이다. 그리고 OALD의 U는 '예외성'의 상징으로 명사의 수량 표시에 있어서 U/C를 가장 효율적으로 표시 있다. 가장 장점으로 WSP의 표시이다. 옥스포드는 이게 상당히 오래 되었다. WSP의 중요함을 잘 알고 그 시각적 효과를 보장하는 것은 잘 하는 것이다. OALD에서도 우선순위의 원칙을 적용해서 품사를 빈도에 따라 가장 많이 쓰이는 품사나 정의 항목의 의미를 위쪽에 배치했다.

다) CCED 와 비교

OALD 5판에서 본 문법 표시인 [V], [VN] 등도 변화 없으나 이 표시와 LDCE의 문법 표시 방식은 CCED에 하나의 교훈이 될 것이다. OALD의 동사 문형 표시는 그 문법적 문형 구조와 위치의 일치성에서 오는 직관적인 효과가 있고 해당 예문의 바로 앞에서 생각을 일치시키는 proximity의 효과를 생각한 것도 좋은 점이다. OALD의 예문 레이아웃을 CCED의 새로운 형식과 비교하니 열세가 두드러진다. 그리고 정의와 예문을 쉽게 구분하기가 힘들다는 것이다. OALD도 정의와 예문 사이의 경계를 쉽게 구분하도록 지금의 colon과 예문 자체의 이탤릭체 표시 외에 무엇인가 추가해야 할 것 이다. OALD 6판에 수록된 어휘 수가 80,000인데 CCED는 11만이 넘었다.

3) Longman Dictionary of Contemporary English (LDCE)

가) 의미 중심의 표현력 사전

LDCE는 '구어 영어'를 강조한 사전이라는 특징에 맞게 의미 중심의 구조에 연어(collocation), 숙어(phrase)를 병렬시키고 문법도 생산적인 영어를 사용할 수 있도록 대표 구문 (construction)을 잘 조화시킨 사전이다. 단어 숙어 포함해서 모두 8만의 어휘를 수록하고 있으며, 요즘 학습용 영어사전의 추세대로 2천 단어 정도의 defining vocabulary를 사용해서 정의를 만들었다.

나) 코퍼스와 빈도 표시

LDCE는 빈도(frequency)의 원칙을 철저히 적용하고 있다. 예문도 Longman Corpus Network에서 가져오고, 의미나 예문의 배치에 있어서도 BNC와 Longman Lancaster Corpus (LLC) 등의 여러 코퍼스에서 얻은 정보에 기초한 빈도를 기준으로 빈도가 높은 중요한 항목을 가장 위에 놓는 원칙을 지켰다. LDCE의 특징 중에 두드러지는 것은 단어별 빈도 표시다. 중요한 단어를 spoken English(S)와 written English(W)로 나누어서 각각 높은 빈도부터 1, 2, 3으로 표시했다. 하지만 빈도표시를 너무 복잡하게 할 필요는 없다.

다) LDCE에 어울리는 signpost

LDCE에서 빈도 표시만큼이나 잘 된 게 signpost이다. 표제어에 대한 의미 설명을 의미 소분류 항목으로 만들어서 그 앞에 표시해 두었다. 특히 LDCE의 signpost는 문법 구조를 알려 주는 bold체의 construction과 어우러져 학습자들의 그 의미가 (또 그 의미를 통한 문법 구조가 자연스럽게) 매우 긍정적인 시너지 효과를 내고 있다. 이 사

<그림 69> LDCE 표지

전에는 signpost뿐만 아니라 의미 항목이 길게 달려 있는 주요 단어는 그 의미 항목의 상위에도 별도의 menu를 두어서 더 큰 의미 단위로 나누어 놓고 그 아래에 많은 의미 소분류를 적절하게 배열해 놓았다.

라) 품사별로 다시 나눈 표제어

LDCE의 어휘 항목을 배열하는 방식의 특징은 품사별로 독립시켰다는 것이다. 물론 각 품사별 순서도 코퍼스에 기초한 빈도로 정한 것이다. 여러 가지 품사별 의미나 기능도 실제로 쓰이는 빈도에 따른 중요도가 반영되어 있으므로 먼저 필요하고 중요한 의미, 표현을 먼저 알게 된다. 이런 점은 CCED와는 확연히 대비된다.

마) LDCE의 문제

LDCE에서 단점은 [C]OUNT의 표시이다. 그러나 가산명사마다 [C]라고 표시할 필요가 없다. 기호를 보면 무강세인 약모음 부분에 I와 schwa(약모음 혹은 EFL 학습자들이 강세 표시가 없는데도 약모음 표시보다는 강세 표시를 멋지게 하였으면 한다. 예문이 전통적인 방식인 이탤릭체로만 표시되어 있는데 LDCE의 예문에도 CCED의 경우처럼 예문의 위치를 명확하게 구분해 주는 경계 기호를 추가 할 필요가 있다. 이것은 예문 앞에 나오는 bold체의 typical construction이나 collocation 등에 관심이 쏠리고 정의 뒤에 나오는 예문은 상대적으로 덜 두드러지기 때문이다.

4) Cambridge International Dictionary of English (CIDE)

가) Guide Word와 Language Portraits 출현

CIDE의 가장 큰 특징은 역시 guide word(GW)의 존재이다. GW는 이 사전에서 높은 효과를 보인다. CIDE의 편찬자들은 GW를 의미 소분류의 기능을 하게 설정했는데 GW를 중심으로 그 의미에 가까운 품사를 각각의 GW 아래에 설정해 놓았다. 의미를 중심으로 분류했기 때문에 어떤 종류의 품사나 의미 분류의 중심이 될 수 있고, 한 의미 소분류에 해당하는 '소속' 품사는 중복되더라도 다시 그 의미 소분류 아래에 배열했다. CIDE의 좋은 특징 하나는 Language Portraits(LP)의 존재이

다. 문법부터 어휘의 설명까지 다양한 추가 정보가 돌출 상자 형태로 알파벳 순서에 맞게 해당 페이지에 있다.

나) Ilustration이 많은 CIDE

CIDE에서 크게 부각되는 장점은 삽화이다. Dorling Kindersley의 Ultimate Visual Dictionary는 큰 주제 아래 작은 분야별로 상당히 많은 그림이 컬러로 자세하게 그려져 있다.

다) False Friends도 특징

CIDE도 Cambridge Language Survey라는 코퍼스의 데이타를 바탕으로 탄생한 것이고 학습자의 영어 정보를 모아서 에러가 많이 발생하는 부분에 대해 중점적으로 다룰 수 있게 된 것도 하나의 특징이다. 이런 과정을 통해 나온 것 중에 하나가 False Friends(FF)이다. 그러나 FF의 양이 언어별로 그렇게 많지 않다.

라) 언어 사용 표시가 잘 된 CIDE

CIDE는 infml, Aus slang, specialized, disapproving, medical같은 register와 pragmatics 표시가 특히 잘 되어 있다. 다른 사전에서 다루는 영미계 영어 외에도 호주 영어도 다루고 있다는 것이 특징이다. CIDE는 표제어 5만 개에 10만 개 이상의 어구를 수록하고 있다.

마) Phrase Index의 독창성

이 사전의 또 다른 큰 특징 하나는 idiom, WSP, phrasal verb, 복합 명사 등 3만 개 이상의 어구를 쉽게 찾을 수 있는 Phrase Index를 사전 뒤쪽에 만들어 놓았다는 것이다. 각 단어의 사용법 외에도 함께 묶여 자주 쓰이는 어구의 사용을 파악하고 익히는 것의 중요성이 갈수록 커지고 있기 때문에 Phrase Index를 넣은 것은 아주 적절한 선택일 수 있다.

<그림 70> CIDE표지

바) CIDE 문제

CIDE는 WSP, collocation, idiom 등의 함께 빈번하게 쓰이는 어구를 bold로 표시해 눈에 띄도록 해 놓았다. 여기서 한 가지 단점은 종류별로 나누지 않고 하나의 표제어를 중심으로 함께 자주 쓰이는 것은 모두 bold로 표시해서 인식에 문제가 있어 보인다.

사) COBUILD, Oxford, Longman, Cambridge 학습용 사전 비교표

<표 36> COBUILD, Oxford, Longman, Cambridge 학습용 사전 비교표

Lexicographical Comparison of "Big Four" Dictionaries Rated on a scale of 1-5 1 poor 2 not so good 3 fairly good 4 very good 5 excellent					
	사전 평가 항목	COBUILD	Oxford	Longman	Cambridge
1	사전의 사용 편이성	3	4	5	3
2	레이아웃	4	3	4	4
3	우선 순위 설정	3	4	5	4
4	문법 약호 이해도	2	5	3	3
5	예문 구성의 적절함	5	3	4	3
6	사전 내용의 이해도	2	3	4	3
7	사전의 특정 부분 주목도(saliency)	2	4	4	3
8	문법적 구문 설명 용이성	3	4	5	4
9	코퍼스 사용 정도	4	3	5	4
10	U/C 표시의 용이성	3	5	3	3
11	WSP 표시의 용이성	3	5	4	3
12	연어의 포함 정도(collocations)	3	3	4	2
13	어법 비교 양의 적절함(usage)	1	5	5	4
14	그림 포함 정도 (illustrations)	1	3	3	4
15	색인 기능의 적절함 (index)	1	1	1	5
16	수록 어휘 수의 적당함	3	4	4	3
17	사전 본문의 생산성	3	4	5	2
18	사전 본문 항목별 경계 표시의 주목도	5	2	2	2
19	의미 소분류의 기능성	1	4	5	4
20	발음기호의 이해도	5	4	3	3

Ratings given here are subject to change slightly with more data available.
[출처] A Comparison Table of "Big Four" Dictionaries|

3. 코퍼스 기반 언어변이 연구

가. 의미

언어공동체(speech community)의 개념은 언어변이나 변화를 분석하는 분석의 단위를 정의하는 도구로 일반적으로 사용된다. 스타일의 특징은 오늘날의 코퍼스가 시작초기부터 "장르의 변이" 즉 언어용법이 나타나는 맥락에 따라 어떻게 변화하는지에 관한 연구를 허용하도록 의도적으로 계산되었기 때문이다. 그 집단의 사회경제적인 지위, 공통의 관심사, 그 그룹 내 또는 그것 보다 더 큰 사회에서 예상되는 의례적인 일 등 요인들에 기초한 음성지역 내에서 스타일 특성(stylistic features)이 다르다.

나. 절차 및 방법

최초의 코퍼스인 Brown Corpus는 다양한 종류의 문어를 포함하고 있는데, 이후에 만들어진 대부분의 균형 잡힌 코퍼스의 구성에 영향을 주었다. 사회언어학의 일차적인 초점은 연령, 성, 계급과 같은 다양한 사회언어학적 변인들이 어떻게 개인이 언어를 사용하는 방법에 영향을 끼치는지 하는 것이다. 사회학자의 연구 개념과는 다른 개념을 가지고 있다. 변이연구와 코퍼스를 위한 텍스트 샘플링은, 예를 들면 채널(예, 말과 글) 이나 장르(예, 로맨틱 소설, 과학적인 글)와 같은 외부적인 기준에 전형적인 기반을 두고 있다. 장르 변이는 언어 사용이 그것이 나타나는 문맥에 따라 다르게 나타난다. 모든 변이를 연구하기위한 균형 잡힌 구어의 코퍼스수집이 어렵기 때문이다. 언어적 변인들에 관한 연구가 복잡한 문제점들을 제기하지만 최근의 코퍼스 개발자들은 연령과 성과 같은 변인들에 대한 균형 잡히고 각종 소프트웨어프로그램에 의한 추출될 수 있는 방식으로 계획된 코퍼스를 만들려고 노력을 기울여 왔다. 변이 또는 언어의 표준 대표적인 표본으로 코퍼스는 텍스트 또는 텍스트의 수집 및 언어의 특정 다양한 사이의 비교에 대해 특별히 가치 기준을 둔다.

다. 코퍼스 사용예시

BNC의 구어편 속에 Corpus of London Teenage English(COLT) 런던의 여러 지역들에 살고 있는 다양한 사회경제적 계층들 출신의 십대 아이들이 말하는 영어의 표본을 포함하고 있다. 이 속에는 각 대화는 파일헤더 즉 대화 속 각 화자의 연령 및 성과 같은 정보를 제공하는 표본 첫머리의 설명을 포함하고 있다. 소프트웨어 프로그램인 Sara를 사용하여 Aston과 Burnard(1998, pp. 117-23)는 형용사 *lovely*가 남성보다 여성에 의해 더 빈번하게 데이터가 사용되는지를 보여주었다. ICE 영국 편에서는 화자와 작가의 민족지학적정보가 데이터베이스에 저장되어 있는데, 코퍼스분석을 위해 고안된 텍스트분석 프로그램인 ICE-CUP은 이 데이터베이스 속의 정보를 사용하여 검색을 제한 할 수 있다.

Augustan 수필 Milic에 의해 수집된 샘플 스타일의 목적으로 코퍼스의 사용의 한 예이다. 이 코퍼스를 수집하는 Milic의 기본 목표는 조나단 스위프트의 산문 스타일의 양적 비교에 대한 근거가 됐다. 코퍼스는 출판 텍스트의 다양한 장르에서 채집된 80,000 단어가 포함되어 있다.

4. 코퍼스 기반 역사 언어학 연구

가. 의의

통시적(diachronic) 언어학이라고도 하는 역사 언어학은 언어 변화를 연구하는 학문이다. 그것은 5개의 주요 관심 부분으로 이루어진다.

- 특정 언어에서 관찰된 변화를 묘사하고 설명하는 것.
- 역사 이전 시대의 언어를 재구성하고 그것들의 연관성을 결정하고 그 언어들을 어족으로 그룹 (비교 언어학)하는 것.
- 언어 변화방법에 대한 방법과 이유에 관한 일반적인 이론을 개발하는 것.
- 음성 지역의 역사를 설명하는 것.
- 단어의 역사(즉 어원)를 연구하는 것.

나. 절차 및 방법

역사 언어학도 좀 더 구체적으로 코퍼스 언어학의 한 종족으로 볼 수 있다. 역사 시대의 남아있는 텍스트 또는 죽은 언어 형태는 이전에 알려지지 않은 경우에만 원고, 책, 또는 비문의 발견에 의해 연장될 수 있는 폐쇄된 코퍼스를 만들기 때문이다. 그리고 그것들은 단순히 특정 현상의 증거를 찾으면서 경험적 데이터에 더 선택적 접근하는 경향이 있다. 그러나 최근 몇 년 동안에는 일부 역사 언어학 자신의 데이터에 접근이 방법으로 변경되었다. 이는 코퍼스 기반 역사적 언어학과 코퍼스 구축을 급증하는 결과를 초래하고 있다.

다. 코퍼스 기반 예시

두개의 주요한 역사 코퍼스, Helsinki와 ARCHER 코퍼스는 "다목적 일반 코퍼스"이다. 왜냐하면 그것들은 영어의 다양한 시대를 거쳐 많은 다른 텍스트와 텍스트 조각들을 포함하기 때문이다. 그러나 특정한 작품, 작가, 장르, 코퍼스는 시대를 다루는 것으로 초점이 맞춰진 역사적 코퍼스가 있다. 이러한 예로는 초기 영국의 편지 모음으로 전자 버전의 베오울프가 이러한 코퍼스에 해당한다.

FLOB 및 FROWN은 1961년-1991년 사이의 미국영어와 영국영어에서의 변화에 관한 연구를 할 수 있게 해준다. FLOB과 FROWN은 각각 LOB 및 Brown코퍼스를 모사한 것 이지만 1991년에 출간된 텍스트를 사용하였다. 따라서 FLOB과 FROWN은 30년의 기간에 걸친 미국영어 및 영국영어의 언어변화에 관한 연구에 도움이 된다. 긴 기간은 아니지만 30년 동안의 언어 변화를 입증하였다.

VI
코퍼스언어학과 대조분석의 사례

    글로벌 시대에 알맞은 세계 시민으로 성장하기 위해서 영어의사소통능력의 중요성이 나날이 부각되어감에 따라 영어 교육에 대한 관심도 증대되어가고 있고 기존과는 다른 새롭고 효과적인 영어 학습 방법에 대한 관심도 높아지는 추세이다. 현재 언어교육에 있어서 가장 각광받고 있으며 발전 속도가 빠른 분야가 바로 컴퓨터를 활용한 언어 학습이다. 최근 '코퍼스 언어학(Corpus Linguistics)' 이라는 영역이 언어 사용의 실제적인 패턴을 탐구하기 위한 수단으로서 뿐만 아니라 교실 언어 지도를 위한 도구로서도 각광을 받고 있다. 코퍼스(corpus)란 컴퓨터상에 저장된 구어, 또는 문어 텍스트의 모음을 의미한다. 코퍼스 언어학의 주요한 공헌 중의 하나는 언어 사용의 패턴 연구에 있다. 코퍼스 언어학은 언어의 분석을 위한 매우 강력한 도구이고, 구어 대 문어, 공식적 대화 대 비공식적 대화 같이 다른 상황에서 어떻게 언어 쓰임이 다른가에 대한 통찰력을 제공해 준다. 영어 교육에서 코퍼스 자체는 언어 자료의 축적에 불과하지만, 코퍼스 소프트웨어로 용어 색인 프로그램(concordancer)을 활용하면 언어 자료의 축적 및 재분류와 편집에 의해 다양한 말뭉치 유형과 패턴 관찰이 가능하다. 즉 코퍼스 자체는 어휘나 어구의 의미를 말해주는 것은 아니지만, 학습자는 코퍼스의 방대한 예문을 귀납적으로 분석하여 스스로 의미를 찾아낼 수 있는 것으로, 발견 학습과 자료 주도적 학습, 즉 학습자가 학습에 능동적으로 참여하는 학습과 관련이 있다.

    코퍼스는 일반적인 언어분석 대상이 되는 텍스트나 그 부분들의 모음이지만,

넓게는 이론적인 용도에서부터 실용적 용도에 이르기까지 광범위한 용도를 가지며, 언어의 기술적, 이론적 그리고 응용적 논의를 위한 소중한 자료가 된다. 또한 외국어를 배우는 사람들의 언어를 수집한 코퍼스(학습자 코퍼스)는 언어 학습에서 범하기 쉬운 오류를 발견하게 해 효과적인 외국어 교육에 도움을 줄 수 있다. 오늘날 코퍼스는 문법이론, 사전편찬, 방언연구, 역사언어학, 대조분석 및 번역이론, 자연언어처리, 언어습득 분야에서 널리 활용되고 있는데, 특히 자연언어처리, 정보검색, 기계번역 등 컴퓨터의 언어 처리에서 코퍼스에 기반한 통계적 정보가 점점 더 중요시되고 있으며, 두 언어의 문장들을 병치시켜 만든 병렬코퍼스는 기계번역 시스템 개발에 도움을 줄 수 있다.

따라서 본 장에서는 코퍼스기반 연구의 사례들 중 대조분석 및 번역이론, 자연언어처리를 중심으로 그 이론적 배경과 실제 현장에서 활용되고 있는 연구들을 조사하고 영어교육에서 어떻게 적용할 수 있는지 조사해 보고자 한다.

1. 대조분석(contrastive analysis) 및 번역(translation)이론

코퍼스 언어학은 코퍼스를 구축하고 그것을 기반으로 언어에 관한 이론 연구와 응용연구를 하는 학문 분야이다. 여기서 코퍼스란 텍스트, 즉 산출된 말 혹은 글을 집합을 말한다. 넓은 의미의 코퍼스는 어떤 방식으로든지 어떤 형태로든지 여러 텍스트를 모아놓은 것을 말하지만, 현대의 코퍼스는 근대 소설 연구 혹은 현대 국어 일반의 연구 등 특정 목적을 갖고 있는 것을 의미한다.

가. 대조 분석(contrastive analysis)

대조 언어학이란, 언어의 유사점과 차이점을 설명할 목적으로 2개 혹은 그 이상의 언어를 체계적으로 비교하는 학문이다. 비교는 응용의 측면에서 뿐 아니라 이론적인 면에서도 아주 흥미로우며, 보편적인 면과 언어 특징적인 점을 알 수 있게 해주므로, 언어의 일반적인 이해와 개별 언어 비교 연구에도 모두 중요하다 (Johansson & Hofland, 1994, p. 25). 따라서 대조 언어학은 그 초점을 보편적 특징에 둘 수도 있고 언어 개별적 특징에 맞출 수도 있다. 그리고 연구 방향이 직접적 응용이 없는 이론적 방향일 수도 있고, 혹은 특정 목적을 위해 수행되는 응용적 방향일 수도 있다.

'대조 언어학'이나 '대조 분석'이라는 용어는, 특정 모국어를 사용하는 사람이 다른 목표 언어를 배우고자 할 때, 그러한 제 2 외국어 학습자의 어려움을 예측하거나 설명하는 수단으로서 널리 사용되는 응용 대조 연구와 특히 연관되어 있다. 즉, 언어의 각기 다른 단계(음운론, 형태론, 통사론, 어휘론, 문화)에서의 비교를 통해 각 언어 간의 차이점 및 어려운 점의 핵심을 파악할 수 있고, 언어 교육에 있어 중요한 결과물을 얻을 수 있다.

나. 대조 분석 코퍼스의 역할

지난 몇 십 년 간 언어 연구에 있어 전자 코퍼스는 큰 발전을 해왔다. 이 코퍼스는 문법, 어휘론, 담화분석, 언어 변이 등 다양한 범위에 사용된다. 또한 공시적 연구, 통시적 연구 모두에, 더 나아가 범언어적 연구에서도 사용된다.

Aijmer와 Altenberg(1996, p. 12)에 따르면 이중 언어 코퍼스가 부여하는 가능성은 다음과 같다. 첫째, 단일 언어 코퍼스 연구에서는 쉽게 알 수 없는 새로운 통찰력을 비교 대상 언어에 부여해 준다. 둘째, 다양한 비교 목적을 위해 사용할 수 있고, 언어 보편적인 특징은 물론, 언어 개별적인 차이와 언어 유형학적 혹은 문화적 차이점에 대한 이해를 돕는다. 셋째, 출발언어 텍스트와 번역문 또는 모국어와 비모국어 텍스트의 차이점을 나타내 준다. 넷째, 사전 편찬법이나 언어 교육, 번역 등 많은 실제적 응용 분야에 사용될 수 있다.

다. 대조분석 코퍼스의 유형

코퍼스는 크게 단일 언어로 구성된 '단일어 코퍼스(Monolingual corpus)'와 두 가지 이상의 언어로 구성된 '다국어 코퍼스(Multilingual corpus)'로 나뉜다. 단일어 코퍼스는 한 언어의 실제 사용 양상을 살펴보는 것을 목적으로, 다국어 코퍼스는 둘 이상의 언어의 대조 연구를 목적으로 구축된다. 다국어 코퍼스는 <그림 71>

과 같이 비교 코퍼스(comparable corpus)와 번역 코퍼스(translation corpus) 또는 병렬 코퍼스(parallel corpus)로 다시 분류할 수 있다.

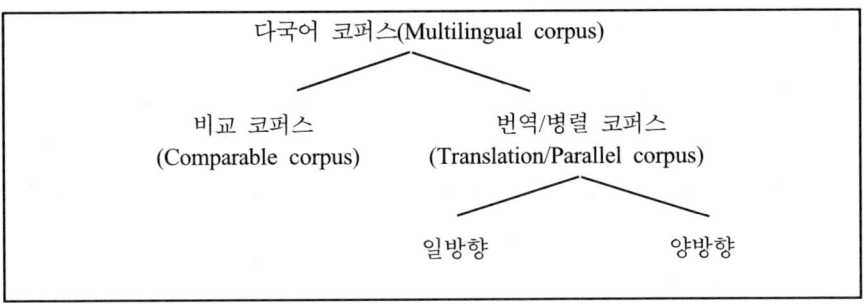

<그림 71> 다국어 코퍼스 유형 분류(Johansson, 1998)

먼저 비교 코퍼스는 텍스트 종류와 내용, 구성방식 등이 동일하거나 유사하게 구축되어 서로 대응될 수 있는 둘 이상의 단일어 코퍼스로 이루어진다. 비교 코퍼스가 각 언어의 원문 텍스트로 구성되는 것에 비해, 번역 코퍼스는 한 언어의 원문 텍스트와 다른 언어의 번역 텍스트로 구성된다. 이때 번역이 한 언어에서 다른 언어로 한 방향으로만 이루어지면 일방향 코퍼스이며, 양쪽 방향으로 이루어지면 양방향 코퍼스라고 할 수 있다. 그리고 병렬 코퍼스는 원문과 번역문에서 서로 대응되는 문단, 문장 또는 어휘를 정렬시켜 놓은 번역 코퍼스를 가리키는 용어이다.

대조 언어학자들은 두 유형의 코퍼스가 각각 그 장점과 단점을 갖고 있기 때문에 동시에 사용해야 한다는 점을 강조한다. 비교 코퍼스들은 그 언어의 원어민 화자가 자연스럽게 생산한 두 가지 이상의 언어로 원전을 비교해 나타낼 수 있다는 주요한 이점이 있다. 비교 코퍼스는 번역 코퍼스와는 달리 원칙적으로 다른 언어의 영향을 받지 않는다. 번역 코퍼스의 경우 그 원전은 다른 언어로 되어 있고 목표 번역본에 매우 자연스럽게 어떤 영향을 미치게 된다. 비교 코퍼스의 주요 단점은 문헌들의 부합(혹은 비교) 가능성을 확증하기 어렵다는 데 있다. 문헌의 유형 가운데 어떤 것은 그 문화만의 특수성이 있어 다른 언어의 그 상응 문헌이 없기도 하다. 따라서 비교 코퍼스는 보통 광범위한 텍스트 유형을 아우르는 대규모 균형 코퍼스이거나 유전공학, 법률서류, 직업 인터뷰와 같이 특정 영역에 한정된 코퍼스로 제한적으로 쓰인다(Altenberg & Granger, 2002, pp. 8-9).

번역 코퍼스는 같은 의미 내용을 전하기 때문에 언어들 간의 등가성을 확인하기 위한 이상적인 자료이다. 그런데 번역 코퍼스의 주요 단점은 번역 코퍼스 내에 원본 텍스트의 흔적이 남아 있어서 특히 자주 쓰이는 용어들의 경우 목표 언어에 대한 신뢰할 만한 자료로 간주될 수 없다는 점이다. 거기다 문헌의 유형(예를 들어 편지와 이메일은 대개 번역되지 않는다) 때문에 혹은 한 방향(예를 들어 영어에서 노르웨이어로)만의 번역본이 다른 방향(노르웨이어에서 영어로)보다 더 많이 존재하기 때문에 항상 모든 문헌의 번역본을 찾을 수 있는 것도 아니다. 이에 대해 Alsina와 DeCesaris(2002)는 번역 코퍼스를 사용할 때는 번역이라는 특정한 상황 아래에서 생산된 자료는 일반적인 모국어 화자가 생산한 자료와 차이를 보일 수밖에 없다는 사실을 감수해야만 한다고 하였다. 비교 코퍼스와 번역 코퍼스, 특히 병렬 코퍼스는 영어와 다른 언어들 간의 대조분석을 용이하게 하고, 번역이론의 발전을 진전시키고, 외국어 교육을 향상시키기 위하여 만들어졌다.

이러한 한계점을 보완하기 위해서는 번역 코퍼스와 함께 전체 언어에 대한 균형성과 대표성을 갖도록 구축된 대규모의 균형 코퍼스를 비교 코퍼스로 활용하는 것이 필요하다. 즉, 비교 코퍼스를 통해 번역 코퍼스에서 도출한 대조 분석의 결과물을 확인하고 증명하는 과정을 거치는 것이다. 다국어 코퍼스를 활용한 대조 언어 연구에서 비교 코퍼스와 번역 코퍼스가 갖는 한계점은 서로의 장점을 활용함으로써 극복될 수 있다.

초창기 병렬 코퍼스들 중 하나인 English-Norwegian Parallel Corpus는 어떻게 병렬 코퍼스들이 설계되었으며 그리고 그들을 대상으로 어떠한 구체적인 종류의 언어분석이 수행될 수 있는지를 잘 설명해준다. English-Norwegian Parallel Corpus는 1만-1만 5천 어절 길이의 영어 및 노르웨이어 소설 및 비소설 표본들을 포함하고 있다. 이 코퍼스는 3종류의 연구를 허용할 수 있도록 설계되었다. 첫째로, 코퍼스가 원래 영어 또는 노르웨이어로 된 유사한 종류의 소설 및 비소설 표본들을 포함하고 있기 때문에, 영어와 노르웨이어 사이의 장르 변이, 예를 들면, 영어 소설이 노르웨이어 소설과 어떻게 유사하거나 상이한지를 연구하는데 사용될 수 있다. 둘째로, 각 표본은 완전 언어에서 다른 언어로 번역되었다. 따라서 이 코퍼스는 어떻게 영어가 전형적으로 노르웨이어로 번역되는지 또는 노르웨이어가 영어로 번역되는지에 관한 연구를 가능하게 해 준다. 마지막으로, 이 코퍼스는, 예를 들어, 원래 노르웨이어로 쓰인 소설과 노르웨이어로 번역된 소설의 구조를 비교하거나, 또는 원래 영어로 쓰인 비소설과 영어로 번역된 비소설의 구조를 비교하기 위해 사용될 수 있다.

코퍼스를 분석하기 위해, 문장을 정렬하고 다양한 종류의 검색을 수행하기 위한 소프트웨어가 개발되었다. 예를 들어, *as it were*와 같은 영어표현을 검색하면 이 표현을 포함하고 있는 모든 문장과 이 표현의 노르웨이어 번역을 포함하고 있는 문장의 목록을 얻을 수 있다. 이러한 종류의 출력은 코퍼스를 대상으로 광범위한 대조연구가 수행될 수 있게 해 준다.

각기 다른 코퍼스 유형들을 가지고 다양한 방식으로 비교할 수 있다. <표 37>에서는 서로 다른 범언어적인 비교 유형이 제시되어 있다. 또한 그 유형에 따른 학문 영역이 나와 있다.

<표 37> 코퍼스 기반 범언어적 비교 유형(Johanssonn, 1998)

	비교 유형	코퍼스 유형	학문영역
1	OLx ⇔ OLy	원문에 대한 다중언어 비교 코퍼스	CL
2	SLx ⇔ TLy	다중언어 번역/병렬 코퍼스	CL & TS
3	SLx ⇔ TLx	원문과 번역문에 대한 단일언어 비교 코퍼스	TS & CL
4	TLx ⇔ TLy	번역문에 대한 다중언어 비교 코퍼스	TS

OL = 원어 CL=대조언어학
SL = 출발언어 TS=번역학
TL= 목표언어(번역어)

첫 번째 비교 유형은 다른 언어로 된 (x와 y) 원문의 코퍼스를 비교하는 것으로 대조 언어학의 우수한 전문 영역에 속한다. 그러나 번역학자 가운데서도 이러한 번역학을 위한 연구에 대한 관심도가 점차 증가하고 있다. 두 번째 비교 유형은 대조 언어학과 번역학 사이에 있는 가장 분명한 접점이다. 두 분야의 연구자들은 다른 목적을 가지고 있을지라도 같은 자료를 사용한다. 즉, 대조 언어학의 목적은 둘 이상의 언어가 가지고 있는 공통점과 차이점을 구분하는 것이고 번역학에서는 번역과정과 변별적 자질을 찾는 것이다. 세 번째 비교 유형은 단일어로 되어 있는 원문과 번역문을 대조하는 방식으로 번역문의 변별적 자질을 보여주는 이상적인 방법이기 때문에, 이 유형의 비교는 번역학에만 속하는 것으로 여겨졌으나 원어와 번역어의 차이점을 설명하고자 하는 대조 언어학자들이 점차 많이 사용하고 있으며, 관련된 언어들 간의 차이점을 보여주는 간접적인 증거로서 활용되고 있다. 마지막으로 다양한 언어로 된 번역본을 비교하는 것은 분명한 번역학의 특권이다. 그러나 대조 언어학자들도 이러한 연구에 반드시 관심을 가져야 한다. 번역된 텍스트의 특성을 제대로 이해하지 못한다면 대조언어학자들은 원어와 번역어의 일부 차이점이 원어의 간섭 때문이라고 생각할 수도 있기 때문이다.

라. 병렬코퍼스의 활용

Krzeszowski(1990)에 의하면 전통적인 대조 연구는 방법론적으로는 묘사(description), 병렬(juxtaposition), 비교(comparison)의 세 단계 과정을 거친다고 하였다. 묘사는 비교 대상이 될 어휘를 선정하고 그 어휘가 갖는 특성에 대해 먼저 기술하는 단계이다. 다음 단계인 병렬에서는 언어 간에 서로 대응되는 어휘가 무엇인지를 결정하는데 전통적인 대조 연구에서 이러한 과정은 전적으로 연구자의 직관적 판단에 의해 이루어졌다. 그리고 마지막 단계에서 연구자는 서로 대응되는 항목들의 대응 정도와 그 유형에 대해 살펴본다.

그런데 지금까지의 대조 연구가 연구자의 이중 언어 능력 또는 이중 언어사전이 제공하는 정보에 의존하여 이루어졌다면, 최근의 대조 연구는 병렬 코퍼스의 등장으로 언어 간의 대응을 찾는 과정이 좀 더 실증적인 자료를 바탕으로 이루어질 수 있게 되었다. 병렬 말뭉치는 언어 간 대응에 의한 판단의 기준이 될 수 있는 풍부하고 믿을만한 정보를 제공해 주는데, 이러한 정보는 여러 번역자들에 의해 실제 번역 상황에서 검증되고 사용된 것들이라는 것에 그 가치가 있다(Bonelli, 2002, p. 81).

만약 한국어와 영어의 어휘 대조 분석을 한다면 연구자는 병렬 코퍼스를 통해 영어의 특정 어휘가 한국어로 어떻게 대응되는지 찾아볼 수 있고, 반대로 한국어 어휘가 영어에서 어떻게 표현되는지 알아낼 수도 있다. 그런데 병렬 코퍼스의 용례를 분석해 보면 하나의 어휘가 다른 언어에서는 굉장히 여러 가지 표현으로 대응된다는 사실을 발견할 수 있다. 이렇듯 이중 언어 사전에서 일반적으로 제시되는 번역 대응들이 실제 말뭉치에서 낮은 상호 대응을 보이는 이유 중 하나는 어휘들이 하나의 고정된 의미를 갖기보다는 다의적으로 쓰이는 경우가 많기 때문인데, 병렬 코퍼스를 통해 연구자는 실제 문맥 속에서 어휘의 다의적 대응 양상들이 어떻게 나타나는지를 직접 확인하고 대조언어학적 관점에서 이러한 양상들을 분석하여 체계화시킬 수 있다. 그리고 이러한 대조 분석의 결과물들은 다중언어사전학, 언어교수, 기계 번역, 번역 훈련과 같은 다양한 분야에서 활용될 수 있다.

2. 자연언어처리(natural language processing)

한국어, 영어 등과 같이 인간사회의 형성과 함께 자연발생적으로 생겨나고 진화하고 의사소통을 행하기 위한 수단으로서 사용되고 있는 언어를 자연어(Natural Language)라고 말한다. 컴퓨터의 세계에서 '언어'라고 말하면 거의 프로그램 언어, 즉 FORTRAN, COBOL 등의 프로그래밍 언어(Artificial Language)를 가리키고 있다. 그래서 이 프로그래밍 언어와는 다른 언어라는 의미로 자연어라는 말을 사용한다. 한국어에는 한국어 고유의 법칙, 영어에는 영어 고유의 법칙이 존재하고 있다. 모든 언어에 공통이면서 보편적으로 존재하고 있는 법칙도 있다고 생각할 수 있다. 자연어에 포함할 수 있는 이들 법칙을 주로 연구하는 학문을 언어학(Linguistics)라고 부르고 그 법칙을 문법(Grammar)이라고 부른다. 전산언어학(Computational Linguistics)은 인간의 언어 능력을 컴퓨터 관점에서 바라보는 언어학과 컴퓨터 과학의 중간 쯤에 있는 학문이다.

자연어 처리는 크게 두 가지 작업으로 나눌 수 있다. 첫째는 실세계의 필요한 정보뿐만 아니라 언어에 있어서의 어휘, 구문, 의미에 관한 지식을 사용하여 문어를 처리하는 것이다. 둘째는 위에 더하여 음성에서 발생되는 애매함을 비롯한 음성학에 대한 부가적인 지식을 필요로 하는 구어를 처리하는 것이다.

영어에 관한 언어학적 분석을 수행하는데 코퍼스들이 어떻게 사용될 수 있는가에 대한 관심을 가진 코퍼스언어학자들이 있는 반면 언어학적 관심보다는 전산학적 관심을 더 많이 가진 코퍼스언어학자들도 많이 있다. 이 언어학자들은 "자연언어처리(Natural Language Processing: NLP)"로 알려진 전산언어학 분야의 연구를 수행하기 위해 코퍼스를 사용하였다. 예를 들어, 전산언어학회 북미지회에서는 정기적으로 워크숍과 특별 세션을 가져 NLP분야 전산언어학자들이 품사표기, 문장분석, 정보검색 및 음성인식시스템 개발과 같은 분야의 연구를 발전시키기 위한 코퍼스의 사용에 대해 논의한다. 워싱턴주 시애틀에서 개최된 "대규모 코퍼스 주석달기 및 소프트웨어 표준: American National Corpus를 향하여" 라는 주제에 관한 2000년 학술대회에서의 특별 세션은 영국의 British National Corpus에 해당하는 미국의 코퍼스로 계획된 American National Corpus와 같은 대규모 코퍼스에 주석달기를 하는데 필요한 소프트웨어와 표준을 논의하는 좋은 토론의 장을 제공해주었다.

  NLP분야의 연구원들은 자신들만의 독특한 관심분야를 가지고 있기 때문에, 그들이 사용하는 코퍼스는 Brown코퍼스나 LOB코퍼스와는 다르게 설계된다. 이 점은 Linguistic Data Consortium(LDC)에 의해 배부된 코퍼스 조사보고서에 설명되어 있는데, 많은 LDC 코퍼스들은 음성인식시스템을 개발하기 위해 사용되었다. 예를 들어 Switchboard Corpus는 약 2400개의 전화 대화를 녹음한 디지털화된 자료를 담고 있고 그 대화들은 철자로 표기되어 있으며, 그 표기들은 오디오에 연결되어 있다. 다른 LDC 코퍼스들은 품사분석기, 구문분석기 및 정보검색 시스템을 개발하기 위해 사용되었다. 대표적으로 Penn Treebank는 총 490만개 단어에 달하는 구어 및 문어 텍스트들의 이질적 모음을 포함하고 있는데, 이 코퍼스의 몇 부분에 대해서는 품사분석 및 구문분석이 수행되었다.

  이처럼 위와 같은 코퍼스들은 영어에 관한 기술적 연구를 수행하는 코퍼스언어학자들에 의해 그렇게 광범위하게 사용되지 않았는데, 그 이유는 주로 NLP연구자들에 의해 사용된 많은 코퍼스들이 여러 종류의 언어분석에는 적합하지 않기 때문이다. Switchboard corpus에서 포함된 발화의 대화자들은 사전에 특정한 주제를 논의하도록 지시되어 자연스러운 대화가 아니고 Penn Treebank는 그것의 대부분이 언론보도들이라 균형 잡힌 코퍼스가 아니다. 그러나 NLP분야 연구자들에 의해 고한된 코퍼스들은, 특히 품사분석기와 구문분석기는 기술언어학자들에게 문법적으로 분석된 코퍼스를 만드는데 상당한 도움이 되었다. 예를 들면, ICE용으로 Nijmegen 품사분석기 및 구문분석기를 개발하는데 전산언어학자들이 수행한 연구는 ICE-영국편의 문법적 주석달기를 크게 용이하게 만들어 완전히 품사분석 및 구조분석이 이루어진 100만 단어 길이의 문어 및 구어 영어코퍼스를 가능하게 하였다. 이 코퍼스는 텍스트 검색 프로그램인 ICE-CUP과 함께 사용하면 과거에는 수작업 분석으로만 얻을 수 있었던 많은 문법적 정보를 ICE-영국편에서 추출할 수 있다.

가. 자연언어처리를 위한 NLP Tools

1) NLP Tools의 개발 배경 및 특징

1998년 가을 일리노이 주립대학의 언어학과에서 처음 개발된 NLP Tools는 자연언어처리(Natural language processing; NLP)에 필요한 여러 가지 도구들을 모아놓은 컴퓨터 소프트웨어를 말한다. NLP Tools는 원래 전산언어학(Computational Linguistics)을 위한 자연 언어의 처리를 목적으로 만들어졌다. 그러나 효과적인 자연언어처리를 위해서는 대규모의 언어 자료들을 모아놓은 코퍼스의 도움이 필수적이다. 그래서 NLP Tools는 코퍼스언어학에 필요한 도구들이 계속 추가되었고, 특히 2006년 CLAWS tag set에 기반한 영어 자동 태깅 시스템(English Automatic Tagging system)을 구축함으로써 훨씬 더 강력한 프로그램이 되었으며, 2006년에는 교과서 분석만을 위한 메뉴들이 추가되었다(이용훈, 2007).

코퍼스 분석 도구로서의 NLP Tools는 다음과 같은 특징을 지니고 있다.

첫째, NLP Tools의 모든 기능들은 모두 모듈화(modular)되어 있다. 독립적인 분석 작업들이 가능할 뿐만 아니라 한 기능의 출력 파일이 다른 기능들의 입력 파일로도 쓰일 수 있게 구성되어 있어서 다른 기능들과 함께 사용할 수 있도록 설계되어 있다.

둘째, 영문 텍스트들뿐만 아니라 국문 텍스트들도 분석할 수 있다. 물론 대부분의 기능들은 영문 텍스트를 분석하기 위해 만들어졌지만 빈도수 측정이나 용례/연어 분석 등 몇 가지 코퍼스 분석에 필요한 가장 기분적인 기능들은 국문텍스트도 처리할 수 있다.

셋째, NLP Tools에서는 모든 입력 파일들뿐만 아니라 모든 도구들의 출력 파일들 또한 일반 텍스트 파일의 형식을 가지고 있다. 따라서 사용자들은 윈도우에 포함되어 있는 메모장을 사용하여 쉽게 자신들만의 코퍼스를 구축할 수 있고 이렇게 구축된 코퍼스들은 NLP Tools의 여러 도구들을 이용하여 쉽게 분석할 수 있다.

넷째, NLP Tools는 코퍼스의 분석에 필수적인 빈도수측정기(frequency count)뿐만 아니라 용례/연어(usage/collocation)분석기와 함께 영어 태거(English tagger)를 모두 포함하고 있다.

다섯째, 영어 자동 태깅 시스템(automatic English tagging system)을 구축하고 영어 텍스트에 포함되어 있는 품사정보(part of speech)들 뿐만 아니라 여러 가지 어휘 정보들이 포함되어 있다.

2) NLP Tools의 기능

NLP Tools는 기본적인 파일 편집 기능을 포함한 8개의 메뉴로 구성되어 있으며, 코퍼스 분석과 관련된 여러 기능들을 가지고 있다. 이들 중 일반적인 기능을 열거해 보면 다음과 같다.

    (1) 빈도수 측정기(Frequency count): 각 어휘의 빈도를 세어줌
    (2) 용법(Usage): 단어의 쓰임, 즉 용법을 보여줌
    (3) 연어(Collocation): 연어를 추출해줌
    (4) 태깅(tagging): 단어의 품사별 분류
    (5) Words with Tag: 같은 태그를 가진 단어들을 모아줌
    (6) 문장수(Sentence Counter): 문장의 수를 세어줌
    (7) 파일병합(File Merger): 각 파일을 병합해줌
    (8) 문법(Grammar Usage): 문법적 요소를 추출해 줌

3. 실제적 사례

가. 대조분석(병렬코퍼스)의 사례

1) 한국어와 영어 이동 동사의 대조 분석(병렬 코퍼스를 이용하여)

홍진주(2008)는 영어권 학습자들을 대상으로 한 한국어 교육에의 활용을 위해 *가다/오다*와 이를 후행동사로 하는 V-*어 가다/오다* 형태 합성동사들의 구체적인 영어 대응 양상을 대조 언어학적인 관점에서 분석하였다. 즉, 동사들의 결합 양상에 따라 합성동사들을 유형별로 구분하고 각각의 유형에서 영어의 대응 양상이 어떻게 나타나는지를 중점적으로 살펴보되, 결합하는 후행동사 가다/오다가 이동의 의미를 나타내지 않고 보조동사로 사용된 경우도 하나의 유형으로 분류하여 함께 검토하였다. 그리고 한국어와 영어의 이동 동사가 구체적인 장소의 이동이 아닌 추상적인 영역의 의미를 나타낼 때 두 언어의 의미 확장에 어떤 공통점과 차이점이 발견되는지 살펴보았다.

그런데 한국어 학습에 있어 *가다/오다*는 학습의 초기 단계에서 반드시 습득해야 하는 가장 기초적이고 중요한 동사이면서 동시에 다의적인 쓰임이 많아 학습상의 오류를 발생시킬 수 있는 어휘이다. 그리고 V-*어 가다/오다* 형태의 합성동사들처럼 한국어 특유의 결합구조를 보이는 어휘들은 영어와 같이 한국어와 완전히 다른 유형의 언어를 모국어로 하는 학습자일수록 습득에 어려움을 겪을 가능성이 크다.

대조 언어학적인 관점에서 이러한 습득의 어려움과 오류의 발생은 학습자의 모국어와 목표어 어휘의 형태적, 의미적 차이 때문에 주로 발생하는데 언어 간 대응되는 어휘를 대조 분석하여 그 공통점과 차이점을 밝힘으로써 학습의 어려움을 미리 예상하고 이를 바탕으로 적절한 교육 방안을 모색해 볼 수 있다. 여기서 대조 분석은 영어와 한국어를 대상으로 영한 병렬 코퍼스를 직접 구축하고 이를 활용하는 방법을 모색한다. 그리고 대조분석의 순서는 병렬 코퍼스의 용례를 바탕으로 한국어와 영어에서 대응되는 어휘들과 표현을 찾아내고 이를 체계적으로 분류한 후 그 대응 양상의 특징들을 분석하는 방향으로 진행되었는데, 영어 원문과 한국어 번역문만을 대상으로 병렬 코퍼스를 구축하였으며, 구축한 영한 병렬 코퍼스(English-Korean parallel Corpus)의 구성은 <표 38>과 같다.

<표 38> 영한 병렬 코퍼스(English-Korean parallel Corpus)의 구성

분류	내용
코퍼스 유형	번역/병렬 코퍼스(영어 원문 → 한국어 번역문)
규모	527,464 어절(영어 300,993어절/한국어 226,471어절)
원자료 성립 시기 (영어 원문 기준)	서적-1980~2007년 기사-2007년 2~3월/6~8월
자료 구성	문학, 인문/사회, 경영/ 경제, 시사잡지

위의 자료들은 모두 컴퓨터 작업이 가능하도록 텍스트 파일로 전산화하였는데 한국어의 경우 직접 입력하였고 영어는 READIRIS 프로그램을 이용하여 스캐닝한 후 원문과 대조하여 수정하는 과정을 거쳤다. 그리고 전산화된 자료를 대상으로 영어와 한국어의 문장을 병렬로 대응시키는 작업을 하였다.

그리고 영한 병렬 코퍼스에서 연구 대상 어휘들의 용례를 검색하는 데에는 병렬 코퍼스 검색 도구인 ParaConc를 활용하였다. Paraconc를 이용하여 병렬 말뭉치에서 영어 *come/go*와 기타 이동 동사들, 한국어 *가다/오다*와 V-*어 가다/오다* 형태 합성동사들의 용례를 검색한 후 이를 다시 엑셀 파일에 정리하여 한국어와 영어 이동 동사의 대응 양상을 분석한 후 이를 의미와 형태별로 다시 분류하였다.

위의 병렬 코퍼스를 분석한 결과 전체적으로 특정한 어휘 체계로 분류할 수 없는 언어적 대응들 또한 많이 발견되었는데, 이러한 현상의 이유는 첫째, 어휘의 대응이 문맥 속에서의 의미를 기준으로 이루어지기 때문이다. 문맥 속에서 어휘는 하나의 어휘 이상의 단위에서 해석되며 의미는 다양한 방식으로 표현된다. Teubert(2002)는 번역 대응에서는 문맥이 중요하며 단일 어휘의 사전적 의미에 따라 번역되지는 않는다고 지적하였다. 두 번째는 동사가 다의적으로 쓰이기 때문이다. 동사 *가다/오다*는 다의어로 여러 의미를 나타내며 *가다/오다*가 결합하여 이루어진 합성동사들 또한 다양한 의미의 확장을 보이며 이는 대응되는 표현의 양상 또한 더욱 다양해짐을 의미한다. 따라서 병렬 코퍼스에서 한국어 동사들과 영어

동사의 상호 대응 비율이 낮은 이유를 생각해 볼 수 있는 것이다.

이 같은 한국어와 영어 대조 분석의 결과물은 영어권 학습자들을 대상으로 한 한국어 교육에서 다양하게 활용될 수 있다. 대조 분석의 효용성은 다음과 같이 네 가지로 정리될 수 있다(강현화 외 3인, 2003). 첫째, 대조분석은 가르쳐야 할 규칙의 선정과 등급을 위한 근거를 제시를 통해 제2언어 교재를 구성하는 기초를 제공한다. 둘째, 제 2언어 교재 제시에 도움을 준다. 대조분석을 기초로 교재에서 강조할 점과 오류 양상에 대해 파악할 수 있다. 셋째, 학습자의 이해를 도울 수 있다. 초기 학습자는 두 언어의 차이를 인식하는 것을 통해 간섭을 극복할 수 있다. 넷째, 평가항목의 선택과 선다형 문제의 문항들에 근거를 제공함으로써 제2언어 평가에 도움을 준다.

이외에도 병렬 코퍼스의 용례 분석에서 나타난 대응의 양상들을 통해 이중 언어 사전이 줄 수 없는 다양하고 풍부한 정보를 학습자에게 제공해 줄 수 있다. 학습자는 이중 언어 사전에 나타난 어휘적 대응뿐만 아니라 문맥 속에서 대응되는 적절한 표현들을 병렬 코퍼스의 용례를 통해 발견해 낼 수 있다. 예를 들어, 번역 등가가 없는 경우 맥락 속에서 어떻게 표현될 수 있는지 실제 문장 속에서 찾아볼 수 있다는 데에 사전이 줄 수 없는 병렬 코퍼스의 장점이다. 하지만 병렬 코퍼스는 규모의 한계 때문에 이중 언어 사전만큼의 정보를 제공하지는 못하므로 이중 언어 사전을 대신하기 보다는 사전에 제시된 정보를 확인하고 보완하는 방향으로 사용되는 것이 바람직하다.

2) 영-한 외래어 표기 사전의 자동구축(병렬 코퍼스를 이용하여)

본 사례는 이재성(2003)의 영-한 병렬 코퍼스로부터 외래어 표기 사전의 자동구축이라는 병렬코퍼스를 이용한 한 예시로 한국어 번역문과 영어 원문으로 구성된 병렬 코퍼스로부터 자동으로 외래어 표기 사전을 구축하는 시스템을 제안한다. 구축 시스템은 첫 단계로 한국어 문서에서 명사를 추출하고, 두 번째 단계에서 추출된 명사 중 언어 모델에 근거하여 외래어만을 추출한 후, 마지막 세 번째 단계에서 확률적 정렬 방법을 이용하여 외래어에 대응되는 영어를 추출한다. 특히 외래어는 한국어 어미나 조사가 붙어서 같이 쓰이기 때문에, 한국어 어절 내에서 정확하게 외래어 부분만을 분리하기 위해, 병렬 코퍼스 내에 존재하는 대응 영어 단어 정보를 활용하였다. 또 문자체계가 다른 두 단어를 같은 문자로 변환하지 않고 직접 음운 유사도를 비교할 수 있게 했다. 이 결과로 만들어진 사전은 다시 한국어와 영어 병렬 코퍼스 정렬에 사용될 수 있고, 일관적인 번역을 확인하는 수단으로 사용될 수도 있으며, 다국어 정보검색 및 기계번역의 대역어 사전으로 활용될 수 있다.

VII
코퍼스 기반 문법 연구

1. 문법의 연구

가. 문법의 필요성

과거에 문법중심의 영어공부가 실패한 까닭은 문법이 중요하지 않아서가 아니라 다양한 문법들이 실제로 왜 사용되며, 실제 영어사용에 어떻게 활용할 것인가에 대한 응용과 실용적 이해에 중점을 두지 않고 문법 자체에 비중을 두었기 때문이다. 물론 문법자체가 영어공부의 목표가 될 수는 없다. 그러나 영어문법은 창의적인 영어사용을 위한 필수적인 도구가 된다.

영어회화를 하면서 영어를 듣고 따라하는 연습은 할 수 있지만 대부분이 정해진 상황 속에 정해진 틀의 회화를 구사하는 경우이다. 그러므로 자신의 생각을 표현하고 문제를 해결하는 내용을 구사하고자 할 때는 어려움을 느낀다. 단지 문장을 무조건 따라하는 정도로는 근본적인 영어학습의 목적에 가까이 갈 수가 없고, 자신이 문장을 만들어서 영어를 사용하기 위해서는 문법이 필요하다.

문법은 언어에 대한 법칙이며 하나의 법칙을 이해하면 구체적인 많은 사항을 이해할 수 있어 영어 공부하는데 효율적이다. 또 독해에 필요한 문법 사항도 많아 이러한 사항을 알면 독해 실력 향상에 도움이 된다.

나. 인식전환의 필요성

　Canale과 Swain(1980)이나 Bachman(1990)은 의사소통능력 구성요소 중 학습자의 문법적 능력은 다른 언어사용능력과 더불어 학습자가 상대방의 언어를 이해하고 자신의 생각을 표현하는데 중요한 역할을 한다고 했다. 또한 여러 연구들을 통해서 문법지도는 언어습득 면에서 학습자들의 언어발달을 촉진시킬 수 있다는 것과 학습자로 하여금 정확성에 더 주의를 기울이게 하여 언어발달의 과정 중 화석화를 막는데 도움이 된다는 것이 밝혀져 왔다. Ellis(1989)도 그의 연구 논문에서 문법지도를 받은 학습자는 그렇지 않은 학습자들에 비해 짧은 기간 동안에 높은 학습 수준에 도달하여 더 성공적으로 언어습득을 한다는 것을 보여주고 있다. 학생들에게 언어사용 기능뿐만 아니라 언어영역에 대한 통찰력을 갖게 해주는 문법의 학습이 이루어질 때 균형 있는 외국어 학습이 가능해 질 것이다.

　Swain(1985)은 교실언어가 실제생활과 같아야 한다는 제안에 반론의 여지가 없고 인위적인 대화보다는 진실 되고 자연스럽게 들리는 대화가 훨씬 좋은 모형이며 쓰기와 말하기 연습은 가능한 사실적인 정보를 교환해야 한다고 하였다. 그러나 인위적이지 않은 언어를 제시할수록 배우는 언어는 나아지지만 그럼에도 불구하고 교실은 바깥세상이 아니며 언어를 배우는 것은 언어를 사용하는 것과 같지는 않다는 것이다. 그러므로 어느 정도 언어학습에 있어 언어항목에 대한 집중을 무시할 수는 없으며 교실에서 사용하는 담화의 유형이 언어사용의 의사소통적 성격을 지니지 못한다고 비난하는 것은 잘못이라고 하였다.

　모국어를 습득하듯이 자연스럽게 외국어를 배울 수 있다면 이상적인 언어학습이 되겠지만 우리나라에서와 같은 EFL상황에서는 언어사용의 기회가 극히 제한적이고 언어자료의 입력이 거의 교실상황에서만 일어나므로 그 속도는 느리다. 학습자의 언어현상에 대한 이해와 영어사용 능력을 키워줄 수 있는 의미에서 문법수업이 필요하며 그 수업적용에 있어서는 학습자들에게 언어지식의 단순한 암기가 아니라 언어사용과 연결되고 쉬우며 흥미롭게 문법을 습득할 수 있는 방법이 요구된다.

　Krashen(1982)은 언어적 능력에 치중한 영어 교육이 지나친 모니터링을 유발하여 궁극적인 언어교육의 목표인 의사소통능력을 습득하는데 방해가 되지만 의사소통 능력을 배양하는데 중점을 두었을 때는 언어능력과 의사소통 능력 모두를 수월하게 얻을 수 있다고 하였다. 또 모든 습득은 풍부하고 질 좋은 언어입력이 그 성패를 결정하며 듣는 것으로부터 습득이 일어나 말하기, 읽기, 쓰기 등 다른 능력으로의 습득이 전이된다고 하였다.

우리나라 영어교육 상황이 외국어 교과목 이외의 시간에 목표언어를 접하기 어려울뿐더러 유창성을 갖추지 못한 교사와 다인수 학급에서 주당 3시간 수업이 이루어지므로 이 이론을 실현하기란 거의 불가능하다. 구어보다는 문어를 더 쉽게 접하는 현 상황에서 의지 있는 학습자가 수업시간외 혼자 목표어를 학습하기 위해서는 언어능력의 기저를 이루는 문법 교육이 선행되어야 할 것이다.

개정 교육과정은 6차나 7차 의사소통 중심 교육과정 초기에 문법을 소홀히 한 점을 보강하기 위하여 Widdowson(1979)의 말을 인용하여 문법의 중요성을 강조하고 있다. 그는 한동안 문법이 영어교육에서 경시되고 추방되었으나 근래에 복원되고 있다고 말하면서, 과거식의 문법 교육은 지양되어야 하고 새로운 개념의 문법교육이 이루어져야 한다고 역설하였다. 그가 말하는 문법의 기능은 맥락의 적합성을 달성하기 위하여 문법적 규칙을 이용하여 통사적으로 연결된 어휘를 잘 조성하는 것을 의미한다고 하였다. 여기서 문법이란 더 긴 의미단위를 이루기 위한 단어를 조작하고 결합하는 방법이므로 구조자체만 치중해서 어느 구조가 타당하고 타당하지 않는가를 정의하는 어법 위주의 문법교육은 지양되어야 할 것이다. 좀 더 재미있고 유의미한 맥락 속에서 이루어질 수 있는 방안을 마련해야 할 것이다.

다. 코퍼스 기반 문법 연구 내용들

우리가 국어를 사용함에 있어 별다른 어려움이 없는 것은 말하는 법, 즉 문법을 알고 있기 때문이다. 어려서부터 습득하게 된 모국어는 굳이 의식하지 않아도 자연스럽게 말할 수 있으며 문장의 옳고 그름을 판별할 수 있다. 이렇게 통달하고 있는 문법을 '내재문법'이라고 한다. 하지만 아무리 모국어라고 하더라도, 잘못된 문장이 어디가 어떻게 틀렸는지 틀린 부분을 문법적으로 막상 설명하려고 하면, 국어문법을 따로 공부하지 않는 어려움을 느끼게 된다. 설명은 이해와는 또 다른 문제이기 때문이다. 머릿속에 내재되어 있는 문법을 어떤 형태로든 밝혀내어 설명한 문법을 '기술문법'이라고 한다. 기술문법은 기술하는 대상에 따라 음성학, 음운론, 형태론, 의미론, 통사론, 화용론으로 나눈다. 자음과 모음의 발음을 연습하고 소리 자체에 관해 기술하는 것이 음성학, 단어끼리의 연음현상이나 문장의 리듬의 소리의 현상에 관한 것이 음운론, 어근이나 접두사, 접미사 등 단어의 형태에 관한 것이 형태론, 단어의 의미를 확장시키거나 문장의 미묘한 어감을 알 수 있는 것이 의미론, 문장구조를 파악하거나 단어들이 놓이는 순서와 규칙을 터득하여 문장을 이루는 규칙을 아는 것이 통사론, 어떠한 상황에서 어떠한 말이 어떻게 쓰이는지 구별하는 등의 언어외적 상황에 관한 것이 화용론이다. 그 가운데 '통사론'이란 문장과 관련된 것을 다루는 기술문법의 한 분야인데, 기술문법이 넓은 의미의 문법이라면 통사론은 좁은 의미의 문법이다. 일반적으로 문법이라고 하면 통사론을 일컫는다.

라. 코퍼스 기반 문법 연구 방법들

의사소통 능력 향상을 위한 영어 교육을 위해서는 문법을 따로 가르칠 필요가 없다는 잘못된 인식이 퍼지기도 했으나 최근에 다시 문법 지도의 필요성이 대두되고 있다. 의사소통 활동을 수행하는 과정에서 문법 요소에 초점을 두어 문법 학습을 유도하는 형태 중심 교수법이 언어의 정확성과 유창성을 균형 있게 발달시키는 교수법으로 평가받고 있다. 이 접근 방법은 학습자가 의사소통에 어려움을 겪는 언어 형태를 포함하고 있는 자료를 교사가 제공하거나 피드백을 제공함으로써 언어 학습을 유도하므로 전체적으로 보면 귀납적 학습으로 귀결 된다(민찬규, 2002, p. 69). 이와 같은 시각에서 볼 때 문법 지도를 위해 반드시 문법 용어의 사용이나 명시적인 문법 설명이 필요한 것이 아니다. 특정 문법 구조에 밑줄을 긋거나 이탤릭체를 사용하여 학습자가 자연스럽게 그 구조에 주목하도록 유도할 수도 있고, 특정 문법 구조를 포함하는 예문을 충분한 양으로 제공하여 학습자가 그 구조에 주의를 집중하도록 하는 방법도 있다. 이렇게 귀납적인 방법으로 학습자의 의식을 상승시켜 학습하고자 하는 문법 구조를 익히도록 유도할 수 있다.

Spada와 Lightbown(1993)은 학습자가 특정 문법 구조를 의식적으로 주의 집중하여 배운다면 이를 쉽게 내재화시킬 수 있다며 영어 교육을 할 때 학습자가 배울 언어 항목에 주목할 수 있는 활동을 많이 제시하는 것이 도움이 된다고 했다. 학습자가 특정 언어 형태에 주목하도록 하는 방법에는 여러 가지가 있는데 그 중 하나가 Fotos(1994)가 제안한 의식 상승 과업이다. 의식 상승 과업은 충분한 예문들을 학습자에게 제공함으로써 학습자 스스로 문법 규칙을 발견할 수 있다는 것이 기본 전제이며 학습자간 유의미한 의미교섭 과정을 통해 영어 규칙을 발견해가도록 요구한다. 이 과업은 학습자가 그들의 인지적 능력을 활용할 수 있으며 발견학습을 통한 자신감을 길러줄 수 있게 한다(Hedge, 2000).

또한 인터넷 등의 매체를 활용하여 문법 교육을 실시할 수도 있다. 학습자가 독립적인 학습 주체로서 방대한 언어 자료 산실인 웹을 검색하여 실제적인 의사소통에서 보이는 예문들을 모으고 분석하는 과제를 통해서 자연스럽게 문법을 학습할 수 있도록 구성된 사이트를 이용할 수 있다.

1) 귀납적·연역적 연구 방법

귀납적 사고와 연역적 사고는 일반화 양극과 같은 것이다. 귀납적 사고는 다수의 구체적 예로부터 그 예들을 포괄하고 있는 일반적인 규칙이나 결론을 이끌어내는 것이고 연역적 사고는 일반적인 것에서 구체적 예로 옮겨간 이동이라 할 수 있다.

발견학습은 귀납적 학습과 동의어로 취급될 수 있으며 전통적인 문법교육과 반대되는 것으로 학생 스스로가 일반적인 양식을 발견하는 것이다. 학생이 해야 하는 그 모든 작업을 생각한다면 교사가 문법을 설명해주는 전통적 문법 지도법이 훨씬 더 효율적이겠으나 전통적 문법교육은 간접지식의 수동적 수용자로 남겨두므로 훨씬 덜 효과적인 학습이라고 교육학자들은 믿는다. 귀납적 학습법은 연역적 학습에서의 익숙하고 기계적인 연습보다 학습자의 두뇌사용을 증가시키고 이런 학습자 측의 노력은 학습동기의 상승을 가져온다는 장점을 지니고 있다.

그러나 Hammerly(1975)는 상대적으로 간단한 문법적 구조에서만 귀납적 방법을 사용할 수 있다고 하면서 귀납적 교육의 장점과 함께 그 한계점을 밝혔다. 또한 Thornbury(1999)가 정리한 바에 의하면 귀납적 문법학습은 다음과 같은 단점들을 지니고 있다.

첫째, 규칙들을 발견하기위해 들인 시간과 노력이 마치 언어학습의 목적이 규칙적인 것처럼 학습자들을 오도할 수 있다.

둘째, 규칙을 발화적 연습에 응용하는 대신 규칙 발견에만 시간을 허비하는 수도 있다.

셋째, 학습자들이 발견한 규칙이 바르지 않을 수 있고 학습자들이 응용하여 사용하기엔 너무 광범위하거나 너무 협소할 수 있다.

넷째, 수업을 계획하는데 교사들에게 과중한 부담이 될 수 있다. 학습자가 학습 자료를 이해할 수 있도록 제작해야 하고 동시에 정확하게 규칙을 발견하도록 인도하기 위해서는 자료를 선정하고 조직하는데 신중을 기해야 한다.

다섯째, 학습 자료를 아무리 신중하게 제작한다 하더라도 언어의 많은 부분들을 규칙화하기가 쉽지 않다.

마지막으로 과거의 학습경험이나 학습자 자신의 학습 스타일로 인해 교사가 규칙을 설명해주는 것을 선호하는 학생들에게 귀납적 학습법은 학습의 어려움으로 작용할 수 있다.

귀납적 문법학습이 전통적인 문법학습의 대안인 양 받아들여지지만 실질적인 교육적 효과와 효율의 면에서 의문을 갖게 한다. Ausubel(1964)은 성인은 추상적 개념을 이해할 수 있는 인지적 틀이 있으므로 교사는 이런 능력을 이용하고 연역적 학습의 틀 속에서 명시적인 규칙을 제공해 줌으로써 언어습득과정의 능률을 촉진시켜야 한다고 하였다. 귀납적 방법이 똑똑한 학생만이 기저에 있는 언어구조를 발견할 수 있으며 학습속도가 느린 학생들에게는 너무 어려운 과제라 주장하며 연역적 문법교육의 필요성을 시사하였다.

학습자의 문법학습 방법에 대한 Fortune(1992)의 연구에서도 귀납적 학습을 접한 학생들의 귀납적 학습법에 대한 호응이 두 배 정도로 증가하긴 하지만 여전히 다수의 학생들이 연역적 학습법을 선호하는 것으로 밝혀져 있음을 상기시킨다.

Thornbury(1999)에 의하면 연역적 문법학습은 다음과 같은 장점을 지니고 있다.

첫째, 요점을 바로 전달하므로 시간 낭비가 없다. 제시된 예로서 유추해 내는 규칙들을 더 간단하고 빨리 설명할 수 있다.

둘째, 많은 수의 학생들, 특히 성인의 경우 지능과 성숙을 존중하여 언어습득에서 인지적 과정의 역할을 인정한다.

셋째, 분석적 학습 스타일을 지닌 학습자들이 교실 학습에 대해 갖고 있는 기대에 부응한다.

넷째, 교사로 하여금 언어적 특징이 나타나길 기다리거나 미리 준비하기 보다는 그 특징이 등장할 때 다룰 수 있게 해준다.

2) 명시적·암시적 연구 방법

학습자에게 문법을 명시적으로 교육하는 것이 효과적인가 암시적으로 가르치는 것이 언어습득에 효과적인가는 의식 환기(consciousness-raising), 인식(awareness), 주의집중(attention) 등의 문제와 연결된 문제이다. 명시적 문법교수 방법은 대체적으로 영어를 외국어로 배우는 환경에서 많이 지도되어온 방법으로 학습자가 수동적인 존재로 교사의 문법 설명에 의존하여 규칙을 암기하고 연습하도록 지시받아 기본적인 문법 습득에 있어서 단기간에 최대의 효과를 가져 올 수 있는 방법이다. 그러나 이 방법은 학습자가 배우게 될 언어형식의 특질과 학습자의 언어사용능력 정도에 따라서 효과가 달라질 수 있음을 인식해야 한다.

암시적 문법 교수방법은 의미에 중점을 둔 의사소통 과정 속에서 자연스럽게 문법 지식을 습득하도록 다양한 예를 제공하여 학습자 스스로가 문법 지식을 유추하고 도출해 내는 과정을 통해 문법습득을 하도록 하는 방법이다.

Scott(1989) 등은 암시적 문법지도와 명시적 문법지도가 언어습득에 어떻게 차이를 가져오는가에 대한 연구를 하였다. 이 연구들은 학습자가 무의식적으로 목표언어자료에 노출되는 것보다 학습자의 의식을 상승시켜 언어자질을 주목하게 함으로써 효과적으로 문법을 습득하게 할 수 있다는 것과 학습자의 문법의식과 주의집중이 언어 습득에 얼마나 중요한 역할을 하는가를 보여 준다.

Scott(1989)는 불어를 배우는 학습자들을 대상으로 필기시험과 구두시험을 실시하였는데 명시적인 문법지도를 받은 집단은 필기시험에서 우수한 결과를 나타내었으며 구두시험의 경우에도 암시적 교육을 받은 집단에 뒤지지 않았다고 한다.

Dekeyser(1993)는 인공문법의 범주규칙과 원형규칙에 대한 피험자들의 학습결과를 비교하였다. 실험결과는 단순규칙학습의 경우 명시적인 문법 설명 없이 예들만 주어지는 암시적 교육보다 더 효과적일 수 있다는 것을 보여준다.

Robinson(1995)은 인공문법에 대한 Reber(1993)의 주장과 이에 상응하는 외국어 습득에 대한 Krashen(1982)의 주장, 즉 언어 습득에 있어서 암시적 언어습득이 명시적 문법학습보다 효과적이라는 주장을 다양한 조건에서 학습자들의 단순규칙과 복잡한 규칙의 학습을 통하여 조사하였다. 그 결과 자극영역이 복잡할 때는 암시적 학습이 명시적 학습보다 더 효과적이라는 Krashen(1982)의 주장과 달리 언어규칙을 인식하는 수준에서의 의식은 학습을 촉진시킨다는 것을 보여주었다.

Ellis(1990, 1993, 1994)도 명시적 지식을 발달시키는 형식적 문법지도가 학습자의 암시적 지식의 습득에 도움이 된다고 주장한다. Ellis(1993)는 제 2언어 습득 모델을 통해 언어습득에 있어서 형식적 문법지도의 역할을 보여주고 있다.

Ellis에 의하면 언어습득에 있어서 명시적 지식이 또 다른 역할을 수행하는데 첫째, 학습자의 발화 전후에 모니터로 사용된다. 둘째, 학습자의 입력 속에 있는 언어자료들의 형식과 의미를 인지하도록 도와준다.

Ellis(1993)는 명시적 지식의 형식적 지도가 암시적 지식의 습득에 도움이 된다는 입장에서 다음 결론들을 제안한다.

① 문법지도는 더 빠른 학습과 더 높은 수준의 제 2언어의 정확성을 가져올 수 있게 한다.
② 문법지도는 암시적인 지식이 성공하지 못하여 학습자들이 습득할 준비가 되어있지 않은 문법적인 특질들에 관심을 갖도록 한다.
③ 문법지도는 학습자가 암시적인 지식이 성공적일 때 학습할 준비가 되

어있는 문법적 특질들에 향하게 한다.

즉, 문법지도가 제 2언어의 학습 속도를 빠르게 하고 문법적 정확성이 수준을 높여주지만 학습자가 문법구조를 암시적 지식으로 받아들일 준비가 되어 있을 때 지도해야만 성공적이라는 것이다. 따라서 학습할 문법구조의 이전 단계까지 습득되어 있을 때 문법을 지도하라고 권하고 있다.

2. 코퍼스 기반 문법 연구

가. 코퍼스 기반 선행연구의 분석

선행되었던 국내 코퍼스 연구주제는 크게 어휘, 문법, 담화, 교육으로 분류된다. 그 중 가장 많은 부분을 차지한 것은 어휘 연구로 총 연구의 63%(26편)를 차지한다. 코퍼스 연구주제 가운데 문법 분야에서는 의문문과 명령문(김인영, 2006; 이진경, 2003)과 같은 항목을 분석하는 데에 코퍼스를 활용한 연구들이 관찰되었다. 그 외에 코퍼스를 활용한 국내 연구에서 눈에 띄는 동향은 실제 현장 교육에 적용해 보려는 시도를 한 연구들이 8편(24%)으로 비교적 많이 수행되었다는 것이다. 예를 들면, 김향신, 안병규(2004)에서는 코퍼스를 기반으로 한 문법 학습의 효과를 고찰하였는데 이 연구를 통하여 코퍼스 기반 문법 학습이 학생들의 학습 참여도를 높이고 문법 규칙에 대한 인지도를 높인다고 보고하고 있다.

국제 코퍼스 연구도 국내 연구와 유사한 경향을 보이고 있다. 국내 코퍼스 연구와 마찬가지로 국제 코퍼스 연구에서도 가장 많은 연구가 수행된 것은 어휘 분야로 전체 연구 중 68%를 차지하였다. 국제 학술지에 출판된 코퍼스 연구 가운데 Kennedy(2003)의 연구에서는 영어의 강조 부사가 특정 단어와 강한 연어 관계를 이루고 있다는 것을 밝히고, 이를 문법적 그리고 의미적 관계를 이용하여 설명하려는 시도를 하였다. 이렇듯 국제 연구의 특징은 명령문 및 의문문의 구조와 어순 등 문법에 관한 연구가 비교적 폭넓게 진행되었다는 점이다.

문법 지도와 관련하여 Conzett(2000)는 코퍼스와 용어 색인의 활용, 어휘 학습장의 기록, 단어 문법의 기록과 활용과 연어 격자 지도의 중요성이 강조되고 있다며 특히 연어 격자는 근접 유의어의 지도에 효과적일 수 있다고 했다.

형식적인 문법 지도가 학습자들의 외국어 학습에 기여한다고 보는 견해가 점차 부각되고 있으며 모든 단어는 패턴에 비추어 기술된다고 본다. 그러므로 패턴의 지도는 언어에 대한 이해, 정확성, 유창성, 표현의 융통성을 촉진시킨다. 문법은 의사소통 능력의 일부로 어휘와 더불어 의미의 생성에 반드시 필요한 학습 요소로 효과적인 학습 지도 방법의 모색이 필요한데 이 점에서 의사소통 능력에 초점을 둔 문법 지도의 방안과 구문 패턴의 지도가 필요하다고 보았다(김부자, 2004).

이은주(2004)는 학습자 코퍼스를 구축하여 학습자의 언어 자각을 높일 수 있다고 하였고, 김낙복(2004)은 영어교과서를 통해 코퍼스를 구축한 어휘 지도에 효과가 있었다고 말했다. 이선(2003)은 중등 영어 교과서 코퍼스를 구축하여 교육용 코퍼스를 활용하면 전치사의 용법, 작문 지도 시 문법 형태에 대한 주목, 텍스트 분석과 빈 칸 채우기 활동 등이 가능하고 교사들이 수업 자료를 효과적으로 준비할 수 있다고 말했다.

Lewis(1997)는 과제 중심 활동을 통한 동사 패턴의 지도가 학습자들이 쉽게 가설을 세우고 내재화가 이루어지게 한다고 보았다. 그러나 급격한 패러다임의 변화보다 어휘 사용을 통한 문법 지도가 어휘중심 교수법에 적용이 될 수 있다. 용어 색인을 활용한 교육용 문법 지도는 전통적으로 실천해온 것보다 훨씬 어휘 중심적일 수 있고, 학습자의 활동이 목표 언어 체계에 귀납적으로 접근하는데 도움이 될 수 있다(Little & Singleton, 1992).

코퍼스 접근 도구를 활용하면 학습자가 작성한 텍스트의 분석이 가능하고, 학습자들이 구문에 대한 접근이 용이하여 쓰기의 참고 자료로 사용할 수 있고, 쓰기에 대한 피드백으로 코퍼스의 활용 가치가 높아 쓰기 지도에 코퍼스 중심 도구가 유용하게 활용될 수 있다(정규태, 1998; Diniz & Moran, 2005).

Della(2004)는 EFL 상황에서 의사소통언어교수법이 현 상황을 바꾸어 놓는 데 실패하였으므로, 이제는 코퍼스 중심 발견에서 교육의 변화를 추구하여 문법은 어휘로, 어휘는 전형적인 방식으로 문법화 하여 지도할 필요가 있고, 많은 고정표현과 준고정표현 등을 가르칠 필요가 있다고 말했다.

용어 색인에 기초한 자료 중심 학습은 진정성 있는 자료의 사용과 과업의 제시가 가능하고, 패턴 문법의 지도를 통해 귀납적 학습 책략의 모의 훈련, 어휘의 유사점과 차이점 식별 및 가설 형성과 검증에 특별한 자료가 될 수 있다(Johns, 1994; Murrison-Bowie, 1996; Mishan, 2004).

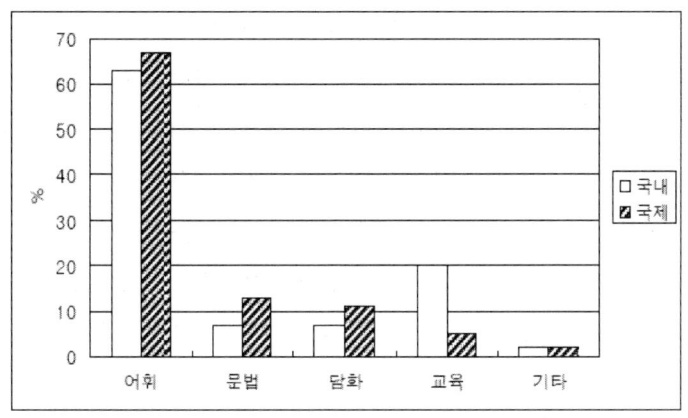

<그림 72> 국내와 국제 코퍼스 관련 연구의 주제별 비교

나. 코퍼스 기반 문법연구

1) 코퍼스 도입의 배경

코퍼스란 원어민이 실제로 사용하는 언어들을 분석 가능한 형태로 집대성한 자료를 말하여, 언어자료를 컴퓨터로 정보 처리할 수 있게 구출해놓은 데이터베이스이다. 단어들이 특정한 문법적인 패턴으로 결합을 한다고 생각한 코퍼스 이론은 문법에 대해 과거와 다른 방향으로 접근한다. 과거에는 사전적인 단어들과 문법적인 단어들이 각각 별개로 취급되어 사전에선 단어만을 다루고, 문법에선 문법적 구조만을 다루어왔다. 반면 코퍼스 이론은 이러한 문법과 어휘들이 서로 얼마나 많이 겹치고 공통된 면이 있는가에 대해 초점을 맞추어 실제로 쓰이는 여러 표현들 속에서 패턴을 찾기 위해 노력한다. 그래서 학습자들을 위한 학습 자료에도 이런 패턴과의 연관성에 주목을 해야 한다고 생각한다.

문법을 결정적인 문법과 선택 가능한 문법으로 나눌 때, 둘 사이에 구분이 필요하다. 결정적인 문법이 구조적 규칙을 다룬다면 선택 가능한 문법은 사용된 문맥에서 어떠한 형식이 가장 많이 사용되는지에 관심을 기울인다. 이를 위해 실질적인 코퍼스 자료가 필요하다. 통계적인 자료는 충분치 않고, 평가와 판단, 해석들이 여전히 필요하다. 문법이 이러한 태도적 요인을 설명하기 위해 어떻게 형식화 되었는가, 그리고 문법에서부터 인간 사이의 의미까지 화자나 작가가 어떻게 표현적인 선택을 만들 수 있는가에 대한 연구가 되고 있고, 문맥적 조건을 더 정확하게 말하기 위해 코퍼스를 사용하는 시도들이 시작되고 있다.

전자인 구조로써의 문법은 문장이나 절을 적절하게 만들기 위해 꼭 알아야만 하는 규칙을 의미하며, 후자인 선택으로서의 문법은 생략 가능한 문장, 문어체보다 구어체에서 생략이 더 자연스러운 표현, 더욱 친근함을 나타내는 표현 등을 의미한다. 인간 사이에서 일어나는 문법은 후자 쪽인 선택 가능한 표현이어야 한다. 이것은 문법을 약화시키는 것이 아니라, 그 반대로 문맥에서 문법을 검토하고 계획하는 힘을 기를 수 있다.

그러므로 언어가 사용되는 문맥에서 다양한 문법적인 선택들을 관찰하고 배우는 기회를 학습자에게 어떻게 제공할 것인가에 주의를 기울여야 한다. 학습자의 관점에서 학습자는 물론 구조적 문법을 배우고 습득해야 한다. 그리고 학습자는 특정한 의미를 전달하기 위해 사용하는 언어를 선택하는 방법과 이유와 시기를 평가하여 관찰하는 습관을 길러야 한다. 이러한 습관을 길러주는 것이 학습자로 하여금 자율적인 학습을 가능하게 하는 교수 자료이다. 문법을 강화하기 위해 여전히 PPP(제시-연습-생산; presentation-practice-production)에 따라 패턴을 연습해야 하지만 학습자가 선택을 하기 위해서 그 이상의 상호보완적인 방법이 필요하다.

이에 Carter와 McCarthy(1995)는 III (설명 및 예시 - 상호작용 - 귀납; illustration-interaction-induction) 교수법을 제안했다. 이 방법이 학습자가 더 잘 내면화할 수 있고, 언어의 패턴과 문맥 목적 사이의 관계를 올바르게 인식할 수 있게 한다고 생각했다.

이러한 주장에 따라 문법적 가능성에 대한 얼마나 많은 정보들이 사전에 제공되어야하는가 그리고 어휘 패턴의 전형적 작용에 대해 얼마나 많은 정보들이 문법에 제공되어야하는가 등의 의문이 일어났다. 언어학습을 위한 교실에서 역시 문법적 선택을 통해 설명하는 기술이 이슈화되었으며 교과서 등 중요한 언어적 관점에서 코퍼스들이 어떻게 이용되는지도 중요하게 생각되었다. 더 형식적인가, 비형식적인가보다 말해지는가, 쓰여지는가에 대한 차이와 구별에 대해 전보다 더 많은 정보들에 의해 증명되었다. 문법과 어휘의 패턴이 이 사용에 중심일 것이다.

2) 코퍼스 활용의 장점

방대한 자료와 정보들이 숨어있는 코퍼스는 사전편찬과 어휘 의미 연구, 자연언어 처리에 있어서는 기여하였지만 언어교육자들에게는 그렇지 못하였다. 그 이유로는 코퍼스가 큰 출판사나 대학 등에 의하여 상업적 혹은 학술 연구 목적으로 구축되었기 때문에 우선 비용도 많이 들었고 기술적, 법률적 어려움도 있었다. 무엇보다 주된 원인은 이를 컴퓨터상에서 구현할 수 있는 시설 부족과 교사로서의 기술 부족이었다. 또한 외국어 교수자들에게도 코퍼스 사용은 불필요한 것으로 인식되고 있었다. 예전과 마찬가지로 자신들의 언어감각과 교수경험, 전통적으로 내려온 예문들이 그대로 외국어 교과서에 반영되었으며 실제 수업에서도 이들만이 중요하다고 여겨졌다.

1990년대에 코퍼스가 점차 언어교육에서도 활용될 수 있다는 가능성이 제기되었고 90년대 후반부터는 점차 현실적으로 시도되고 있다. 교육용이 아닌 일반적인 목적을 위하여 구축된 코퍼스도 언어교육을 위하여 활용될 수 있게 되었다. 교과서에 나올 어휘의 선정이라든가 자주 나오는 표현 중심의 대화체 문장 구성 등에 있어서 이러한 코퍼스가 유용하게 사용될 수 있었다. 대용량의 코퍼스를 교실 수업에서 활용하기에는 여러 어려운 문제가 있지만 작은 코퍼스로부터 실제 수업에 활용하려는 여러 시도는 활발히 이루어지고 있다. 시대의 변화에 맞춘 언어 학습을 위해서도 이 요구는 수용되어야 한다. 왜냐하면 문법 교과서에 정통으로 설명되고 있는 많은 부분들이 사회언어활동의 변화와 더불어 그 규준이 변해가고 있으며 이러한 변화의 과학적 검증은 바로 코퍼스의 확인에서부터 시작되기 때문이다.

이제 학습자들은 언어가 어떻게 만들어지고 어떻게 작동하는지에 관해 모국어 화자 혹은 언어 교사가 인식하지 못하는 것까지 코퍼스를 통하여 얻을 수 있다. 학생 스스로 언어사용의 여러 뉘앙스까지 실제 코퍼스에서 배운다는 것은 언어학습에서 주장하는 학습 자료의 실제성 문제와 연관해서도 매우 바람직한 방향이다. 학생 스스로 언어사용이나 어휘 의미를 찾아가는 탐색자의 입장에서 공부하게 됨으로써 학습의 자율성과 흥미를 키울 수 있다.

코퍼스 활용의 장점을 살펴보면 다음과 같다.

① 어휘들 간에 의미를 파악할 수 있다. 핵심의미 뿐 아니라 주변의미, 유의어, 반의어도 확인할 수 있다. 자연스럽게 어휘와 문법에 대한 학생들의 이해도가 향상될 것이고 어휘와 문법을 따로 학습하는 것이 아니라 통합적으로 학습할 수 있다.
② 어휘들의 연어 관계 및 그 빈도수, 용법에 대한 지식, 특히 자주 나타나는 구조를 확인할 수 있다. 교수-학습 활동 단계에 종전과 달리 학습자들은 가설 형성-검증-일반화의 도달을 위한 과제 수행을 통해 자연스럽게 대화와 토론을 할 수 있고 이를 통해 자료 중심의 귀납적 학습도 가능할 것이다.
③ 문법책의 짜여진 틀 속에서는 발견될 수 없는 생생한 언어적 사실을 발견할 수 있다. 학습자들은 단어들이 선호하는 말뭉치 패턴, 통사적 특성에 의한 구조적 패턴, 의미와 패턴 관계 등을 보다 실증적으로 이해할 수 있는 계기가 될 것이다.
④ 특별한 어휘의 의미 및 특수 용어, 파생어나 합성어의 구조를 파악할 수 있다.

3) 코퍼스 활용 방안

언어학습에서 학습자는 수동적인 입장에서 교사가 전달해주는 문법이나 어휘 지식을 단순히 받아들이는 것이 아니다. 학생들도 어떤 문장 구조에 대하여 스스로 살펴보고 세운 가설을 검증해보거나 자신이 발견한 어떤 규칙을 문법책에서 발견해 봄으로써 스스로가 언어 학습자이면서 동시에 언어 연구자의 입장에 설 수 있다. 학습자 스스로 연구 활동을 통하여 인지하고 학습하는 것이다.

학습자에게 코퍼스의 사용법을 통해 어휘학습이나 문장구조 학습방법이 있다는 사실을 알려줌으로써 학습에 대한 흥미와 관심을 끌 수 있는 것은 확실하다. 저학년들에게는 실제 언어활동에서 많이 쓰이는 활용 빈도가 높은 어휘를 수업시간에 빨리 익혀줌으로써 최소의 시간과 노력을 투자하여 최대의 성과를 맛보게 해야 한다. 쉽게 의사소통을 할 수 있게 하는 관용적 표현과 고정된 문장 형식들이 학습되어야 한다. 학생 스스로 발견해 나간다는 근본 취지에 부합하려면 코퍼스에는 잘 정선된 예문이나 모범적인 문형과 더불어 학생들이 차이점을 발견할 수 있는 예문들도 포함되는 것이 바람직하다.

용례 추출기는 작업의 신속성과 정확성을 통하여 실제 사용되는 용례를 제공하며 귀납적 학습을 가능하게 해준다. 수업시간에는 교사가 이를 활용하여 학습 자료를 만들거나 학습자 스스로 이 용례 추출기를 사용하여 학습할 수 있다.

교사는 아래와 같이 활용 가능하다.

① 학습용 자료를 제작할 수 있고 그로 인해 교사 자신의 언어 구사 능력도 향상시킬 수 있다.
② 콘코던스를 이용하여 시험 문제를 쉽게 낼 수 있다.
③ 중간언어 형성에 대한 연구를 시도할 수 있다.
④ 학생들의 질문에 대해 구체적인 답변을 할 수 있고, 언어학적 판단의 수단이 된다.
⑤ 어휘에 대한 빈도수를 조사할 수 있다.

3. 코퍼스 기반 문법 분석

가. 관계대명사의 생략

코퍼스는 문법에 대해 새로운 방향으로 접근하고자 한다. 문법교육을 위한 코퍼스의 예시 자료로 첫 번째 관계대명사의 생략을 들 수 있다.

(1) *There was a garage in the town rented bicycles.*
(or There was a garage in the town which/that rented bicycles)
There will be no land left to preserve.
There are a number of ways this could happen.
There certainly was not any more energy displayed after it was clear..
There is nothing left of the Republican Party without his leadership.
(CANCODE)

특히 *there*로 시작하는 구문에서 관계대명사는 생략 가능하다. 꼭 생략을 해야 하는 것이 아니라 선택 가능한 패턴이다. 이러한 생략이 회화체의 문맥에서 더 많이 선택된다. 관계대명사가 생략된 글의 대부분이 회화체나 문어체의 글인 것이다. 이처럼 코퍼스를 통해 실제로 사용하고 있는 문법의 규칙을 알 수 있다. 문어체의 표현이 구어체에서 사용되지 않는 경우가 많은데, 각 사용 빈도수를 관찰하고 주로 사용되는 패턴을 발견함으로써 학생들로 하여금 단지 문법적으로 옳고 그름을 판단하게 하기보다 이런 종류의 패턴들을 알게 할 수 있다.

나. 수동태

두 번째 예로 수동태를 들 수 있다. 이는 문법적 규칙과 다양한 문맥적인 사용 모두를 증명하는 핵심적인 문법적 패턴이기 때문이다. 표준 수동형과 달리 회화체의 표현에서 *get*-수동형이 어떻게 사용되어 왔는지에 대해 문법과 패턴의 빈도수를 탐구했다.

탐구 결과, *get*-수동태는 인간 주체에 의해 기대되지 않았던 일이 발생할 때 사용된다는 것을 발견했다. Hardie(2007)는 화자의 태도에 달려있으며 *be*-수동태는 논리상의 주체와 관련이 있고, *get*-수동태는 표면적인 주체와 관련이 있다고 했다. 수많은 *get*-수동형 관련 코퍼스가 제공되었으나 아직 문법적 설명과 연관되지 못하고 있다. *get*-수동태는 문장 구조의 상대적 배치를 고정하기가 어렵고, 형식의 범위가 의미와 깊은 관련이 있기 때문에 다양한 수동태가 가능한 대안과의 어떤 관련이 있는지를 살펴보는 것이 중요하다.

get-수동형은 수동 의미가 연속적으로 변화하거나 수동적인 변화에 증감이 있기 때문에 '가짜 수동형'으로 불린다. 이러한 관점은 메시지의 정보-구조에 영향을 줄 뿐 아니라, 화자의 태도에 대한 설명에도 영향을 준다. 언어 학습자에게 어떤 어휘-문법적이 선택이 나타나는지도 알아보아야 한다.

<표 39> get-수동태 연구 내용

타입	예시 (A)	대안 (B)	설명
1	*He got killed trying to save some other man.*	*He was killed trying to save some other man.*	B는 A처럼 개인적 의견이 나타나는 특징이 상쇄된 것처럼 보인다.
2	*You see, if ever you get yourself locked out.*	*You see, if ever you are locked out.*	B는 A에서 문법적, 표면상 주체를 없앤 경우이다.
3	*Rian got his nipple pierced and it was so gross.*	*Rian nipple was pierced and it was so gross.*	B는 A의 주체를 없애고 설명과 결과 사이에 두 가지 이상의 뜻으로 해석이 가능하다.
4	*The tape seems to have got stuck.*	*The tape seems to be stuck.*	B는 상태의 변화에 대한 강조가 없어졌다.

다. *get*-수동태 (동사와 문맥, 부사구)

139개의 *get*-수동형 중 124개가 반대의 뜻을 나타내는 문맥에 사용되었다는 것을 코퍼스자료를 통해 발견하였다. 다시 말해, 불행하거나 탐탁지 않은 상황, 적어도 복잡한 여러 문제들에 대해 이야기하는 대화 참여자들이 사용한 것이다. 예를 들면, *get arrested, get killed, get sued* 등이 있다. 돈의 지불과 돈의 부족(*get paid*), 사회적으로 흥미로운 문제의 논쟁, 비평, 기쁨과 분노 등에 쓰여 왔다.

get-수동형과 함께 부사어구가 나올 때도 역시 문제가 된다. 부사는 동사에 상호 보완적인 의미를 띠면서 강화하는 역할이 있다. 특히 *actually, nearly, really, all* 등의 부사가 그렇다. 부사의 위치에 있어서 *be*-수동태는 *be*동사와 일반동사 사이에 부사가 위치하지만, *get*-수동태는 그런 형태를 찾아볼 수 없고 *get*-수동태 앞에 위치한다(O'Keeffe, McCarthy & Carter, 2007).

(2) *You can actually get done for it. (done = arrested in court)*
I nearly got picked on, but I didn't say yes or no.

(CANCODE)

4. 수업 적용 방법

가. 교실에서의 활용

개정 교육과정에서는 교사에 의한 일방적인 강의식 교육에서 탈피하여 학습자 스스로 학습 과제를 선정하고 스스로 과제를 해결하는 자기 주도적 학습 또는 수요자 중심 교육이 강조되고 있다. 이를 교육현장에 적용하는 방안에 대한 연구도 계속되어 왔다. 귀납적 학습은 상향식 접근으로 학생들이 연습을 통해 학습하면서 문법을 발견하는 방법이다. 연역적 학습은 하향식 접근으로 교사가 학습자에게 규칙을 설명하는 방법이다. 물론 귀납적 학습이 학습자 중심적인 활동이지만 교사가 문법적 개념을 설명할 필요도 있다. 일반적으로 쓰이는 수업의 예시는 다음과 같다.

① 연습, 게임 및 듣기 등으로 수업을 시작하고, 문법적 개념을 안내한다.
  - 관계대명사를 사용하여 두 문장을 한 문장으로 표현할 때 관계대명사가 생략가능하다고 안내한다.
② 문법적 개념을 확인할 수 있도록 관련 질문을 던지고, 그에 초점을 맞춘 읽기 자료를 통해 학생들은 규칙을 찾아낸다. 바로 귀납적인 접근법이다.
This is the book I bought yesterday.
This is the doll she is fond of.
There is a woman at the door wants to see you.
She is one of the greatest poets there are in the world.
She is not the woman she was two years ago.
③ 읽기자료의 질문에 대한 대답을 확인하고 문법적 개념을 설명해보게 한다.
  - 관계대명사가 생략되어 있으므로 문장이 어색하게 느껴짐을 알고 관계대명사가 생략 가능한 경우를 생각해본다.
④ 교사는 학생들의 오류를 바르게 정정하는 역할을 한다.
⑤ 바른 표현을 연습할 수 있도록 빈 칸 채우기 등의 활동이 가능한 학습지를 배부한다.
⑥ 학생들에게 문법적 개념을 한 번 더 질문한다.
⑦ 교사가 개념을 제시하지 않고 학생들이 스스로 찾을 수 있도록 한다.

수업시간 안에서 활용할 수 있는 방안은 다음과 같다.

① 콘코던스 예문에서 빈 칸 채우기, 단어 의미 추측하여 넣기
② 문법, 용례, 어휘들의 연습을 위한 참고 자료로 활용
③ 서로 다른 텍스트 상에 나타나는 표현이나 의미의 비교 관찰
④ 작문시간에 학생들에게 제시할 수 있는 예문 추출
⑤ 콘코던스를 이용하여 학생들의 작문 스스로 수정하게 하기

코퍼스 학습은 앞으로 더욱 구체화되고 현실적인 학습법이 될 것이다. 사전 편찬자들이 해왔던 것처럼 언어교육자들에게도 이 코퍼스 사용은 매우 당연하고 중요한 것으로 인식되고 있다. 코퍼스를 다루기 위한 매우 쉬운 소프트웨어와 온라인상의 접근이 이제 가능하게 되었으며 외국어 수업 현장에서 웹 자료의 사용은 일반화되고 있으며 웹 자료를 그대로 학습용 텍스트로 사용하는 경우가 증가하고 있기 때문이다.

나. 사전의 활용

『Collins Cobuild Advanced Learner's English Dictionary』는 11만개 이상의 단어, 문구와 정의가 간결한 문장으로 설명된 사전으로, 7만 5천개 이상의 살아 있는 예문을 수록하였으며 5천 5백개 이상의 단어 조합이 표시되어 있다.

코퍼스에 기반한 이 사전의 예문은 Bank of English와 Collins Word Web으로부터 취합되어 단어/숙어의 문맥을 정확히 짚어내고 있으며, 문법적인 정보와 동의어, 용례와 사용빈도 등 기타 정보가 별도의 공간에 제공된다. 또한 사용 빈도수가 높은 3천개 이상의 단어들은 중요도를 별도 표기하였다. 더불어 문법, 동의어, 용법 등의 상세한 부가 설명을 해 놓았다.

사전 속에 제시된 문법의 정보를 다음 세 가지 유형으로 나눌 수 있다.

① 동사인지, 가산명사인지, 형용사인지를 나타내는 어휘의 품사
② 수동태나 단수, 한정사와 같은 제한 및 확장 용법
③ 단어에서 매우 흔히 볼 수 있는 패턴들: 동사 + 명사, 명사 of 명사, 형용사 that 등

① -1. 자동사와 타동사
　　동사 soften의 설명을 보면 다른 문법을 확인할 수 있다.

(3) *If you soften something or if it softens, it becomes less hard, stiff, or firm.*

능동격 동사인 *soften*의 경우 타동사도 되고, 자동사도 된다. 타동사로 쓰일 경우 사람과 사람이 아닌 경우 모두 주어로 사용 가능하다. 자동사로 쓰일 경우 사람이 아닌 주어만 사용할 수 있다.

② -1. 수동태
　　교실에서 사전을 활용한 수업을 할 때 단어들이 어떤 단어와 함께 사용되는지 그 단어에 대한 설명을 보면서 문법적 구조도 확인할 수 있다. 가령, uneffected란 단어를 찾아보면 다음과 같은 설명이 있다.

(4) *If someone or something is unaffected by an event or occurrence, they are not changed by it in any way.*

이 설명을 통해서 *uneffected*가 *be*동사 뒤에 위치하며 전치사 *by*를 수반한다는 것을 알 수 있다. 그 뿐 아니라, 주어로 사람과 사물을 동시에 쓸 수 있다는 것도 알 수 있다.
비슷한 경우로 형용사 *candid*가 있다.

(5) *When you are candid about something or with someone, you speak honestly.*

이 설명에서 *candid*란 형용사는 사물에 관해 솔직하게 이야기할 때는 전치사 *about*를 사용하고, 누군가에게 말할 때는 전치사 *with*와 함께 사용한다는 것을 알 수 있다.

② -2. to 부정사
　　compel의 설명은 다음과 같다.

(6) *If a situation, a rule, or a person compels you to do something, they force you to do it.*

*compel*과 함께 사용되는 주어나 목적어를 알 수 있음과 동시에 to 부정사가 따르는 동사임을 알 수 있다.

③ -1. 동사+전치사
go를 찾아보면 무수히 많은 전치사와 결합하여 새로운 의미를 만들게 된다는 사실을 알 수 있다. 사전에 나와 있는 go+전치사는 다음과 같다.

(7) *go about, go after, go against, go ahead, go along, go along with, go around, go around with, go at, go away, go back, go back on, go back to, go before, go by, go down, go down as, go down on, go down with, go for, go in, go in for, go into, go off, go off with, go on, go out, go out for, go out of, go over, go over to, go round, go through, go through with, go towards, go under, go up, go with, go without*

다. 인터넷의 활용

학습자 중심의 자기 주도적 학습이 가능한 인터넷의 활용은 영어 문법 학습에 새로운 가능성을 제시할 수 있다. 목표언어에 대한 노출이 상대적으로 부족한 교육환경을 가진 곳에서 언제 어디서든 온라인에 접속하기만 하면 원하는 학습자료를 무한히 접할 수 있다는 것은 언어교육에 일대 전기를 마련해 줄 것이다. 엄선된 온라인상의 수많은 읽기, 듣기, 자료를 스스로 선택하여 학습한다면 동기유발과 수준별 학습 또한 가능하게 된다. 다음은 코퍼스 연구에 근거한 용어 색인 사이트이다.

1) Collins Concordance Sampler

　○ 웹사이트 명: Collins Concordance Sampler
　○ 웹사이트 주소: http://www.collins.co.uk/Corpus/CorpusSearch.aspxv
　○ 기본 화면

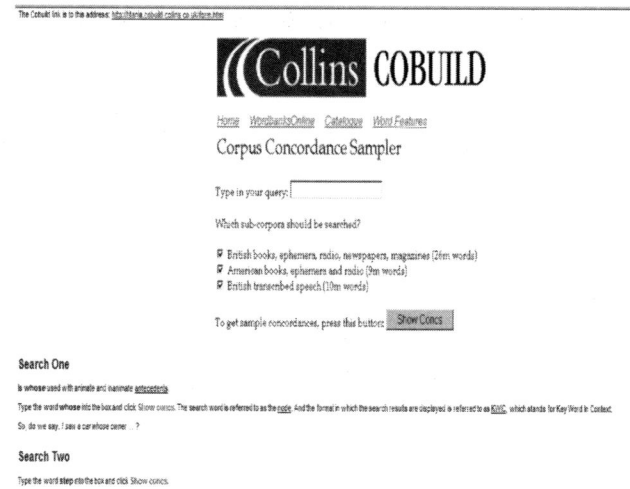

<그림 73> Collins Concordance Sampler 기본 화면

○ 검색어 입력: 빨간 원이 있는 글 상자에 단어를 입력하면 된다.
   - 예: *not*

○ 컨코던스 출력: 새로운 창이 뜨면서 *not*에 대한 컨코던스가 출력된다.

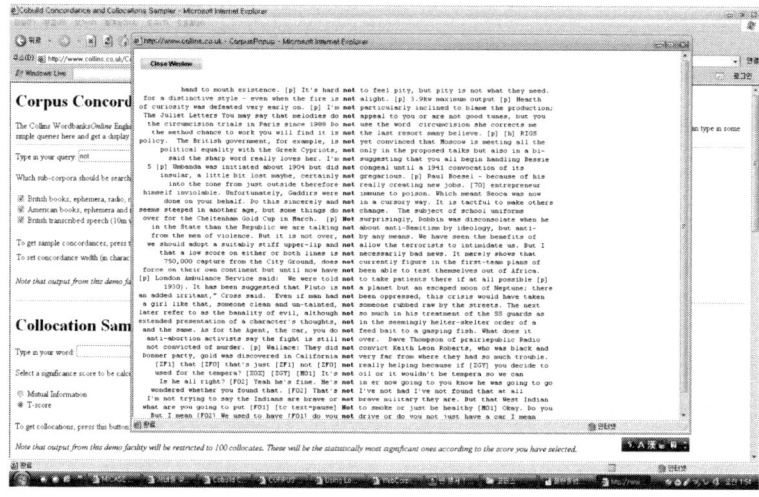

<그림 74> Collins Concordance 활용 검색어 출력 장면

○ 수업 활용의 예: 컨코던스 자료를 보면서 일반동사 앞에 **do not**을 붙여 부정문을 만든다는 것을 알 수 있다.

Work Sheet	부 정 문 만 들 기
	학년 반 번 이름 :
적용학년 및 단원 3학년	Lesson 5. I like apples.
4학년	Lesson 2. Don't do that.

1. 다음 문장을 부정문으로 바꾸어 봅시다.

   I like apples. ➜ _____.

2. 다음 문장을 보고 잘못된 부분을 찾아 고쳐 봅시다.

   ① I do like apples. ➜ _____.
   ② I like not apples. ➜ _____.

3. 다음 문장을 '하지 마라'는 뜻으로 바꾸어 봅시다.

   ① Jump in the classroom. ➜ _____.
   ② Be late again. ➜ _____.

<그림 75> Collins Concordance 활용 결과의 수업 활용 예시

2) Compleat Lexical Tutor

   ○ 웹사이트 명: Compleat Lexical Tutor
   ○ 웹사이트 주소: http://132.208.224.131/concordancers/concord_e.html
   ○ 기본 화면

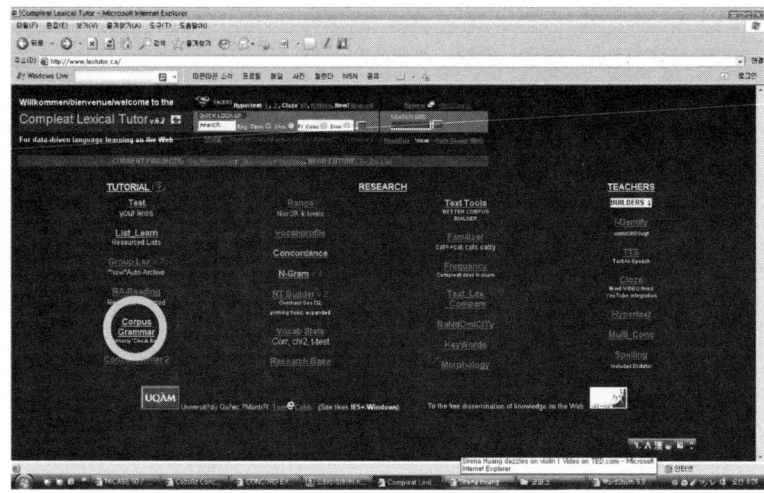

<그림 76> Compleat Lexical Tutor 기본화면

○ 검색어 입력: 분홍색 원 안에 검색어를 입력하고, 파란 네모 안에 검색어의 좌측 혹은 우측에 함께 올 단어를 입력할 수 있다.
  - 예: *time to*

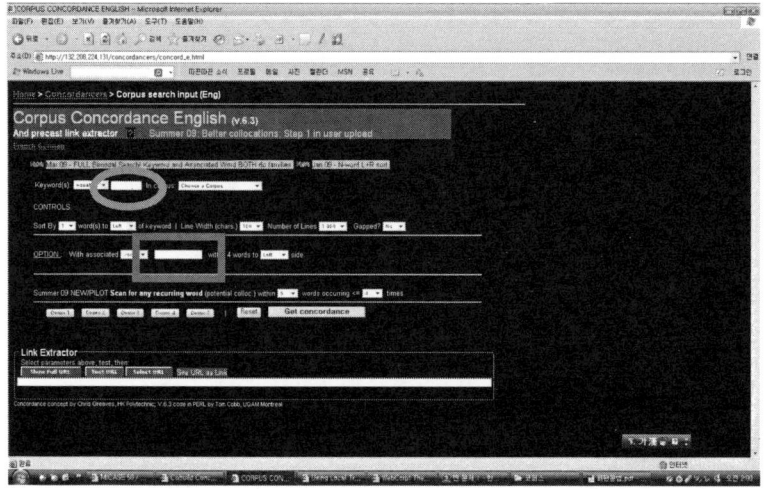

<그림 77> Collins Concordance 활용 검색어 입력 화면

○ 컨코던스 출력

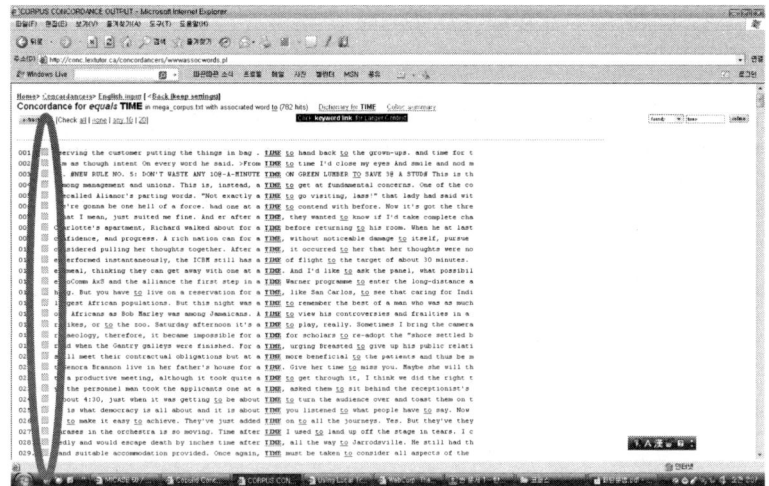

<그림 78> Compleat Lexical Tutor 활용 컨코던스 출력 화면

○ 자료 색출 및 통계: 보라색 원 안의 상자에 체크를 하여 extract 버튼(진보라 색 원)을 클릭하면 교사가 원하는 컨코던스 자료만을 따로 출력할 수 있다.

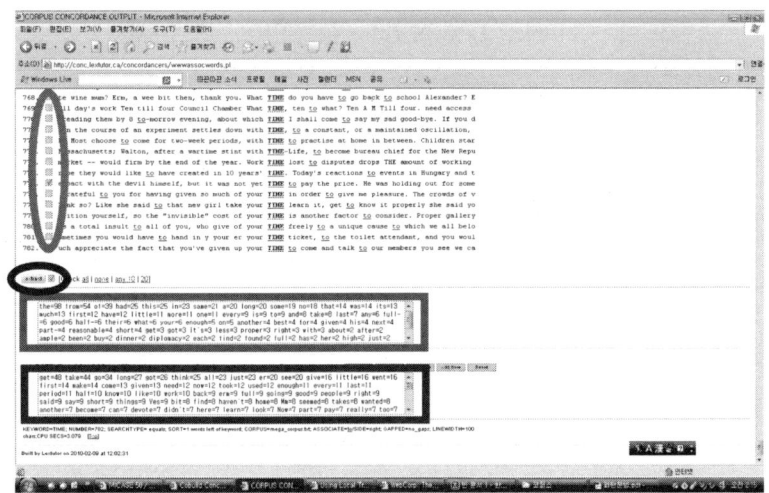

<그림 79> Compleat Lexical Tutor 활용 자료 색출 및 통계 방법 예시

위쪽 녹색 상자 안에는 *time*의 좌측에 위치했던 단어들의 빈도수에 대한 통계이

다. 몇 가지만 소개하면 <표 40>, <표 41>과 같다.

<표 40> Compleat Lexical Tutor 활용 단어 빈도수 예시 1

순위	단어	빈도수	순위	단어	빈도수
1	the	98	11	no	18
2	from	54	12	that	14
3	of	39	13	was	14
4	had	25	14	its	13
5	this	25	15	much	13
6	in	23	16	first	12
7	same	21	17	have	12
8	a	20	18	little	11
9	long	20	19	more	11
10	some	19	20	one	11

<표 41> Compleat Lexical Tutor 활용 단어 빈도수 예시 2

순위	단어	빈도수	순위	단어	빈도수
1	get	48	11	give	16
2	take	44	12	little	16
3	go	34	13	went	16
4	long	27	14	first	14
5	got	26	15	make	14
6	think	25	16	come	13
7	all	23	17	given	13
8	just	23	18	need	12
9	er	20	19	now	12
10	see	20	20	took	12

○ 학습자료: 교사가 필요한 자료만 추출할 수 있다.

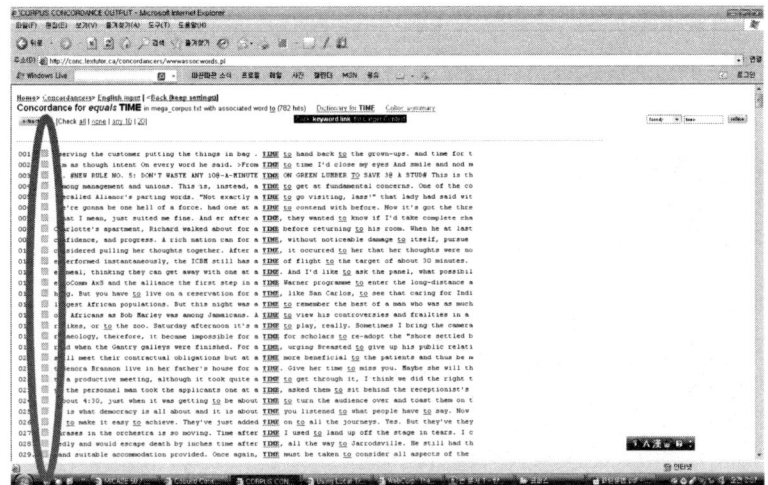

<그림 80> Compleat Lexical Tutor 활용 자료 추출 화면 1

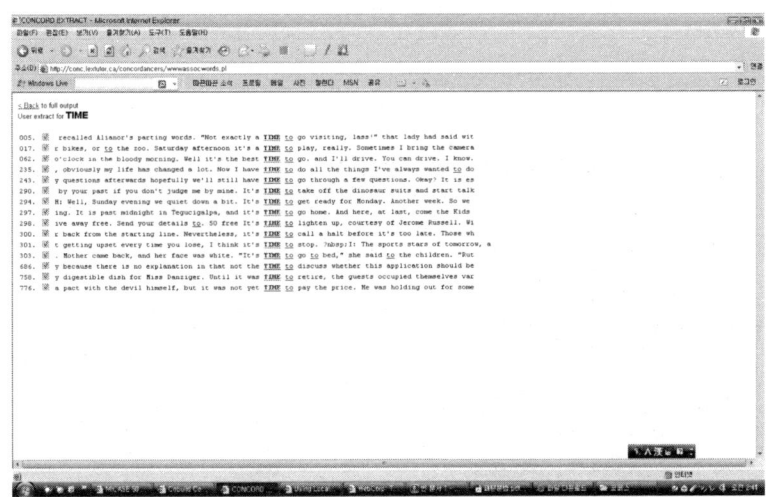

<그림 81> Compleat Lexical Tutor 활용 자료 추출 화면 2

○ 특징: 메인 화면의 Corpus Grammar에 들어가면 위 화면과 같이 문법실력을 직접 확인할 수가 있다. 좌측의 잘못된 문장(Error sentence)을 고쳐서 우측의 상자(Correction space)에 적으면 맞았는지 틀렸는지 확인이 가능한데, Check 키는 문장을 고쳤을 때 바르게 고쳤는지 확인할 때 사용하고, 잘 모를 때에는 Help 키를 사용하면 정답을 미리 볼 수가

VII. 코퍼스 기반 문법 연구 219

있다. FB 키를 사용하여 OK인지, X인지 확인한다.

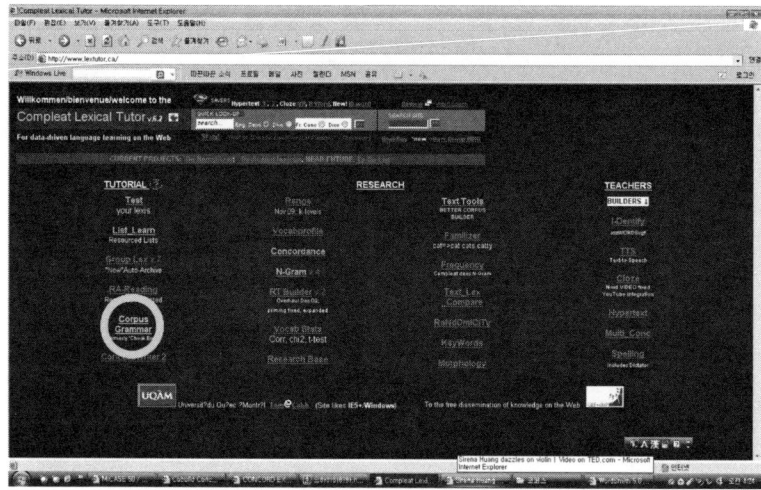

<그림 82> Compleat Lexical Tutor 내 Corpus Grammar 화면

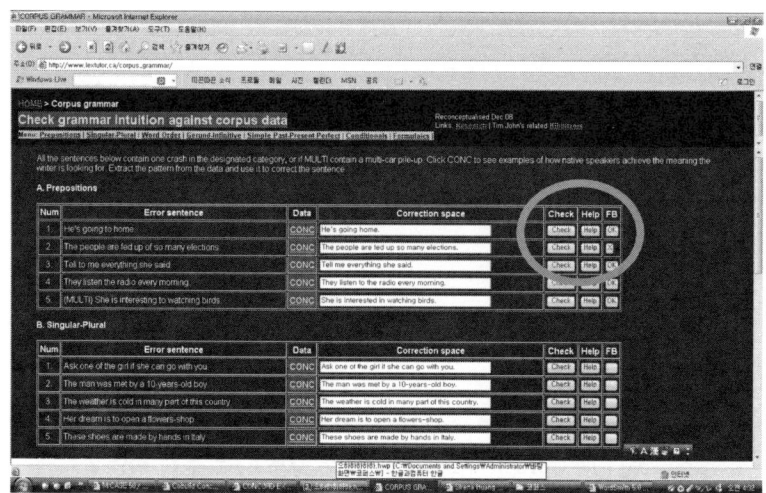

<그림 83> Corpus Grammar 활용 문법 정·오 사항 체크 화면

<표 42> Corpus Grammar의 수업 활용 장면 예시

Work Sheet		time for / time to 학년 반 번 이름:
적용학년 및 단원	4학년 6학년	Lesson 4. What time is it? Lesson 15. It's time to go home.

1. 다음 보기에 있는 단어를 이용해서 빈 칸을 알맞게 채워보세요.

It's   for   time   o'clock   to

① Minsu: What _____ is it?
   Julie: It's twelve o'clock.
   Minsu: It's time ___ lunch.
② Minsu: What _____ is it now?
   Julie: It's three o'clock.
   Minsu: It's time _____ go home.

2. 다음 문장을 알맞은 순서로 배열하여 봅시다.

①   It's   go   to   time   → _____.
②   dinner time It's for   → _____.

3. 다음 우리말에 맞는 표현을 찾아 적으시오

① 지금은 아침을 먹을 시간이야
② 이제 잠자리에 들 시간이야
③ 숙제 할 시간이야

It's time to do my homework.
It's time to go to bed.
It's time to get up.
It's time to have breakfast.
① _____. It's time to go to school.
② _____.
③ _____.

○ 수업 활용의 예: 컨코던스 자료를 보면서 (time + 전치사) 뒤에 명사가 오면 전치사로 for, 동사가 오면 전치사로 to를 사용하게 됨을 확인할 수 있다.

3) WebCorp Searches Google

○ 웹사이트 명: WebCorp Searches Google
○ 웹사이트 주소: www.webcorp.org.uk
○ 기본 화면

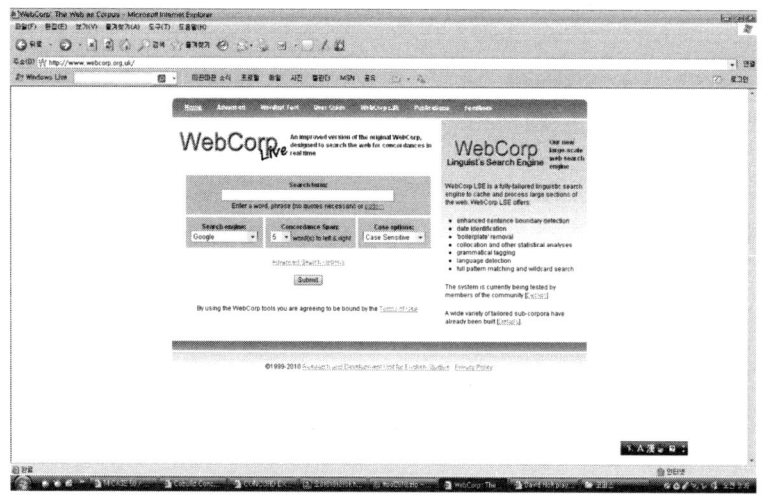

<그림 84> WebCorp Searches Google 기본 화면

○ 출력 화면: want를 검색하면(빨간 글자) 구글사이트에서 사용된 단어들이 각 웹사이트별로 출력된다. 웹사이트를 클릭하면 원문이 다른 창에 나타나 읽기자료로 사용할 수 있다.

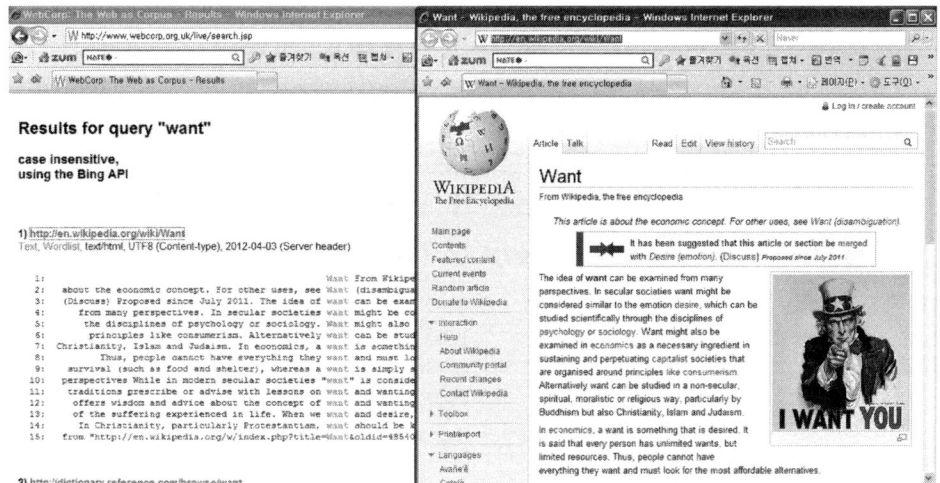

<그림 85> WebCorp Searches Google 출력 화면

○ 특징: 반복사용어구가 없고, 언어 배치와 통계적 분석, 다양한 언어 패턴을 거대한 웹상에서 찾을 수 있다.

○ 수업 활용의 예: want를 MICASE에서 각각 검색하여 보면 다음과 같은 화면을 볼 수 있다.

Work Sheet	want to / hope (that)
	학년 반 번 이름:
적용학년 및 단원	6학년	Lesson 11. What do you want to do? Lesson 13. That's too bad.

```
29:                                    Want (song) From Wikipedia, the free encyclopedia
30: Wikipedia, the free encyclopedia (Redirected from Want (Natalie Imbruglia song)) Jump to: navigation,
31:     Imbruglia song)) Jump to: navigation, search "Want" Single by Natalie Imbruglia from the album Come
32: Imbruglia singles chronology "Glorious" (2007) "Want" (2009) "Want" is the first single taken from
33:         chronology "Glorious" (2007) "Want" (2009) "Want" is the first single taken from Australian
34: the same. The line "I hope you get all that you want, cause I didn't" is repeated numerous times
35: of "Be with You" is sung during the middle 8 of "Want" with the last line changed from "And if you
36:     television appearances and radio interviews. "Want" has been performed at all of Imbruglia's
37:     on 25 August 2009, by Diane Martel.[4] The "Want" video was premiered on 10 September 2009. The
38:     her face. [edit] Reception PopJustice called "Want" "an elegant, spooksome dreampop [...] that
39: lassy".[6] [edit] Track listing Digital Download "Want" - 4:20 "Want" (Fraser T Smith Remix) - 3:04
40:     Track listing Digital Download "Want" - 4:20 "Want" (Fraser T Smith Remix) - 3:04 "Want" (Blunt
41:     - 4:20 "Want" (Fraser T Smith Remix) - 3:04 "Want" (Blunt Laser Remix) - 5:24 Promotional Remix CD
42: Laser Remix) - 5:24 Promotional Remix CD Single "Want" (New Album Edit) - 3:35 "Want" (Blunt Laser
43:     Remix CD Single "Want" (New Album Edit) - 3:35 "Want" (Blunt Laser Remix) - 5:24 "Want" (Buzz Junkies
44:     Edit) - 3:35 "Want" (Blunt Laser Remix) - 5:24 "Want" (Buzz Junkies Club Remix) - 6:03 "Want" (Buzz
45:     - 5:24 "Want" (Buzz Junkies Club Remix) - 6:03 "Want" (Buzz Junkies Radio Edit) - 3:22 "Want" (
46:     - 6:03 "Want" (Buzz Junkies Radio Edit) - 3:22 "Want" (Cassette Club Remix) - 7:42 "Want" (The
47:     - 3:22 "Want" (Cassette Club Remix) - 7:42 "Want" (The Shapeshifters Nocturnal Mix) - 6:52 "Want"
48: "Want" (The Shapeshifters Nocturnal Mix) - 6:52 "Want" (The Shapeshifters Vocal Mix) - 8:39 [edit]
49:     Shapeshifters Vocal Mix) - 8:39 [edit] Charts "Want" debuted at #31 on the Australian Top 100
50:     the following week, the song peaked at #6.[9] "Want" failed to impact the Australian Singles Chart,
51: ruglia.com. ^ "iTunes Store - Natalie Imbruglia - Want - Single". Itunes.apple.com. http://itunes.apple.
52: ruglia/status/3533437250. Retrieved 2009-09-27. ^ Want single review PopJustice.com. Retrieved 25
53:     Retrieved 2009-09-27. ^ "Natalie Imbruglia - Want (Song)". italiancharts.com. http://italiancharts.
54: om/showitem.asp?interpret=Natalie+Imbruglia&titel=Want&cat=s. Retrieved 14 January 2011. ^ "Australian
55:     2012-02-13. ^ "Ultraton.be - Natalie Imbruglia - Want" (in Dutch). Ultratip. ULTRATOP & Hung Medien /
```

<그림 86> WebCorp Searches Google의 수업 활용 장면 예시

1. 다음을 읽고 남수가 할 일을 고르시오.

> Namsu: Tomorrow is Mom's birthday.
> Nami: What do you want to do for Mom?
> Namsu: I want to make a card.
> How about you?
> Nami: I want to cook for Mom.

① He wants to make a cake.
② He wants to sing a song.
③ He wants to give her a gift.
④ He wants to give her a card.

2. 다음과 같이 원하는 것을 말해 봅시다. (sing과 dance 사용하기)

① 나는 노래를 하고 싶어요. (I want to sing.)
② 나는 춤을 추고 싶어요.   (I want to dance.)

3. 다음과 같이 원하는 것을 말해 봅시다.

① 나는 그가 괜찮았으면 좋겠어요. (I hope he is fine.)
② 나도 그랬으면 좋겠어요.   (I hope so.)

<그림 87> WebCorp Searches Google의 수업 활용 학습지 제작 예시

<그림 86>과 같이 *want*는 총 2069개 단어 중에 933개의 단어가 *to*와 결합한다. *hope*는 총 214개의 단어 열이 검색되고 그 중 101개의 단어가 *that* 절과 함께 쓰인다. 그 중에서도 *that*이 생략되어 *hope* 다음에 바로 주어가 나오는 것이 64개, *that*이 나오는 것이 37개이다. 또 20개는 *to*와 함께 결합한다. 또 명사로 사용된 경우가 32가지이다. *want*가 *to* 부정사 외에 명사와 결합한 것과 달리 *hope*는 *to* 부정사와 *that* 구문이 동시에 사용가능한 것을 알 수 있었다. 위와 같은 코퍼스 자료를 토대

로 <그림 87>과 같은 학습지를 제시할 수 있다.

4) Michigan Corpus of Academic Spoken English (MICASE)

  ○ 웹사이트 명: Michigan Corpus of Academic Spoken English
  ○ 웹사이트 주소: www.hti.umich.edu/m/micase
  ○ 기본 화면

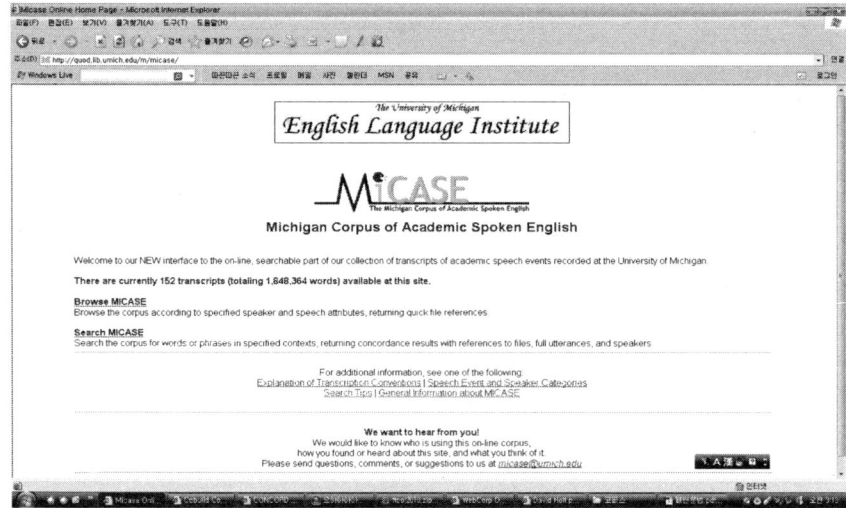

<그림 88> Michigan Corpus of Academic Spoken English (MICASE) 기본 화면

  ○ 출력화면: 좌측에 파란 줄을 클릭하면 그 문장이 포함된 학생들의 대화 전체가 구어체로 제시되고, 우측의 파란 줄을 클릭하면 두 세줄 정도의 문장이 제시된다.

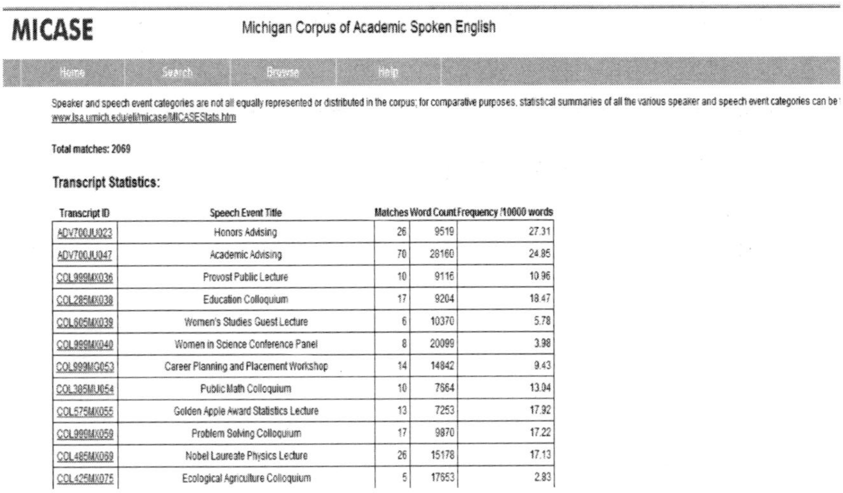

Transcript ID	Speech Event Title	Matches	Word Count	Frequency /10000 words
ADV700JU023	Honors Advising	26	9519	27.31
ADV700JU047	Academic Advising	70	28160	24.85
COL999MX036	Provost Public Lecture	10	9116	10.96
COL285MX038	Education Colloquium	17	9204	18.47
COL605MX039	Women's Studies Guest Lecture	6	10370	5.78
COL999MX040	Women in Science Conference Panel	8	20099	3.98
COL999MG053	Career Planning and Placement Workshop	14	14842	9.43
COL385MU054	Public Math Colloquium	10	7664	13.04
COL575MX055	Golden Apple Award Statistics Lecture	13	7253	17.92
COL999MX059	Problem Solving Colloquium	17	9870	17.22
COL485MX069	Nobel Laureate Physics Lecture	26	15178	17.13
COL425MX075	Ecological Agriculture Colloquium	5	17653	2.83

<그림 89> Michigan Corpus of Academic Spoken English (MICASE) 출력 화면

5) MONOCONC

○ 웹사이트 명: MONOCONC: Text Searching Software
○ 웹사이트 주소: www.monoconc.com
○ 기본 화면

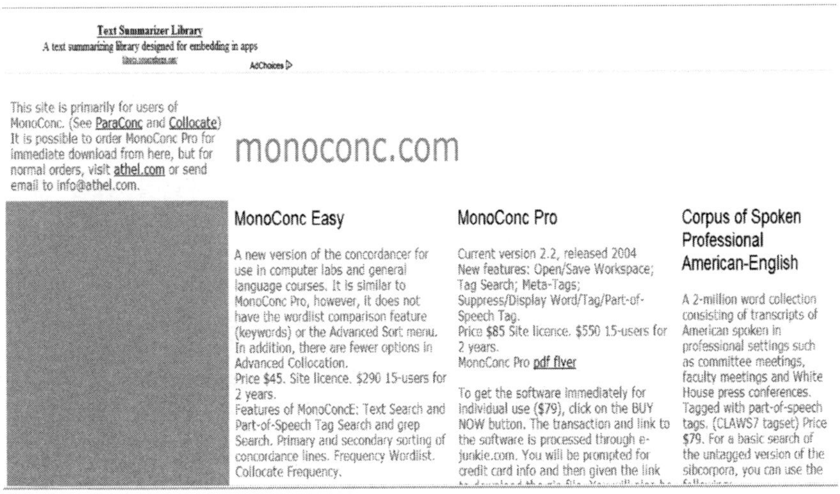

<그림 90> MONOCONC 기본 화면

○ 데모를 실행시키면 직접 교사가 자신만의 코퍼스 자료를 만들 수 있다.

6) ConcApp Concordancer

○ 웹사이트 명: ConcApp Concordancer
○ 웹사이트 주소: www.edict.com.hk/PUB/concapp
○ 기본화면

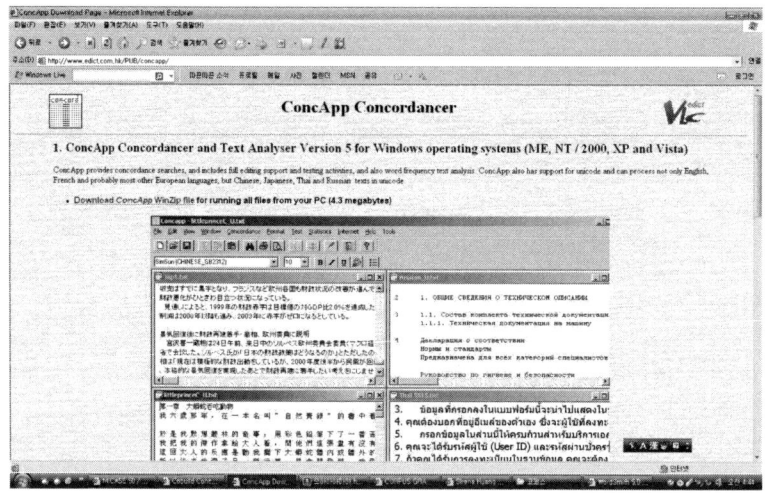

<그림 91> ConcApp Concordancer 기본 화면

○ 특징: 이 사이트의 특징은 영어 뿐 아니라 불어와 유럽의 대부분의 언어들의 코퍼스 자료를 만들 수 있다는 점이다. 중국어, 일어, 러시아어, 대만어는 직접 언어자료를 입력하면 코퍼스를 자료를 만들 수 있다.

7) 기타

○ www. lexically.net에서 wordsmith tools를 다운로드 받을 수 있다.
○ http://vlc.polyu.edu.hk/concordance/WWWConcappE.htm 찾고자 하는 단어가 어말에 쓰이는지, 어미에 쓰이는지, 그냥 그 단어가 들어가는 표현을 찾고 싶은지 선택할 수가 있다. 또 웹상에 있는 임의의 문장들이 아니라, 한 텍스트에 있는 문장을 선택할 수가 있다. 가령, '이상한 나라의 엘리스'에서 사용된 went가 들어간 문장을 찾을 수 있다.

VIII

코퍼스와 담화 화용론

1. 담화 화용론의 정의

담화(discourse)란 문장이상의 언어로, 언어 그 자체이다(송경숙, 2005). 또한 형식적으로는 한 문장 이상으로 구성된 일관성 있는 언어의 한 단위이며 기능적으로는 언어사용이다. 언어의 주된 기능이 사회적 상호활동의 수단이며, 언어의 전달구조는 화자나 청자의 인지와 심리를 반영하고 있다. 따라서 화자는 의사소통의 성공을 위해 문법적인 문장의 차원을 넘어서 담화사용의 상황이나 화제의 맥락을 고려한 화용적 기능에 의거해서 말을 사용하고 있다는 것이다. 상황은 미리 말했거나 써놓은 언어적인 것일 수도 있고 상황의 맥락이라고 부르는 일반적인 우리의 세상지식일 수도 있다.

Schiffrin(1994)는 "담화는 발화이다(*discourse is utterance*)"라고 정의하고 담화를 맥락화된 문장으로 보았다. 이는 맥락 속에서 언어가 어떻게 사용되는지에 대한 기능적 강조와 확장된 패턴에 대한 형식적 강조 사이의 균형을 유지하게 한다(Schiffrin, 1994, pp. 39-41).

담화는 언어적 본문(text)과 상황(context)을 모두 포함하며 언어가 사용되는 상황에 중점을 두는 좀 더 포괄적인 개념이다(Georgakopoulou & Goutsos, 1997, pp. 3-4). 구어나 문어의 발화는 언어가 형성되는 사회적, 문화적인 상황에서 완성된다. 따라서 담화에 대한 분석은 본문을 완성하는 언어적 패턴과 그것이 사용되는 상황 사이의 관계를 명확히 하여 모국어나 제2언어의 교수에서 중요한 역할을 한다.

이러한 상황들이 어떻게 해석에 영향을 끼치는가, 즉 말의 쓰임에 대한 연구가 화용론(pragmatics)이다. 화용론은 발화의 의미나 화자의 의도를 나타내는 것으로 언어적 표현의 의미를 중요하게 생각하며 대화 참여자(화자와 청자)에 초점을 둔다. 따라서 화자의 발화에 대하여 청자가 어떻게 상황적 정보를 의미적 구조에 포함시키고, 유추를 이끌어 내는지 연구한다. 또한 언어형식과 그런 형식에 의해 체계적으로 구조화되는 언어 외적인 요소들, 즉 발화 공간, 발화시간 등을 고려한다.

화용론은 일련의 문장이 왜 변칙적인 발화가 되는지 설명하는 언어사용(meaning of utterance) 원리에 대한 연구로서, 의미론에서 획득될 수 없는 의미의 모든 측면을 연구한다. 즉, 화용론은 의미에서 진리조건을 제외한 것(PRAGMATICS=MEANING-TRUTH CONDITION)으로 정의된다(Gazder, 1979). 맥락의 중요성과 관련하여 문장의미(sentence-meaning)와 발화의미(utterance-meaning)를 구별하는 것은 의미론과 담화론을 구별하는 것과 관련된다. 따라서 화용론은 언어와 언어 이해의 바탕이 되는 상황 사이의 관계를 연구한다(Levinson, 1983, pp. 20-21).

특히 제2언어의 습득에서 사회화용적(sociopragmatic)측면이나 화용 언어적(pragma-linguistic)측면을 고려할 때 비원어민들은 원어민 화자의 언표내적 효과(illocutionary force)를 파악하기 어렵다. 언어 간에 나타나는 특징의 차이에 따라 학습자의 모국어에 적용되는 화용적 규칙이 긍정적으로, 또는 부정적으로 전이되기도 한다. 또한 성별이나 사회적 거리 등 다른 변인들에 관련된 언어사용에 관한 미묘한 사항들 전체가 화용적 능력을 구성하는 요인이 된다.(Brown, 2007).

담화(discourse)와 화용론(pragmatics)의 분석은 공통적으로 상황(context), 본문(text), 기능(function)에 관련되어 있다. 먼저 담화와 화용론 모두 상황 속에서 단어의 의미를 연구하고 분석한다. 그리고 상호작용에서의 단어의 의미와 담화자 사이에서 그들이 사용하는 단어의 정보를 넘어서 어떻게 의사소통 하는지에 중점을 둔다. 화자의 의도는 화자와 청자가 공유하는 지식에 의존한다. 사회적, 문화적, 화자간의 관계 및 의사소통 기능 등의 요소를 담고 있는 상황(context)과 그 안에서 발생하는 본문(text)을 모두 포괄하는 것이 담화(discourse)이다. 또한 화자의 입장에서 언어가 문맥 속에서 어떻게 사용되고 어떻게 상호작용 하고 있는지 살펴보는 방법론적 측면이 화용론(pragmatics)이다.

2. 담화 화용론의 연구

가. 연구목적

1) 담화 화용론의 일반적 연구목적

박덕재(1997)에 의하면 인간의 언어를 연구하는 궁극적인 목적은 인간적 현상과 인간의 본성 자체를 이해하는데 있으며, 이는 인간의 언어적 의사소통을 텍스트 언어학과 화용론 이론의 틀을 연구함으로써 부분적으로나마 달성될 수 있다. 과거와 현재의 모든 화용론적 이론의 틀은 발화 해석, 맥락, 언어 사용자들의 문제를 다룬다는 공통점이 있다. 현대 화용론 이론들은 또한 추론의 문제를 가장 주요한 연구 과제의 하나로 간주한다. 가장 넓고 현대적인 의의로 사용되는 화용론이라는 명칭은 이 모든 연구 과제들을 포괄하는 것이다. 따라서 담화 화용론의 연구와 분석을 통하여 인간이 어떻게 언어를 사용하여 의사소통하는지 과학적으로 접근하여 일반적 원리를 도출할 수 있다. 담화 화용론은 의사소통의 인지적 이해에 더불어 사회적 작용원리를 이용하여 언어에 접근한다. 의사소통과 화용론에 관련된 이론들은 기호모델(code model)을 기저에 깔고 있는데 이는 의사소통이란 기호화(encoding) 및 기호 해득(decoding)에 의해서 달성된다는 것이다. 따라서 언어는 사고내용과 발화를 연결하는 기호체계이다(박덕재, 1997). 의사소통이 영어교육의 궁극적 목적이라고 인정할 때 의사소통의 과정과 원인을 이해하고 분석하는 일이 중요한 과제이며 이를 위하여 담화 화용론의 연구가 필요하다.

2) 코퍼스를 이용한 담화 화용론 연구의 필요성

이은주(2008)에 의하면 코퍼스에 관련된 연구 주제는 크게 어휘, 문법, 담화, 교육으로 분류할 수 있다. 그러나 그 중 담화를 대상으로 코퍼스를 활용한 연구는 국외의 경우 6건의 연구사례가 있으며 그 예는 담화 분석적 측면에서 담화표지어의 사용(Fung & Carter, 2007), 장르별 의미적 선호도의 차이 분석(O'Halloran, 2007), 예의전략(Upton & Connor, 2001), 감사표현(Schauer & Adolphs, 2006)을 분석한 논문과 같은 주제의 연구가 발표되었다.

따라서 코퍼스 연구의 범위를 어휘나 문장 단위의 분석에 제한할 것이 아니라 폭넓은 문맥인 담화의 수준에서 코퍼스의 활용과 연구 활성화 방안을 모색해야 할 것이다(Baker, 2006).

국내와 국제 코퍼스 연구의 주제 동향 분석 결과 비교적 많은 연구가 어휘 영역에 집중되어 있는 것을 볼 수 있는데 이는 코퍼스의 구축과 활용 프로그램의 발달이 사전 편찬 등의 어휘 연구에 많은 영향을 받았고, 이러한 코퍼스를 바탕으로 한 어휘 연구가 영어교육에 큰 영향을 끼쳐왔기 때문일 것이다(Gardner, 2007). 그러나 이러한 연구 주제의 편중성에서 벗어나 다양한 영역과 주제의 탐구가 필요하다. 코퍼스의 용어색인(concordance) 프로그램을 활용하면 특정 언어항목이 사용된 문맥(예를 들면, 기준 언어 항목의 앞부분과 뒷부분에 사용된 단어 8개 이상)의 관찰이 가능하다(이은주, 2008).

따라서 담화 화용적 관점에서 코퍼스를 활용한 연구는 실제적 담화의 예를 제공하여 연구의 정당성을 부여하며 수업상황과 담화분석에서 활용할 수 있는 방법이 다양하다. 특히 정량적으로 관찰하기 어려운 블랙박스와 같은 담화와 화용론 연구 분야에 방대한 양의 객관적 자료를 제공함으로써 연구의 새로운 지표를 열어 줄 것이다.

나. 연구목적

1) 담화 화용론의 역사

화용론은 1970년대 중반부터 많은 연구가 되었으나 Chomsky이전에는 화용론이란 Pierce, Morris, 그리고 Austin 같은 철학자들의 분야였다. 화용론의 주요 목적은 어떤 언어의 화자가 메시지를 전달 하고자 그 언어와 문장을 어떻게 사용할 수 있는 것인가에 대한 설명인 것으로 생각된다. 문장 사용과 그 문장이 수행하기 위해 사용되는 언어적 행위 사이의 관계를 설명하는 이론이 Grice(1975)에 의해서 만들어졌다. 그는 모든 자연현상이나 사회현상에는 일정한 원리, 또는 법칙이 있듯이, 언어사용에도 일정한 원리가 있다고 주장하였다. 가장 기본적인 원리는 협조의 원리(Cooperative Principle)로서 대화자 사이에 대화의 목적에 맞도록 요구된 시간 안에 적절하게 대화를 교환해나가는데 기여하고 노력한다는 기본가정이다. 의사소통에서 화자와 청자 사이의 협동에 대한 세부원리로서 일반적인 수칙이 분리된다. 그것은 대화자들이 따라야 하는 격률(maxim)로 대화의 양(quantity), 대화의 질(quality), 대화의 관계(relation), 대화의 방법(manner)이 그것이다(Grice, 1975). 이는 대화에 대한 분석의 초석이 되며, 인간의 언어적 의사소통의 본질을 파악하는 기초이다. 화용론의 의의는 함축적인 의미를 파악하여 실제로 표현된 것 사이의 관계, 함축 의미의 성격, 과정 및 언어적 보편성을 밝히는 것이다.

Harris(1951)는 '텍스트'와 '담화'라는 용어를 둘 다 사용했지만 이를 구별하려는 시도는 하지 않았다. 그는 언어가 동떨어진 낱말이나 문장으로 실현되는 것이 아니라, 연결된 담화로 실현된다고 논의했다. Harris는 우리가 하나의 문장보다 긴 발화에 관한 정보를 얻기 위해서 담화분석을 한다고 주장한다(Harris, 1951). 텍스트 언어학(text linguistics)은 종래의 언어학과 다른 연구 범위나 방법을 갖는다. 즉 언어의 최소 단위를 분류하거나 문장의 통사규칙을 가려내는 언어의 체계나 구조에 대한 이론이 아니라, 인간이 의사소통을 목적으로 활용하는 자연언어의 구성체, 즉 텍스트의 과학이다. 그러므로 문장은 앞으로 활용되어야 할 추상적, 잠재적 체계에 속하며 문법성에 의존하지만 텍스트는 현실적 시간 안에서 의사전달을 목적으로 한 통화 행위 속에서 실현되는 언술의 단위이므로 중요한 것은 문법성 보다는 장면성과 상황성 및 발화자의 의도이다.

텍스트 언어학과 화용론은 인간의 담화행위나 언어적 통화를 언어학의 중심과제로 간주한다. 텍스트 언어학은 결속성 관계(coherence relations), 인지적 처리절차(cognitive procedures)와 같은 표상체계, 텍스트성의 기준 등을 연구하며, 화용론 역시 함축 의미, 화행(speech act), 대화구조(conversational structure)등 다양한 담화 인지적 행위를 주요 관심사로 삼는다. 우리가 의사소통의 궁극적인 원인에 대한 문제들을 이해함으로서 인간의 언어 능력에 대한 연구가 해결될 것이며, 인간이 어떻게 의사소통에 성공하고 있는가를 알기 위해서는 인간의 추론 능력 및 그 절차들을 규명해야 한다.

의사소통능력과 화용론에 관한 많은 이론들이 있으며 현재도 계속 연구되고 있지만 실제로 교실수업에서 사용되는 교재 또는 담화내용과 의사소통능력과의 관계를 분석하는 시도는 많지 않으며 연구의 여지가 많이 남아있다(박덕재, 1997).

2) 담화분석(DA)과 대화분석(CA)의 비교

담화분석(Discourse analysis: DA)은 언어의 형태와 기능간의 관계를 분석하는 것이다. 하나의 문장수준에서는 의미 파악이 어렵지만 전체적인 대화상황을 고려하면 화자의 의도를 쉽게 파악할 수 있다(Brown, 2007). 담화분석은 구어와 문어, 또는 언어 사용을 분석하는 다양한 인문, 사회과학 분야에서 쓰여 진다. 담화분석의 대상인 담론, 작문, 이야기, 대화, 의사소통 행위 등은 여러 문장의 일관된 순서, 발화행위 또는 발화순번의 관점에서 정의된다. 전통적인 언어학과는 달리, 담화분석은 '문장의 경계를 넘어선' 언어 사용뿐 아니라 '자연스럽게 일어나는' 언어 사용, 그리고 인위적이지 않은 예시들을 연구한다. 이는 또한 텍스트 언어학에 관련된 코퍼스 언어학으로도 알려져 있다. 담화분석이란 용어가 일반적으로 사용되게 된 것은 변형문법을 연구한 1952년의 Zellig Harris의 연구로부터이다. 그의 방법론은 자연언어를 컴퓨터를 활용하여 분석하는 것으로 의료 언어 정보학 등의 다양한 특수 언어 영역에 적용되었다. 1960년대 후반과 1970년대에는 다양한 인문학과 사회 과학 분야에서 기호학, 정신분석 언어학, 사회 언어학, 화용론 등 다른 분야 관련하여 새로운 영역간의 담화분석에 대한 접근이 나타났다. 20세기 후반에 들어서면서 언어학 분야의 연구는 점차적으로 담화 내 문장들 사이에 형성되어 있는 관계를 중시하게 되었다. 교실학습에서도 의사소통적 담화의 중요성이 점차 강조되어 언어의 형태를 넘어 기능을 가르쳐야 한다는 접근법이 정당성을 얻고 있다. 읽기전략에서도 결합단서, 담화 표시, 수사적 구조, 텍스트적 담화의 특징 등이 포함되며 결합성과 일관성이 핵심요소로 간주된다(Brown, 2007).

대화분석(Conversation analysis: CA)은 대화의 상호작용에 대한 연구이다. 대화

분석은 일반적으로 기관(학교, 병원, 법정 등)이나 일상적인 대화에서 발생하는 상호작용의 순서와 구조, 순차적 형식을 설명하기 위해 적용된다. 대화분석에서는 근본적으로 언어자체의 분석보다는 화자간의 사회적 상호작용의 체계성을 밝히는 것을 목적으로 하지만, 화자간의 상호작용에 있어서 언어의 역할이 중심적이기 때문에 언어가 화자와 청자 간의 상호작용 맥락에 어떻게 활용되고 접합(embedded)되는지에 주의를 둔다. 따라서 이러한 시각에서는 문법을 독립적이고 추상적으로 화자의 마음속에 존재하는 체계로 보기보다는, 일상대화의 구체적인 맥락에서 화자들이 대화의 매 순간을 통해 절차적으로 구성하고 활용되는 자원(resources)으로 본다. 대화분석은 일상대화의 상호작용적 맥락에서 대화자들이 서로를 이해하는 능력을 경험주의적인 시각에서 기술하고 파악하는 것을 목적으로 한다. 즉 화자들이 서로를 이해할 수 있는 것은 이들이 사회구성원으로서 서로 공유하는 방법 혹은 절차가 있기 때문에 가능한 것으로 보고 이러한 상호이해와 상호 행위의 기반을 이루는 방법 혹은 절차를 파악해 내려는 것이다(김규현, 2000). 대화분석에 의하면 일반적으로 다음 규칙을 통해 대화를 구성하고 전개해 나간다. 주의 끌기(attention getting)→화제설정(topic nomination)→화제전개(topic development):순번교대(turn-taking), 명료화(clarification), 전환(shifting), 회피(avoidance), 끼어들기(interrupting)→화제종결(topic termination). 일반적으로 대화전개는 위의 단계를 거쳐 진행 된다. 그러나 각각의 단계를 진행하거나 다음 단계로 이동하는데 필요한 대화의 규칙들은 언어에 따라 서로 다르게 나타나므로 언어 간 대화규칙의 차이는 중요한 고려사항이다(권현주, 2002).

    담화분석과 대화분석은 참여자간 발화에서 의미가 해석되고 기능이 수행되는 과정을 상호행위의 구조를 통해 설명한다. 따라서 구조로서 드러나는 상호행위의 의미에 좀 더 중점을 두는 구조 중심의 논의이다. 그러나 상황적 맥락을 고려하는 관점에 따라 담화분석과 대화분석으로 나눠진다. 담화분석에서는 수업상황을 참여자의 상호행위를 결정하는 절대 요소로서 파악하고, 대화분석에서는 수업상황을 참여자간 상호행위를 통해 드러나고 만들어지는 것으로 파악한다. 이러한 관점의 차이는 분석 방법론의 차이와 연결되는 것으로, 담화분석에서는 수업상황의 상호행위를 미리 결정된 행위의 결속력 있는 연결로 분석하고, 대화분석에서는 수업상황의 상호행위를 참여자간 목표 지향적 발화의 과정에서 생성되는 것으로 분석한다. 대화분석은 상호행위의 구조와 일관성을 보는 관점, 그리고 이를 설명하는데 사용하는 방법론에서 담화분석과 대비된다. 담화분석에서는 상호행위의 일관성을 한정된 집합으로 명시된 행위 연결의 제약을 통해 가능한 것으로 본다. 발화는 명시된 행위 중 한 가지를 한 번에 하나씩 수행하는 것이며, 이러한 행위의 규칙적인 연결은 상호행위 구조의 단위로서 미리 가정된다. 따라서 상호행위 과정에서 새로 만들어지는 의미와 기능들, 상호간 타협과 협력을 통해 성취해 나가는 목표들의 역동적인 측면을 포착해 내는 데에는 한계가 있다(손희연, 1999).

3) 담화 화용론 연구의 접근법

담화의 정의가 다양한 것처럼 연구 및 접근법도 매우 다양하다.

Schiffrin(1994)에 의하면 담화연구에 대한 접근법에는 화용론, 화행론, 대화분석, 변이분석, 상호작용 사회언어학, 그리고 의사소통의 민족지학의 6가지로 구별된다(송경숙, 2005).

먼저 담화 화용론에 대한 연구방법으로서 Schiffrin(1994, pp. 49-96)은 화행론을 다음과 같이 설명하고 있다. 화행론에서 언어는 단순히 세상을 기술하는데 사용되는 것이 아니라, 발화 자체의 이행으로 나타날 수 있는 일련의 다른 행위를 수행하기 위해 사용된다는 기본 가정에서 출발한다. 즉, 화행론은 의미와 행위가 어떻게 언어와 관련되는 가에 초점을 둔다. 따라서 하나의 발화가 어떻게 하나 이상의 언어행위(speech act)를 행하는 것인지 설명한다. 이는 발화행위(locutionary act), 발화수반행위(illocutionary act), 발화효과행위(perlocutionary act)로 구성된다.

담화연구에 대한 다른 접근법에는 대화분석(conversation analysis)이 있다. 대화분석에서 강조되는 것은 대화 도중에 발생하는 사건(event)의 세부사항이다(Schiffrin, 1994, p. 235). 대화 분석가는 자신이 유발하지 않은 대화를 녹음하고 녹취한다. 또한 발화는 서로 간에 맥락적 관련성(contextual relevance)을 항상 갖고 있다고 가정하고, 사회적 정체성(social identity)을 사회생활과 활동의 범주로 간주한다(송경숙, 2005). 대화분석은 특정 형식이 말 속에 실제로 어떻게 연속적으로 포함되는 지에 대해 면밀히 조사한다. 또한 발화의 일련의 진행 속에서 맥락, 사회적 행동, 그리고 사회적 생활에 대한 일반화를 추구하고자 한다(Schiffrin, 1994).

변이분석(variation analysis)은 언어에서의 변이(variation)와 변화(change)에 관한 연구에서 유래한 접근법이다. 언어적 변이(linguistic variation)는 사회적, 언어적으로 유형화되며, 그러한 유형은 언어공동체(speech community)에 대한 체계적인 조사를 통해서만 발견될 수 있다(Schiffrin, 1994, pp. 282-334). 따라서 동일한 대상을 가르키는 다른 대안적, 선택적 표현의 분포에서 유형을 조사한다.

다음으로 상호작용 언어학(interactional sociolinguistics)은 인류학, 사회학, 언어학의 매우 다양한 학문적 배경에서 시작되었다(Schiffrin, 1994, pp. 97-136). 상호작용 언어학은 문화와 사회와 언어의 연관성에 관한 연구이다. 언어가 어떻게 사회적 맥락을 창조하며, 또한 사회적 맥락에 의해서 창조되는 지에 대한 연구이다(Schiffrin, 1994, p. 97). 따라서 언어적 현상에 따른 상호작용에 초점을 두고 실제 대화를 녹음하여 녹취한 자료에서 상호작용적인 언어구조를 분석한다. 여기서 담화는 의미가 생성되고 협상되어지는 사회적 상호작용으로 간주되며, 언어와 맥락을 상호적인 관계로 본다. 결국 상호작용 사회언어학은 언어와 문화, 사회가 개인의 사회적 상호작용에 어떻게 영향을 주는지를 연구하고, 그 속에서 화자간의 대인적 관계성을 고려한 동적이고 기능적인 언어의미에 대한 사회학적 접근이다(Schiffrin, 1994, p. 134).

담화 연구의 또 다른 접근법은 의사소통의 민족지학(ethnography of communication)이다(Schiffrin, 1994, pp. 137-189). 이 접근법은 더 광범위한 의사소통적 행위를 강조하여 가장 포괄적이다. 여기서는 의사소통 유형이 문화적 지식과 행위로 분석되며 문화구성원들이 어떻게 경험으로부터 의미를 찾고 의사소통하는지를 분석한다. 의사소통 민족지학은 언어상황에서 언어사용을 구성하는 의사소통의 구조와 기능을 발견하고 분석한다. 그리고 이러한 구조와 기능에 관한 지식은 의사소통 능력의 일부분으로, 개인이 말하고 행하는 것은 문화적 지식이란 틀 안에서만 의미를 갖는다고 한다(Schiffrin, 1994, p. 185).

다. 연구 방법

1) 담화 화용론의 연구방법 및 절차

송경숙(2005)에 의하면 담화 화용론의 연구에서 일반적으로 사용되는 연구방법 및 절차에는 참여자 관찰, 자료 수집 및 녹음, 자료의 전사, 분석, 플레이백(playback)이 있다.

참여자 관찰법은 연구자가 직접 연구 대상 집단의 상황과 행사에 참여하여 다양한 언어적, 비언어적 행동을 관찰한다. 이 과정에서 필요한 정보를 수집하고, 대화 참여자에 대한 배경적 지식과 상황에 대한 민족지학적 자료들을 수집할 수 있다.

자료 수집은 담화를 분석하고 화용을 연구하는 데 있어 중요한 절차이다. 구두적 상호작용을 분석하는 경우에는 연구자는 대화에 참여하여 관찰하는 동안 대화를 녹음한다. 대화 초기에서는 참여자들인 그들의 대화가 녹음되는 것을 의식하나, 대화에 집중할수록 그 사실을 인지하지 못하고 자연스럽게 대화하게 된다.

녹음된 대화는 녹취전사(transcribe)과정을 거치게 된다. 이는 시간이 많이 걸리며 훈련과 기술이 요구되는 과정이다. 이때 문어담화로 전사되기 때문에 구두담화내의 특성을 놓칠 수 있으므로 다양하고 세부적인 녹취방법이 사용된다.

녹취된 담화는 반복적 청취와 녹취된 담화에 대한 상세한 분석의 과정을 거친다. 담화 분석가는 대화를 1차로 분석하고 담화 전략에 대한 해석적 분석을 한 후, 이를 검증하고 다른 필요한 정보를 수집하기 위해 플레이백을 한다. 대화참여자들이나 제3의 객관적 관찰자들에게 대화에 대한 질문을 함으로써 담화전략에 대한 통찰력을 가질 수 있다. 또한 대화 도중에 일어난 그들의 가정과 기대, 행동 등에 대해 설명하도로 하여 화자의 추론, 반응, 행동과정을 이해할 수 있다(송경숙, 2005). 이러한 연구방법 및 절차는 전문적인 기술을 필요로 하며 시간과 노력이 많이 소요되는 작업이다. 또한 연구과정에서 다양한 변이가 나타날 수 있으며 이는 결과의 객관적 타당성을 저하시키는 요인이 된다. 따라서 컴퓨터를 활용한 코퍼스 도구를 이용하여 효율적으로 담화 화용론에 대한 분석을 할 수 있다. 코퍼스가 제공하는 다양한 기능을 목적에 맞게 활용하면 연구절차를 간소화하고 신뢰성 있는 결과를 도출할 수 있다.

2) 담화 화용론 연구에서의 코퍼스 활용

화용론과 밀접히 관련하여, 구어 분석과 사회언어학(sociolinguistics)은 담화분석이라 할 수 있다. 담화분석은 표준 코퍼스(BNC)가 관계적으로 거의 쓰이지 않는 또 다른 분야이다. 그 이유는 담화 분석가들이 주로 특정 사회 현상에 관련된 연구에 관심을 두기 때문이다. 그래서 BNC와 같은 코퍼스는 주어진 주제나 사건에 대한 뉴스 리포트 같은 관련성 있는 도구를 포함한다. 그럼에도 불구하고, 코퍼스 언어학과 담화 분석 사이에는 중요한 사항들이 있다.

첫째, 컴퓨터-보조 코퍼스 분석 도구의 적용은 담화 분석에 관련해서 중요한 역사를 가지고 있다. 예를 들어, 1970년대 초에 Michel Pecheux는 문장들을 간단한 구조의 단위로 된 코퍼스로 전환하고 이를 등치와 대체의 반복된 형태를 찾는 분포적인 절차에 사용하는 방법학을 만들었다. 그리고 프랑스에서도, ENS St Colud의 학자들이 단어 빈도수 통계학과 다변량 통계 분석을 정치적인 담화를 검토하는 데 오랫동안 사용해 왔다. 그리고 영어의 언어학에서도 연어(collocation) 분석과 일치(concordancing)를 위한 담화 분석의 보조로서 컴퓨터 도구를 사용하는 것에 대한 관심이 높아지고 있다. 따라서 방법학적으로, 두 분야 사이에는 밀접한 상호적 관련이 있다.

둘째, 비록 현재는 거의 사용되지 않는다고 해도, 표준 코퍼스는 담화 분석에서 통제 자료로서 중요한 잠재력을 가지고 있다. 만일 담화 분석이 주어진 본문 예시에서 중요한 특징을 발견한다면, 그 특징이 실제적으로 특정 사회 현상에서 발생하는지 또는 좀 더 일반적인 사회 관습을 통해 일어나는지 살펴볼 필요성이 있다. 표준 코퍼스는 폭넓고 다양한 장르와 본문형태를 포함하므로, 전체 언어상에서 나타나는 특정 형태의 빈도수와 구분에 사용될 수 있다. 예를 들어, Meyer는 전문적이고 대중적인 분자 유전학 기사를 예시로 응집성을 살펴보았다. 그는 매우 다른 종류의 도구를 사용하는 경향이 있는 두 개의 본문 형태를 발견했다. 전문적 기사는 대중적인 기사에 비해 좀 더 어휘의 응집성을 사용하여 만들어 졌다. 표준 코퍼스를 사용하면 각 분야에서 심층적 연구를 할 수 있고 다른 분야에까지 확장될 수 있다. 즉, 이는 대중적인 담화에 비해 더 전문적 일반적인 특성이며 특정 과학의 특정 종류에 대해 더 상세한 것을 말해준다(Meyer, 2002).

3. 코퍼스 기반 담화 화용론 연구

가. which절 분석

담화적 요소는 문법이 사용되는 특정 방법과 관련된다. 이를 확인하기 위한 예로서 Tao와 McCarthy(2001)의 CANCODE 와 CSAE를 사용한 연구를 제시하였다. 여기에서는 which절을 중심으로 문법적 패턴과 그것이 사용되는 상황 사이의 관계를 코퍼스를 토대로 살펴본다.

1) 제한적 which절과 비제한적 which절

(2.1) *Work has begun to refloat the oil tanker which caused pollution off Alaska.*
(CIC)

제한적, 정의적 which절은 의미를 정의하거나 제한한다. 제한적 관계절이 제공하는 정보는 올바른 해석에 필수적이므로 defining이나 identifying으로도 불려진다. 정의/제한하는 정보는 which절이 수식하는 *tanker*(주로 명사나 대명사)를 특성화 하여 다른 일반적인 *tanker*와 구별되게 한다.

(2.2) *He was going to leave because he got offered another job, which was in York in fact.* (CANCODE)

여기서 제시되는 *job*에 대한 정보는 발화의 해석에 필수적이지 않은 부가적인 것이다. Grice's(1975)의 격언(quantity, quality, relevance, manner) 에 의하여 청자는 비식별적 정보가 왜 제시되었으며 어떤 연관성을 가지고 있는지 판단한다. 관계적 구문은 여기서 non-defining, non-restrictive, non-identifying으로 불려진다.

(2.3) *I dialled a different number. But I didn't get a dialling tone, which was a bit odd.* (CANCODE)

Jespersen(1909)은 이러한 계속적 관계절에 대해 언급했는데 그 중 하나는 *and*와 주절로 대체될 수 있다는 것이다(But I didn't get a dialling tone, and that was a bit odd). Tao와 McCarthy(2001)가 제한적, 비제한적 등의 용어를 언급했음에도 문법적 서술은 직관적 데이터 또는 주로 문어적 자료에 바탕을 두고 발생한다. 이것은 문법의 상호작용적 측면보다는 정보교환의 의미론의 중요성을 보여준다.

전통적인 문법에서 상호작용적 요소의 영향은 매우 낮은 중요성을 가지고 있다. 그러나 구어 코퍼스에서는 단순히 정보 교환에만 초점을 두지 않는다. 대신 화자가 어떻게 문법을 사용하여 사람간의 관계를 생성하고 유지하는지를 보여주는 상호작용적인 현상을 통괄하는 상황적 정보들을 주시하고 받아들이게 한다 (O'Keeffe, McCarthy & Carter, 2007).

2) 비제한적 *which*절 일치분석

Tao와 McCarthy는 비한정적 *which*절을 evaluative, expansion, affirmative의 특징적인 세 가지 기능으로 분류했다. 평가적 절은 바로 이전의 발화에 대한 화자의 의견, 태도를 제공한다. 확산적 절은 주제에 관련한 부가적 정보를 포함한다. 확정적 절은 이전 발화에서 제시된 현상을 확인하는 것이다. 평가적 절이 가장 비중이 많으며, 그 다음이 확산적 절이고 확정적 절은 매우 적다. 게다가 거의 90%의 평가적 절은 계속적 기능을 한다.

(2.4) [*Speakers are talking about how much money people spend on presents for their children*]
S1: Like if they don't spend two hundred pound on them you know it's not enough, which I think is silly, but that's the way of things today I suppose, it's all money. [later in the same conversation, different speaker]
S2: Em a cousin of mine she spends five hundred pound on each child, which I think is bloody ridiculous.

(CANCODE)

(2.5) I'm cooking this meal tonight, which I mean I don't mind at all, but I'm just such a bad cook. (CANCODE)

굵은 글씨체는 계속적 절에서 전형적으로 찾을 수 있는 담화표시로 즉각적으로 다른 화자로부터 승인이나 반응을 이끌어낸다. 이러한 담화표시들이나 형태적 항목들은 *I think/ thought/ don't think(30 occurrences), you know(10 occurrences), I mean, actually, of course, really, just, fair enough, hopefully, probably, evidently, seem, I suppose, I'm not sure, would(12 occurrences), will, could, may, must, and might* 등을 포함하며, 이는 *which*절의 평가적 특성을 강조한다.

(2.6) Speaker is recounting the narrative of a book.]
And er Ned pulled Nell out of the car and they sat there on top of the car, which was nearly up to the top with water. (CANCODE)

(2.7) I've looked, there's water leaking out the bottom of the radiator, which is making the smell and re-dirtying this bit of mat again and so I've had to wrap it all round erm with the cloth. (CANCODE)

(2.6)과 (2.7)의 *which*절은 확산적 형태로, 화자로부터 관련된 부가적인 정보가 제공된다.

(2.8) So he says 'Well we'd better go back to the hospital again for some more tests, which basically is what I've done. (CANCODE)

(2.9) S1: See you at the meeting then.
S2: Yeah. Four o'clock. Yeah.
S1: And I shall bring my cheque book if I remember.
S2: Yeah.
S1: Which I probably won't.
S2: I'll remind you. (CANCODE)

(2.8)과 (2.9)는 확정적 형태로, 화자가 어떤 것(현재, 과거, 미래형으로)을 지정

하는 것이다. 하지만 이러한 which절의 분류에서, 단순히 부가적 정보를 주는 것 보다는 제한적인 which절이 더 빈번하며 평가적 기능이 주를 이룬다.

1.1.1. which절의 상호작용적 패턴

Tao와 McCarthy는 또한 화자가 말할 때의 상호작용적 패턴에 대해 언급했다.

> (2.10) S1: But we were gonna leave Rob's car+
> S2: Yeah.
> S1: +in Manchester.
> S2: Right. I'm with you. Yeah.
> S1: So that we could pick it up on the way back.
> S2: Yeah. Right. Right. Right.
> S1: Which seemed a good idea at the time.
> (CANCODE)

특징적 패턴은 첫째 화자가 단언을 하고, 둘째 화자가 이를 인지하면, 첫째 화자가 which절로 대답하는 것이다.

> (2.11) [Speaker is talking about essay grades; 'two-one' means the upper part of a grade two]
> S1: And he's told me that he gave me sixty five for it which is two-one.
> S2: Mm.
> S1: Which is a good two one really. (CANCODE)

화자는 아무런 명백한 연결고리 없이 그 전의 which절에 다른 which절을 덧붙인다.

> (2.12) [Speaker 1 is talking about a problem with car windscreen-wipers]
> S1: Colin erm fixed it sort of you know disconnected the windscreen wipers and that was like in the first week. So now it's started raining a bit more I thought I'm gonna have to get it sorted you know. Cos I ended up walking when it's not raining you know and, no, sorry, I've

ended up walking when it's raining rather than the other way round.
S2: *Yes. Yeah. Yeah. Yeah.[laughs]*
S3: *Which doesn't really make sense does it?* (CANCODE)

다른 패턴은 첫째 화자의 순서에 다음 화자가 *which*절로 덧붙여 말하는 것이다.

(2.13) *[Talking about public speaking and the problem of 'drying up']*
S1: *So you don't want to sort of dry up and not know what to say, which is what will happen.*
S2: *Which always happen to me.* (CANCODE)

첫째 화자가 *which*절로 말을 끝냈음에도 둘째 화자가 *which*절을 덧붙인다.

(2.14) *[Talking of the problem of keeping a business going at a bad time]*
S1: *Is there any way you could sort of prop the business up or er you know take=*
S2: *Not at the moment.*
S1: *Mm.*
S2: *Not without having to go heavily into debt on a mortgage on a remortgage or +*
S1: *Mm.*
S2: *+ have a personal loan.*
S1: *Mm.*
S3: *Which is the one thing we don't want to do.*
S2: *Which at the moment none of us can afford.* (CANCODE)

둘째 화자는 *which*절로 덧붙여 말하고 첫째 화자는 다른 *which*절로 대답할 것이다.

비한정적 *which*절, 특히 계속적 용법은 승인이나 문법적 패턴들의 연관된 생성을 통해 화자 간에 평가를 공유하게 하는 매우 상호작용적인 성격을 가지고 있다. 코퍼스를 통해 전형적인 구어적 문맥으로부터 전형적인 문어적 문맥을 분리하고, 형태가 아닌 기능에 초점을 둘 수 있다. 이를 통해 패턴 학습의 제시와 연습단계에서 실제적인 문맥을 제공할 수 있으므로 유용하게 쓰일 수 있다(O'keeffe, McCarthy & Carter, 2007).

코퍼스를 사용한 분석을 통하여 도출된 이러한 특성은 직관적인 판단이 아닌 객관적 자료에 근거한 것이므로 수업에 정당성을 부여한다. 또한 수업내용의 선정과 구성에 있어서 방향성을 제시하는 효과적인 자료가 되며 학습자들의 언어 사용을 향상시키는 데 쓰일 수 있다.

나. 감사표현 분석

Schauer와 Adolphs(2006)에 따르면 DCT(Discourse Completion Test)를 이용한 선행연구들은 CANCODE 코퍼스를 이용한 연구와 비교해 보았을 때 자연적으로 발생하는 담화의 범위와 상황적 다양성에서 제한이 있다.

1) *cheers*와 *thanks*의 화용 분석

<그림 92>에서 나타난 것처럼 DCT를 이용한 감사표현의 형태에서 빈번하게 사용되는 단일 어휘 형태의 표현은 *thank*와 *cheers*이다.

Frequency of lexical items and basic formulaic sequences expressing gratitude

Expression of gratitude	DCT	CANCODE
Thanks	20	136(of 1239)
Cheers	14	212(of 338)
Ta	2	24(of 166)
Thank you	16	440(of 2021)
Thanks a lot	3	47(of 137)
Thank you very much	2	79(of 328)
Thank you so much	2	2(of 6)
Nice one	1	10(of 78)
Cheers sweetie	2	0

<그림 92> 감사표현의 어휘항목과 기본 문형의 빈도수

그러나 과거에 EFL 국가에서는 감사의 표현으로서 *cheers*가 많이 사용된다고

해서 그 의미를 가르칠 필요가 있다는 것을 보장하지 않았다. 대신 저녁 파티나 축제에서 건배를 하는 상황에서 사용되는 표현으로 주로 가르쳐졌다. 그러나 이렇게 사용되는 경우는 338빈도수 중 29번뿐이었고 다른 133번도 감사표현이 아니라 감사표현에 대한 반응이었다. 코퍼스 분석을 활용한 이러한 특성은 DCT만으로는 찾을 수 없으며 EFL학습자들에게 <그림 93>에서 나타난 것과 같은 *cheers*의 다양한 담화적 기능들을 알려 준다.

The different uses of cheers

Cheers as single turn	Preceded by expression of gratitude	Not preceded by expression of gratitude	Cheers as extended turn	Preceded by expression of gratitude	Not preceded by expression of gratitude
As toast	17	8		5	17
As expression of gratitude	55	157		56	23

<그림 93> cheers의 다른 사용 (Schauer & Adolphs, 2006)

또한 코퍼스를 통해 분석했을 때 *thanks*[의 반복적 사용]의 화용론적인 의미는 감사를 표시하는 것도 있지만 종종 다른 화자의 순서에서 연결어(gate-keeping)의 역할을 하는 것을 알 수 있다. 그리고 한 단어 형태의의 감사표현보다는 *thank you very much*와 *thanks a lot*등의 긴 형식의 표현이 자주 사용된다는 경향이 있는 것도 알 수 있다.

  S1 *The grapes please.*
  S2 *Seventy P.*
  S1 *Thanks very much. Ta very much.*
  S2 *Four twenty two.*
  S1 *Thanks.*
  S2 *Thank you.*
  S1 *Thanks. Thanks a lot.*   (CANCODE)

2) 확장된 감사표현의 문형별 분석

DCT자료를 바탕으로 태깅된 코퍼스를 검색하여 얻어진 자료의 분석을 통해 감사표현의 실제적 사용을 확인할 수 있다. <그림 94>는 DCT와 CANCODE자료에서 감사표현의 기능별 분류와 이의 빈도수를 나타낸다. 용어색인(concordance)자료에서 감사표현에 관련되지 않은 구조는 삭제한다. *thanks, cheers* 등의 특정 어휘 항목을 정의하고 이러한 어휘 항목들과 인용어들이 혼합된 구조를 고려한다.

Frequency of sequence categories used to express gratitude

Category type	DCT	CANCODE
(1) Thanking + complimenting interlocutor	11	19
(2) Thanking + stating reason	9	168
(3) Thanking + confirming interlocutor's commitment	9	0
(4) Thanking + stating intent to reciprocate	5	0
(5) Thanking + stating interlocutor's non-existent obligation	5	0
(6) Thanking + refusing	2	271

<그림 94> 감사표현의 문형 빈도수 (Schauer & Adolphs, 2006)

· Category 1: Thanking+complimenting interlocutor

이 항목은 두 가지 형태로 분류되는데 첫 번째는 *thank*[s]/*cheers* [you][adverbial] that verb [adverbial] adjective.의 형태이다. 이 형태의 예로는 *thanks very much that would be wicked*와 *cheers, that's really sweet.*가 있다. 코퍼스를 통해 제공되는 용어색인 결과는 담화 안에서 일어나는 실제 예시를 제공한다.

> S1 Yes.
> S2 Thank you that's smashing.
> S1 S2 And she n le's home.
> S1 Thank you. That's very good of you.
> S5 And I'm sending.
> S1 Thank you. That's fine that's lovely. Mhm. Mm.
> S2 Is it all. That's brilliant. Thank you very much. That's much appreciated.
> (CANCODE)

두 번째 항목은 그 형태가 좀 더 다양하며 [that+verb][adjective], you verb definite article/possessive pronoun noun.이다 이러한 예는 코퍼스 자료 안에서 감사표현의 기능으로 사용되는 경우가 없다. DCT자료에서 비슷한 개념인 형용사 *wicked*와 과장된 명사나 동사구 뒤에 4개 단어의 형식적 계통이 나타난다. 또는 이러한 단일 어휘 항목에는 *cheers*나 *ta*가 있다. 형식적 계통의 예는 다음과 같다: *wicked, mate, you are a legend; wicked, you are a star; mate, you are a lifesaver*와 *that's great, you saved my life.* 가 있다.

당연히 첫 번째 구조가 덜 유표적이며 더 일반적으로 적용된다. 그러나 주로 *attack* 이나 *evil*과 연결되어 부정적인 뜻으로 가르쳐 지는 *wicked*의 긍정적 의미로의 사용은 중요하게 다가온다. 따라서 EFL학습자들은 이 단어의 다양한 뜻을 인지하고 잘못 이해하지 않아야 한다. 그러나 이러한 감사표현으로서 용법에 대한 코퍼스자료의 예는 없다. 대신, 코퍼스 안에서 *wicked*는 감사의 표현보다는 주로 형세에 대한 평가로서 사용되는 경향이 있다.

- Category 2: Thanking+stating reason

이 항목은 *thank*[s][you][adverbial] for에 연결된 두 가지 형태로 나타난다. 첫 번째는 (a) definite article/possessive pronoun noun structure이고 두 번째는 (b) verb+ing [pronoun]로 DCT 자료에서 나타난다. 이 두 구조의 예시로는 *thank you very much for your time, (a) thanks for the help /(b) thanks for coming.* 이 있다.

코퍼스 데이터에서 보았을 때 이 항목들은 원어민이 많이 사용하는 구조 중 하나이며 68개의 *thank you for*와 100개의 *thanks for*에 대한 실례가 있다. 이 두 가지 형식을 가르침으로서 학습자들은 그들의 어휘 능력에 따라 선택하여 사용할 수 있으며 학습자들의 어휘를 확장하기 위해서 사용할 수 있다.

- Category 3: Thanking+confirming interlocutor's commitment

이 항목은 일반적으로 발화의 시작과 끝에서 감사 표현에 대한 응답으로서 사용된다. 이는 *are you sure* [you][don't][verb][pronoun]이나 또는 *really*가 사용된다. DCT의 예를 보면 *Are you sure you don't mind? Great, thanks; Really? Thank.*와 *Are you sure? Ok, thank.*가 있다. 이러한 형태는 주로 상대 발화자의 의도를 확인하기 위해 쓰인다. 그러나 코퍼스를 통해 분석한 결과, 이러한 *thanks* 나 *thank you*가 이러한 용법으로 쓰이는 예는 없었다.

- Category 4: Thanking+stating intent to reciprocate

*thanks I'll get/buy pronoun adverbial of time*의 형태로서 DCT에 따르면 *thanks very much I'll get it next time*로 나타난다. 하지만 이 역시 CANCODE 코퍼스에서 실례를 찾아볼 수 없다. DCT에서는 좀 더 생각하고 응답할 수 있기 때문에 더 공손한 전략을 사용하는 반면 자연적으로 일어나는 담화에서는 더 빨리 정보처리 과정과 발화가 일어나기 때문에 다른 형태의 발화가 일어날 수 있다.

- Category 5: Thanking+stating interlocutor's non-existent obligation

이 항목은 (a) thank를 기초로 둔 형태나 또는 (b) 긍정적 감탄사에 연결된 *you shouldn't/didn't have [to do that]*를 포함한다. DCT에서는 *(a) thank you, but you shouldn't have. (a) you didn't have to do that, thanks.*와 *(b) wow, you shouldn't have.*의 예시가 있으나 이 역시 코퍼스 자료에서는 찾아볼 수 없는 항목이다.

- Category 6: Thanking+refusing

공손한 거절을 위한 올바른 표현을 아는 것은 의사소통에서 필수적인 항목이다. DCT 자료에서는 *Ah, no, it's ok thanks.*와 *No, honestly, that's fine. But thank you anyway.*의 두 예시만 있으나 이 항목은 코퍼스 자료에서 가장 빈번하게 나타났다. 136개의 예가 *no*와 *thanks*가 근접해서 나타났고 135개의 예가 *thank you*의 근처에서 no가 사용되었다. 이러한 결과는 거절을 할 때 감사를 함께 표현할 수 있는 능력이 학습자가 갖추어야 할 필요한 중요한 기술 중 하나라는 것을 제시한다.

DCT와 코퍼스 자료를 통합하여 상호보완적으로 사용함으로서, 학습자는 매우 통제적으로 선정된 상황(DCT)에서 더 넓은 시야(코퍼스)를 형성할 수 있다. 따라서 DCT가 제공하는 절차적 측면과 코퍼스가 제공하는 통찰력을 통해 문맥 학습에 도움이 될 것이다. 또한 코퍼스를 이용하여 실제 상황에서 쓰이는 의미협상에서의 반복적인 표현, 부가적인 전후순서와 어휘의 항목들을 발견할 수 있다 (Schauer & Adolphs, 2006).

4. 코퍼스 기반 담화 화용론의 수업 적용 방법

가. 담화 완성형 평가지(DCT: Discourse Completion Test)

담화완성형 평가지는 Blum-Kulka(1982)가 히브리어 원어민과 비 원어민간의 화행을 비교하기 위해 개발한 도구다. 이는 히브리어와 영어의 사과 화행 연구, 일어와 영어의 거절하기 화행연구, 영어의 감사표현 연구 등 많은 연구에 사용되어 왔다. 표준화된 DCT는 특정상황, 화자간의 사회적 거리와 지위 관계 등의 설명과 함께 그 상황을 나타내는 대화를 불완전한 형태로 제시한다. 응답자는 자신이 그 상황의 화자라면 어떻게 말할지 기록하여 평가지의 대화를 완성한다. 수업상황에서 학습목표에 해당하는 의사소통기능이 사용되는 상황을 제시하고 적절한 표현을 사용하여 학습자들이 담화를 완성하도록 한다(임선미, 2006). Beebe(1985)는 담화 완성형 평가지의 효용성에 대해 다음과 같이 밝히고 있다. 먼저 대량의 자료를 신속하게 수집할 수 있고, 자연스러운 발화에서 나타나는 의미 관용표현 및 전략을 분류할 수 있다. 또한 사회적으로 적절한 반응을 위해 전형적인 것으로 인정되는 조건들을 연구할 수 있으며 사회·심리적 요인들에 대한 통찰력을 얻을 수 있다. 그리고 언어의 화자들 안에 내재된 의사소통 기능의 표준화된 형태를 확인할 수 있다(Beebe, 1985).

그러나 DCT는 제한적이고 통제적인 상황에 따른 표현을 요구하므로, 학습자들의 자발적이고 자연적인 발화를 이끌어 내지 못한다는 단점이 있다. 따라서 실제 발화와 비교할 때 머뭇거림이나 반복이 적고, 전형적이고 익숙한 대답만을 할 가능성이 많다. 이는 의사소통에서의 의미교섭의 정도를 낮추고, 발화의 다양성과 정교성을 떨어뜨리게 된다(Ewert & Dyzman, 2008). 앞서 감사표현 분석에서 살펴보았듯 DCT에서 도출된 응답들이 실제적으로 거의 사용되지 않는 경우도 있다. 의사소통 기능에 관련된 담화적 표현들은 사회문화적인 영향 아래에서 그 쓰임이 정확한 문법규칙 만으로는 설명할 수 없는 미묘한 부분들이 많다. 따라서 EFL상황에서는 사회문화적 차이나 언어 간 간섭에 의하여 학습자들이 비문을 만들어 낼 수도 있다. 이러한 현상을 간과하게 되면 화석화 현상이 일어날 가능성이 있으므로 수업상황에서 적용할 때에 주의해야 한다. 따라서 전형적인 정답 외에 다양한 표현들을 촉진하고 실제적으로 사용되는 표현을 확인하기 위해 코퍼스를 활용한다. 코퍼스를 통하여 어떤 표현이 어떻게 사용되며, 얼마나 자주 사용되는지 실제적인 용례들을 제시할 수 있다. 다양한 코퍼스들은 특정 표현이 사용되는 문맥(context)을 제시하는 기능을 가지고 있으므로 수업상황에서 쉽게 활용할 수 있다. <그림 95>에서 나타난 것처럼 COCA(Corpus of Contemporary American English)는 KWIC에 해당하는 다양한 표현들을 본문의 종류와 발생년도의 항목별로 검색할 수 있다. 또한 <그림 96>처럼 도출된 자료를 클릭하면 발화가 발생한 년도, 주제, 출처와 함께 확장된 문맥을 제공해 준다. 이를 통해 언어의 쓰임에 따른 화용적인 요소를 인지하고 특정 표현이 담화 상황에서 어떻게 사용되는지 명확히 알 수 있게 한다. 또한 연구적 측면에서 한국 영어 학습자들의 상황에 따른 특성화된 발화 자료를 수집함으로써 새로운 학습자 코퍼스를 구축하는 바탕이 될 수 있다. 특히 현재 코퍼스에서는 제공되지 않는 의사소통 기능에 대한 측면을 강조하여 검색 도구를 개발한다면 좀 더 담화상황과 화용론적 쓰임에 적합한 예시자료를 찾는 데 도움이 될 것이다.

<표 43> 담화 완성형 평가지 (임선미, 2006)

담화 완성형 평가지

반____ 번____ 이름____

다음에 나오는 사과, 요청, 거절, 감사와 관련된 상황을 잘 읽어보고, 자신이 그 상황에 처해있다면 어떻게 말했을 지를 밑줄 친 란에 영어로 기입하여 주시기 바랍니다.

1. 운동장에서 공놀이를 하다가 실수로 공이 지나가는 어른을 맞혔을 때 당신은 무엇이라고 사과하겠습니까?

You are playing football. You try to pass the ball to your friend, but the ball accidently strikes a middle-aged man. What would you say to apologize to him?
Man: Ouch!
You:_____

2. 친구들과 공원에 놀러온 당신은 지나가던 숙녀에게 사진을 찍어달라고 부탁하려고 한다. 어떻게 말하겠습니까?

You and your friends are in the park. Now you ask a lady passing by to take a picture. How should you ask her?
You:_____
Lady: Of course.

3. 상점에서 손목시계를 고르고 있을 때, 점원이 다가와서 당신에게 하나를 권하지만, 당신은 별로 마음에 들지 않았다. 이때 당신은 어떻게 점원의 제안을 거절하겠습니까?

While you are looking for a watch, a clerk comes over and recommends one. But you don't like it, so you try to refuse his/her offer. What should you say?
Clerk: I would recommend this diary. It is our most popular one.
You:_____

4. 오늘은 당신의 생일입니다. 당신의 친구가 잘 포장된 선물을 당신에게 주며 생일 축하한다고 말합니다. 어떻게 말하겠습니까?

Today is your birthday. Your friend says 'Happy birthday!' and gives you a nicely wrapped present. What should you say?
Friend: Happy birthday! This is for you.
You:_____

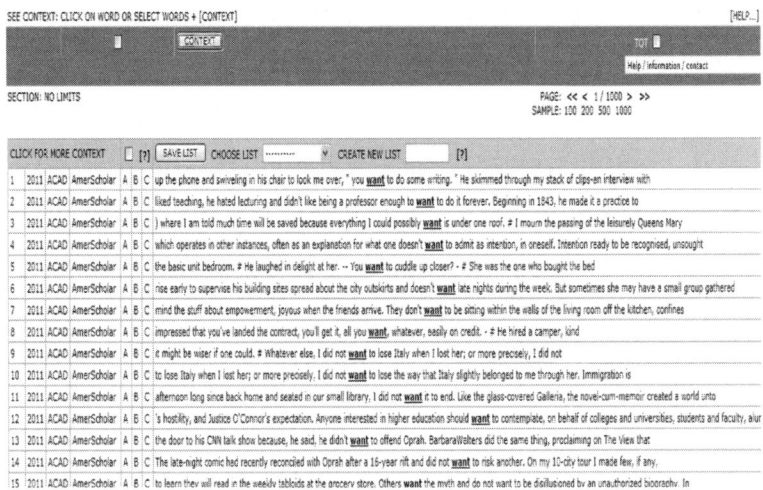

<그림 95> COCA 활용 담화상황 확인 (Davies, 2008)

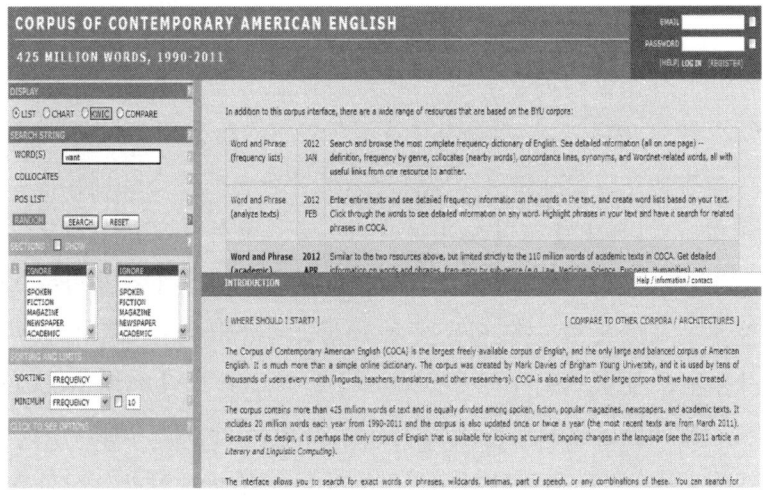

<그림 96> COCA 활용 요청표현 검색 (Davies, 2008)

나. 역할 놀이 카드(Role Play Card)

역할 놀이는 현실에서 발화가 일어나는 상황을 교실 수업 속으로 끌어들일 수 있는 효과적인 방법이다. 이때 영어 화행 교수 효과를 실제 발화상황에서 파악하기 위해 학습자들이 역할극을 수행하도록 특정 상황이 제시된 역할 놀이 카드를 사용한다. 또한 그림 4에서처럼 역할극의 파트너로 원어민을 활용하여 실제와 유사한 상황 속에서 영어표현을 사용할 수 있게 한다. 이러한 방법은 학습에 대한 집중과 흥미를 유발하여 학습내용의 장기기억을 가능하게 해 주며 특히 하위집단의 학습자들에게 효과적이다(임선미, 2006). 그리고 다양한 상황을 제시하여 임의로 또는 학습자의 수준에 따라 선택하여 활동하게 할 수도 있다.

또 다른 활용 방법은 제시된 역할 놀이 카드로 활동한 후에 학습자들과 함께 다양하게 상황을 바꾸어 보는 것이다. 역할을 바꾸거나 다양화 하고, 조금은 황당한 상황이나 새로운 결말을 구성해 볼 수도 있다. 이를 통해 학습자들이 자신의 언어를 구성할 수 있는 기회를 제공하고 스스로 만든 담화 상황에 노출됨으로서 좀 더 실질적인 언어 사용을 가능하게 한다. 그리고 그림 4의 예시처럼 제시된 상황에 적합한 간단한 의상이나 소품(물건사기-모형 돈, 과자나 물건 등)을 준비하여 활용한다면 좀 더 현실에 가까운 학습 상황을 구성함으로서 학습자들의 참여를 높일 수 있다.

역할 놀이에 사용될 대본을 준비할 때 코퍼스를 사용하여 실제적인 용례를 이용한 활동을 할 수 있다. 또한 학습자들과 상황과 표현들을 바꾸어 볼 때 학습자들의 발화가 실제성이 있는지 즉각적으로 제시하여 학습자 스스로 대본을 수정하고 구성할 수 있게 한다. 또한 코퍼스의 여러 기능을 이용하여 목표 표현들의 문맥상 나타나는 다양한 용례를 살펴볼 수 있다. 학급 상황에 따라서 조별 활동으로 각자 대본을 짜 보는 활동을 할 수도 있는데 특히 상급 수준의 학습자들에게는 직접 코퍼스를 사용해 보게 함으로써 학습전략을 기르게 한다. 그림 98의 WebCorp는 웹 검색 엔진 상에서 관련된 표현을 찾아 사용할 수 있는 기능을 가지고 있다. 검색창에서 관련된 목표표현을 입력하고 설정하고자 하는 주제에 알맞은 상황을 선택해서 클릭하면 그림 99처럼 해당 원문이 수록된 사이트로 이동하여 더 다양한 정보를 얻을 수 있다. 이는 학생들의 탐구력을 키워주고 패턴에 대한 귀납적인 이해를 신장시켜 DDL에 기초한 발견학습능력을 신장하는 데 효과적이다.

이러한 방법은 코퍼스의 자료를 온라인으로 연결하여 예시를 제시하거나 예시 문항을 제작하여 활용하는 것으로 On Stage Approach라고도 한다. 따라서 코퍼스는 언어 사용에 대한 의식을 높여주는 수단으로서 체계적으로 탐구되는 연구 도구

(research tool)로서 취급되거나, 문제 해결에 도움을 주는 참고 도구(reference tool)로서 취급될 수 있다(이문복 외, 2008).

요즘은 대부분의 학교에 인터넷 접근이 가능한 고성능 컴퓨터를 구비한 컴퓨터실이 있으므로 학생들이 어렵지 않게 코퍼스와 코퍼스 프로그램을 이용하여 영어 학습에 활용할 수 있다. 인터넷 상에서 무료로 사용할 수 있는 다양한 코퍼스 프로그램이 있고, 필요에 따라서는 학교에서 특정 코퍼스와 프로그램을 구입하여 학생들이 이용하게 할 수 있다. 간혹 컴퓨터 시설이 제한되어 있는 경우라 할지라도 교사가 필요한 부분을 인쇄하고 복사하여 학생들에게 배부하여 사용할 수 있다(김성식, 2007).

<표 44> 역할 놀이 카드 (임선미, 2006)

역할놀이 카드

반 번 이름

1. Request

당신이 학교매점에서 음료수를 사려고 했으나 잔돈이 없었다. 친구에게 약간의 돈을 빌리려고 한다.

You are completely out of cash and you want to buy a cold drink in the school cafeteria. You see a friend and you approach her/him to borrow some money.
You:_____
Friend: How much do you need?
You:_____
Friend: Here you are.
You:_____

2. Refusal

친구가 당신에게 자기 집에서 함께 숙제를 하자고 제안하지만, 당신은 부모님께서 허락하시지 않을 것이라는 것을 알기 때문에 이를 거절해야 한다.

Your friend asks you to study together at his/her home, but your parents will not allow you to go. So you have to refuse his/her suggestion.

Friend: Hi. Do you have plans after class?
You:_____
Friend: Can you come to my house? I'd like to do homework with you.
You:_____
Friend: Why not?
You:_____

3. Apology

당신은 수업에 늦지 않기 위해 서둘러서 계단을 뛰어올라가다가 짐을 들고 오시는 여자 선생님과 부딪쳤다. 당신과 부딪친 결과, 그 선생님의 책이 쏟아지고 말았다.(이때 당신은 그 선생님께 무엇이라고 말씀드리겠는가?)

You ar in a hurry not to be late for class. You are running up the stairs in school and bump into a female teacher holding some books. Her books drop. If you want to apologize, what should you say?
Teacher: Ouch!
You:_____
Teacher: That's okay. Can you help me with the books?
You:_____

<그림 97> COCA 활용 담화상황 확인 (Davies, 2008)

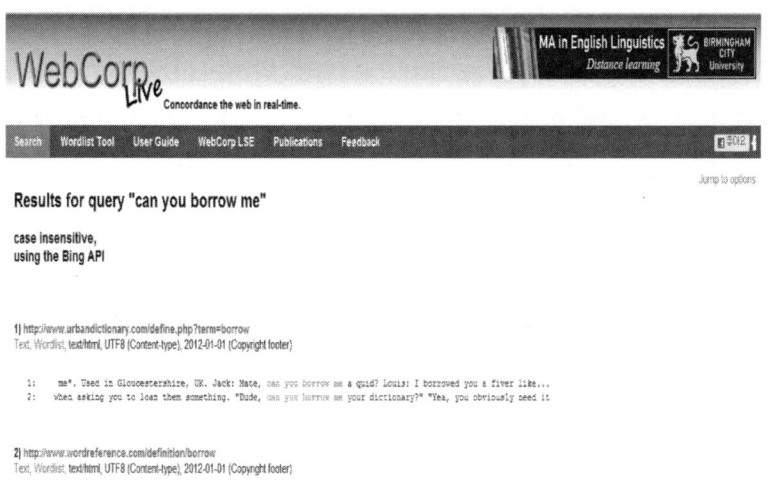

<그림 98> WebCorp를 이용한 요청 표현 검색

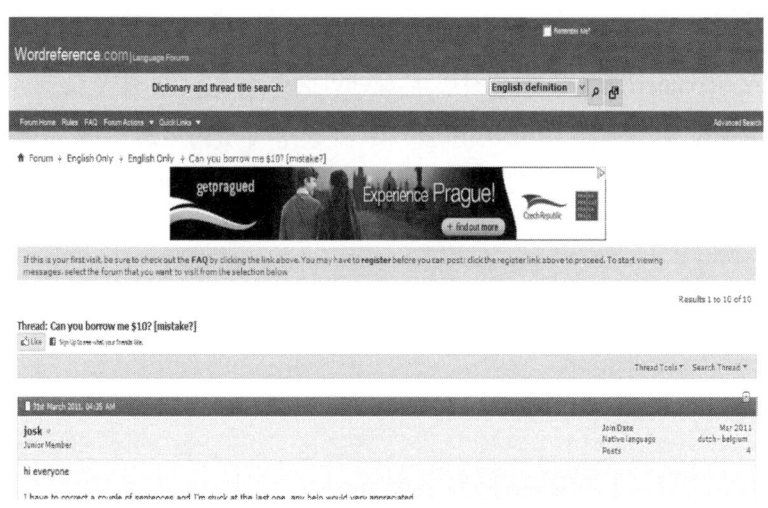

<그림 99> WebCorp에서 연결된 학습 관련 사이트

나. 동영상 활용 화행교수자료

영화를 활용한 영어화행교수를 위해 요청, 거절, 사과 등의 상황이 포함된 영화 장면과 대화 스크립트를 활용하여 화행별 주요 표현 및 차시별 자료를 제작한다. 자료에는 화행별 적절한 전략 및 의미표현 등의 설명과 함께 영화 속 대화를 이용한 연습문제를 포함한다(임선미, 2006).

　학습자들은 현실을 재구성한 영화자료를 통해 원어민의 영어표현을 포함하고 있는 실제적인 담화상황을 시각, 청각적으로 접하게 된다. 이를 통해 특정 영어표현이 상황 속에서 어떻게 사용되는 지에 대한 화용론적 이해를 향상시켜 긍정적 학습효과를 가져온다. 또한 영어에 대한 흥미유발 뿐만 아니라 간접적 경험을 통한 문화적 선험지식을 얻을 수 있어 영미문화 학습에 도움을 준다. 언어가 사용되는 문화를 이해하는 것은 담화화용론의 측면에서 해당 언어를 심층적으로 이해하고 습득하는데 중요한 역할을 한다. 자료를 제작할 때 영화대본을 메모장으로 저장하여 NLPT 코퍼스를 활용하여 분석한다면 필요한 표현에 대한 담화 상황 및 문장구조를 좀 더 쉽게 파악할 수 있을 것이다. 영화의 대본을 구글에서 검색하여 메모장 형태로 저장한 후 NLPT 코퍼스에서 문장의 형식과 품사를 분석하고 그 형태가 어떠한 의미와 기능으로 사용되고 있는지 문맥상에서 확인할 수 있다. 특히 인터넷상의 스크립트는 문장의 구분이 명확하지 않은 경우가 많은데 NLPT 코퍼스의 sentence counter 기능을 이용하면 문장단위로 목록을 구성해 주므로 수업자료 제작에 유용하게 사용할 수 있다. 또한 자료의 선정에 있어서도 특정 표현이 그 영화에 사용되었는지 확인하고 그 문맥을 살펴 교수자료로써 적절한지 검토하기 위해서 코퍼스를 활용할 수 있다.

<표 45> 동영상 활용 Request Worksheet(1차시)

Request Worksheet(1차시)

반 번 이름

1. 학습목표: 영어의 요청하기(request)표현을 배워봅시다.

2. 다음 상황에서 적절한 영어표현을 생각해보세요.

* 잠시 혼자 있게 해달라고 부탁하고자 한다. 영어로 어떻게 요청하겠습니까?
  ⇒

3. 영화를 보면서 등장인물이 사용한 요청(부탁) 표현을 찾아봅시다.

4. 이번엔 아래 영화대본을 보면서 다음 빈칸에 들어갈 적절한 표현을 생각해 봅시다.

* 영화제목은 Princess Diary로, 평범한 고등학습자인 Mia가 한 나라의 공주임이 밝혀지자, 언론사마다 취재를 위해 Mia가 다니는 학교에 몰려들었고, 이를 수습하기 위해 Mia의 할머니이자 국왕인 Clarisse가 학교 교장실을 방문하게 됩니다. 학교 교장선생님인 Ms. Gupta는 여왕에게 지나치게 아부를 하고, 이에 당황한 여왕은 교장선생님과 신하에게 <u>아래의 우리말과 같이 부탁하고 있는 장면입니다.</u>

Repoter: Your Highness, would you like to say?
Ms. Gupta: Isn't that just awful? Doesn't anyone respect royalty anymore? What is it like in Genovia, Your Majesty?
Do people just fawn over you?
Clarisse: I wonder, (　　　　　　) give us a moment alone?
(잠시 우리만 있게 해주시겠습니까?)
Ms. Gupta: I'm the vice-principal.
Clarisse: Joseph, (　　　　　　) take this fine educator and, uh
(이 훌륭한 교장선생님을 모시고 가줄래요?)
show her your plans for Amelia's safety?
Joseph: What? <u>Ah, yes, of course. Of course. Yes.</u>
Ms. Gupta: Thank you, Your Majesty, thank you.
Joseph: Your security system if a bit lax.
Ms. Gupta: Merci. Oh, is it?

5. 영화를 보면서 자신이 생각한 표현과 영화 속 표현을 비교해 봅시다.

6. 영어에서 요청하기(request) 의미표현(semantic formulas)의 종류

정중함 정도	가장 직접적인 요청표현	간접적이면서 정중한 요청표현	간접적이면서 좀 더 정중한 요청표현
언제	지위/나이가 낮은 경우	- 친구/친숙도가 높은 경우 - 지위/나이가 높은 경우	- 지위/나이가 높은 경우 - 친숙도가 낮은 경우
종류	- Please~ - Please don't~ 즉, 명령문에 Please 만 붙인 것으로 명령하는 경우를 제외하고 잘 사용되지 않음.	* 가능성 관련 요청표현 - Can you~? - Can I(please/possibly)~? - Could you (possibly)~? * 의지를 묻는 요청표현 - Would you~? - Would you mind~ing?	- I wonder if you could - I was wondering if you could - Would you mind if I ?

* I would like to~ 등을 이용하여 좀 더 간접적으로 요청할 수도 있음.

7. 또 다른 형태의 요청표현을 사용하고 있는 영화 Love Actually를 보고 다음 빈칸을 채워 봅시다.

* 신혼여행을 다녀온 Juliet은 결혼식 날 전문 대행업체가 찍은 비디오가 잘못 나와서 남편 친구인 Mark에게 결혼식 날 비디오 찍은 것을 기억한다면서, 한 번 <u>보여 달라는 부탁을 하고 있습니다.</u>

Juliet: Mark?

Mark: Hi, how was the honeymoon?

Juliet: It was great. And thanks for the gorgeous send-off.

Mark: So what can I do for you?

Juliet: It's only a tiny favor. I've just tried the wedding video and it's a complete disaster. It's come out all blue and wobbly.

Mark: I'm sorry.

Juliet: And I remember you filming a lot on the day. and (   ) if I could look at it. (네 자료를 볼 수 있는지 궁금해.)

Mark: Oh no, look, to be honest, I didn't really.

Juliet: Please, all I want is just one shot of me in a wedding dress that isn't bright turquoise.

Mark: Okay. I'll have a look but to be honest I'm pretty sure I wiped it, so don't get any hope up. Must go.

8. 영화대본을 이용하여 짝과 함께 role-play 하면서 '요청' 표현을 복습해 봅시다.

<그림 100> 동영상 활용 화행교수 관련 영화

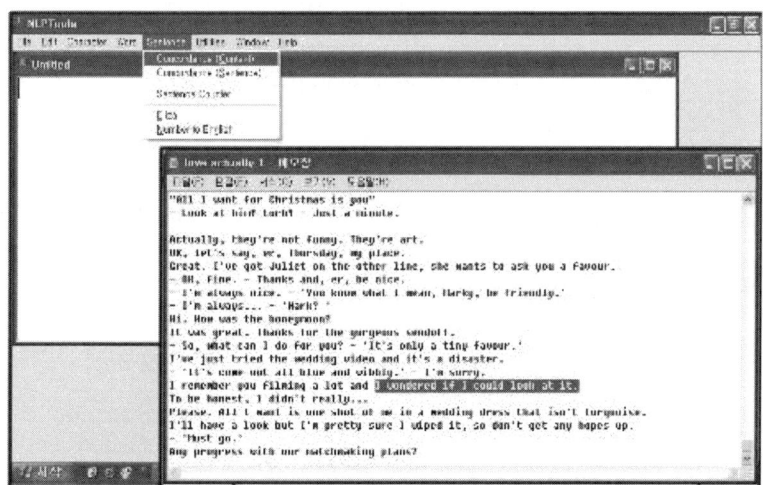

<그림 101> NLPT 코퍼스 활용 영화대본 분석

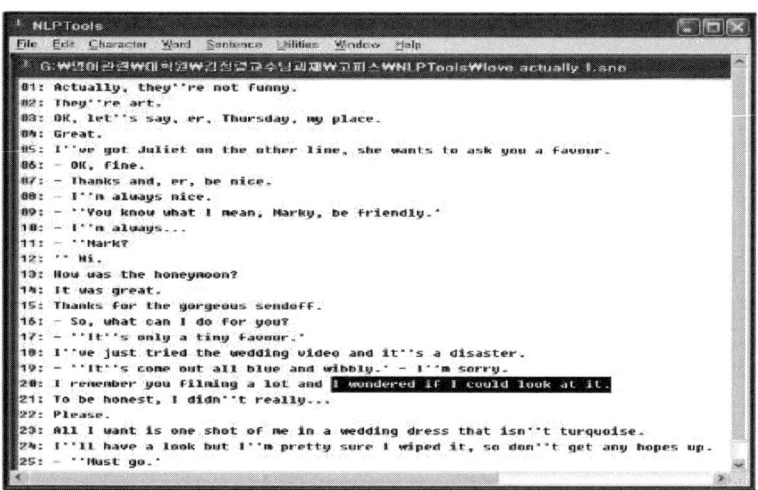

<그림 102> NLPT 코퍼스 활용 문장 정렬

<표 46> 동영상 활용 Request Worksheet(2차시)

Request Worksheet(2차시)

반   번   이름

1. 학습목표 : 지난시간에 배운 <u>요청하기</u> 표현을 복습합니다.

2. 다음 상황을 생각해 보고 영어로 써 봅시다.

* 친구에게 돈을 빌려달라고 부탁하려면 영어로 어떻게 말하겠습니까?
   ⇒

3. 영화를 보면서 등장인물이 사용한 '요청' 표현을 찾아봅시다.

4. 이번엔 아래 영화대본을 보면서 다음 빈칸에 들어갈 적절한 표현을 생각해 봅시다.

* 다음은 *Roman Holiday* 의 한 장면으로, Ann 공주가 자신의 신분을 감춘 채 알게 된 Joe를 거리에서 만나게 되자, Joe 에게 <u>돈을 빌려달라고 부탁하는 장면입니다.</u>

Joe: Well, small world
Ann: Yes.. I.. I almost forgot. (_____) lend me some money?

(돈 좀 빌려주시겠어요?)

Joe: Oh, yeah. That's right. You didn't have any last night, did you?
Ann: Mmm.
Joe: How much...how much was it that you wanted?
Ann: Well, I don't know how much I need. How much have you got?
Joe: Well, er, suppose we just split this fifty-fifty. Here's a thousand lira.
Ann: A thousand! Can you really spare all that?
Joe: It's about a dollar and a half.
Ann: Oh well, I'll arrange for it to be sent back to you. What is your address?

5. 영화를 보면서 자신이 생각한 표현과 영화 속 표현을 비교해 봅시다.

6. 또 다른 형태의 '요청' 표현을 사용하고 있는 영화 *Sabrina*를 보면서, 다음 빈칸을 채워 봅시다.

* 대기업 사장인 Linus는 여성 사진작가인 Sabrina에게 전화를 걸어 사업관계로 <u>시내에 나와 줄 것을 부탁하고 있으나</u> Sabrina는 해야 할 일이 있다며 그 부탁을 거절하고 있습니다.

Sabrina: Hello?
Linus: Good morning?
Sabrina: Linus.
Linus: Listen. (_____) mind another trip into the city?
(또 한 번 시내에 나와 줄 수 있나요?)
I've got some business I'd lint to discuss with you and I thought...
Sabrina: Business?
Linus: Yeah! (_____) if you could meet me here this afternoon.
(오늘 오후에 나를 만나줄 수 있는지 궁금합니다.)
Sabrina: I don't know. There's something I ought to do.
Linus: It would mean a great deal to me if you could.

7. 이번엔 영화를 보면서, 자신이 생각했던 표현과 영화 속의 표현을 비교해 보고 지금까지 배운 '요청'표현을 정리해 봅시다.

8. 영화대본을 이용하여 짝과 함께 role-play 하면서 '요청' 표현을 복습해 봅시다.

IX

코퍼스 분석에 근거한 관용어 교육

1. 관용어의 정의

가. 다중어의 개념

단어를 형성하는 방법에는 접두사, 접미사를 이용한 파생어, 두 개 혹은 그 이상의 단어가 결합을 이루어 형성된 복합어 등이 있다. 그런데 일부 단어들은 다른 단어들과 하나의 단위를 이루어 함께 사용되는 경우가 있다. 이를 다중어(multi-word unit)라고 부른다. 이를 하나의 어휘 뭉치(lexical chunk)를 이루어 사용되는 경우로 '다단어 단위'라고도 한다(김영숙외 6인, 2004).

다중어에는 연어, 관용구, 구동사, 혹은 표어, 속담, 어휘구 등이 있다. 다중어의 한 예를 들면 *out of the blue*라는 말은 숙어적으로 사용되어 *from the blue*나 *out of the green*과 같은 표현은 가능하지 않다. 영어에는 이런 표현들이 많으므로 이러한 표현들은 개별 단어를 분석하기보다 전체를 하나의 단어처럼 이해하고 익히는 것이 필요하다. 다중어가 오랜 시간동안 변하지 않고 널리 쓰이는 것은 언어의 안정성 때문이고 이런 특성은 보통 어휘의 사용에서 흔한 현상이다. 본 장에서는 다중어를 크게 세 종류로 나누어 연어, 관용구, 어휘구를 중심으로 정의를 내려 보고자 한다.

나. 연어의 개념

collocation이란 용어는 *col-*('*together, with*'의 의미인 *com-*에서 옴), *-loc-*('*to place or put*'의 의미), *-ate*(동사의 접미사), *-ion*(명사의 접미사)으로 나누어볼 수 있다고 했다. 따라서 collocation은 함께 어울리는 단어들을 말하는 것이다(Nation, 1990). 연어에 대한 예는 다음과 같은 것이 있다. 무엇을 던지는 상황이라 할지라도 영어에서 공을 던지는 것은 *throw*라는 동사를 사용하여 *throw a ball*이라고 하지만 동전을 던지는 것은 *toss*를 사용하여 *toss a coin*이라고 한다. 또한 누가 아주 피곤하다고 말할 때, *dead tired*라고 말할 수 는 있지만 *dead fatigued*라고 말할 수는 없다. 그러므로 이러한 예들을 보아 한 언어에서의 특정한 단어 간의 결합이 다른 언어로 번역될 때 단어마다 그대로 번역되는 것은 아니라는 점을 기억해야한다.

연어의 유형은 크게 문법적 연어(grammatical collocation)와 어휘적 연어(lexical collocation)의 두 종류로 나뉜다. 문법적 연어는 명사, 동사, 형용사가 문법적 요소인, 주로 전치사와 빈번하게 잘 어울리는 구이다. 예를 들면 *depend on, rely on, aware of, afraid of* 등이 있다. 반면에 어휘적 연어는 문법적 요소를 포함하지 않고 어휘적 요소, 즉 명사, 형용사, 동사, 부사로만 결합된 구이다. 이런 어휘적 연어의 형태는 ① 명사+명사, ② 형용사+명사, ③ 동사+명사, ④ 동사+부사, ⑤ 부사+형용사의 5가지로 나타난다.

다. 관용구의 개념

관용구는 완전하게 굳어진 다중어라고 할 수 있다. Lewis(1993, p. 98)는 *"In second language learning, 'and idiom' usually suggests rather picturesque expressions."*라고 관용어를 상당히 사실적인 표현으로 정의했고 이에 대해 '*It's raining cats and dogs*(비가 억수같이 내린다).', '*He threw in the towel*(그는 항복하였다).'와 같은 표현을 예로 들었다. 특히 의사소통에서 빈번하게 사용되는 관용적인 어휘구는 의미의 고정성으로 인하여 구성요소인 개별 단어로부터 합성된 의미 가운데 특정 의미를 제외하고는 모두 잃게 된다고 했다. 또 Fraser(1970, p. 22)는 관용어에 대해 다음과 같이 정의했다.

I shall regard as idiom as a constituent or a series of constituents for which the semantic interpretation is not compositional function of the formatives of which is composed.

위의 정의들은 모두 개별적인 의미를 잃고 총체적으로 새로운 의미를 갖는다는 것을 의미한다. 예를 들어 '*blow one's mind*'는 '*astonish*'의 '놀라다'라는 하나의 의미를 갖는다. 개별적인 의미로 '-의 마음을 불다'라고 해석해서는 안 된다는 것이다. 또 '*be under the weather*'는 '*feel ill*'의 '아프다'의 의미로, '*kick the bucket*'은 '*die*'의 의미로만 쓰인다. 이런 점이 바로 연어와의 차이이다. 관용어는 연어처럼 동의어나 대체어를 쓸 수 없고 고정된 의미로만 이루어진 것이다.

관용어는 흔히 이해와 발화를 하는데 있어서 문제점이 나타난다. 쉽게 부분으로 나누어지지 않기 때문에 이해하기 어렵고, 변형을 허용하지 않기 때문에 발화하기도 어려운 것이다. 게다가 많은 관용어들은 좁은 범위를 가지기 때문에 정해진 문맥에서 특정한 의미로 사용된다. 그러므로 이들은 많은 주의를 필요로 하고 대부분의 교수 방법은 학생들에게 이런 점을 인식시켜 주는 것이 꼭 필요할 것으로 여겨진다.

관용어의 특징은 겉으로 보기에는 평범한 어휘구들과 구조적으로 비슷하지만 단단한 형태로 묶여 있어서 다른 결합어 사이에 들어갈 수 없고 순서를 바꿀 수 없다는 것이다. 또 다른 특징은 서로 결합하는 의미 영역의 규칙을 깨뜨릴 수 있다는 것이다. 예를 들어 동사 '*eat*'의 목적어로는 항상 '*edible*', 즉 먹을 수 있는 것이 와야 하지만, '*He ate his hat*(목을 베다).'와 '*Eat your heart out*(슬픔에 가슴이 찢어지다).'는 이런 제한을 위반한다. 이러한 관용어는 의미적으로 특별한 특성을 가지며, 그들의 굳어진 형태나 의미로부터 은유적인 표현들을 생성해낸다. 이는 영어의 다중어에서 흔히 발생하는 유형으로 특히 일상생활에서 많이 쓰이므로 어휘 지도에서 절대 무시해서는 안 된다.

라. 어휘구의 개념

어휘구는 다중어의 또 다른 형태이다. 연어의 유형으로도 볼 수 있지만 연어, 관용구와의 차이는 어휘구는 시간 표현이나 인사처럼 특정한 담화의 기능과 연관되어 있다는 점이다.

어휘구란 언어의 의미단위로 정의하며 그 언어는 다양한 길이를 가지고 자주 발생하며 숙어적으로 결정된 의미를 가지는 관습화된 형태 또는 기능이라고 한다 (Nattinger & DeCarrico, 1992). 'good morning'이나 'how are yo'와 같은 어휘구의 의미는 개별 단어 'good, morning, how, are, you'의 의미의 합성으로는 알 수 없다고 했다. 대신 '인사 표현'이라는 기능적 의미만 가지며, 이 때 의미에 영향을 주는 것이 상황에서 부여받은 담화기능이다. 따라서 어휘구의 의미는 기능적 특성으로 결정된다.

이러한 어휘구를 통한 어휘 지도는 학생들에게 많은 도움을 줄 수 있다. 어휘구들이 의미단위들로 저장된 것은 필요할 때 불러오는 것이 쉽기 때문에 학습자가 창조적으로 문장을 구성하지 못한다 하더라도 어휘구들을 쉽게 사용할 수 있다는 것이다. 따라서 초급 수준의 학습자일수록, 그들은 좌절감을 와해시키고 유창성에 대한 동기를 촉진시킬 수 있을 것이다. 또한 학습자가 사회적 상황에 맞게 적절하게 사용할 수 있게 됨으로써 이런 어휘구들의 높은 기억률을 증명해줄 것이다. 더 중요한 것은 이런 어휘구들이 학습자들에게 자신과 연관된 주제에 대해서 다른 사람들과 의사소통할 수 있도록 효과적인 수단을 제공한다는 점이다(김주영, 2007).

2. 관용어 분석

가. 관용어 분석의 목적

코퍼스를 통한 관용어 분석 목적은 교과서 편찬자들에게는 적절한 어휘가 제시되었는지 알게 해주며, 또한 교사들에게는 현재 채택한 교과서가 다른 교과서에 비해 어느 정도의 어휘를 어떻게 제시하였는지 알려줌으로써 수업의 계획과 실행에서 융통성을 발휘하여 적당한 교수 활동이 가능하도록 도와줄 수 있다. 이와 함께 어휘의 종류와 빈도에 관한 정보는 학습자들에게도 학습 목표를 개인적인 수준에서 재정립하는데 도움을 줄 수 있다(권인숙, 2002: 우현이, 2007에서 재인용).

관용어 분석의 목적은 다음과 같이 정리할 수 있다.

첫째, 각각의 관용어들이 사용된 빈도를 빈도순이나 알파벳순으로 확인할 수 있다. 워드스미스 프로그램 등을 사용할 수 있으며 해당 코퍼스 내에서 다빈어를 추출할 수 있다. 이러한 다빈어를 참고로 하여 교사는 학생들에게 제시할 어휘의 순서를 결정할 수 있다.

둘째, 관용어가 사용되는 문법적 구조와 패턴을 볼 수 있다. 예를 들어 *take*의 경우 어떤 명사 혹은 전치사와 결합하여 사용되는지를 보여준다. 이것은 교사가 해당 어휘를 어떠한 문법적인 환경과 함께 설명해야 하는지 보여줄 수 있다.

셋째, 문법적으로 또는 의미적으로 연결되는 연어(collocation)의 사용을 볼 수 있게 한다. 코퍼스를 수업시간에 활용한다면 학생들이 실질적인 진정성 있는 자료를 접하고 수많은 예문들을 통해서 그 쓰임새를 연구할 때 실질적인 자료를 얻을 수 있고 교사에게도 중요한 교수 자료가 될 것이다.

넷째, 코퍼스 프로그램을 통해 다양한 학습 활동 자료를 제공할 수 있다. 직접 컴퓨터나 프로그램을 사용할 수 없는 경우에는 처리 결과를 인쇄하여 문맥을 통해 단어를 추측해보거나, *high*나 *tall*과 같이 혼동하기 쉬운 단어의 쓰임을 구별하는 방법이 있다. 이러한 방법을 통하여 관용적 표현, 어휘나 표현의 은유적 쓰임에 관한 지식을 얻을 수 있다.

나. 관용어 분석의 선행 연구 내용

국내와 국제 코퍼스 연구의 주제 동향을 분석한 결과를 통해 알 수 있듯이 비교적 많은 연구가 어휘 영역에 집중되어 있는 것을 볼 수 있다. 이는 코퍼스의 구축과 활용 프로그램의 발달이 사전 편찬 등의 어휘 연구에 많은 영향을 받았고, 이러한 코퍼스를 바탕으로 한 어휘 연구가 영어교육에 큰 영향을 끼쳐왔기 때문이다.

1) 교과서의 어휘 분석에 관한 연구

권인숙(2004)은 6차와 7차 교과서를 비교하여 단어반복횟수, 신출단어, 다빈도 사용단어, 품사별 단어구성, 연어추출 등을 통한 언어형식을 다각도로 비교하여 여러 가지 통계자료를 통해 교과과정의 변화에 따른 교과서 어휘 변화를 보여주고 있다. 그러나 이러한 분석 자료는 교과서만을 대상으로 하였기 때문에 실제 언어 사용에 있어 얼마나 도움을 주는 어휘 선택인지에 관해서는 제시하지 못하고 있다. 황원정(2003)은 초등학교 3,4,5,6학년 교과서 및 교사용 지도서, 외국어 수입교재와 학생들이 즐겨보는 영화 및 비디오 대본을 대상으로 어휘수를 비교하고 의사소통 기능별 어휘를 선정하여 구어 표현과 연어를 제시하고자 하였다. 연구결과 초등 영어의 교과서에 사용된 어휘의 수는 608개로 나타났고 외국어 수입 교재도 917~1,615개로 나타났다. 또한 영화 및 비디오 대본의 경우도 1,440~3,714개 정도의 어휘가 사용되고 있음이 조사되어 초등학교 영어의 어휘 수를 반드시 늘려야 한다고 주장하며 16가지 의사소통 기능별로 새로운 어휘목록을 제시하였다.

김세일(2007)은 고등학교 영어 교과서에 나타난 관용어를 구어 코퍼스를 기반으로 하여 연구하였다. 고등학교 영어 교과서의 관용어를 유형별로 분류하고 그 빈도를 각 교과서별로 비교했다. 그리고 외화드라마(*The Gilmore girls*) 대본의 관용어빈도와 교과서에 나타난 관용어 빈도를 비교하여 우리나라 영어 교과서에 나타난 관용어의 빈도가 어느 정도인지 알아보고, 영어 교과서에 나타난 관용어를 구어코퍼스를 이용하여 빈도를 내어 교과서에 나타난 관용어가 실생활에 나타난 관용어와 얼마나 밀접한 관계를 나타내는지 알아보았다.

우현이(2007)는 코퍼스에 근거한 초등학교 6학년과 중학교 1학년 영어교과서 어휘의 연계성을 분석하였다. 분석 내용은 기본어휘 반영률, 신출어휘수와 빈도, 품사의 종류와 빈도, 어휘량과 어휘변이, 주요동사의 사용빈도, 동음이의어와 다의어의 분석과 *get, make, take*의 연어적 특성 등이다.

문안나(2009)는 고등학교 영어 교과서에 나타난 명사 연어 빈도 분포를 코퍼스에 기반 하여 분석하였는데, 우리나라 고등학교 영어 교과서에 나타난 연어의 빈도 분포를 조사하고, 그 결과를 영어 원어민 화자의 코퍼스를 분석한 결과와 비교 분석을 통하여 교과서에서 사용된 연어 패턴이 얼마나 자연스럽고, 효과적으로 분포하고 있는지 여부를 보여주고자 하였다. 영어 교과서를 전산화한 자료, 즉 코퍼스를 이용하여 교과서에 나타난 명사 연어의 분포를 조사하고, Longman Dictionary of Contemporary English에 주어진 영어 원어민 화자 코퍼스 분석 결과와 비교 분석하였다.

2) 어휘 학습에 관한 연구

김주영(2007)은 다중어를 중심으로 의사소통 능력 신장을 위한 영어 어휘 지도법에 관한 연구를 하였는데, 다중어에 속하는 연어, 관용어, 어휘구의 각 개념들과 그에 따른 예문이나 연습문제들을 제시하였다.

유진원(2007)은 중학교 영어 학습자의 연어를 통한 어휘학습을 연구하였다. 연어 짝짓기, 연어 퍼즐 등의 활동과 연어가 쓰인 문장을 제시하여 연어를 찾도록 지도한 실험반은 사전을 통해 연어의 의미를 파악한 비교반에 비해 영어 연어 학습에 대한 흥미도가 높게 나왔다는 결과를 제시하였으나, 코퍼스에 근거한 비교 분석 자료의 제시는 부족하였다.

이윤경(2009)은 한국 대학생들의 '부사+형용사' 결합에 있어서의 연어능력과 그들의 일반 영어 능력과의 상관관계를 조사하기 위하여 Collins Cobuild Corpus 및 British National Corpus, Oxford Collocation Dictionary에서 4개의 형용사와 관련한 예문을 추출하여 TOEIC 점수 355~955인 대학교의 학생들을 대상으로 실험 분석하였다. TOEIC점수와 연어 능력의 상관관계는 0.742로 0.01수준에서 유의한 것으로 나왔다.

또 이윤경(2009)은 한국 대학생들의 '형용사+명사' 결합에 있어서의 연어 능력과 그들의 일반 영어 능력과의 상관관계를 조사하였는데, TOEIC점수와 연어 능력의 상관관계는 0.572로 0.01수준에서 유의한 것으로 나왔다.

이상의 선행연구 내용을 살펴보면 코퍼스를 활용한 관용어 분석의 많은 부분이 교과서의 어휘 비교 분석에 관한 연구이며 어휘학습에 관한 연구는 연어능력 및 관용어 활용 능력에 따른 어휘능력 성취도와의 연계성에 대한 분석 및 어휘 지도법 연구를 목적으로 하고 있음을 알 수 있다.

3. 관용어 분석의 방법

가. 관용어 검색 및 분류

컴퓨터가 관용어에 대해 무지했던 이래로, 진부한 소프트웨어를 사용한 관용어 자동 정보검색이 오직 부분적으로 가능하게 되었고, 관용어 경향이 있는 단어 (idiom-prone words)를 포함한 구문론적인 패턴 인식이 그 뒤를 이어 가능해 졌다. 그리고 잠재적 의미론상의 분석이 개발되었는데, 이것은 되풀이하여 발생하는 chunks 리스트들을 생성할 수 있지만, 그 규모가 과히 거대하여 어떤 항목이 관용어인지 아닌지 분석하는 데는 여전히 인력이 필요하다. 또한 이것은 문맥상의 어떤 정보도 포함하고 있지 않아 충분한 연구를 하기 위해서는 문맥을 불러와야만 한다. 이것은 또한 편집되지 않은 관용어 사전을 불러오기 때문에 컴퓨터를 통해 코퍼스에서의 그것의 발현을 조사하여야 한다. 그러나 사전이 이미 공통적 순환을 기록하였다는 것은 반드시 필요한 전제조건이다.

일정한 일상 단어들은 관용어 경향이 있는 것으로 보인다. 이는 그 단어들이 바로 인식되는 은유의 기초이기 때문이다. 이러한 단어들은 다음과 같은 것을 포함한다.

1) parts of the body
   a. eye
   b. shoulder
   c. hand
   d. nose and head

이 모든 단어들은 많은 수의 관용어를 생성한다.

2) money
   a. money talks
   b. put your money where your mouth is
   c. the smart money

3) light and color
   a. be in the dark
   b. shed light on
   c. give the green light
   d. have green fingers

코퍼스는 단순히 위의 기초적인 단어들을 시작으로 생산적으로 조사될 수 있다. 한 단어의 형태인 face는 CANCODE에서 520개가 발생되었고, 520개의 concordance lines가 읽혀졌으며, 15개의 관용어적인 표현이 나왔다. 아래의 표현들은 3배 또는 그 이상으로 많이 발생했다.

let's face it 20 / on the face of it 10 / face to face 6 / keep a straight face 4 / face up to 4
till you're blue in the face 3 / fall flat on one's face 3 / shut your face 3

비록 분석하는 방법이 완전히 자동이 아니지만, 기초적이고 일상적인 단어의 검색으로 말미암아 더 많은 것을 얻을 수 있다. 그러나 코퍼스는 화자와 작가의 확장된 언어 사용 용법의 예들을 포함하고 있지 않아 전체의 텍스트를 시간을 많이 투자하여 읽어 보아야 한다. 그래서 이 불편함을 보완하기 위하여 CANCODE에서 임의로 구어의 코퍼스 파일을 선택하거나, 같은 크기의 대화의 샘플을 North American segment of the CIC에서 불러와 지속되는 대화의 지문들 속에서 보게 되는 관용어적인 표현을 메모한다. 이런 방식으로 100개 정도의 관용어 데이터들을 찾은 뒤 문맥 안에서 구문론적인 것과 실용적 기능에 따라 분류한다. 이것은 물론 부분적인 해결책에 불과하나 이를 통하여 문맥상에서의 실제 관용어 사용법을 볼 수 있다.

분명치 않은 관용어(the opaque idioms)는 다음 범주로 분류된다.

(1) Clausal expressions evaluating people's actions and personal states (look down one's nose at sb (BrE), give sb a hard time (AmE))
(2) Clausal expressions evaluating things and events (make sense, it's a small world - in both datasets)

(3) Names for people (man/woman of the world (BrE), sugar daddy (AmE))
(4) Names for things and events (pub crawl (BrE), small talk (AmE))
(5) Discourse routines and interjections (there you go (BrE), here's the thing (AmE))
(6) Miscellaneous adjectival, adverbial and prepositional expressions (by and large (BrE), top notch (AmE))

관용어의 평가적인 특징이 이 100개의 목록으로부터 나온다. 심지어 혼합된 구문론적인 형태 또한 보여준다(*e.g. by and large, as deaf as a post, till you're blue in the face*). 많은 표현들이 담화 기능을 지지하기 위하여 나타나는데 예를 들어 대화 중 비계설정 표현(*staging-points, here's the thing, let's face it, there you go*)들이 그것이다. 다음이 대화의 중요한 신호점이 되는 표현인 *here's the thing*의 예시구문이다.

> S1: What about the French Canadians? Do they celebrate Independence Day?
> S2: Well I mean here's the thing. I mean there is certainly a city of Montreal parade.   (CIC North Americna)

또한 이 목록은 표현의 명료성에서 상당한 변화를 보여주며, 비교적 명료하고 작은 문맥상 단서 안에서도 어구 구조를 분석하여 이해하는데 쉽다(*put a stop to, get the message, it's a small world*). 앞서 말했다시피 관용어를 분석하는데 빠른 지름길이란 없다.

나. 관용어 빈도

그 다음 절차는 전체적인 빈도수를 CANCODD 코퍼스와 100개의 각 항목 목록의 CIC sample에서 조사하는 것이다. 빈도수는 매우 가지각색인데 예를 들어 *there you go, figure sth out, (not) make sense, once in a while, how come and fair enough*는 100이상의 발생을 보이나, 20%의 항목들이 단지 한번 만 나타난다. 이 두 항목은 비교할 만하다. 다음의 <그림 103>은 각기 다른 기능 부류의 두 데이터 항목의 분포를 보여준다.

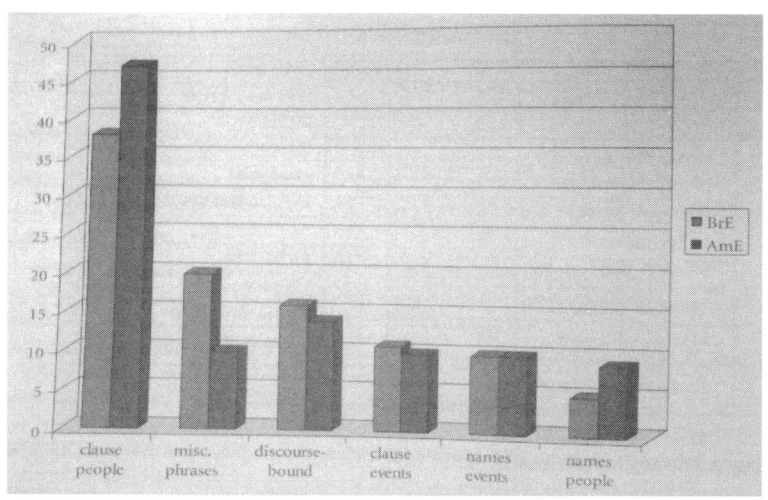

<그림 103> Functional types in BrE and AmE

이 빈도수가 교육학적으로 무엇을 의미하는지를 알아내기 위하여 10번 또는 그 이상 CANCODE에서 lemmatised list의 single-word에 긴밀히 들어맞는 상위 7,000 항목빈도 발생 항목을 메모하는 것은 매우 가치가 있다. 어느 항목이든지 20번 또는 그 이상 발생 항목은 CANCODE single-item list에서 상위 5,000항목에 위치한다. 5000에서 7000 사이의 단어는 중상급에서 상위급사이의 EFL 학생이 이해하기 쉬운 어휘 크기의 현실적인 범위라고 여겨진다. 따라서 교사와 중상위 또는 상위학생이 원어민이 실제 사용하는 관용어들을 학습하기를 원한다면 10번 또는 그 이상 발생 빈도수를 보이는 관용어 항목의 lists들을 학습의 목표로 삼는 것은 매우 합리적인 일이라고 할 수 있다. 다음 <표 47>은 CANCODE 100 list에서 상위 20의 항목이고, American sample은 <표 48>이다.

<표 47> idioms occurring 10 or more times(CANCODE 100 list)

	idiom	occurrences		idiom	occurrences
1	fair enough	240	10	good god	44
2	at the end of the day	221	11	be/have a/some good laugh(s)	41
3	there you go	209	12	the only thing is/was	41
4	make sense	157	13	good grief	38
5	turn round and say	139	14	keep an/one's eye on	37
6	all over the place	75	15	half the time	34
7	be a (complete/right/bit of a/absolute/real) pain(in the neck/arse/bum)	73	16	up to date	30
			17	take the mickey	25
			18	get on sb's nerves	24
8	can't/couldn't help but/ -ing	69	19	how's it going	21
9	over the top	53	20	along those lines/ the lines of	20

<표 48> idioms occurring 10 or more times(American sample)

	idiom	occurrences		idiom	occurrences
1	figure sth out	348	11	piss sb off	53
2	once in a while	278	12	ahead of time	50
3	(not) make(any) sense	276	13	put up with sth	44
4	(no) big deal	179	14	be sick of sth	43
5	screw up	151	15	make fun of sb	40
6	oh my gosh!	149	16	stay away from sth	40
7	how come...?	111	17	it all comes/came down to	40
8	oh boy!	71	18	throw up	35
9	freak out	56	19	what's up with...?	30
10	get over/sth	54	20	I'll be darned!	30

위에 제시한 <표 47>, <표 48>의 목록들은 다양한 유형의 학습을 위한 풍부한 메뉴들인 예전부터 많이 사용해오던 '동사 + 보어'절 유형, 전치사 표현, 일상적 담화, 감탄사, 복합 명사 또는 trinomial 표현(*left, right and center*)등을 제공한다.

명심해야 할 것은 이 무작위로 구성된 목록들이 반드시 영국과 아일랜드 그리고 미국에서 사용하는 정확한 관용어의 모습이 아니라는 점이다. 그러나 이 관용어들은 실제도 원어민들이 일상적인 대화에서 사용하는 풍성하고 다양한 표현들을 제공하고 있다. 화려하고 결과론적으로 심리학적인 특징을 지닌 몇 빈도수가 낮고 제한된 사용을 가진 표현들의 목록을 작성해 보는 것에 대한 논의를 해보는 것 또한 바람직하게 여겨진다.

4. 코퍼스 분석에 근거한 관용어 연구

가. Collins Wordbanks Online English corpus 관용어 분석

콜린스 워드뱅크 온라인 코퍼스(Collins Wordbanks Online English corpus)는 온라인상의 5천 6백만 개의 단어들로 구성되어 있다. 이 코퍼스는 다양한 장르로 구성되어 있는데, 미국 자료로는 책, 일시적인 유행과 관심의 대상이 되는 출판 인쇄물이나 텔레비전 프로그램 자료 등을 나타내는 이피머러(ephemera), 그리고 라디오 자료 등으로 약 10만의 단어가 있다. 영국의 자료 또한 접할 수 있는데, 책, 이피머러, 라디오, 신문, 잡지 등으로 약 3천 6백만 단어로 구성되어 있다. 구어 코퍼스 자료로는 영국인들의 대화를 전사한 천만 단어가 코퍼스로 구축되어 있다.

<표 49> Collins Wordbanks Online English corpus 초기 화면

<표 50> Concordance first query form 화면

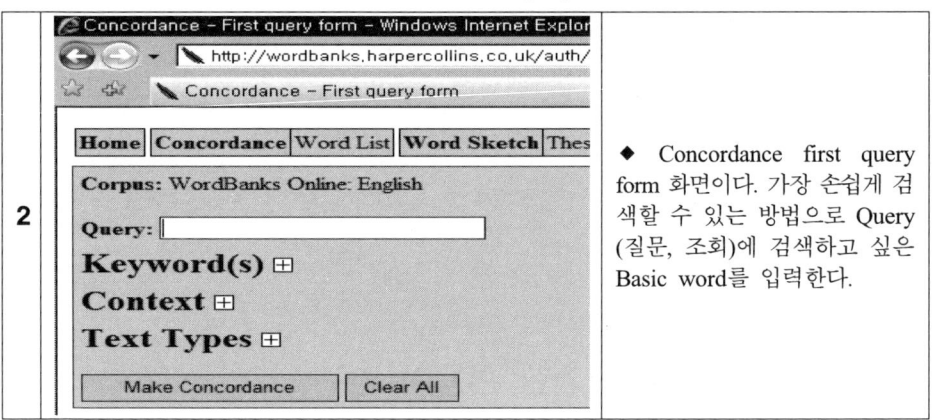

2 ◆ Concordance first query form 화면이다. 가장 손쉽게 검색할 수 있는 방법으로 Query (질문, 조회)에 검색하고 싶은 Basic word를 입력한다.

<표 51> Collins Wordbanks Online English corpus의 상세 검색 화면

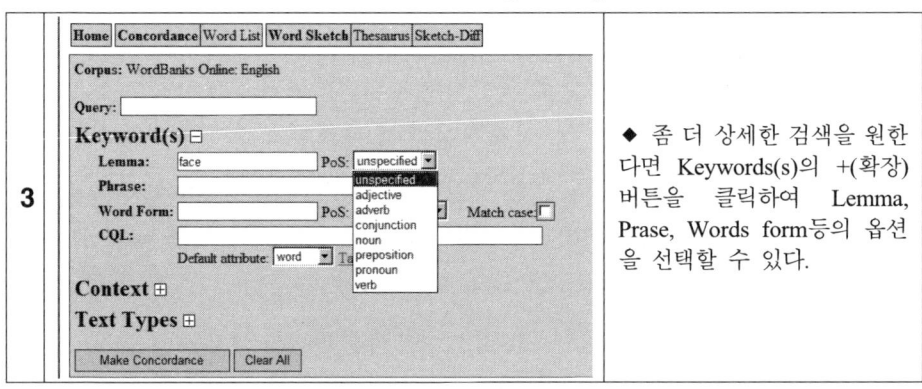

3 ◆ 좀 더 상세한 검색을 원한다면 Keywords(s)의 +(확장) 버튼을 클릭하여 Lemma, Prase, Words form등의 옵션을 선택할 수 있다.

<표 52> Collins Wordbanks Online English corpus 내 Context 선택

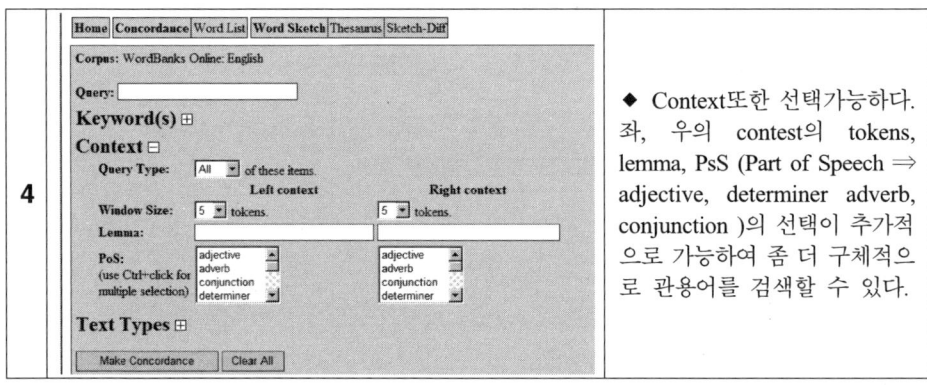

4 ◆ Context또한 선택가능하다. 좌, 우의 contest의 tokens, lemma, PsS (Part of Speech ⇒ adjective, determiner adverb, conjunction)의 선택이 추가적으로 가능하여 좀 더 구체적으로 관용어를 검색할 수 있다.

<표 53> Collins Wordbanks Online English corpus 내 Text type 선택

5	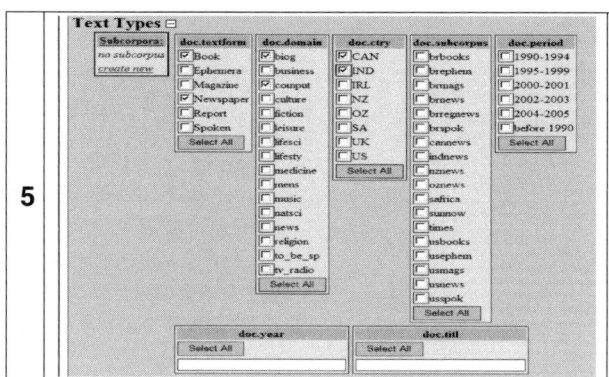	◆ Text types 에서는 문서의 종류 (book, ephemera, magazine, newspaper, report, spoken), 문서의 도메인(business, culture, fiction, music등), 국가, 하위코퍼스, 문서작성 연도 등을 선택할 수 있다.

<표 54> Collins Wordbanks Online English corpus 검색창 입력 화면

6		◆ Basic word인 "face"를 입력했을 때의 화면이다. 위에서 5번째 라인에 관용적 표현인 "face to face"가 나온다. 이와 관련된 context를 보고 싶다면 "face"를 클릭하면 된다. 또한 클립보드에 복사 가능한 추가 기능도 사용할 수 있다.

<표 55> Collins Wordbanks Online English corpus 내 관용 표현 검색 1

7		◆ 이번에는 관용적 표현 ("face to face")을 직접 입력하여 검색하여 보았다. ☞ "face"를 입력 했을 때 보다 "face to face"를 입력했을 때 좀 더 빠르게 해당 관용어에 관련된 표현만 찾아 볼 수 있으며 구체적인 문맥을 한 눈에 파악할 수 있다.

<표 56> Collins Wordbanks Online English corpus 내 관용 표현 검색 2

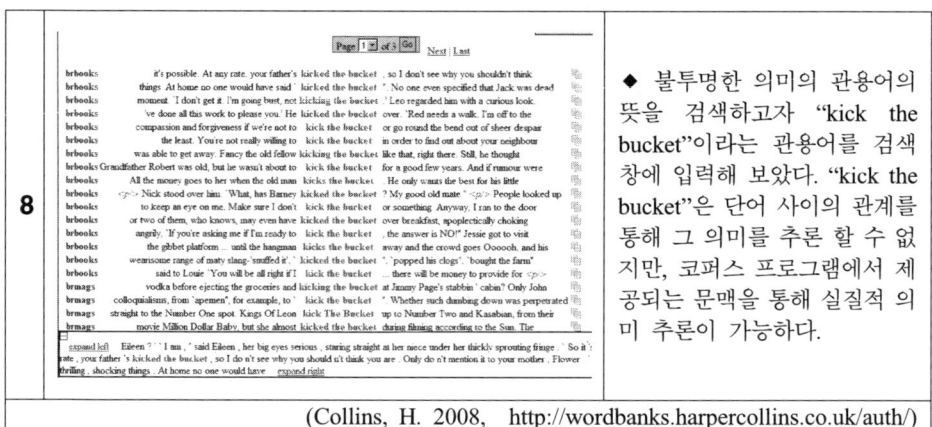

(Collins, H. 2008, http://wordbanks.harpercollins.co.uk/auth/)

나. Michigan Corpus of Academic Spoken English 관용어 분석

미시건 코퍼스(Michigan Corpus of Academic Spoken English)는 MICASE라고도 불리우며, 약 180만 단어가 온라인상으로 접속가능하다. 미시건 대학의 강의, 연구실, 세미나, 연구보고회, 인터뷰, 회의, 개인 지도, service encounters상의 대화를 데이터화 하여 약 152의 transcripts로 구성되어 있는 코퍼스이다.

<표 57> Michigan Corpus of Academic Spoken English 초기 화면

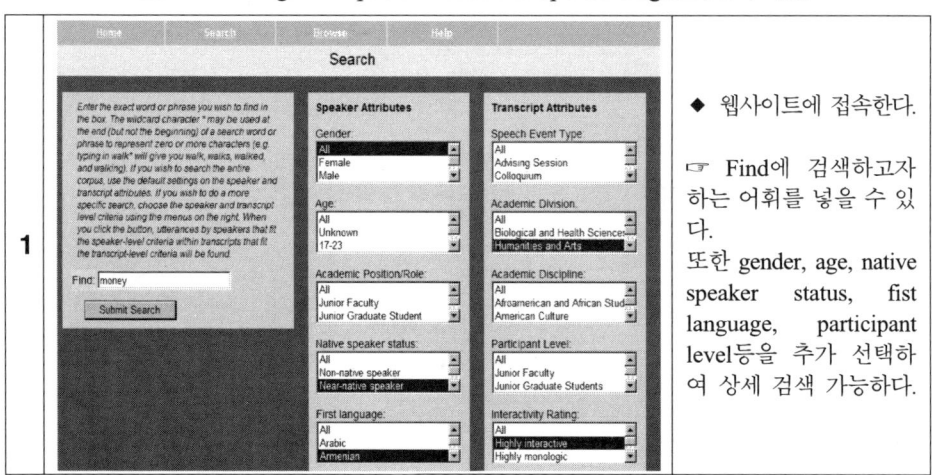

<표 58> Michigan Corpus of Academic Spoken English 검색 화면

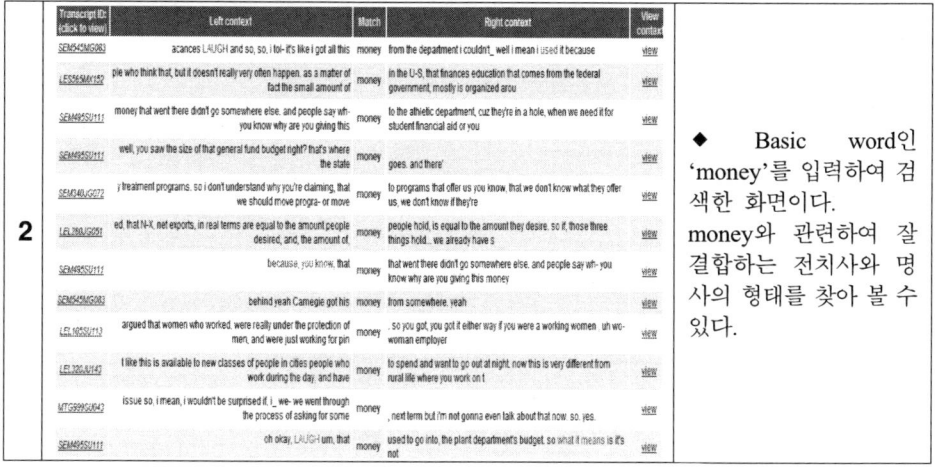

◆ Basic word인 'money'를 입력하여 검색한 화면이다. money와 관련하여 잘 결합하는 전치사와 명사의 형태를 찾아 볼 수 있다.

<표 59> Michigan Corpus of Academic Spoken English 내 관용구 검색

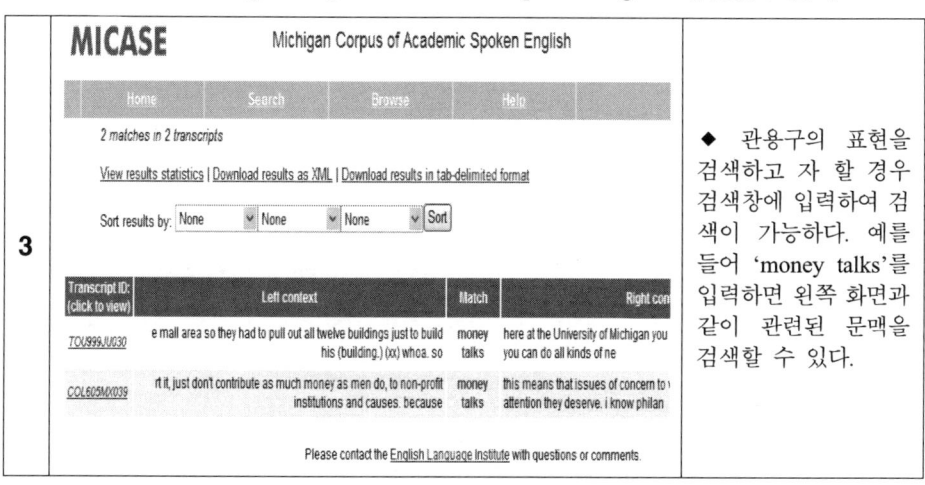

◆ 관용구의 표현을 검색하고자 할 경우 검색창에 입력하여 검색이 가능하다. 예를 들어 'money talks'를 입력하면 왼쪽 화면과 같이 관련된 문맥을 검색할 수 있다.

IX. 코퍼스 분석에 근거한 관용어 교육 281

<표 60> Michigan Corpus of Academic Spoken English 내 확장된 문맥 제공

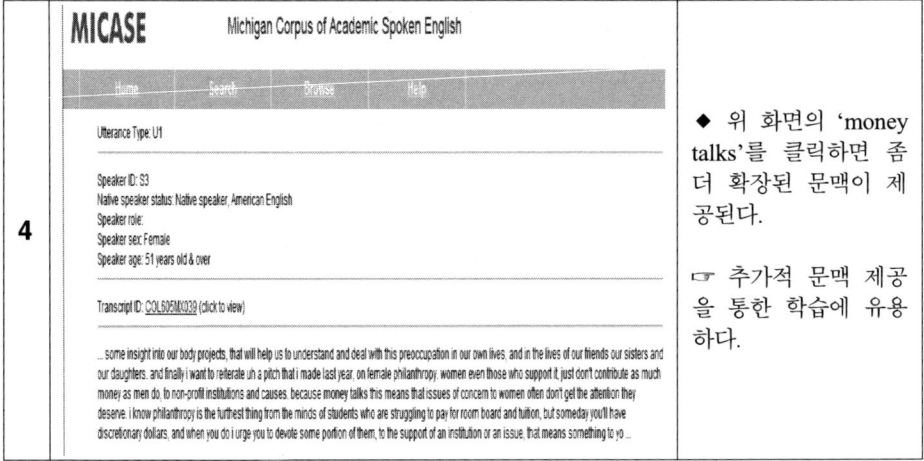

| 4 | | ◆ 위 화면의 'money talks'를 클릭하면 좀 더 확장된 문맥이 제공된다.
☞ 추가적 문맥 제공을 통한 학습에 유용하다. |

다. Webcorp 관용어 분석

<표 61> Webcorp 초기 화면

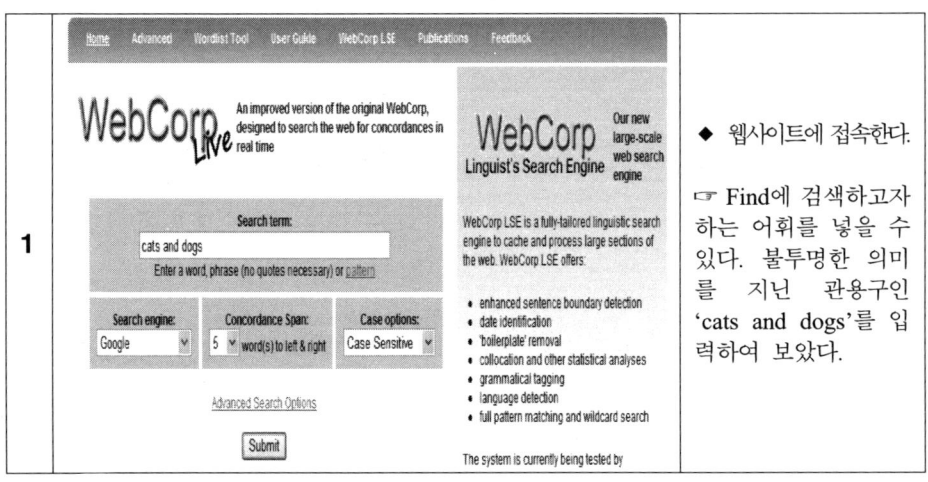

| 1 | | ◆ 웹사이트에 접속한다.
☞ Find에 검색하고자 하는 어휘를 넣을 수 있다. 불투명한 의미를 지닌 관용구인 'cats and dogs'를 입력하여 보았다. |

<표 62> Webcorp 검색 화면

2	WebCorp 검색 결과 화면	◆ 온라인상의 웹사이트 중 'cats and dogs'를 포함한 웹페이지를 검색하여 주며, 관련된 웹페이지와 링크되어 있어 해당 사이트로 바로 이동 할 수 있다. 전체적 문맥을 확인해 보고자 할 때 해당 사이트로 이동하여 문맥상의 의미를 추론해 볼 수 있다.

<표 63> Webcorp 활용 관용구 표현 검색

3	Raining cats and dogs 검색 화면	◆ 관용구의 표현을 검색하고 자 할 경우 검색창에 입력하여 검색이 가능하다. 예를 들어 'money talks'를 입력하면 왼쪽 화면과 같이 관련된 문맥을 검색할 수 있다. ☞ 어휘 학습지로 활용 가능하다.

IX. 코퍼스 분석에 근거한 관용어 교육

<표 64> Webcorp 링크 기능

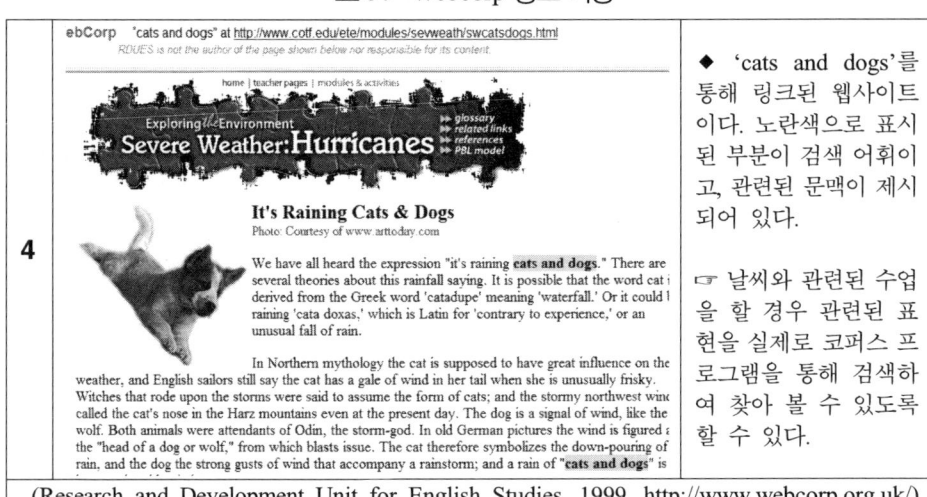

(Research and Development Unit for English Studies, 1999, http://www.webcorp.org.uk/)

라. British National Corpus 관용어 분석

Oxford 대학 출판부의 주도로 1991년에 시작되어 1994년에 완성된 BNC(British National Corpus)는 구어 10%, 문어 90%총 1억 어절로 구성되어 있으며 현재 세계적으로 가장 널리 이용되는 전자 영어 코퍼스이다.

<표 65> British National Corpus 메인 화면

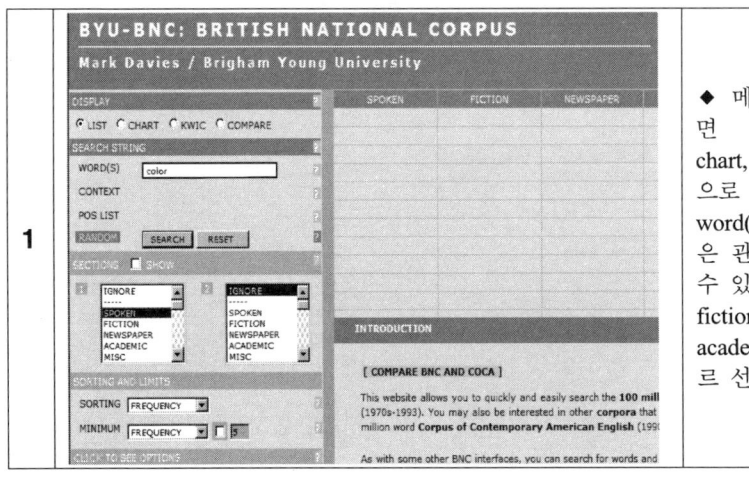

<표 66> British National Corpus 검색 화면

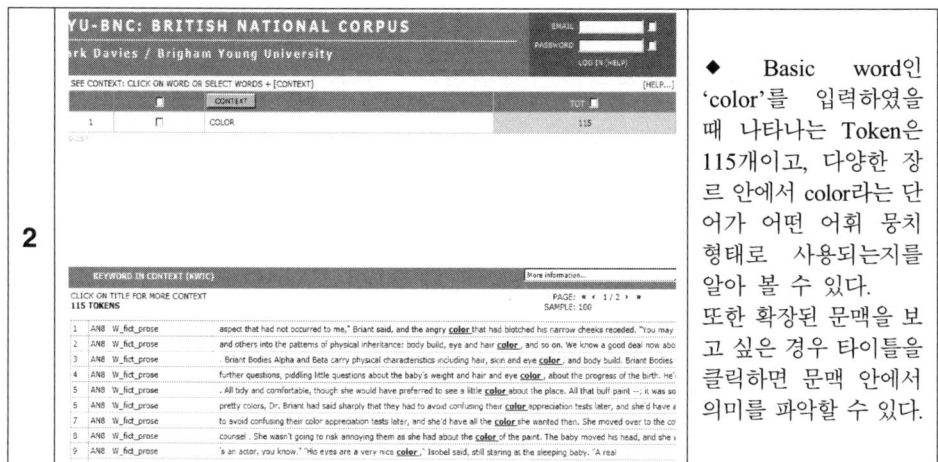

◆ Basic word인 'color'를 입력하였을 때 나타나는 Token은 115개이고, 다양한 장르 안에서 color라는 단어가 어떤 어휘 뭉치 형태로 사용되는지를 알아 볼 수 있다.
또한 확장된 문맥을 보고 싶은 경우 타이틀을 클릭하면 문맥 안에서 의미를 파악할 수 있다.

<표 67> British National Corpus 검색 결과 화면

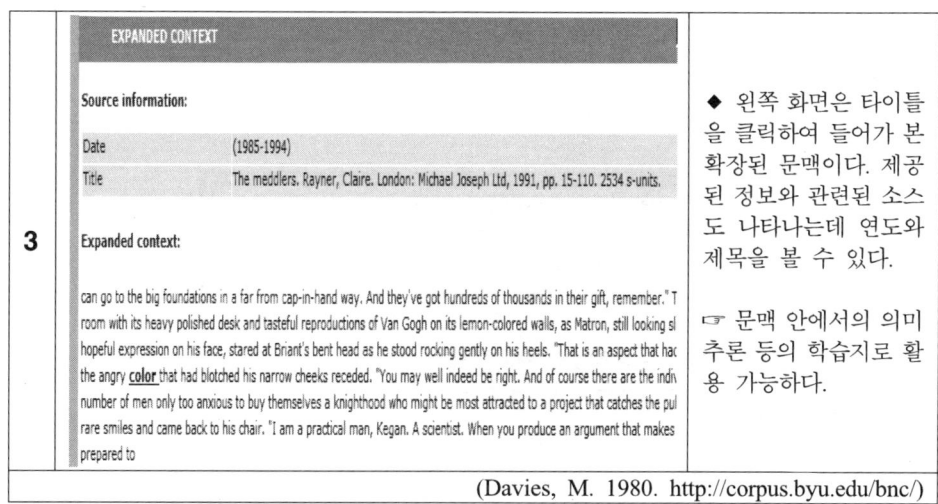

◆ 왼쪽 화면은 타이틀을 클릭하여 들어가 본 확장된 문맥이다. 제공된 정보와 관련된 소스도 나타나는데 연도와 제목을 볼 수 있다.

☞ 문맥 안에서의 의미 추론 등의 학습지로 활용 가능하다.

(Davies, M. 1980. http://corpus.byu.edu/bnc/)

5. 코퍼스 분석에 근거한 관용어 교육

단순히 교과서를 통해 학습하게 되는 어휘를 더 실용적이고 포괄적으로 배울 수 있게 하는 코퍼스 자료의 활용은 충분한 교육적 가치를 포함하고 있다.

계속되는 코퍼스 연구는 언어 학습에 많은 변화를 가져오게 되었고 코퍼스를 통한 학습의 장점은 어휘의 사용 빈도, 문법적 구조와 패턴을 알 수 있다는 점과 연어, 관용구, 다른 다중어의 지식을 크게 확장시켜왔다는 점이다. 또 코퍼스 자료의 활용은 학습자 중심과 교사 중심의 학습을 모두 가능하게 한다. 학습자가 연어가 등장한 문맥의 한 가지 패턴을 익히게 되면 다음에 그들이 새로운 어휘를 접하는 문맥에서 비슷한 유형의 패턴에 주의를 기울일 수 있기 때문이다. 또 코퍼스 자료의 활용은 발생 빈도가 높은 어휘를 선택해서 수업하게 되면 신뢰 있고 명시적인 어휘 지도를 할 수 있다는 점에서 교사에게도 도움이 될 것으로 생각된다.

가. 어휘의 사용 빈도 제시

'모호한 반응'을 표현하는 학습을 할 때 McCarthy, McCarten과 Sandiford(2005, p.39)는 대화와 함께 <그림 106>과 같이 코퍼스 자료를 제시하였다.

A: Are you going to the fiesta this week?
B: I don't know. It depends. What is it exactly?

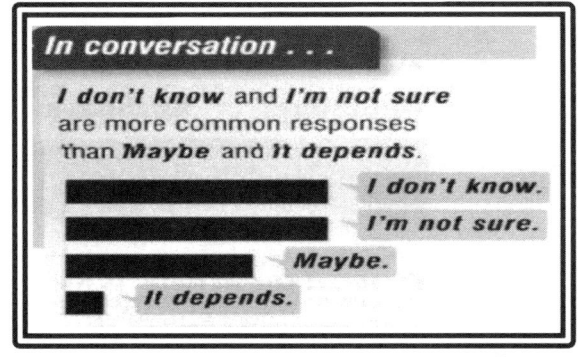

<그림 104> 어휘 사용 빈도 코퍼스 자료①

또 다른 예로 '되묻기' 질문을 학습하는 경우에도 McCarthy, McCarten과 Sandiford(2005, p. 59)은 대화와 함께 어휘 사용 빈도를 <그림 107>과 같이 제시하였다.

A: The new John Woo movie is playing.
B: Excuse me? The new what?

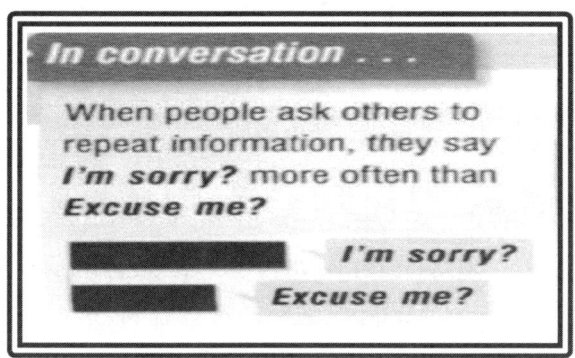

<그림 105> 어휘 사용 빈도 코퍼스 자료 ②

<그림 104>과 <그림 105>에 나타난 바와 같이 어휘 사용 빈도를 학습 내용과 함께 제시해주면 실제 의사소통 상황에서 같은 의미를 지닌 표현이라고 하더라도 학습자들이 어떤 표현을 사용할 지 결정할 수 있도록 해주는 하나의 자료가 될 수 있을 것으로 생각된다.

나. 문법적 구조와 패턴 제시

McCarthy, McCarten과 Sandiford(2005, p. 13)은 부정사나 동명사를 취하는 동사를 학습할 때, 주요 학습 내용을 <그림 108>과 함께 제시하였다.

<그림 106> 코퍼스 활용 문법적 구조 학습의 예

<그림 106>에서 보듯이 *like, love, hate*의 동사는 동명사와 부정사를 모두 취하는 문법적인 구조를 가지고 있는 것을 알 수 있고, 뿐만 아니라 동명사보다는 부정사를 취하는 경우가 많다는 것도 알 수 있다. 그런 코퍼스 자료의 활용은 한 눈에 쉽게 알아볼 수 있도록 제시되어 학습자가 학습한 동사의 구조를 더 오랫동안 기억할 수 있도록 하는데 도움이 될 것으로 보인다.

다. 추가 문맥 제시

　좀 더 많은 문맥이 제시된다면, 학습자들은 관용어가 무엇인지 그리고 그것이 무엇을 위한 표현인지에 대해 더 큰 통찰력을 갖게 될 것이다. 관용어를 문맥상에서 찾는 것의 중요함은 또한 되풀이하는 형식적 특징에 대한 인식에 도움이 된다. 실제 문맥상황에서 사용되는 사례를 보는 것은 단순히 관용어의 목록을 연구하는 것보다 더 도움이 된다.

　McCarthy와 O'Dell (2002), Cambridge International Corpus에서 추출한 관용어 자료 틀을 그들의 자율 연구 자료로 사용하였는데 관용어, 전형적인 대화 영역에서의 조직화된 문맥, 관념적이고 비유적인 그리고 주제 중심적인 영역이 그것이다. 다음의 <표 68>은 그들의 책에서 발췌한 내용인데, 관찰과 견해(observation-comment) 기능의 실제적인 교수법에 접근을 시도한 것으로 두 번째 발화자가 첫 번째 발화자의 발언에 대해 견해를 말할 때 사용하는 전형적인 관용어를 나타낸다.

<표 68> Cambridge International Corpus에서 추출한 관용어자료의 예

Reacting to what others say A: Complete phrases		
possible stimulus	response	meaning of response
➤ I understood everything he said to me in French. I was just pretending not to.	➡ Really? You could've fooled me!	✽ You do not believe what someone says about something that you saw or experienced yourself.
➤ Josh adores cowboy films!	➡ There's no accounting for taste(s)!	✽ You can't understand why someone likes or doesn't like something.
➤ Are you prepared to hand in your notice to stop them going ahead with their plans?	➡ Yes, if all else fails!	✽ If all other plans do not work.
➤ What do you think of the Labour candidate in the election?	➡ The lesser of two evils, I suppose.	✽ It is the less unpleasant of two bad options.
➤ How did we get into this terrible position?	➡ One thing just led to another.	✽ A series of events happened, each caused by the previous one.
➤ It was such a stupid thing to say to her.	➡ I know. I'll never live it down!	✽ You think that you have done something bad or embarrassing that people will never forget.
➤ My boss just congratulated me on my report. Should I ask him for a pay rise now?	➡ Yes, go on. Strike while the iron is hot.	✽ Do something immediately while you have a good chance of success.
➤ How are you going to live on such a small salary?	➡ I don't know - one way or another.	✽ You are not sure exactly how yet, but it will happen.

다음<표 69>는 'Kick the bucket'이라는 관용구를 Collins Wordbanks Online English 코퍼스 프로그램을 통해 문맥 검색한 부분을 복사하여 학습지로 만든 것이다. 이 자료를 통해 학생들은 애매모호한 관용구 표현의 의미를 문맥 안에서 스스로 추론하며 의미를 구성해 보는 연습을 할 수 있을 것이다.

<표 69> 관용구 의미 찾기 학습지

Find the meaning ☞ 'Kick the bucket'!

◆ Guess the meaning of the idiom 'Kick the bucket' through the actual example of the sentences.

- Example 1

They were curious stories which grew and grew, starting off true but becoming fantastic : there were racehorses, there were sea horses. Nothing remained as it began. Alma 's favorites were the ones about changelings. 'Do you think I might be a changeling, Aunt Eileen?', 'I am' said Eileen, her big eyes serious, staring straight at her niece under her thickly sprouting fringe. 'So it 's possible. At any rate, your father's *kicked the bucket*, so I don't see why you shouldn't think you are. Only don't mention it to your mother, Flower. `Eileen always said thrilling, shocking things. At home no one would have said `*kicked the bucket*. No one even specified that Jack was dead. He floated in a permanent limbo of saintliness . `How old are you, Aunt Eileen?' `Young enough to know better.', said Eileen. Ten-year-old Alma thought about that.

- Example 2

I gave you no orders to wash down the yard. 'Rebecca's dog leapt up and paddled his paws on the Countess's skirt, leaving muddy streaks down the fabric.` Oh fie ! That does it ! Is this animal still here?' `I 'm looking after him. He's clever, and he was hers. 'Godfrey threw down the broom, grabbed the dog in his arms and strode past the Countess into the kitchen . `I've done all this work to please you.' He *kicked the bucket* over.` Red needs a walk. I'm off to the park. 'Alpiew stood by the bucket Godfrey had prepared and stared at the printed page beside it .

- Write down the meaning of 'kick the bucket'

☞ The meaning is

라. 어휘의 유래 제시

WebCorp을 활용하여 의미가 불투명한 관용구를 직접 검색하여 어원을 찾아보고 학생들이 모둠별로 설명 할 수 있도록 해본다. <표 70>은 의미가 불투명한 관용구 '*cats and dogs*'를 검색하여 나온 사이트 중 하나를 선별하여 어원과 의미를 함께 익혀보는 학습지이다.

<표 70> 관용구 어원 설명 학습지

WebCorp "cats and dogs" at http://www.phrases.org.uk/meanings/raining_cats_and_dogs.html

◈ Meaning
☞ Raining very heavily.
◈ Origin
☞ This is an interesting phrase in that, although there's no definitive origin, there is a likely derivation. Before we get to that, let's get some of the fanciful proposed derivations out of the way.

The phrase isn't related to the well-known antipathy between dogs and cats, which is exemplified in the phrase '*fight like cat and dog*'. Nor is the phrase in any sense literal, i.e. it doesn't record an incident where cats and dogs fell from the sky. Small creatures, of the size of frogs or fish, do occasionally get carried skywards in freak weather. Impromptu involuntary flight must also happen to dogs or cats from time to time, but there's no record of groups of them being scooped up in that way and causing this phrase to be coined. Not that we need to study English meteorological records for that - it's plainly implausible.

One supposed origin is that the phrase derives from mythology. Dogs and wolves were attendants to Odin, the god of storms, and sailors associated them with rain. Witches, who often took the form of their familiars - cats, are supposed to have ridden the wind. Well, some evidence would be nice. There doesn't appear to be any to support this notion.
(Research and Development Unit for English Studies, 1999,
http://www.phrases.org.uk/meanings/raining%20cats%20and%20dogs.html)

마. 사전 활용 활동

코퍼스 기반 관용어 사전을 활용하여 다양한 학습을 연계할 수 있다. 다음은 통상적인 연어를 보여주기 위해 사전을 사용하여 연어 격자(collocational grid)를 활용한 학습 활동이다. 'wide'와 'broa'의 연어를 알아보기 위한 예는 <표 71>와 같다.

<표 71> 연어 격자를 활용한 학습 활동의 예

wide	broad	
		door
		street
		river
		smile
		shoulder
		nose
		gap
		accent
		world
		range
		variety

또는 개인 사전을 만들어도 좋겠지만 협동심도 기르고 의견 조율하는 방법도 익힐 수 있도록 모둠 활동으로 사전을 만들어 보게 한다. 이때 교사가 관용어 경향이 있는 basic word를 제시하고 처음에는 브레인스토밍을 통하여 관련된 관용적 표현을 마인드맵을 통해 그려보도록 한다. 그리고 학생들에게 구축된 코퍼스를 제공하여 컨코던스 프로그램을 활용하여 단어들을 찾도록 하며 사전을 만들도록 한다. 단어를 찾으며 사전을 만들 때 꼭 그 단어가 포함된 문장 전체를 적도록 하면 문맥 안에서 의미를 구상하며 학습할 수 있다. 한 단원이 시작되기 전에 관련 주제를 주어 미리 예습으로 이 활동을 활용할 수 있겠지만 그 단원이 끝난 후 복습으로 활용하는 것도 효과적이다. 같은 주제로 각각 모둠에서 만든 사전을 비교해 보는 것도 좋

겠지만 모둠별로 각기 다른 주제를 주어서 한 권의 사전으로 묶는 것도 좋다.

바. 코퍼스 활용 게임 활동

일종의 기억력 훈련으로서 학생들에게 수업시간에 컨코던스를 보여준 후 기억해내어 재생하여 쓰도록 하는 게임 활동이다. 예를 들어 *money*와 관련된 관용적 표현을 지도할 때 <그림 107>와 같이 *money*가 포함된 컨코던스를 커다란 화면으로 띄워 3분간 보여준 후 화면을 끄고 학생들에게 관련된 관용적 표현을 기억하여 재생하도록 하는 것이다. 이때 몇몇 팀별로 학생들을 나누어 어느 팀이 가장 많은 표현을 적어내는가의 경쟁 요소를 넣을 수 있다. 각 팀이 적어낸 표현을 서로 바꾸어 갖게 한 후 다시 화면을 띄워 상대편 팀의 문장을 채점하도록 한다. 이로서 학생들의 집중력을 높이고 다른 팀이 써낸 표현을 채점함으로서 학생들은 흥미를 느끼면서 자연스럽게 실제적 관용적 표현을 학습할 수 있을 것이다.

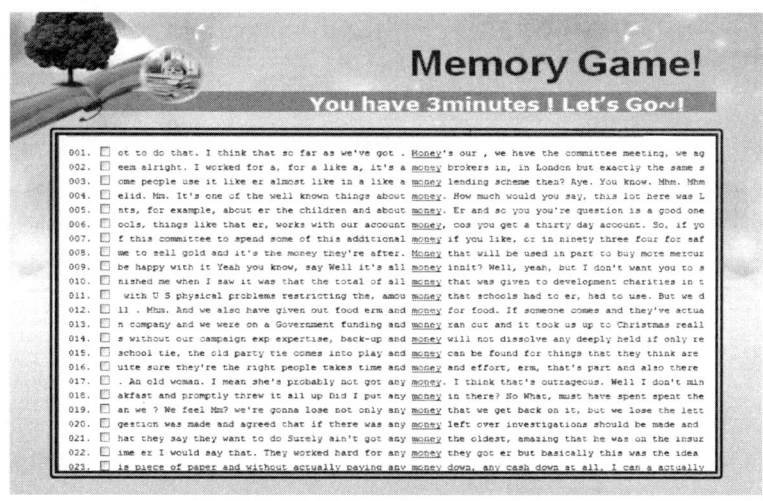

<그림 107> *money*가 포함된 컨코던스 화면 예시

다음으로 빈칸 채우기 활동이 있다. 말 그대로 문장에 있는 빈칸을 채우게 하는 것으로 클로즈 테스트에 해당한다. 예를 들어 <표 72>와 같이 *away*를 컨코던스 프로그램에서 검색 한 후 나온 문맥들을 출력하여 *away*부분을 지운 후 학생들에게

나눠 준다. 학생들은 문맥상에서 의미가 공통적으로 들어가는 단어를 추측해 봄으로서 문장의 앞뒤 부분과 연결되는 전치사, 부사, 형용사를 참고하여 basic word를 역으로 추적할 수 있을 것이다.

<표 72> 빈칸 채우기 학습지

1. love trees and animals. You should not throw		empty cans or bottles. Come on, Sora. Let's cro...
2. The smart fox laughed at them. Then he went		with the rabbit. Arthur Conan Doyle got to a hotel...
3. They shouldn't do that. Some people throw		empty bottles on the street. We should recycle...
4. out the hand gesture. "That doesn't mean" Go		It means "Come here." They laughed together.
5. here "to John, but his hand gesture meant" Go		"to John. John could not understand. John asked...
6. Dad. My dad is working in China. He has been		from here for one year. He calls us three times...
7. don't do that. Look! Those people are throwing		Today the tree is still waiting for this friends.

또한 문맥을 통한 전체적인 글을 이해하는 연습을 하게 된다. 이때 관용구, 연어 등도 빈칸으로 만들어 지도할 수 있으며 학생들 스스로 자기가 원하는 단어를 컨코던스 프로그램을 검색하여 이러한 클로즈 테스트를 만들어서 발표하여 친구들에게 풀어보게 하는 것도 학습 동기를 유발할 수 있는 좋은 방법이다. 행맨(hangman)을 이용하여 게임의 경쟁 요소를 넣으면 더욱 즐겁게 활동할 수 있을 것이다.

X. 코퍼스와 교실 담화 및 교실 담화 분석방법

1. 교실 담화

　교사는 학생이 실제로 사용하는 언어를 조정하고, 편집하고, 피드백을 제공하고 정정하는 일과 아울러 교사 자신이 학습자와 적절한 조화를 이루고 있는가, 대부분의 학생이 상호작용에 동참하고 수업 진행을 이해하고 있는가를 끊임없이 체크하고 조정해 나가야 한다. 즉, 교사는 교실에서의 담화 진행 상황을 계속적으로 관리해야 하는 것이다. 즉 교사는 학습자의 이해도를 위하여 느린 발화 속도, 반복, 주저, 부연 등으로 교사 언어를 조정하고 학생이 실제로 사용하는 언어를 적극적으로 조정, 편집하여 정정하며 아울러 자신이 학생과 적절한 수업상의 조화를 이루는지, 학생들은 수업에 동참하여 이해하고 있는지 등을 동적으로 체크해 나가며 수업을 진행해 나간다. 이 장에서는 이와 같은 특성을 지닌 교실 담화를 분석하는 기본이 되는 이론과 그리고 담화에서 중요한 역할을 하는 담화 표지어, 교실 담화를 분석하는 방법에 관해서 알아보고자 한다.

가. 상호 주의적 습득 이론

　언어적 상호작용이란 화자와 청자, 상황간의 관계를 확립하는 협력적 행위이다. 그러므로 상호작용이란 학습자의 생각을 표현하는 것과 다른 사람의 생각을 이해하는 일이 포함된다. 이러한 상호작용을 통해서 영어 학습자는 그가 들은 언어 자료를 더 효과적으로 저장할 수 있으며 실생활에서의 언어의 실질적 의미를 표현하는 의사소통 활동을 통해 언어 사용 규칙을 배우게 된다. 즉 상호작용 이론은 언어 학습을 의사소통 기능의 습득에 초점을 둔 이론으로 사회학, 사회 언어학적 요인을 영어의 학습에 적용을 하였다. 따라서 영어의 학습이 단순히 영어의 기본적인 구조와 기능에 대한 이해를 하는 것만을 의미하는 것이 아니므로 진정한 영어 학습은 언어 입력과 상호작용과 추론을 통해서만 가능하다.

Krashen(1982)은 이해 가능한 입력이 언어 습득의 결정적 요소라고 강조 했지만 그 이후에는 Long(1989)은 이해 가능한 입력을 흡수(intake)하도록 하는 교섭된 상호작용이 중요하다고 하였다. 상호작용 가설은 Long의 연구와 가장 밀접하게 관련되어 있으며 이해 가능한 입력어가 L2 습득에 필요하고 소통 장애를 해소하는 과정에서 일어나는 상호작용 구조의 조절이 입력어를 이해 가능하게 만든다고 주장하였다. 상호작용 이론은 언어 입력의 구조와 기능뿐만 아니라 표현으로 나타나는 출력에 많은 관심을 가지며 의사소통 기능의 발달을 통한 학습을 강조하고 있다. 쌍방 간의 언어적 의사소통, 이해 못한 내용에 대한 피드백의 제공, 의미 협상에 의한 대화 구조의 조정, 이해 가능한 언어 입력의 제공, L2 학습의 순서를 통해 상호작용 구조의 조정이 이루어질 때 언어 학습의 촉진이 이루어진다고 하였다.

나. 자연적 교수법(Natural Approach)의 입력가설(Input Hypothesis)

L2 습득에서 입력어는 원어민이나 다른 학습자에 의해 발화된 언어를 가리킨다. L2 습득은 학습자가 입력어에 접근할 수 있을 때 가능하므로, 입력어의 특성은 매우 중요하다. Krashen은 입력어가 L2 습득에 도움이 되기 위해서는 먼저 학습자에게 이해되어야 하고, L1을 습득하는 아동에 대한 돌보는 이의 말, L2 학습자에 대한 교사 언어, 외국인을 위해 원어민이 사용하는 외국인의 말에 관한 연구 결과를 토대로 단순화된 입력의 중요성을 강조하였다. 즉 단순화된 입력어가 학습자에게 그 언어들을 인식할 수 있게 해주고, L2가 결합되어 사용되는 방법을 알 수 있도록 해주기 때문에 최적의 입력어는 학습자의 현재 언어 발달을 약간 상회하는 언어라고 주장하였다. 따라서 언어를 배우는 초기 단계에서 구두 표현을 강조하

면 학습자의 불안감을 일으켜 자신감을 떨어뜨리기 때문에 말하기를 강조하지 말고 언어 자료에 수정을 가한 이해 가능한 언어입력을 충분히 제공해야 언어 능력이 축적된다고 하였다.

우리나라와 같은 외국어 환경에서 기초적인 의사소통 능력을 기르기 위해서는 교실에서 자연적 접근법에서 강조하는 조정된 이해 가능한 입력이 제공되어야 한다. 즉, 발화 능력은 직접적 교수로 습득되는 것이 아니므로 학습자에게 언어 입력을 충분히 제공한다면 유창하게 말하기를 유도하게 될 것이다. 그러나 제 2언어 입력을 교사가 충분히 제공한다고 저절로 학습자의 의사소통 능력이 생겨나는 것은 아니므로 학생들의 정의적 여과를 낮추면서 이해할 수 있는 조정된 입력어를 제공해야 할 것이다. 영어로 진행하는 영어 수업을 진행한다고 해서 의사소통능력이 생기는 것은 아니며 영어 수업에서는 학습자의 수준에 맞는 단어와 단일문장 길이, 질문형태, 문법적 형태 등을 고려하여 조정된 교사 언어를 제공해야 학습자에게 이해 가능한 입력이 될 것이다.

다. 담화 표지어

담화 표지어는 구어를 구성하는 단위기능을 하는 단어 혹은 구를 가리킨다. 특히 청자에게는 담화 상에서 화자의 의도를 파악하게 하는 일종의 신호이며, 화자에게는 자신의 의도를 효과적으로 전달하기 위한 수단이다. 담화 표지어는 학자에 따라 정의하는 범위가 다르다. 이러한 다양한 관점에서 Fraser(1990, p.383)는 담화 표지어를 다음과 같이 정의하고 있다.

> …expressions such as now, well, so however, and then, which signals a sequential relationship between the current basic message and the previous discourse…. (Fraser, 1990, p.383)

이러한 담화 표지어의 특징은 다음과 같다. 첫째, 담화 표지어는 문어에서보다 구어에서 더 많이 쓰이고, 빈도가 아주 높게 나타나는 특징을 지닌다. 또한 담화 표지어의 작은 공기현상(co-occurrence)이 나타난다. 담화 표지어의 공기현상은 두 개 이상의 표지어가 한 문장에서 함께 일어나는 것을 말하는데, 이의 예로는 "*well, anyway, I mean, what was the reason.. y'know, why did she do it, anyway?*" 라는 문장을 제시하여 공기현상을 설명할 수 있다. 아래의 문장 역시 공기 현상을 잘 보여준다.

> *well may be, yeah, but maybe Steven is er is a half brother through a third marriage erm at a later stage to when they his mum er they're er Chirs' mum may have remarried.(BNC spoken corpus)*

둘째로 담화 표지어는 담화의 통사구조에 영향을 주지 않으며 선택적으로 사용된다. 또한 담화 표지어는 내용전달, 및 내용의 사실 진위에도 영향을 미치지 않는다. 즉 담화표지어가 사용되는 부분이 빠져도 문장 혹은 담화의 내용의 의미전달 및 문장의 구성에 영향을 미치지 않는다는 것이다. 하지만 이런 담화 표지어는 원어민성을 상징하는 것이기에 담화를 가르치는 영어교사에게는 필요한 자질 중 하나이다.

라. 교실 담화 자료 분석 및 연구방법

L2 교실 수업 연구를 위한 방법론적 접근 방법은 매우 다양한 것으로 알려져 있다. 이러한 것들은 일반적으로 모국어에 대한 학교 교육의 연구가 들이나 의사소통적 상호작용에 관한 사회 연구를 하는 연구가들에 의해 채택된 방법을 따라왔으나 L2 학습자와 교사간의 의사소통에서 중요한 문제들이 부각되면서 L2에 관한 방법론적 접근들이 새로운 절차를 갖게 되며 그들 간의 상호작용 분석적 접근법(interaction analysis approach)이 있으며 이에는 Moskowitz가 새롭게 개발 적용한 Flint체계가 있으며 그밖에 담화 분석적 접근법은 교실에서 발생하는 여러 종류의 상호작용 유형을 식별해내는 데 도움을 얻고자 구조적-기능적 언어 표현의 교실 수업 상호 과정의 담화를 분석하기 위한 시도로 적용된다(Chaudron, 1995).

1) Flanders의 언어 상호작용분석 방법

수업을 어떻게 분류하는가 하는 것은 학자에 따라 다르다. Flanders는 수업의 형태를 크게 두 가지로 보고 있으며 그 하나는 지시적 영향(directive influence)이며, 다른 하나는 비지시적 영향 (indirective influence)이다. 지시적 영향이라는 것은 지배적, 전제적, 교사 중심적, 제한적인 의사소통의 개념이며, 비지시적 영향이라는 것은 통합적, 민주적, 학생중심, 포괄적, 권장적 의사소통을 의미한다. Flanders 방법에서는 교사의 모든 언어를 지시적인(directive) 것과 비지시적인(indirective) 것으로 크게 구분하고 있다. 여기에서는 교사가 학생들에게 어느 정도의 표현의 자유를 부여하는가에 주안점을 두고 있다. 즉, 수업 형태에서 교사는 학생들의 활동을 제한하는 지시적 방법을 쓸 것인지 또는 학생들의 반응을 최대한으로 보장하는 방법을 쓸 것인지를 선택할 수 있다. 이 선택은 의식적이든 무의식적이든 간에 여러 가지 요인들과 관련되어 있으며 특히 학급 분위기나 그 시간의 목적과 관련이 깊다. 학급에서 일어나는 전체적인 언어활동을 의미 있게 이해하기 위해서 Flanders 방법에서는 두 번째로 학생들의 언어를 분류하도록 하고 있다. 그리고 세 번째는 작업과 침묵과 혼동의 부분이며 이 부분은 교사나 학생의 언어 중 어느 항목에 속해야 할지 모르는 것과 침묵, 작업, 혼동의 상태와 같은 것이 포함된다. 이상의 것들을 정리하면, 학급에서 일어나는 교사와 학생의 모든 상호 작용은 교사의 말, 학생의 말, 작업, 침묵, 또는 혼동의 세 가지로 분류된다. 그리고 이 분류는 다시 세항으로 다음과 같이 나누어진다. 즉 교사의 말 중에서 비 지식적인 말은,

- 학생의 느낌을 받아들이는 것
- 학생을 칭찬하고 용기를 돋우어 주는 것
- 학생의 아이디어를 받아들이는 것
- 학생에게 질문하는 것으로 분류된다.

그리고 지시적인 말은,

- 강의
- 학생에게 지시하고 명령하는 것
- 학생을 비난하거나 교사가 권위를 내세우는 것으로 분류된다.

학생의 말은,

- 교사 질문에 대한 단순 답변
- 학생의 질문 및 교사의 질문에 대한 자세한 답변으로 세분된다.

그리고 마지막으로,

- 과제
- 침묵과 혼동이 있다.

위의 10가지 세분된 분류항목이 수업형태를 분석하는 기준이 되는데, 특히 위에 제시한 분류항목의 번호가 대단히 중요한 구실을 하게 된다. 관찰자는 수업에서 일어나는 교사와 학생의 상호작용을 위의 열 가지의 분류항목에 따라서 3초에 한 번씩 분류항목의 번호만 기록하도록 되어 있기 때문이다(김종서, 김영찬, 1970).

위의 Flanders의 분석법은 Moskowitz의 Flint system의 기본이 된다. 비지시적인 영향이 간접적인 영향으로 바뀌고, 지시적인 영향이 직접적인 영향으로 바뀌면서 분류항목도 열 가지에서 교사발화의 경우에 열두 가지로 늘어나면서 교사의 발화를 보다 세분화하여 분석하려는 Moskowitz의 의도를 엿볼 수가 있는 것이다.

2) Moskowitz의 FLint 체계

Moskowitz(1976)는 Flanders 언어 상호작용 분석법을 가장 널리 알려지고 사용되는 분석법으로 만들어 놓았는데, 그것을 FLint(Foreign Language interaction system)라고 부른다. Flanders의 범주를 확장하고 세분화하여 그 체계를 하나의 연구 도구(research tool)로 사용하였으며 훌륭한 언어 교수를 구성하는 것들을 추적하기 위해 사용하였다. 그녀는 교사 수련의 중요한 작업을 하면서 FLint 범주를 사용하여 제자들의 교수 내용을 분석하고 그들의 교수 행위에 대한 객관적인 피드백을 줄 수 있도록 하는 일을 하는데 종사하면서 이 방법을 활용하였다(Seliger, 1983). 근래에는 입력 그 자체보다 원어민과 제 2언어 습득자 사이의 상호작용에 더욱 관심을 기울이는 것으로 나타났는데(Gaies, 1983), 이 방법은 언어 상호작용의 분석이라는 말에서 알 수 있듯이 교사와 학생 간의 활동에 중점을 두고 분석을 하는 것이다.

교사의 교실 수업에서의 발화 내용을 분석함에 Moskowitz의 FLint 체계를 이용하는데 이것은 교사의 말과 학생의 말의 두 가지로 나누어진 것이다. 이것들을 간단히 설명하면 아래와 같다(Chaudron, 1988).

가) 교사발화(teacher talk)

교사 발화는 수업시간에 교사에 의해 이루어지는 담화에 속한다고 볼 수 있는데 수업의 주제를 다루는 것과 직접적인 관계는 없으나 학생들의 분위기를 수용하고 칭찬이나 격려를 하는 등의 간접적인 영향이 직접적인 영향에 앞서 나온다.

(1) 간접적인 영향(indirect influence)

- 감정처리(Deals with feelings): 학생의 과거나 현재, 또는 미래의 감정이나 기분을 부드럽게 수용하고 의견을 나누는 의사소통적인 활동.
- 칭찬이나 격려(Praises or encourages): 학생들의 언행을 칭찬하고 그것을 지속하도록 격려하며 자신감을 주고 확인성 응답을 해 주는 것.
- 농담(Jokes): 부담이 되지 않는 의도적인 농담이나 재담
- 변형반복(Uses ideas of students): 학생의 의견을 확인, 해석, 요약하는데 교사에 의해 변형 진술되는 것.
- 동형반복(Repeats students response verbatim): 학생의 말을 정확히 그대로 반복하는 것.
- 질문(Ask questions): 대답이 기대되는 질문을 하는 것으로 수사적인 질문은 포함이 되지 않음.

위의 간접적인 영향은 Flanders의 비지시적인 영향을 바꾼 것으로 학생과 학급의 분위기를 조성해 나가는 발언이 이에 해당된다. 이것이 직접적인 영향에 앞서 나온 것은 수업을 시작할 때의 분위기 조성과 학생들의 감정을 다루어나가는 것이 수업에서 내용을 전달하는 것에 우선하게 되기 때문인 것으로 보인다.

(2) 직접적인 영향(direct influence)

- 정보제공(Gives information): 정보, 사실, 의견 등을 제공하고 강의하는 것, 또는 수사적인 질문도 포함됨.
- 교정(Corrects without rejection): 학생의 잘못을 정확하게 응답형식으로 말하되 비난의 뜻을 담지 않은 것.
- 지시(Gives directions): 학생이 따를 것으로 예상되는 지시나 요청, 또는 명령.
- 문형연습(Directs pattern drills): 반복을 하거나 대체어를 사용하거나 형태를 바꾸어 연습을 제공하는 것.
- 행동비난(Criticizes students behavior): 학생의 행위에 대한 거절, 용납되지 않은 행동을 수정하려고 시도하며 불쾌감, 불만, 또는 화를 나타냄.
- 응답비난(Criticizes student response): 학생의 응답이 부정확하거나 받아들일 수 없음을 불쾌감, 비난, 또는 거부감을 지닌 말로 표현함.

이 부분 역시 Flanders의 지시적인 영향의 명칭을 바꾼 것으로 수업과 직접적으로 관련된, 즉 수업의 내용을 전달하고 연습하며, 지시하고 교정하는 내용으로 구성이 되어 있다.

나) 학생발화(student talk)

학생이 수업시간에 발화하는 내용을 아래와 같이 분류했다.

- 가) 응답이 가능하고 구성되어 있는 내용을 특정되고 제한된 범위 안에서 교사에게 답하는 것.
- 나) 학급 학생들의 부분 또는 전체가 함께 응답하는 것.
- 다) 이미 구성되어 있는 내용이지만 학생들이 여러 가능한 대답들 중에서 선택하여 학생 자신의 생각이나 의견, 또는 반응 들을 교사에게 답하는 것.

이 밖에 언어적 상호작용이 없는 상태에서 이루어지는 침묵, 시청각 기자재가 교사나 학생들의 활동을 대체하여 의사소통 목적으로 사용되는 시간, 두 명 이상이 발화하여 상호작용으로 표현될 수 없는 경우, 학생이나 교사에 의한 웃음, 그리고 비언어적 동작(nonverbal gesture)이나 얼굴표정(facial expression) 등이 포함되어 있다.

2. 코퍼스를 이용한 담화 분석

코퍼스 언어학 기술은 컴퓨터 기술의 발달과 더불어 폭 넓게 사용되고 있다. 이러한 코퍼스 언어학 기술 발달은 폭넓고, 다양한 상황에서 현실성 있는 언어 사용을 제시해주며, 탐구 할 수 있게 하였다. 이러한 방대한 자료는 학습자료 제작, 수업 방법학, 언어시험에 사용이 된다. 최근에 코퍼스 언어학의 영역은 학생들 언어 말뭉치를 포함하고 있는 영역까지 확대되었다. 비원어민 영어학습자로부터 녹음, 녹취된 학습자 자료는 지금 언어 수업을 향상시키기 위한 목적으로 사용이 된다. 학습자 코퍼스에 관한 연구는 영어학습자와 원어민과의 언어사용 측면을 비교하기 위해서 행해진다. 즉 코퍼스 기반 대조분석에 관한 관심은 L2학습자 코퍼스가 원어민의 코퍼스보다 많이 사용되고 있는지 그렇지 않은지에 관해 주목하고 있다. 그러나 McCarthy 와 Carter(1994)가 지적했듯이 문어 지향적 코퍼스 언어학 연구는 상당히 수행되고 있지만, 구어기반 코퍼스 언어학 영역은 많은 관심이 쏟아지고 있지 않다. 학습자의 말하기 실력을 향상시키기 위한 노력이 부단하게 진행되고 있다. 구어 기반 코퍼스의 사용으로 효과적인 의사소통을 위한 구어 상호작용이 일어나는 복잡한 상황을 이해하고 묘사할 수 있게 되었다. 이러한 내용을 바탕으로 일상 대화에서 일어나는 담화를 분석 할 수 있을 뿐만 아니라 학교 교실에서 일어나고 있는 교실 담화에서도 충분히 활용을 할 수 있을 것이라 기대하며, 교실 상황에서도 특히나 담화 표지어를 코퍼스를 이용하여 분석해 보고자 한다.

가. 코퍼스를 이용한 담화 표지어 분석

<표 73>은 BNC(British National Corpus)에 나타난 끼워 넣는 말과 담화불변화사의 빈도 목록(Frequency list of interjections and discourse particles)이다. 이 수치는 1억 단어의 BNC 코퍼스를 기반으로 한 자료이다.

<표 73> BNC 내 끼워 넣는 말과 담화불변화사의 빈도 목록

Interj. & DP	Freq.	Interj. & DP	Freq.	Interj. & DP	Freq.
yeah	834	mhm	75	ha	30
oh	684	aye	52	aha	26
no	662	ooh	46	hey	18
yes	606	hello	38	bye	27
mm	330	dear	37	yep	13
ah	99	eh	35	goodbye	10

'Yeah'와 'oh'의 압도적인 차이가 보이고, 또한 'mm, mhm, oh, eh' 등의 채움말 역시 목록에 포함되고, 'mm'의 경우는 채움말 중에서 압도적인 빈도를 보이고 있다.

한편 McCarthy, M., Carter, R.와 O'Keeffe, A. (2007)은 가장 빈도가 높은 단일어 (single word) 50개를 차례로 제시하고 있다.

<표 74> McCarthy, Carter와 O'Keeffe의 담화 표지어 분류

	word	frequency		word	frequency
1	the	169335	26	like	33936
2	I	150989	27	well	33930
3	and	141206	28	what	33207
4	you	137522	29	do	32872
5	it	106249	30	right	31551
6	to	105854	31	just	31185
7	a	103524	32	he	30676
8	yeah	91481	33	for	29846
9	that	84930	34	erm	28443
10	of	78207	35	this	28134
11	in	62797	36	be	28089
12	was	50417	37	all	27682
13	it's	47837	38	there	26478
14	know	46601	39	got	26131
15	is	45448	40	that's	25691

16	mm	44103	41	not	25474
17	er	43476	42	don't	25207
18	but	41534	43	if	24430
19	so	10071	44	think	24300
20	they	38861	45	one	23981
21	on	35914	46	with	22879
22	have	35617	47	at	22194
23	we	35587	48	or	21436
24	oh	35526	49	then	21420
25	no	35085	50	she	20615

<표 74>를 통해서 많은 학자들이 앞서 담화 표지어로 분류를 한 ' and, well, but, so, oh, them' 등의 빈도수가 높은 것을 재확인 할 수 있다. 또한 you know, it's like, I think에 들어가는 you, it's , I 등의 대명사, 그리고 know, like, got, think, do 등의 동사가 높은 빈도를 보이고 있음을 알 수 있다. 이는 단순히 이 단어들이 가지는 핵심의미로만 쓰이지 않았다는 것을 알 수 있으며, 다른 용도로 빈번히 쓰이고 있음을 유추할 수 있다.

이처럼 원어민성이 높을수록 담화 표지어 사용의 빈도가 높게 나타났고, 기능도 일상 대화에서 의사소통을 위한 다양한 기능으로 사용되고 있음을 알 수 있다. 이와 같은 담화 표지어는 원어민성을 대표하는 특징 중 하나로서, 궁극적으로 원어민과 의사소통을 목표로 영어 학습을 해야 하는 우리 학생들에게는 담화 표지어 역시 학습해야하는 요소 중 하나로서 가치를 지닌다.

나. 학생들의 담화분석 절차

학생들이 쓰는 담화 표지어를 분석하기 위해서 Monoconc Pro 2.2 프로그램을 활용하면 된다. 프로그램 활용에 필요한 텍스트 자료는 직접 입력해서 텍스트 파일로 만들어서 사용하면 간편하게 교사가 사용할 수 있다. 우선 프로그램을 작동시키면 <그림108>과 같이 파일, 어구검색, 빈도, 보여주기, 정렬, 도움말이 나타난다. 담화 표지어를 분석하기 위해서는 주로 어구검색, 정렬, 보여주기 기증을 사용하면 된다. 먼저 파일을 클릭해서 코퍼스 텍스트를 다운로드 받고, 어구검색

(concordance search) 혹은 고급 검색(advanced search)를 이용하여 검색하고자 하는 담화 표지어를 검색한다. 이 때 분석 결과는 왼쪽 하단에 빈도를 보여준다. 이러한 도구를 활용하여서 학생들이 질문을 받고 원어민과 대화를 하는 과정을 녹음하고 녹취를 하여서 직접 스크립트를 작성하여 약 8700개의 단어 상당의 소용량 코퍼스 자료를 완성할 수 있다. 스크립트는 발화의 차례, 즉 주도권이 바뀔 때 마다 행을 바꾸는 것을 원칙적으로 하여 스크립트를 만들었고, 표기 방법이 동일하진 않지만 여러 가지 전사법을 참고하여 일관성 있게 작성하였다. 동시에 두 사람이 함께 말을 하거나 시간적 여유가 없이 상대방의 말을 바로 받는 경우, '*'를 통해 표시하였고, 의사소통이 끊어져서 말없이 시간이 가는 경우는 '...'으로 표기하였으며, 말이 끝나지 않고 계속 될 것이라는 어감, 망설임 등은 ','와 ',,'을 사용하여 표기한다.

[예1]
S: Well.... you know only simple just hit the ball in the line.
T: Hmm,, And movies huh?
S: Yes.
T: You must have seen some great movies *In the sates. * any
S: *yes * U hmm particular movie you would think is fantastic?
   Well, emm, you know 'born series'?born,,
T: yeah,,
S: I'm pretty much liked it, I like, no, that kind of movie,, kind of action and,,,,,
   well,,, die hard 4 was pretty good, too.

이러한 스크립트 정확한 분석을 위해서 철자와 위의 표기에 중점을 두고 초본 검토를 더 하며 담화 표지어에 동그라미를 한다. 그리고 본격적인 분석은 동그라미가 표시된 담화 표지어를 살펴보기 위해서 소프트웨어 Monoconc Pro 2.2를 사용하여 분석의 효율성과 정확성을 높인다.

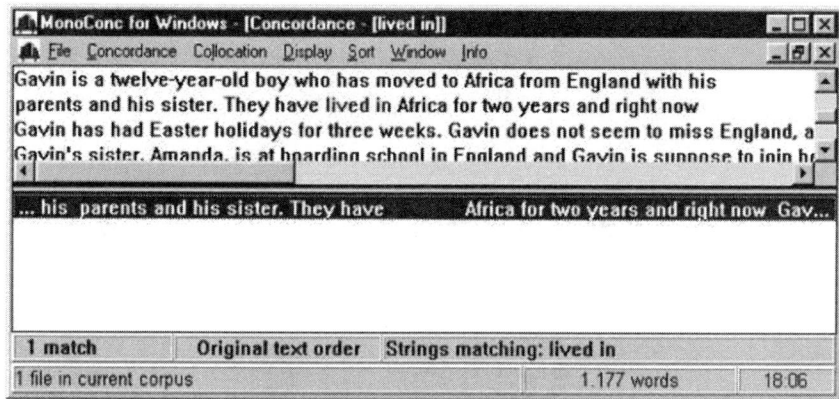

<그림 108> Mono Conc Pro 2.2 검색

스크립트를 통해 본 학생들의 담화표지어의 종류는 그리 많지 않았다. <표74>에서 나타난바와 같이 학생들의 담화에서는 *yeah, like, ok, well, right, you know, so, oh, actually, mean* 10가지의 담화 표지어를 볼 수 있었고, 그 중 *so, yeah, you know*가 전체 사용 80%의 높은 사용빈도를 보여주었다. <그림 109>는 김광민(2006)의 연구 결과이다.

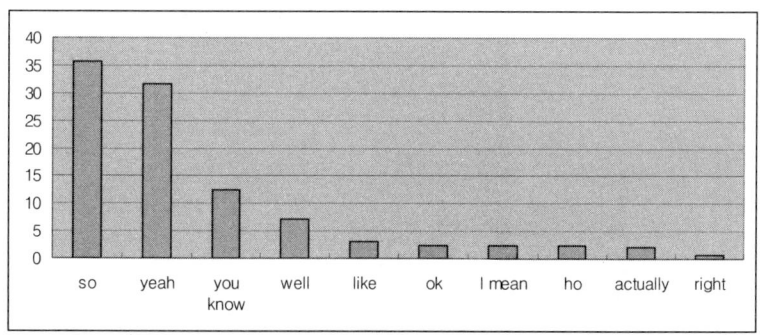

<그림 109> 고등학생 대화에 나타나는 담화 표지어 종류와 사용비율(%)

<그림 110>은 고등학교 학생들의 담화 표지어 사용이 원어민의 표지어 사용과는 어떻게 다른지를 살펴보기 위해 제시한 Jucker(1992)의 연구 결과이다.

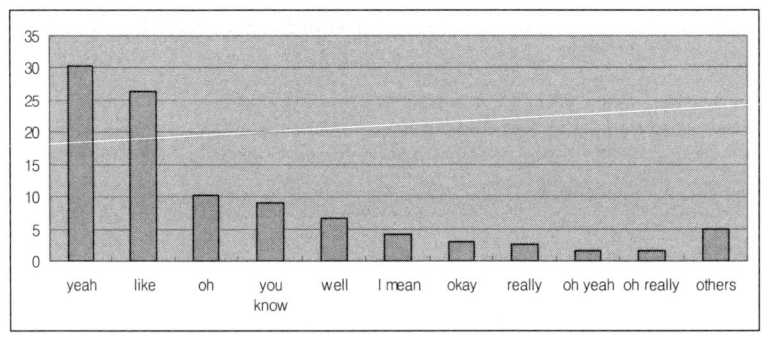

<그림 110> 원어민 담화 표지어 종류와 사용비율(Jucker(1992)의 실험)

원어민 학생들은 *yeah, like, oh, you know, well, I mean, ok, really, oh yeah, oh really* 등 10가지 이상의 담화 표지어를 사용하고 있었고, 그 중 *yeah, like, oh* 등이 다른 표지어들에 비해 비교적 높은 비율(약 70%)로 사용되고 있었다. 두 집단을 비교하면 우리나라 학생들은 10가지 종류의 담화표지어만 사용하고 있었으나, 원어민 학생들은 10종류 이상의 표지를 사용하고 있었다. 그러나 공통적으로 몇몇 표지어를 집중적으로 사용하는 현상은 공통적으로 나타났으나 그 종류가 달랐다. 우리나라 학생은 *so, yeah*, 그리고 *you know*를 가장 많이 사용한 반면, 원어민 학생들은 *yeah, like* 그리고 *oh*를 가장 많이 사용하였다. <그림 111>은 김광민(2006)의 연구 결과 이다.

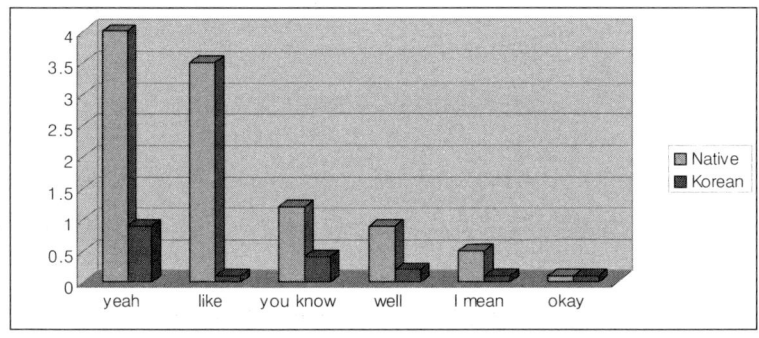

<그림 111> 1분당 사용한 담화표지어의 빈도 (김광민, 2006)

위는 두 집단이 각각 1분당 사용한 담화 표지어로 공통적으로 사용된 담화 표지어들을 선정하여 그 빈도 차이가 얼마나 나는지를 자세히 알아보기 위해 제시하였다. 비교한 담화 표지어의 종류는 두 집단에서 공통적으로 나타난 담화 표지어 *yeah, like, you know, well, I mean*, 그리고 *okay*이다. 학생들이 꼭 학습해야 하는 담화표지어로 여덟 가지가 있는데 그 여덟 가지 담화 표지어 사용에 대한 빈도를 <표 75>에서 나타낸다.

<표 75> 고등학생 대화에 나타나는 담화 표지어 빈도

담화 표지어	전체빈도
well	24
ok	8
right	2
you know	41
I mean	8
so	117
actually	7
anyway	0
합계	207

우선 전체 빈도 결과로부터 빈도가 높게 나타나는 순서가 *so*(117)> *you know*(41)> *well*(24)> *Ok, I mean*(8)> *actually*(7)> *right*(2)> *anyway*(0)임을 알 수 있다. 또한 *Ok, right, I mean, actually*가 아주 제한적으로 사용되었고, *anyway*는 한 번도 사용되지 않은 것으로 보아 학생들이 다양한 담화 표지어를 사용하고 있지 못하고, 몇몇, 익숙한 표지에 편중된 사용을 하고 있다는 것을 알 수 있다. 실제로 학생들은 자신이 쓰는 담화 표지어만 같은 기능으로 반복해서 사용하고 있었다.

다. 담화표지어의 기능: *so, well*을 중심으로

학생들의 대화에서 나타난 담화 표지어의 기능을 빈도 조사 결과에서 높은 빈도를 보인 *so*를 중심으로 차례로 살펴본다. Parrot(2002)의 기중에는 *so*를 <표 76>과 같이 세 가지 기능으로 분류한다. 주제에서 벗어나 다른 이야기를 하다가 원래 의논하던 주제로 돌아갈 때, 새로운 주제를 제안 할 때, 그리고 말하려고 하는 바가 선행담화와 연관이 있을 때 *so*를 사용한다. 학생들의 대화에 나타난 담화 표지어 *so*를 각 기능별로 살펴보자.

<표 76> 고등학생 대화에 나타나는 so 기능분석

	빈도(%)	
(1) 원래 주제로 돌아가기	-	-
(2) 새 주제 시작하기 전	-	-
(3) 말하려는 바가 선행담화와 연관 있음	117	100
	117	100

위 표를 보면 학생들은 다른 기능으로 전혀 사용을 하지 않고 (3)번 기능인 화자가 말하려는 바가 선행 담화와 관련이 있을 때에만 *so*를 사용하였다. (1),(2)번 기능은 원어민 선생님의 대화에서 보여 졌는데, 이는 학생들이 주로 소극적인 대화를 하고 원어민 선생님이 대화를 이끌어 가시는 역할을 맡으면서 화제를 정리하고 화제를 돌리는 역할을 많이 수행했기 때문으로 분석된다. 학생 대화의 *so*가 보여주는 또 다른 특징은 문장의 처음, 중간, 끝에 골고루 나타난다는 점이다. 학생들이 실제로 사용한 대화 예를 통해 살펴보자.

T: What about companies?
S: About companies..? Most of thing, I'll feel, I work for,, the president, company. [[So]], you know,, if I don't like him that much,, I won't work hard.
T: Okay,, what are the advantages of working for a company?

위의 예는 학생이 국가 기관에서 공무원으로 일하고 싶다고 하자 일반회사는 어떠냐고 선생님이 질문한다. 학생은 왜 회사가 싫은지 이야기하고 있다. *So*를 중심으로 앞부분은 학생의 배경생각이고, 뒷부분은 의견이다. 앞 이야기와 연관된 이야기를 할 것임을 *so*를 사용해 알리고 있다.

학생의 대화에서는 특징이 문장의 마지막에도 *so*가 29%나 등장했다. 연관이 있는 대화를 발화하기 위해 문장의 처음과 중간은 충분히 이해가 가지만 마지막에 나오는 *so*는 독특하다고 생각을 하고 분석을 하였다. 이 때 쓰인 *so*는 두 가지 경우였는데, 한 가지는 자신이 말을 더 이으려고 하는데, 정확한 표현을 떠올리지 못해 망설이는 도중에 대화의 주도권이 상대방으로 넘어간 경우였고, 나머지 한 가지는 자신이 대화를 마치기 위해 사용하여 한층 부드러운 분위기를 만들어 주었다. 여기서는 마지막으로 발화를 마치는 경우가 더 자주 일어났다. 다음 두 예문을 보자.

[예3]
T: Yeah? nice, Ok. How is today? Did you go to school today?
S: Um, today is teacher's day. [[so]],,
T: Yeah Is it good or bad?

위의 예문은 오늘 학교생활에 대해 이야기 하고 있다. 학생은 오늘이 스승의 날이라 말을 하고 이후 할 말을 생각하고 있는데, 선생님에게 주도권이 넘어갔음을 ',,'을 통해 알 수 있다. 아래는 대화를 마칠 때 사용된 *so*이다.

[예4]
T: What's so good about football?
S: I don't know it's just makes me fun, really fun, when you tackle somebody, it's very really cool, [[so]],,
T: Yeah, ok,, what's the hardest thing about playing football?
S: Umm, you have to try hard, and getting big,, big knock very hard you know.

학생이 축구를 좋아한다고 하자 무엇 때문에 축구가 좋은지 선생님이 질문을 하고 학생은 대답을 한다. 이 때 학생은 대답을 끝내고 *so*를 통해 말을 끝맺고 있음을 '..'을 통해 알 수 있다. 선생님은 학생의 말이 대체적으로 끝났음을 인지하고, 'yeah, ok.'로 알아들었다는 반응을 보인 후 그에 관한 더 자세한 질문으로 대화를 진전시킴을 볼 수 있다.

실험에 참여한 학생들과 이야기를 나누어 본 결과, so는 참여자들에게 부사, 접속사, 대명사로 더 친근했다. 실제 대화에서도 부사, 대명사로 쓰이고 있는 so를 적지 않게 볼 수 있다. 그러나 so는 전체적으로 담화 표지어로서 더 압도적인 빈도를 보여주고 있었다. 하지만 학생들은 자신들이 so를 담화표지어의 기능으로 사용하고 있는지 전혀 알지 못했다.

라. 담화표지어의 기능: so, well을 중심으로

학생들이 대화에서 well을 분석할 때, well은 부사와 담화 표지어 이 두 가지로 나타났다. 그러나 학생 대화에서 나타난 부사 well은 as well as의 형태로 단 한번 나왔을 뿐, 나머지 경우는 모두 담화표지어로 사용되었다.

<표 77> 고등학생 대화에 나타나는 well 기능 분석

	빈도	
(1) 유보표현	-	-
(2) 선행담화에 대한 생각	1	4.2
(3) 생각 중 & 끼어들기 원하지 않음	23	95.8
(4) 선행 발화에서 언급된 주제를 받아서 이어감	-	-
합계	24	100

Parrot(2002)은 well의 기능을 네 가지로 나누었다. 상대의 발화에 유보를 표시하고, 누군가의 발화를 자신이 생각하고 고민하고 있을 때, 그리고 화자가 할 말을 생각하고 있으니 끼어들지 말기를 표현할 때, 그리고 선행발화에서 언급된 주제를 받아서 이어감을 표시할 때 well을 사용된다고 하였다. 그러나 학생들의 대화에서 well은 (2) 선행담화에 대한 생각과 (3) 자신이하고 싶은 말을 생각할 때 이 두 기능으로만 사용되었고, (3)번 기능을 95.8%라는 압도적으로 높은 비율로 사용하고 있었다. 그러나 이 또한 표에서 보시다 시피 한 한학생의 빈도가 전체의 약 80%를 차지하고 있어 기능별 빈도에 큰 영향을 주었음을 밝힌다.

또한 연어빈도(collocation frequency)를 통해 *well*과 *I* 가 가장 함께 많이 쓰이고 있음을 알 수 있었다. 이는 *well*을 이용하여 생각할 시간을 확보한 후 자신의 생각을 이어나가는 것으로 판단되어, 이 역시 (3) 기능으로 가장 많이 쓰이고 있다. 예문을 통해 학생들의 발화에 나타난 두 기능을 살펴보자. 먼저 (2) 선행담화에 대한 생각을 표현하는 기능이다.

[예5]
S: Yeah. I was in Iowa state, yeap. hahahaha
T: How long?
S: About two years.
T: It's long time.
S: [[Well]],,, yeah,
T: Two years!!
S: Two years.

위의 예문은 아이오와에서 2년 머물렀다는 것에 대한 아주 짧은 내용이다. 사실 내용은 간단하지만 주도권 변화가 세 번이나 일어나고 있음을 볼 수 있는데, 선생님이 꽤 긴 시간이라는 반응을 보이자, 선생님의 단순한 의견에 동의를 보이고 있다. 이 때, 학생 역시 짧지 않은 시간 동안 생각을 했음을 알 수 있다. 다음은 가장 높은 빈도를 보여준 (3)번 기능을 아래의 예문을 살펴보자.

[예6]
T: What are you doing?
S: You mean,,, ah,*
T: *What are you doing in your spare time?
S: [[Well]],, I watch movie or,, just go out play tennis,, or,, uhm..*
T: * I love tennis.
S: Do you?

위의 대화는 의사소통이 아주 자연스럽게 잘 일어나고 있음을 알 수 있다. '*'는 상대가 말을 하고 조금의 틈도 없이 맞받아치는 경우로 대화의 주고받음이 원활하게 일어났을 때 주로 보이는 현상이다. *what~* 의문문에 생각을 *well* 을 통해서 자신이 생각하고 있음을 알리고 있다.

학생들이 사용하는 *well*의 기능이 (3)의 기능에 유독 편중되어 있는 것은 선생님과 학생의 대화와 질문과 대답이 주로 이루어지고 있음에서 그 연유를 찾을 수 있다. (3)번의 기능으로 사용된 *well*의 경우 약 80%가 단순한 '예/아니오'를 원하는 질문이 아니라 답을 하기 위해 생각을 요하는 *wh-question*과 *tell me about~*의 형식을 가지는 질문이었다. 때문에 학생들은 자신의 의견을 생각하거나 정리하기 위해 *well*과 같은 담화표지어가 필요했던 것이다.

3. 코퍼스를 활용한 담화 표지어 교실 수업에 적용

앞에서 담화 표지어가 의사소통에서 중요한 전략적인 역할을 담당하기 때문에 효과적인 의사소통을 위한 외국어 학습에서 꼭 익혀야 할 대상임을 살펴보았다. 특히 담화 표지어를 교실 학습 상황에서 코퍼스를 활용하여 수업을 진행하는 방법을 다음에서 살펴보고자 한다.

가. 대화 속에서 담화 표지어 찾기

[예7]
S1: Hi, Mr. Adams?
S2: Yes, You must be Kate. Thanks for coming. It's hard to find an experienced baby-sitter these days.
S1: Well I like caring for children and I can teach language, math, music and drawing.
S2: Well, I heard you were one of the best baby-sitters in the area.
S1: I can also cook and clean your house when you're away.
S2: Oh, I see. So, what do you have in mind?
S1: Well, as I see it, I'd like to ask for one dollar more per hour, and overtimes after 10 p.m.

나. 대화 속에서 담화 표지어 찾기

Prrot(2002)이 제시한 8가지의 담화 표지어를 학습한 후에 그것을 이용하여 대화를 완성하고, 대화를 바탕으로 학습자들이 역할극을 함으로써 일상생활 회화에서 보다 더 많은 담화 표지어를 사용할 수 있도록 도와줄 수 있다.

교사는 학생에게 교사에게 부탁을 하는 가령 *Could I borrow your car?*, *Can I borrow a dollar?*, *Could you take me to the airport next weekend?*와 같은 질문을 하게 함으로써 미니 역할극을 시작한다. 우선 교사는 아무런 지체, 담화 표지어 없이 대답을 한다. 예를 들어서 '*No, I think I need it tonight.*', '*I'm afraid I don't have any money.*', '*I'm going to be out of town next weekend.*'와 같다. 이와 같은 대답은 굉장히 즉흥적인 것처럼 들린다. 교사는 이와 같은 상황을 다른 학생에게 그대로 적용하고, 이번에는 좀 더 부드럽고 지체를 하면서 대답을 한다. 예를 들면 '*Well, I think I need it tonight.*', '*Uh, I'm afraid I don't have any money.*', '*Uh, I'm going to be out of town next weekend.*'와 같다. 이와 같은 상황을 겪게 한 후에 교사는 학생들로 하여금 첫 번째 대답과 비교하여 두 번째 대답에 대한 인상에 대해서 물어본다. 학생들은 두 번째 대답에서 좀 더 부드럽고 공손하다는 인상을 받았다고 인지할 것이다. 교사는 학생들에게 왜 이러한 인상이 느껴지는지를, 그리고 *well, oh, uh* 또는 *ah*와 같은 단어들의 기능과 목적에 대해서 물어본다. 학생들은 아마도 이러한 담화 표지어가 대화의 지연 이외의 다른 기능을 하고 있다는 것을 인지하지 못할 것이다. 그러면 교사는 학생들로 하여금 코퍼스 자료를 활용하여서 담화 표지어 기능을 설명할 수 있도록 도와주며, 또 자료에서 찾을 수 있는 담화 표지어의 다른 기능에 대해서도 학습할 수 있게 도와준다. 이러한 학습이 끝난 후에 교사는 학습자들에게 비슷한 상황을 제시하며 학생들이 담화 표지어를 만들어서 하나의 역할극을 만들어 볼 수 있게 한다. 학생에게 주어진 상황에서는 다음과 같은 것이 꼭 필수적으로 수반되어야 한다; 대화전환(turn-taking); 답하기 어려운 질문에 대한 계획을 대답할 때, 수정, 지체를 사용할 것; 사과하기; 주제전환과 확신을 포함한 대답. 학습자들의 역할극이 끝난 후에 ESL / EFL학습자들이 담화 표지어와 같은 언어 장치에 익숙하지 않아서 의도하지 않게 사회의 상호작용에서 의사소통의 단절을 경험한다. 학습자들이 대화 단절의 상황에 부딪히게 되는 것은 특정 지체 전략과 상황을 완화하는 다른 장치가 요구되는 '요청, 거절, 부정'의 상황이다. 침묵에 의해서 진행되는 지체는 사회 언어학적으로 이상하다. 그래서 담화 표지어인 *well, uh, oh,* 또는 *ah*를 사용하여 채워지며 교사는 학생들에게 이러한 단어들이 대화상에서 매우 중요하고 필요함을 인지 시켜주어야 한다. 또한 담화 표지어의 사용은 대화의 전략을 극대화 시켜주며 이는 대화 중 단절이 일어나도 유연하게 대처할 수 있을 뿐만 아니라 대화의 응집성을 향상 시켜주기도 한다.

[예8]
S: *How much education do you think a person needs to get a good job?*
T: *Definitely a bachelor's degree.*
S: *How much education do you think a person needs to get a good job?*
T: *Oh, definitely a bachelor's degree.*
S: *She can listen and tell you not only the composer, but also the name of the piece.*
T: *That's no big deal.*
S: *She can listen and tell you not only the composer, but also the name of the piece.*
T: *Well, that's no big deal.*
S: *Who wants to know?*
T: *I want to know.*
S: *Who wants to know?*
T: *Well, I want to know.*
S: *Can I borrow your car?*
T: *My wife needs to use it tonight.*
S: *Can I borrow your car?*
T: *Well....my wife needs to use it tonight.*

다. 교실 수업에서 담화 표지어 찾기의 의의

담화 표지어는 면대면 상호작용에 나타나는 대표적인 언어전략 중 하나로 문자에서 배제되었던 부분인 말하고 듣는 이의 기분, 성격, 분위기 전달 등에 직, 간접적인 역할을 수행한다. 즉, 담화의 내적 의미전달에 직접적인 관여를 하지 않지만, 의도된 의미의 전달을 원활하게 하여 의사소통의 상호작용을 높이는데 기여한다. 이러한 담화표지어의 역할 때문에 담화 표지어는 부족한 언어능력과 정보의 차이를 보충하기도 하면서 의소소통에서 아주 중요하게 작용한다. 때문에 의사소통 능력향상을 궁극적인 목적으로 하는 영어교육 현장에서 담화 표지어 교수는 의사소통 전략의 일부로 받아들여져야 한다.

하지만 의사소통에서 담화 표지어의 활용은 중요하지만, 한국의 고등학교 학생이 해당언어를 사용하는 실제 수업에서 담화 표지어의 기능을 학습하기는 어려운 상황이다. 수준별 학습에 따른 문제와 시험대비와 단어 외우기에 급급한 현실에서 학생들이 의식적으로 담화 표지어를 학습한다는 것은 무리가 있기 때문이다. 따라서 담화 표지어에 초점을 맞춤 교실에서의 의도적인 교수가 필요하다. 그것을 실현 하는 방법은 다음과 같다.

첫째, 교실에서 담화 표지어에 대한 수업이 이루어져야 하며, 이는 의사소통능력을 향상 시키는 교수의 일환으로 행해져야 하겠다. 앞서 언급한 바와 같이 담화 표지어의 사용은 의사소통 전략의 하나로 말하는 사람의 의도를 제대로 이해하고, 자신의 의사소통 목적을 달성하는데 중요한 영향을 미치며 나아가 상대와의 상호작용에 큰 영향을 준다. 때문에 담화 표지어의 교수는 학생들이 실제 상황에서 적응할 수 있는 상호작용 정도를 높이게 도와주는 역할을 담당한다. 교실 안에서의 담화 표지어의 교수는 이러한 담화 표지어의 역할을 학습시킬 수 있는 방향으로 행해져야 한다. 학생들이 담화 표지어를 활용하여 대화를 할 수 있는 상황을 만들어서 상황극(role-play)을 수행함으로써 학생들이 자신감을 가질 수 있도록 도와주어야 한다.

둘째, 교사의 회화 교과서 코퍼스 구축과 사용을 제안한다. 교과서 코퍼스는 교육용 코퍼스의 하나로, 교과서 코퍼스 제작은 이미 국내에서도 제안 된 바가 있으며 교실 상황에 적용 용이한 몇 가지 장점을 가진다.

먼저 교과서 코퍼스는 학습자의 수준에 적합한 언어자료를 제공할 수 있다. 교과서라는 국정교재는 우리 교육과정 목표를 구현하고, 전국의학생을 대상으로 언어적, 문화적, 내용적 수준을 모두 고려하여 제작된 공인된 교재이기 때문이다. 또한 각 교과서간의 단점을 보완하여 학생들에게 엄선된 풍부한 자료를 제시할 수 있다. 분석을 통해 회화교과서 대화 예문에 나타난 담화 표지어는 빈도가 낮고, 다양한 기능으로 쓰이지 못했으며, 각 교과서 간 담화 표지어 사용도 서로 차이가 났다. 그러나 회화 교과서 전체데이터는 각각의 교과서 데이터 보다 다양한 종류의 담화 표지어를 볼 수 있었고, 빈도도 높았으며, 각 담화 표지어의 기능 또한 다양하게 제시하고 있었기 때문이다. 때문에 하나의 교과서 보다는 전체 교과서 데이터를 수업 자료로 활용한다면 학생들은 보다 풍부한 자료를 통해 다양한 담화 표지어를 학습할 수 있을 것이다. 이러한 장점은 비단 담화 표지어 교수에만 사용되는 것이 아니라, 어휘 패턴과 연어 패턴 그리고 문법패턴 까지 검색이 가능하다는 장점을 가진다. 그리하여 학생들의 진정성 있는 언어능력을 기대 할 수 있다.

XI

Academic Corpora의 분석 (연구/수업 활용의 예)

1. ESP 와 EAP

본 장에서 살펴볼 분야는 일반적인 코퍼스의 특수한 분야인 academic corpora이다. academic corpora는 English for Special/Specific Purposes(ESP) 와 English for Academic Purposes(EAP)와 관련지어 살펴 볼 수가 있다. 보통 ESP는 특별한 직업 분야의 공부를 위한 것으로 정의하고 있고, EAP는 학문 전 고급단계에서 언어와 교과내용을 다루는 것으로 정의내리고 있다. 특히 영어권 국가에서는 ESP에 대한 연구가 이미 오래 전부터 세분화되어 이루어지고 있으며 ESP를 그 목적에 따라 English for Academic Purpose(EAP)와 English for Occupational Purpose(EOP)를 중심으로 나누어서 연구하고 있다. EAP는 다시 두 가지로 나누어지는데 특수한 학문적 목적의 영어(English for Specific Academic Purpose: ESAP)와 일반적 학문 목적의 영어(English for General Academic Purposes: EGAP)가 그것이다. ESAP는 의학 분야, 엔지니어링, 경제학과 같은 특정 분야를 공부하는 것이고 EGAP는 강의듣기, 노트하기, 작문, 세미나와 토론 기술 능력을 발전시키는 것이다.

EAP 설계 시 가장 적합한 모델이라고 생각되는 CBI(Content-Based Instruction)에 대한 연구는 Snow(1997)에 의해 자세히 다루어지고 있다. Snow는 CBI의 이론적 해석과 다양한 모델 언어교사와 주제교사의 전략 등을 제시함으로써 CBI를 바탕으로 한 EAP 교과과정 설계에 접근하고 있다. CBI에 대한 구분을 몰입 프로그램(Immersion Education), 초등학교 내용강화 언어프로그램(Content-Enriched Foreign Language in the Elementary School), 주제중심 언어학습(Theme-Based Model), 내용보호학습(Sheltered Model), 병존언어학습(Adjunct Model), 확장내용 프로그램(Expansion of Content-Based Models)으로 나누고 있다.

EAP는 학생들이 학문적으로 관련된 언어와 주제를 다루기 위하여 배우는 모든 과정을 총칭하여 사용되는 용어이다. EAP는 몇몇 교육기관뿐만 아니라, 대학 정규과정을 이수하기 위하여 사전에 준비하는 프로그램(pre-academic program)의 상급 수준 단계에서 흔히 볼 수 있다. EAP 과정에 참여하는 학생들은 대학 강의를 듣기 위하여 필요한 영어를 배우는 것이기 때문에 학구적이고 일상에서는 흔히 보기 어려운 수준 높은 단어와 표현들을 접하게 된다.

Pre-academic program과 비슷한 개념으로 대학예비교육과정이라는 것이 있다. 대학예비교육과정을 운영하고 있는 국외 대학 중 영국 Cambridge 대학을 한 예로 살펴보겠다. Cambridge 대학의 대학예비교육과정은 새 학기가 시작되는 9월 이전 여름방학에 예비 대학생들을 대상으로 실시되고 있다. 이 과정은 학생들의 대학에서의 학문적 영어능력을 발달시키는데 목적이 있다. 이 과정은 4-12주로 학생들의 선택에 따라 실시되고 있는데 대상은 주로 학부 또는 대학원 학생들이다. 이 과정은 학생들의 영어수준, 특정 학문적 요구와 희망 학습기간을 고려하여 이루어진다. 이 과정을 구성하고 있는 중요 요소는 읽기와 노트하기, 학문적 쓰기(academic writing), 학문적 말하기(구두 발표, 세미나 활동), 정보조사, 문법/어휘력 workshop, 영국에서의 생활(생활정보, 대학생활, 생존 영어), 언어 연습실과 컴퓨터실 이용하기 등이 있다. 교육내용들은 일반적 학문 기술, 국제적 이슈, 특정한 주제, 영국에서의 생활과 대학생활, 교육적 이슈와 기타(학문적 목적의 언어, 문화, 인간관계, 현재 상황, 학문적 관심의 일반적인 문제)들이 다루어지고 있다. 평가는 개별지도를 통한 피드백과 질문지에 의한 평가, 성적평가(동료, 개인교수 평가, 작문 테스트 등)를 통해 이루어진다. Cambridge 대학에서 실시되고 있는 대학예비교육과정은 예비 대학생들을 위한 학문 전(Pre-academic) 프로그램의 성격이 강하다. EAP를 중심으로 설계되었지만 학문과 관련된 언어내용에 초점을 두기보다는 보다 광범위하게 일반적인 영어능력에서부터 고급단계의 읽기, 쓰기, 공부기술 및 영국에서의 생활에 관한 다양한 강좌로 이루어져있어 외국인 유학생들에게 다방면으로 도움을 주는 프로그램이라고 할 수 있다.

　Piscioneri(2008, p. 2)는 EAP를 "이 프로그램은 주로 학부생과 대학원생들을 대상으로 하고, 모국어가 영어가 아닌 학생들과 non-western 배경을 가진 국제 학생들, 예를 들면 아시아와 중동지역의 학생들을 위해 만들어진 프로그램이다." 라고 설명하고 있다. 또한 EAP 프로그램의 목적을 다음 3가지로 정리하였다. 첫째, 대상 학생들이 관련 학문 영역의 내용(content)을 이해하도록 하는 것이다. 둘째, 학생들의 macro-skills (비판적 사고, 알맞은 register 사용, 텍스트를 논리적으로 구조화하기, 참조문헌달기(referencing), 인용구 관습(citation conventions)) 을 발달시키는 것이다. 셋째, 대상 학생들의 micro-level skills (단어선택, 문법, 일관성 장치 등)을 프로그램을 구성하고 있는 내용안의 텍스트들을 분석하는 연습을 통해 발달시키는 것이다.

　EAP를 비판적인 관점에서 연구한 학자도 있다. Alastair Pennycook (1997, p. 265) 은 "*a tension lies at the heart of EAP*" 라고 말했다. 즉, 그는 "한편으론 학생들이 해당 언어와 문화를 접할 수 있도록 도와주어야 하지만, 다른 한편으로는 그러한 norms(규범, 기준)에 도전하도록 도와주어야 한다. 한편으론 학생들이 학문적인 규범과 관습을 비판적으로 인식하도록 도와주어야 하지만, 다른 한편으로는 사고(thinking)와 연구(working), 작문(writing)에는 문화적으로 다양한 방법들이 있음을 이해하고 그러한 다양한 방법들을 장려해야 한다." 라고 설명하며 EAP안에 있는 "*tension*"을 설명하고 있다. 또한 그는 어떠한 EAP 프로그램도 정치적으로 중립적일 수 없다고 하며 모든 EAP 과정은 어떤 정치적인 입장을 취하고 있다고 주장했다. 즉, EAP 과정에서 가르치는 학문적 지식을 비판적으로 분석해봐야 한다는 것이고, 어느 학자의 사회학이, 의학이, 공학 등이 가르쳐지고 있는지 질문해야 한다는 것이다. 그래서 그러한 접근방법을 critical EAP 라고 이름 붙였고, 반대의 개념 즉, 우리가 흔히 알고 있는 EAP를 vulgar pragmatism이라고 불렀으나, 보통 pragmatic EAP 라고 부른다. EAP pragmatist 에게 EAP 프로그램의 목적은 학생들이 살아가고 더 나아가 성공하기 위하여 필요한 학문적인 능력이나 기술(skills)을 갖출 수 있도록 도와주는 것이다.

　Harwood와 Hadley (2004, p. 356)는 다음과 같이 pragmatic 한 관점에서 EAP 과정의 목표를 설명하고 있다. "EAP는 ESL/EFL의 학생 들이 중등 또는 대학수준에서 읽고 쓸 수 있도록 준비시키는 것이다. EAP는 기본적으로 기술을 가르치는 것이고(skill-based), 학생들이 Anglo-American writing의 중요한 규칙들을 깨닫고 결국 이러한 관습들을 자기 것으로 만들 수 있도록 도와주어야 한다."

　이상과 같이 EAP를 자세히 살펴보았다. 위에서도 언급하였지만, 보통 우리가 EAP 라고 할 때, EAP는 학생들이 학문적으로 관련된 언어와 주제를 다루기 위하여 배우는 모든 과정을 총칭하여 사용하는 용어이다. 그래서 본 논문에서도 일반적으로 통용되는 EAP 의 개념을 사용하도록 할 것이다. 보통 EAP 과정에서 영어와 관련 내용을 가르치고 배울 때 corpus를 사용하게 되면 일반적인 corpus 가 아닌 academic corpus를 사용하게 될 것이다. academic corpus를 통하여 학생들은 자신들이 배우고 있는 academic English가 실제 어떻게 쓰이고 있는지 확인할 수 있고, 교사에 의해 연역적으로 문법이나 구문들을 습득할 뿐만 아니라, 귀납적으로 그들 스스로 발견할 수 있어서 학습자 중심의 발견학습을 할 수 있다. 따라서 academic corpus는 EAP 과정에서 학생들의 언어 습득을 돕는 매우 유용한 언어 자료가 될 수 있다.

　그렇다면 이번에는 academic corpus 와 같이 특별한 목적을 위해 만들어진 specialized corpora가 가지고 있는 몇 가지 장점을 살펴보도록 하겠다. 우선, specialized corpora 는 신중한 선별과정을 통해 선정이 되었기 때문에, 그것들이 가지고 있는 data는 전체적인 언어의 모든 것을 포착하기 위해 만든 일반 corpora 보다 목표로 하는 분야를 충실하게 잘 대표할 것이다. 둘째, 전문적인 어휘들과 어법은 상대적으로 작은 양의 data에도 불구하고 보다 규칙적인 패턴과 분포를 가지고 나타날 것이다. 셋째, 그것들이 어떻게 사용되고 적용되는 지에 관한 교육학적인 목표들을 보다 쉽게 정의할 수 있고 한계를 정할 수 있다.

2. Written academic English

Academic English 를 spoken data 와 written data 의 자료로 구분하여 살펴볼 수 있을 것이다. academic written texts의 corpus 로 가장 유명한 것은 the Academic Word List (AWL)가 있다. 이것은 Coxhead(2000)가 만든 것으로 영어를 모국어로 사용하는 나라의 저널, 교과서, 교재 등의 자료에서 추출한 3백 5십만 개의 단어를 가지고 만든 코퍼스다. 이것이 포함하고 있는 분야는 4개의 주요 학과분야 밑에 28개의 주제에 걸쳐 있다. Coxhead는 West 의 General Service List (GSL)의 2000단어에 포함되지 않은 단어들의 목록을 만들었다. 빈도수와 사용범위에 기초하여 570개의 어족(word family) 목록을 만들었는데, 이것은 그녀가 자료로 사용했던 코퍼스의 약 10%를 차지하는 것이다. 이와 똑같은 어족이 소설텍스트로 이루어진 같은 크기의 코퍼스의 전체 단어들의 1.5% 미만을 차지하는 것으로 밝혀졌다. 어휘를 가르치고 학습할 때 AWL에 초점을 맞추는 것은 학문적인 텍스트를 보다 빠르고 효율적으로 이해하도록 하는 것이다. 또한, Coxhead 는 AWL을 60개 항목들의 sub-list로 나누어 체계적으로 어휘를 가르칠 것을 제안했다. Written academic corpora 는 당연히 학문을 탐구하는 배경의 학생들을 위한 글쓰기를 가르치는 것을 돕기 위해 종종 사용되어왔다. 여기서 문제가 제기되는데, 가장 적합한 코퍼스가 완전한 학문적인 글(예를 들면 저널의 기사와 학문적인 책들)로부터 취해져야 하는지 아니면 학생들이 주로 읽는 교과서에서 취해야 하는지 또는 대학교수가 되기를 열망하는 사람들의 글로부터 취해야 하는 것인지 아니면 단지 에세이와 다른 글들의 학습자 코퍼스로부터 취해야 하는 것인지에 대한 문제이다. 이 모든 종류의 코퍼스가 다 존재한다.

연구 활용의 예를 보면, Hyland (1994)에 의한 hedging 과 같은 학문적인 글쓰기의 관습에 대한 연구는, 사용된 단어의 개수가 총 백만 개 이상이고, 여러 다양한 학문적인 분야(생물학, 공학, 기계공학, 언어학, 마케팅, 철학, 사회학, 물리학)에서 뽑아낸 연구논문들의 코퍼스에 기초하고 있다. 또 다른 예를 보면 Biber(2001)의 연구가 있는데, 그는 몇 편의 연구를 통해서 학문적인 담화(academic discourse)의 특성들을 3개의 다른 유형의 담화(소설, 대화 그리고 뉴스)와 구별해내었다. 학생

교과서와 전문적인 논문을 비교하는 연구들은 여러 다른 분야를 다룬 21권의 대학교 교재로부터 발췌한 코퍼스와 연구논문들의 유사한 코퍼스를 이용했다. 학위논문도 코퍼스를 사용하여 조사되었는데, 대표적인 연구로 Charles(2003)의 연구가 있다. 그녀는 정치학, 국제관계학과 재료과학의 분야의 논문들 중에 50만개의 단어가 있는 코퍼스에서, 과거로 소급하는 텍스트 이름붙이기(retrospective textual labelling)라는 방법을 통해 태도나 자세(stance)를 표시하기 위하여 명사구들을 사용하는 것을 발견했다. 그녀는 어떤 자세나 태도를 표현하기 위해 명사구를 사용하는 것이 논문을 쓰는 사람들에게 매우 효과적인 방법이라고 결론을 짓고 있다. Thompson 과 Tribble(2001)도 역시 이 코퍼스를 이용하여 어떻게 명사구가 사용되고 있으며, 글을 처음 쓰는 학생들의 글과 어떤 차이가 있는지를 보여주고 있다. Bunton도 2005년에 45편의 논문을 조사했고 이러한 사실을 자세히 조사했다.

또한 학생들의 학문적인 글은 그 자체로서 뿐만 아니라, 전문적이고 이미 발행된 학문적인 글과 비교하기 위해 연구되어왔다. 예를 들어, Cortes는 2004년에 역사와 생물학 분야의 저널 논문의 코퍼스를 살펴보았고, 거기에서 가장 빈번하게 사용된 4단어 어휘 덩어리(four-word lexical chunks)를 추출한 다음에 그것들을 구조적이면서 기능적인 방법으로 분류했다. 그리고 나서 그녀는 학생들이 그와 똑같은 어휘덩어리를 사용한 것을 보았으나, 학생들이 그들의 글에서는 좀처럼 그 4단어 어휘 덩어리를 거의 사용하지 않는다는 사실을 발견했다. 학생들의 학문적인 글은 그 자체로 코퍼스 연구의 기초가 되어왔는데, 특히 IELTS 와 같은 평가와 시험의 맥락에서 그렇다. 예를 들면 Moore 와 Morton(2005)은 IELTS 작문과 155개의 대학교 작문 과제의 코퍼스를 비교했고 IELTS 의 작문과 대학교의 전형적인 에세이 사이에는 중요한 차이점이 있다는 것을 발견했다. Binchy(2002)는 대학생들의 에세이의 코퍼스를 연구했고, 학생들이 에세이에 사용한 인칭대명사의 사용과 그 에세이에 주어진 점수와의 상관관계에 주목했다.

3. Written academic English: examples of frequency

English written academic corpus를 위한 빈도(frequency) 리스트를 생성하고 그

것을 다른 유형의 written English를 위한 빈도 리스트와 비교한다면 우리는 어느 정도의 중복되는 부분을 발견하게 된다. 그러나 어떤 단어들은 학문적인 텍스트에서 주목할 정도로 훨씬 많은 빈도수를 가지면서 다른 단어들보다 두드러지는 것을 알 수 있다.

예를 들어, 인칭대명사인 *I/me* 와 *you* 는 매우 다르게 분포되고 있다. British National Corpus의 하위 코퍼스인, 1천9백만 개의 단어가 사용된 소설에서, 이 인칭대명사들은 모두 상위 40개의 단어들안에 속해있다는 것을 알 수 있다. Cambridge International Corpus (CIC)에서 발췌한 영국 신문들의 비슷한 크기의 코퍼스에서는 그 3개의 대명사들이 단지 상위 100위 안에 들 뿐이다. CIC(학문적인 책들과 논문들로 구성된)의 1천 2백만 개의 단어로 이루어진 학문적인 코퍼스에서, 우리는 상위 200개의 단어를 넘어서야 인칭대명사 me 가 208위에 랭크되어 있다는 것을 알 수 있다. 이것은 분명히 너무나 직접적으로 1, 2인칭 대명사는 학문적인 글에서 피하는 경향이 있다는 것과 대신 그러한 대명사들은 소설에서 훨씬 더 많이 사용된다는 것을 보여준다. 다른 항목들 또한 두드러진 차이를 보여준다. 예를 들면, 전치사(preposition)는 일반적으로 학문적인 빈도 리스트에서 약간 더 상위에 랭크되는 것을 알 수 있는데, 이것은 학문적인 글에서는 논리적인 관계가 중요하기 때문에 전치사가 더 많이 사용된다는 사실을 반영한 것으로 볼 수 있다. 전치사구의 예를 들면, *in terms of, in relation to, from the viewpoint of, within the framework of, on the basis of* 등이 있다. 특히 전치사 *upon* 과 *within* 은 소설이나 신문에서보다 학문적인 글에서 훨씬 더 자주 쓰이는 것을 볼 수 있는데, 이것은 보다 격식을 차린 (formal) 어휘 선택을 선호한 것을 반영한다고 볼 수 있다.

또한 주목할 만한 것은 3개의 코퍼스 (학문적인 글, 뉴스, 그리고 소설)사이에서 조동사분포의 차이이다. Biber(1999, p. 489)의 연구는 3개의 코퍼스에서 핵심적인 조동사들은 3개의 다른 종류의 텍스트상의 그 분포에 있어서 매우 다르다는 것을 보여주고 있다. <그림 112>와 <그림 113>에서는 이러한 조동사들의 다른 분포를 보여주고 있다. 여기에서 다루고 있는 조동사는 핵심적인 조동사들이다. 즉, *can, could, will, would, shall, should, must, may* 그리고 *might* 이다(O'Keeffe, McCarthy & Carter. 2007).

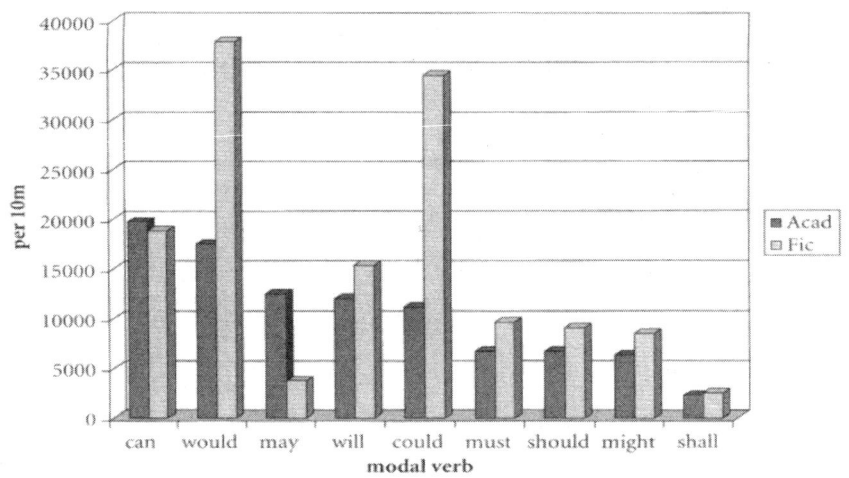

<그림 112> Academic Text와 Fiction Text내 조동사의 분포

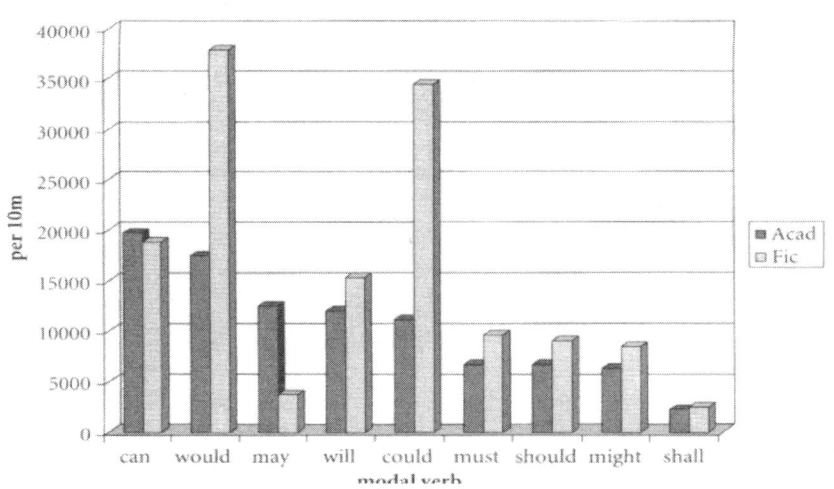

<그림 113> Academic Text와 Newspaper Text 내 조동사의 분포

위 그래프를 통해 *can* 과 *should* 같은 조동사는 여러 텍스트 유형에 걸쳐 매우 고르게 분포하고 있는 반면 다른 조동사들은 그렇지 못하다는 것을 알 수 있다. 또한 학문적인 텍스트와 소설에 쓰인 조동사들을 비교한 결과를 보면, 다른 조동사

들은 큰 차이가 없는 반면, *would* 는 학문적인 텍스트보다 소설에서 압도적으로 훨씬 더 많이 쓰였고, *could* 역시 소설에서 압도적으로 더 많이 사용된 것을 알 수 있다. 다음으로 학문적인 텍스트와 신문을 비교해보면, *will* 이 큰 차이를 보이는데 학문적인 글보다 신문에서 압도적으로 더 많이 사용됨을 알 수 있다. 한편, *may* 는 학문적인 텍스트에서 선호하고 있다는 것과, 전반적으로 학문적인 텍스트는 조동사들의 고른 분포를 보여준다는 것을 알 수 있다.

   may 는 가능성(possibility)의 의미를 가지고 있는 것뿐만 아니라, 학문적인 글에서의 *may*는 특히 다음과 같은 예에서 흔한데, 그 경우에 *may*는 좀 더 사실에 기반을 둔 것이고(factual), *can* 으로 대체할 수 있다.

    예문 1) *But the rearrangement may also have necessitated a move to find areas where the old skills could still be employed.* (CIC)
    예문 2) *These connections may be clearly seen in a brief, comparatively less well-known poem, 'A Song,' which follows the three Teresa poems in the 1648 and 1652 collections.* (CIC)

   이와 같이 단지 특수 코퍼스(specialized corpora)를 가지고 frequency list 만을 만들었는데도 많은 수확을 얻을 수 있다. 그러나 이러한 specialized corpus 의 언어의 특징을 보여주면서 동시에 이 코퍼스가 다른 코퍼스와 확연히 구별되는 특징들을 보여 주는 것은, 다른 specialized corpus나 아니면 보다 general corpus 와 비교했을 때이다. 특정 단어 덩어리들(particular chunks)의 빈번한 사용이 또한 전문적인 언어 사용 즉 특수 코퍼스의 특징이 된다. 학문적인 책들, 논문들, 다양한 분야의 저널들로부터 뽑은 1백만 개의 단어들로 이루어진 코퍼스에서, 다음 4단어 덩어리들이 30회 이상 사용됨을 알 수 있다(O'Keeffe, McCarthy & Carter. 2007). 여기에서 분명하게 알 수 있는 것은 확실히 학문적인 텍스트에서는 추상적이고 논리적인 관계를 나타내는 전치사구들이 중요하다는 것이다. 우리가 위의 4단어 덩어리들과 다른 일반적인 문어체 코퍼스에서 뽑은 4단어 덩어리들을 비교해본다면, 확실히 우리는 일반적인 코퍼스(general written corpus)는 *in the middle of, for a long time, in front of the, on the other side* 등과 같이 공간 또는 시간과 관련된 전치사구를 훨씬 더 많이 포함하고 있는 것을 발견하게 된다.

Table 1: Four-word chunks, more than 30 occurrences in a written academic corpus

	chunk	frequency		chunk	frequency
1	on the other hand	159	22	a large number of	40
2	in terms of the	128	23	the fact that the	40
3	in the context of	122	24	the way in which	40
4	at the same time	105	25	it is important to	39
5	in the case of	92	26	on the basis of	38
6	as well as the	84	27	the extent to which	37
7	at the end of	74	28	in relation to the	36
8	on the part of	74	29	the role of the	36
9	the nature of the	67	30	one of the most	35
10	as a result of	56	31	the analysis of the	35
11	in the course of	54	32	the relationship between the	35
12	the part of the	53			
13	to do with the	52	33	can be seen as	34
14	in the form of	49	34	as part of the	33
15	in the process of	47	35	in a number of	32
16	a great deal of	46	36	to the fact that	32
17	at the beginning of	43	37	has to do with	31
18	at the time of	43	38	in the same way	31
19	on the one hand	43	39	it is possible to	31
20	is one of the	42	40	that there is a	31
21	a wide range of	41	41	the degree to which	31

<그림 114> 특수 코퍼스를 활용한 frequency list

4. Spoken academic corpora

Spoken academic corpora 는 Michigan Corpus of Academic Spoken English를 필두로 하여 진행되고 있는 비교적 최근에 생겨난 것이다. 이것의 뒤를 British Academic Spoken English(BASE) 코퍼스와 Limerick Belfast Corpus of Academic Spoken English (LIBEL) 가 잇고 있다. 또한 CANCODE 구어 코퍼스는 영국의 여러 대학교에서 녹음된 세미나, 강연, 그리고 개별지도 등의 일부를 포함하고 있는데 단어의 개수가 약 344,000 개에 이른다. 한편, ELFA라는 핀란드의 University of

Tampere 에서 만든 것으로, 학문 분야에 종사하고 있는 사람들 중 다양한 모국어를 사용하는 사람들이 영어를 어떻게 사용하는 지를 잘 보여준다. MICASE는 1백8십만 개의 단어 데이터로 이루어져있는데 그 범위는 강연, 수업, 개인지도 등을 넘어 연설과 캠퍼스 투어에 이르기까지 그 범위가 매우 포괄적인 것이 특징이다. 또한 구어체의 학문적인 언어사용에 대해서 몇 가지 흥미롭고 유익한 정보를 제공했다. BASE 코퍼스는 160개의 강연과 40개의 세미나를 포함하고 있고, LIBEL CASE 코퍼스는 북 아일랜드와 남 아일랜드에서 수집된, 구어체의 학문적인 data 1백만 개 단어로 구성되어 있다. 이러한 코퍼스들은 문어체의 학문적인 어휘 사용과의 유사점들이 있고 또한 보다 격식을 덜 차린 대화의 장르를 많이 반영하고 있다는 점 등에 있어서 구어체로 된 학문적인 담화의 특성들을 보여 주고 있다. 다음 <그림 115>는 5개의 다른 영역의 코퍼스에 기초하여 가장 빈번하게 나타난 10개의 단어들의 빈도수를 비교하는 것이다.

Rank order	1 Shop (LCIE)	2 Friends (LCIE)	3 Academic LIBEL	4 Australian Corpus of English	5 CIC newspaper & magazine sub-corpus
	spoken	spoken	spoken	written	written
1	you	I	the	the	the
2	of	and	and	of	to
3	is	the	of	and	of
4	thanks	to	you	to	a
5	it	was	to	a	and
6	I	you	a	in	in
7	please	it	that	is	is
8	the	like	in	for	for
9	yeah	that	it	that	it
10	now	he	is	was	that

<그림 115> 5개의 다른 영역의 코퍼스에 기초한 10개 단어 빈도수 비교

○ Service encounters: 상점에서의 대화로 이루어진 the Limerick Corpus of Irish English (LCIE) 로 약 8,500 개의 단어들로 이루어져 있다.
○ Friends chatting: LCIE 의 하위 코퍼스로, 친구 관계인 여성들의 대화로 이루어져 있고, 약 40,000 개의 단어가 포함되어 있다.

- ○ Academic English: The Limerick-Belfast Corpus of Academic Spoken English (LIBEL CASE, 1백만 개의 학문적인 영어로 이루어져 있다.)
- ○ Australian casual conversation: the Macquarie Corpus of English (ACE) (1백만 개의 문어체 호주 영어)
- ○ Written British and American English: 신문과 잡지의 약 10만개의 단어 샘플에 기초한 the Cambridge International Corpus

위 그림을 통해 각각 다른 영역의 코퍼스의 특징을 알 수 있다. 우선 상점(shop)과 일상적인 대화(casual conversation)로 이루어진 코퍼스의 결과는 *I, you, yeah* (반응의 표시로서), *like, please, thanks* 와 같은 구어체 영어의 특징인 상호성(interactivity)을 나타내는 어휘들을 보여주고 있다. Academic LIBEL corpus 도 자연스럽게 발생하는 말이긴 하지만, 위 표에서 알 수 있듯이 LCIE의 상점과 일상적인 대화 코퍼스에서 발견되는, 상호성을 보여주는 어휘들을 찾기가 쉽지 않다. Academic corpus 는 ACE 와 CIC 의 written data 와 더 많은 공통점이 있음을 보여주고 있다. Academic LIBEL (spoken) 과 ACE, CIC 는 다음과 같은 특징을 공유한다.

- 부정관사 *a* 와 정관사 *the* 의 빈번한 사용
- 후치 수식하는 명사구를 의미하는 전치사 *of* 의 사용
- 특히 academic corpora에서 that 의 사용으로, 관계절에서 관계 대명사로 쓰일 뿐만 아니라 종속절을 이끌 때, 또는 보고하는 동사(report verb) 다음에 사용될 때 또는 *it* 패턴에서의 사용
- 전치사구를 표현하는 전치사 *to, for, in* 의 사용

반면, 다음과 같은 항목이 부족하다.

- 상호적인 대명사 *I* 와 *you* ; 상위 10위안에 있는 유일한 대명사는 *it* 이다. 그것은 상호성과는 반대되는 것으로 지시성(referential)을 의미한다.
- *yeah, like, now* 와 같은 담화표지어(discourse marker)나 반응을 나타내는 표현

<그림 116>과 <그림 117>은 CANBEC(Cambridge and Nottingham Corpus of Business English), CANCODE 에서 뽑은 34만개의 학문적인 코퍼스로 이루어진 ACAD, 그리고 역시 CANCODE 의 100만개로 이루어진 사교적이고 친한 대화로

이루어진 코퍼스인 CONV 의 세 가지 코퍼스에서 가장 많이 나타난 하나의 단어를 비교하는 그림이다.

Table 2: Top 50 words in conversation, business and academic English

	CONV	per m	CANBEC	per m	ACAD	per m
1	I	31,981	the	36,362	the	49,950
2	the	29,368	and	22,456	and	27,306
3	and	28,969	to	20,988	of	26,750
4	you	26,475	you	18,611	you	23,029
5	it	22,856	a	18,559	a	22,951
6	yeah	20,748	I	18,191	to	22,272
7	a	19,377	it	17,222	that	18,241
8	to	18,856	that	16,199	in	16,692
9	that	15,536	yeah	16,086	is	16,455
10	was	12,983	of	13,733	it	14,984
11	of	12,487	we	12,832	I	13,920
12	in	11,728	in	10,455	er	9,556
13	oh	10,333	is	10,085	so	9,338
14	it's	9,598	so	9,210	it's	8,280
15	know	9,227	it's	8,590	this	8,204
16	no	8,727	er	8,435	what	7,308
17	mm	8,566	but	7,729	yeah	7,288
18	like	8,516	on	7,638	erm	7,001
19	but	8,192	for	6,964	are	6,922
20	he	8,016	have	6,573	but	6,786
21	well	7,984	erm	6,493	on	6,313
22	they	7,771	they	6,175	have	6,009
23	is	7,501	know	6,143	be	5,684
24	we	7,352	be	6,140	we	5,516
25	er	7,229	if	5,972	right	5,504
26	have	7,018	do	5,692	know	5,478
27	so	6,995	well	5,393	as	5,229
28	on	6,944	just	5,356	they	5,159
29	what	6,554	that's	5,333	if	5,107
30	do	6,165	what	5,277	or	5,066
31	just	6,006	got	5,170	do	5,058
32	there	5,739	this	5,105	not	4,895
33	all	5,669	one	4,933	with	4,892
34	don't	5,635	with	4,831	all	4,858

<그림 116> ACAD, CANCODE, CONV 내 단어 빈도수 비교1

Table 2: (continued)

	CONV	per m	CANBEC	per m	ACAD	per m
35	she	5,419	no	4,618	for	4,837
36	for	5,230	at	4,571	which	4,739
37	not	5,113	not	4,515	at	4,585
38	got	5,101	right	4,456	one	4,573
39	that's	5,095	all	4,438	there	4,544
40	be	4,967	was	4,298	can	4,510
41	erm	4,965	there	4,283	about	4,472
42	one	4,905	are	4,150	that's	4,391
43	this	4,836	can	4,129	like	4,188
44	right	4,812	think	4,113	was	4,063
45	then	4,762	as	3,857	mm	3,901
46	yes	4,688	then	3,725	just	3,773
47	think	4,380	or	3,653	very	3,666
48	with	4,123	get	3,635	he	3,570
49	at	4,106	don't	3,481	okay	3,564
50	get	3,967	them	3,382	because	3,422

<그림 117> ACAD, CANCODE, CONV 내 단어 빈도수 비교2

<그림 118>은 CANBEC 과 ACAD 의 상위 50개의 키워드를 보여주는 표이다.

아래 그림을 보고 다음과 같은 사실들을 살펴 볼 수 있다.

- CANBEC 에서는 대명사 we, us, our 등이 상위 50위 안에 들어가 있으나, ACAD 에서는 어떠한 인칭 대명사도 들어가 있지 않다.
- need 는 CANBEC 에서 9위에 랭크되어 있으나, ACAD 에서는 키워드가 아니다.
- CANBEC 은 비즈니스 관련된 많은 내용관련 어휘들을 포함하고 있다: customer(s), sales, product(s), order(s), market(s/ing), company, stock 등이 그 예이다.
- CANBEC 은 상위 50위 안에 so 와 problem 이 있으나 ACAD 는 없다.
- ACAD 는 which 가 4위라는 매우 높은 순위에 랭크되어 있다. CANBEC 에서는 50위이다.
- ACAD 는 논쟁이나 추론과 관련된 어휘들이 많다. 예를 들면, example, context, interpretation, question, implied, fact, important, particular 등이다. 그러나 CANBEC 은 열거한 단어들 중 어떠한 것도 없다

- ACAD 는 *associated, section, means, ways, contrast, cause, because* 와 같이 논리적인 관계를 표현하는 어휘들이 있으나, CANBEC 은 없다.
- ACAD 에서는 *within* 이 상위 16위에 랭크되어 있으나, CANBEC 에는 없다.

Table 3: Keywords in CANBEC and ACAD

	CANBEC	ACAD		CANBEC	ACAD
1	we	the	26	us	therefore
2	we've	of	27	issue	effect
3	hmm	is	28	brand	analysis
4	customer	which	29	cent	particular
5	we're	are	30	two	associated
6	sales	in	31	if	examples
7	product	by	32	products	form
8	orders	this	33	website	cause
9	need	section	34	so	implied
10	customers	terms	35	client	a
11	meeting	okay	36	step	evidence
12	order	between	37	install	context
13	stock	example	38	batches	as
14	okay	these	39	gotta	means
15	company	process	40	list	society
16	marketing	within	41	markets	because
17	the	important	42	for	system
18	business	sense	43	batch	interpretation
19	mail	very	44	web	percent
20	gonna	will	45	our	surface
21	price	has	46	problem	structure
22	we'll	also	47	is	ways
23	per	contrast	48	target	more
24	month	an	49	market	question
25	will	common	50	which	fact

<그림 118> CANBEC 과 ACAD 의 상위 50개의 키워드

<그림 119>는 CANBEC 과 ACAD 의 3단어 덩어리(three-word chunks)의 빈도수를 보여주고 있다.

Table 4: Three-word chunks in CANBEC and ACAD

	CANBEC	per m		ACAD	per m
1	I don't know	642	1	a lot of	477
2	a lot of	563	2	I don't know	469
3	at the moment	485	3	one of the	442
4	we need to	438	4	you can see	364
5	I don't think	378	5	this is a	358
6	the end of	376	6	you have to	343
7	in terms of	243	7	this is the	338
8	a bit of	241	8	in terms of	300
9	be able to	237	9	a sort of	297
10	at the end	235	10	there is a	276
11	end of the	230	11	and this is	271
12	and I think	229	12	look at the	268
13	I think it's	229	13	the end of	265
14	to do it	223	14	the sort of	265
15	we have to	208	15	at the end	253
16	have a look	196	16	you want to	253
17	I think we	194	17	you know the	250
18	you know the	192	18	do you think	247
19	a couple of	187	19	to do with	247
20	we've got a	184	20	and so on	239

<그림 119> CANBEC 과 ACAD 의 three-word chunks 빈도수

위 그림을 통해 나타난 특징은 다음과 같다.

- *I don't know* 는 두 코퍼스 모두에서 다 높게 나타난다. 이 경우에 보통 *if* 나 *wh-* 절이 뒤따라온다. *in terms of* 와 같은 구체화하고 명확히 하는 표현 (specifying expression) 뿐만 아니라, 막연한 표현들(vague expressions)인 *a lot of, a couple of, a sort of* 와 같은 표현들이 자주 등장한다.
- CANBEC 에서는 think 를 포함한 덩어리가 4개가 있는데, 이것은 아마도 협상에서 끊임없이 생각하고 손실을 피하기 위해 대책을 강구하는 것을 반영하는 것이라고 볼 수 있다. 반면 ACAD 에서는 단 1개의 *think* 관련 chunk 가 나오는데, 이것은 아마도 학문적인 배경에서는 견해나 입장, 생각 등을 표시하는 다른 표현이 있을 것이라는 추측을 하게 한다.
- *in terms of* 는 두 코퍼스 모두 높은 랭크에 올라가 있는데, 이것은 구체화하

는 것(specifying)이 두 담화에서 흔히 나타나는 기능이기 때문에 그러하리라 추측된다.

5. Lexical Approach

코퍼스연구는 언어를 분석하는 새로운 접근법에 기초한 것인데, 그것이 어휘 접근법(Lexical Approach)이다. 어휘 접근법은 1990년대에 M. Lewis 가 개발한 외국어 교수 방법이다. 이 접근법의 기본 개념은 다음과 같다. 언어를 배운다는 것은 덩어리(chunks)로 이루어진 어휘적 구들(lexical phrases)을 이해하고 만들어낼 수 있다는 것을 의미한다는 것이다. 학생들이 이러한 방법으로 외국어를 배우게 되면, 단어들을 의미 있는 세트로 사용하는 방법을 습득할 수 있을 뿐만 아니라, 언어(문법) 패턴을 인식할 수 있게 된다. 어휘 접근법에서는 대화상에서 흔히 사용되는 고정화된 표현들(fixed expressions)에 초점을 맞추는데, Lewis는 이러한 고정화된 표현들이 독특한 문장들(unique phrases and sentences)보다 대화에서 더 많은 부분을 차지한다고 주장한다. 이 접근법에서는 어휘가 문법보다 더 중요하게 여겨진다. 영어교육에서 단어의 덩어리(chunks)와 고정된 표현들에 더 초점을 맞추고 가르치는 결과를 낳았다. 이 접근법에 대하여 Kranz(1997)는 어휘 접근법에서의 언어는 전통적인 문법과 어휘로 이루어져 있지 않고, 여러 단어로 된 조립식의 덩어리들(multi-word prefabricated chunks)로 이루어져 있는 것으로 설명하였다. 또한 그는 어휘 접근법의 특징을 다음과 같이 5가지로 설명하고 있다. 첫째, 문법/어휘의 이분법적 구분은 잘못되었다. 둘째, 연어(collocation)가 구성 원리로서 사용된다. 셋째, 성공적인 언어(successful language)라는 개념이 정확한 언어(accurate language)의 개념보다 더 폭넓은 개념(wider concept)이다.

넷째, 관찰-가설-실험(observe-hypothesis-experiment)의 싸이클이 제시-연습-발화(present-practice-produce)의 패러다임을 대신하여 사용된다. 다섯째, 가장 중요한 것은, 언어는 어휘화된 문법(lexicalized grammar)이 아니라, 문법화된 어휘(grammaticalized lexis)로 구성되어 있다는 것이다.

지금까지 언어는 어휘와 문법으로 구성되어 있는 것으로 분석하였고, 이러한 단위로 언어를 가르쳐왔다. Lexical Approach(이하 LA)는 언어는 chunk로 구성되어 있고 이것이 모여 하나의 문장을 생성하는 것으로 본다. LA의 어휘 분류를 보면, 크게 단어(single words), 연어(collocations), 고정/관용 표현(fixed expressions), 그리고 반고정 표현(semi-fixed expressions) 으로 분류된다. LA에서 강조하는 문법요소도 기존의 문법에 대해 강조해왔던 것들과 많은 차이가 있다. LA에서 강조하는 문법요소는 기본 형태론, 어형론, 조동사 조작, 부정사, 동격, 수식어, 문법적 어휘, 문장 간 접어, 어휘 문법, 문법 어휘, 강세 위치와 강세 집단, 기능패턴, 그리고 어순이다. LA에서 교사는 학생의 오류에 대해서 교정을 하거나, 무시해서는 안 되며, 반응을 보여야 하는데 표현의 재구성, 학생들의 작문 마킹, 피드백 등의 방식이 있다.

6. 자료기반 학습 (Data-Driven Learning; DDL)

LA와 연관된 학습이 데이터 기반 학습(Data-Driven Learning: DDL)이다. Johns(1991)가 DDL의 연구로 유명한데, 그가 주장하기를 컴퓨터상에 저장된 코퍼스는 살아있는 언어자료(authentic data)의 풍부한 원천이 되고 있기 때문에 학습자들은 코퍼스를 이용하여 많은 언어 현상(language phenomena)을 관찰하고 발견할 수 있다. 그런데 학습자들이 관찰하고 발견한 이 언어현상은 종전에는 가장 자세한 사전과 문법책에서도 간과되고 주목받지 못했던 현상들이라는 것이다. DDL은 주로 실제언어의 샘플인 코퍼스를 학습자 스스로 분석도구인 concordance를 활용하여 언어의 패턴을 익히는 연습을 통하여 언어의 형태(문법, 표현, 어휘)에 대한 인식을 높이는(consciousness-raising) 학습 방법이다.

DDL의 한 방법으로, Lewis(1997)의 문법지도론을 살펴보면, 그는 문법연습에 있어서 의식고양 (awareness-raising) 즉 *"Can you see...?"* 의 방법을 제안한다. 즉, 이 방법은 학생들에게 코퍼스에서 특정 문법 사항을 찾아 문법을 발견하게 하는 방법이다. 과거에는 *"Can you do...?"*의 방법이었다. 즉, 학생들은 문장에서 문법적인 오류를 찾아서 고치고 다시 문법적인 문장으로 만드는 행위의 연습과정을 거쳤다. 그러나 이 방법은 학생들에게 정확히 관찰하고, 차이와 비슷한 점을 인식하고, 깨닫고, 비교하고, 확인하고, 분류할 것을 강조한다.

 이러한 LA와 DDL에 근거한 문법 활동으로 학습자 중심 발견학습, 웹기반 코퍼스를 활용하여 개별 협동 과제로 제시할 수 있다. academic corpora는 그 자료 자체가 학문적인 텍스트이기 때문에 학생들이나 연구원들처럼 학문적인 글을 써야 하는 학생들을 위한 기본 자료가 되는 것으로 그들이 논문이나 에세이 등을 쓸 때, 특정 문법 사항이 실제 어떻게 사용 되었는지를 찾을 수 있는 자료 로 이용될 수 있다.

 academic corpora를 활용하여 어휘를 지도하는 방법 역시 문법 지도하는 방법과 내용상의 차이가 있을 뿐 방법 면에선 큰 차이가 없다. 위에서도 언급했듯이, 특정 기능어가 학문적인 텍스트에서 사용되는 빈도나, 같은 역할을 하는 기능어들 사이에서도 어떤 기능어가 더 많이 사용되는 지 또는 비슷한 의미를 갖는 전치사구가 있을 때 어떤 전치사구가 더 많이 사용되는 지와 같은 것을 찾아볼 때 매우 유용하게 활용될 수 있다. 또한 academic corpora 는 일상생활에서 사용되는 구어적인 표현들이 아닌, 문어체의 학문적인 텍스트이기 때문에, 학생들의 작문 지도 시에 매우 유용하게 활용될 수 있다. 예를 들면, 학생들은 academic corpora를 통해 글을 쓰면서 특정 단어와 같이 사용되는, 문어체에서만 사용되는 고급 단어를 찾아 볼 수 있다.

 마지막으로 코퍼스를 학생들에게 가르칠 때 유의해야 할 점을 살펴보겠다. Leech(1997)는 코퍼스의 사용에 대해 주의를 주고 있다. 코퍼스 그 자체가 학습의 큰 성과를 직접적으로 이끄는 것은 아니고 단지 학습의 촉진자(facilitator)로서 역할을 한다는 것이다. 즉 코퍼스는 학습자가 언어 현상들을 관찰한 다음에 탐구하고 조사하고 일반화하고 자신들이 세운 가설들을 증명하는 것을 가능하게 하는 것이다. 코퍼스와 코퍼스에 기초한 기술이 언어교육을 많이 발전시킨 것은 사실이지만, 언어 학습의 차이와 가르치는 환경의 차이를 고려했을 때 보다 신중한 도입이 필요하다. 따라서 코퍼스가 모든 것을 해결해 주는 만병통치약(language teaching panacea)으로 여겨져서는 안 될 것이다. 또한 코퍼스를 통한 학습이 상위권 학습자들에게는 효과가 있을 수도 있으나, 중하위권의 학생들에게는 별 영향을 미치지 못한다는 연구 결과도 발표된 바 있다는 사실도 간과해서는 안 될 것이다.

7. Academic corpora 의 교육적 활용의 예

academic corpora를 사용하여 실제 수업에서 학생들에게 어휘, 문법, 작문 등을 지도할 수 있는 몇 가지 활용 예를 살펴보고자 한다. 우선 어휘를 가르칠 때 매우 효과적으로 사용될 수 있다. 예를 들어 비슷한 의미를 가지고 있으나 실제 쓰임에 있어서 차이가 있는 동사 *say/speak/tell/talk* 을 가르친다는 가정을 해보자. 이 때, 교사가 먼저 그 동사들의 용법의 차이점을 알려주지 말고, 학생들에게 British National Corpus(BNC)나 Michigan corpus of Academic Spoken English(MICASE) 등의 코퍼스를 알려준 다음, 그 세 동사를 입력해보고 각각의 차이를 발견하도록 하는 것이다. 학생들이 적극적으로 참여하기 때문에 흥미를 유발하고 기억에 더 오래 남을 수 있다. 이와 마찬 가지로 다른 유의어를 지도할 때도 코퍼스를 이용하여 효과적으로 수업을 할 수 있다. 문법을 가르칠 때에도 코퍼스는 유용하게 활용될 수 있다. 학생들이 어려워하는 문법의 여러 항목들을 코퍼스를 사용하여 학생들이 직접 해당 항목들이 어떻게 사용되는지를 관찰함으로써 그런 관찰의 결과로 자기 주도적이고 귀납적인 학습이 가능해진다. 연구의 한 예를 살펴보면, 이진우(2008)는 간접의문문을 가르칠 때 코퍼스를 이용한 다음과 같은 수업의 예를 제시하였다. 우선 전통적 방식의 수업에 사용된 간접의문문 학습지의 예를 <표 78>과 같이 제시하였다.

<표 78> 전통적 방식의 수업에 사용된 간접의문문 학습지의 예

* 의문문에는 직접 의문문과 간접의문문이 있다.

	직접의문문	간접의문문
역할	상대에게 직접 질문	직접의문문이 다른 문장 속에 들어가서 그 문장의 일부분(주어, 목적어, 보어)이 되는 것
형태	(의문사) + V + S ?	~~~의문사 + S + V~~~

1. 의문사가 있는 의문문: ~~~의문사 + S + V

◎ I know. + What does he want?
→ I know what he wants. (나는 그가 무엇을 원하는지를 안다.)
(know 의 목적어가 what he wants 로서 what he wants를 간접 의문문이라 한다.)

◎ Do you know. + Who are they?
→ A: Do you know who they are? (너는 그들이 누구인지 아니?)
B: Yes, I do. / No, I don't.

2. 주절에 think, believe, guess, imagine, suppose 등의 사고동사가 오면

→ 의문사 + 주절 + S + V
◎ Do you think? + Where does he live?
→ Do you think where he lives? (X) (주절에 think 라는 사고동사가 있다.)
→ Where do you think he lives? (O) (너는 그가 어디에 산다고 생각하니?)

◎ Can you guess? + How old is she?
→ Can you guess how old she is? (X) (주절에 guess 라는 사고 동사가 있다.)
→ How old can you guess she is? (O) (너는 그녀가 몇 살이라고 생각(추측)하니?)

<표 79>는 코퍼스 자료를 편집한 간접의문문 학습지의 예이다.

<표 79> 코퍼스 자료를 편집한 간접의문문 학습지의 예

* 다음의 자료를 잘 살펴보고, 아래 물음에 답하시오.

... lines, and shapes. Paintings show what <u>artists</u> think and feel about things...
... following letter and try to figure out why <u>the students</u> are upset. Letters...
... that it is not difficult to understand why <u>air travel</u> is so popular. In fact more...
...Ons for the Future. Everyone wonders what <u>the future</u> will bring. In your great ...
... tinued for eighteen meters. It showed how <u>this feeling</u> continues. In his art ...
...number of scientists are worried about how <u>GM food</u> will affect our health. ...
...until I could identify each one and tell how <u>it</u> was formed. Months passed and I ...
... like you. Let me begin by telling you how <u>I</u> came to the earth. I came here in ...
... anybody tell me what this is? "I knew what <u>it</u> was, but I waited for some of the ...
... which an automated voice explains what <u>you</u> should do. A heavy smoker had ...
... Jessica? Jessica: Well, I don't know what <u>I</u> want to be. Sometimes I want to be ...
... of 50 at most. Cousins thought about why <u>he</u> had gotten the disease. He was ...
... exactly what you are looking for and why <u>you</u> are looking for it. Know your ...
... yours at a party. You wanted to know why <u>she</u> was there. So you went up to ...
... de Minsu quite upset. Minsu wondered why <u>she</u> gave such a rude reply. What ...

1. 진하게 표시된 의문사 뒤에 가장 먼저 나온 단어를 나열하여 쓰시오.

2. 위 1번에서 나열한 단어들의 문장에서의 역할은 무엇입니까?
3. 위 자료에서 의문사로 시작되는 절에 나오는 동사를 모두 찾아 표시해봅시다.
4. 의문사가 포함된 위의 문장은 어떤 문장 부호로 끝나고 있습니까?
5. 문장 중간에 나오는 의문사가 이끄는 절이 전체 문장 안에서 하는 역할이 무엇인지 짝과 함께 토의해봅시다.
6. 위의 예문은 모두 (A)의문문 이며, 의문사 + (B) + (C)의 어순으로 이루어진다.

(A)   , (B)   , (C)

* 다음의 자료를 잘 살펴보고, 아래 물음에 답하시오.

...area of electronic cameras. Where do you think <u>your true interest lies</u>? And ...

> ...Do look back at the passage. Where do you think <u>this story originally appeared</u>? ...
> ...students in English class "So what do you think <u>the future will</u> be like?"she asked ...
> ...her by a larger white circle. What do you think <u>the painter tried</u> to say? The...
> ... Gilsu: Thanks. Yeongsuk: What do you think <u>you're</u> doing? Gilsu: What's wrong? ...
> ...(factual information)? What do you think <u>this book is</u> about? Did you notice ...
>
> 주절에 think, believe, guess, imagine, suppose 등의 사고동사(생각하는 동사)가 오면
> ↓
> (   ) + (   ) + (   ) +(   ) 의 어순으로 온다.
>
> 1. 위 예문들에서 do you think 바로 앞에 나온 단어들을 나열하여 쓰시오.
> 2. 위에 나열한 의문사들은 원래 어느 위치에 있었습니까? 문장에 v 표시하시오.
> 3. 간접의문문에서 주절에 think, guess 등의 사고동사가 나오면, 의문사는 문장의 (   )으로 이동한다.

　그의 연구에서 학습자들은 교사의 설명보다 코퍼스 자료를 통한 규칙 파악에 더 긍정적인 반응을 보였으며 그 이유로는 '동일한 규칙이 적용되는 문장들이 반복되기 때문에 규칙을 분명히 깨닫게 된다.' '스스로 규칙을 찾아내는 것이 탐구심을 충족시켜 준다.' '문법규칙간의 차이 비교가 용이했다.'와 같은 의견을 보였다. 이 같은 결과는 실제 자료를 통하여 다량의 자료에의 접근과 스스로 탐구해 가는 과정이 학습자로 하여금 문법이 어려운 것만은 아니며 그 속에 논리적 체계성이 있다는 것과 이것이 특정 형태와 의미의 변화로 드러난다는 것을 깨닫게 해 주었다는 데 있어서 의의가 있으며, 코퍼스의 활용이 학습자들의 문법에 대한 고정관념을 바꾸고 다음 학습에의 동기를 부여해주는데 기여했음을 보여주는 것이다.

　또한 다른 예로는 코퍼스를 이용하여 작문 지도를 하는 것이다. 영어의 여러 기능 중에서 학습자들이 가장 어려워하는 기능인 쓰기에 학생들이 좀 더 손쉽게 접근할 수 있도록 하기 위하여 여러 학문적인 코퍼스를 이용하여 자신이 쓴 표현이 적합한지의 여부를 확인해 볼 수 있다. 쓰기는 시간이 필요한 작업이므로 학생들에게 어떤 특정 주제를 주고 코퍼스를 이용하여 작문을 해오라는 과제를 내준다. 특히 코퍼스 사용을 통해 연어(collocation)를 잘 알 수 있고, 동사 등이 정확히 어

떻게 사용되는지를 확인해 봄으로써 작문에 많은 도움을 받을 수 있다.

위에서 살펴본 바와 같이 1980년대 이후 컴퓨터 기술의 발달로 컴퓨터에 언어 자료를 전산화시켜 언어 연구에 사용함으로써 각광을 받기 시작한 코퍼스 언어학은 Lexical Approach 와 Data-Driven Learning 과 같은 새로운 방식의 언어 접근법을 이끌어내어 언어연구의 획기적인 장을 마련하였고, 관련된 주목할 만한 연구결과가 많이 발표되고 있으며, 실제 교육 현장에서도 다양한 방법을 통하여 제2언어 학습에 이용되고 있다. 특히 학문적인 코퍼스는 학문적인 분야와 관련되어 있거나 직접적으로 종사하는 이들의 연구와 학습에 쓰이고 있다. 이 때 학문적인 코퍼스로 이용될 수 있는 것은 저널의 기사와 학문적인 책, 교과서, 논문 또는 기타 학문과 관련된 각종 글들이 해당된다. 이 학문적인 코퍼스를 이용하여 다양한 연구(질적인 연구와 양적인 연구)가 이루어졌고, 연구뿐만 아니라 대학에서의 에세이 작문과 같은 특별한 경우를 위해서도 학문적인 코퍼스가 이용된다는 것을 알 수 있었다. 이와 같이 학문적인 코퍼스는 그것이 문어 코퍼스든 구어 코퍼스이든 그 특성이 학문적이기 때문에, 학문적인 분야에 종사하는 사람들이나 또는 고급 영어를 필요로 하는 사람들에게 좋은 자료로서 큰 도움을 줄 수 있고, 우리나라와 같이 실제적인 언어 입력이 절실히 필요한 EFL 환경의 실제 학교 현장에서 특히 학생들의 어휘, 문법과 작문 지도 시에 매우 훌륭한 도구로서 활용될 수 있다.

XII

Specializing: Business Corpora의 분석

1. Business Corpora 분석의 필요성

지구촌이라는 말이 보편화된 지금 우리는 세계화, 정보화 시대를 살아가고 있다. 그 중에 핵심 매개체는 언어이며 그 중에서 영어는 국제어로서의 기능을 하고 있다. Crystal(1997)은 국제단체 및 기관의 85%가 공식적인 의사소통 수단으로 영어를 사용하고 있으며 인터넷 상 전자 문서의 80%가 영어로 쓰여 있다고 보고한다. 또한 Kachru(1992)는 국가별로 언어 사용 확장에 관하여 언급하면서 한국을 세 영역 (the First-or-Inner-Circle; the Second-or-Outer Circle; the Third-or-Expanding Circle) 중 세 번째 집단(비즈니스, 기술, 정부업무 등에서 국가 내 또는 국가 간 소통어로서 영어가 점점 널리 사용되고 있는 국가)에 포함시키고 있다. 국제간에 비즈니스 즉, 다국적 기업, 국제간의 기업합병, 국제무역 등이 빈번이 일어나고 있으며 앞으로 국제화가 더욱 활발히 진행될 것을 고려해 보면 영어를 통한 비즈니스 활동은 점점 확대될 것이다. 국제비즈니스 영역에서 세계 공용어(Lingua Franca)로 영어가 사용되고 있음은 자명하며 이러한 분야에 종사하는 사람들에게 비즈니스 전문용어(technical lexis) 및 업무와 관련된 관례적 표현의 습득은 원활한 의사소통을 위해 매우 중요한 부분이라 할 수 있다. 한편 교육상황에서 특수목적 언어(Language for Specific Purposes; LSP)로서의 비즈니스 영어 교육 및 학습은 최근 가장 빠르게 부상하고 있는 영역임에도 비즈니스 영어가 무엇인지에 대해서는 여전히 분명치 않은 상태에서 학습 및 교육이 이루어지고 있다고 할 수 있다(Nelson, 2000). 이런 점에서 실제 비즈니스 활동 및 연구 분야에서 사용되는 텍스트를 수집하여 코퍼스(corpus)를 생성하여 분석함으로서 비즈니스 영어가 일반영어와 어떻게 다른 어휘적 특성을 갖고 있는지 살펴보고자 한다. 또한 분석을 통해 비즈니스 영어에서 기저가 되고 있는 핵심어휘들이 무엇인지 밝힐 수 있을 것이며, 그 어휘적 특성을 비즈니스 영어 학습 및 교육에서 기본 자료로 이용할 수 있을 것이다.

2. 특수목적어로서의 비즈니스 영어

가. 특수목적 영어 (English for Specific Purposes: ESP)

1) 역사

특수목적 영어(English for Specific Purposes: ESP)교육은 영어교육 연구의 비교적 새로운 영역으로서, 영어교육을 종래의 일반목적 영어(English for General Purposes: EGP)교육 일변도에서 탈피하여 영어학습자의 특수한 학습 요구에 부합하기 위해 개발된 영어교육 체계를 가르친다. Dudley-Evans와 St John (1998)에 의하면, 특수목적 언어(Language for Specific Purposes: LSP)교육의 기원은 고대 그리스와 로마 시대까지 거슬러 올라가지만, 영어교육의 관점에서는 2차 세계대전 이후, 특히 1960, 70년대의 세계경제가 급변하는 와중에서 보다 구체적 목적을 지닌 영어학습 및 교육의 필요성이 대두 되었다고 보고 있다. 그 후 ESP 연구는 ESL/EFL 연구의 필요성에 대한 전 세계적인 관심을 반영하여, 현재 Pergamon 출판사의 년 4회 간행하는 학술지인 English for Specific Purposes가 이 분야의 최신 연구 결과들을 제공해 주고 있다. 또한 2002년부터 동일 출판사에서 ESP 세부 영역중의 하나인 학문목적 영어(English for Academic Purposes: EAP) 연구의 활성화를 위해 학술지 Journal of English for Academic Purposes를 간행하고 있다. 우리나라 영어 교육에서도 최근에 영어교육 관련 학회와 대학을 중심으로 ESP 연구가 시작되고 있다.

2) 정의 및 특성

ESP는 학생들이 목표로 하는 학문적, 전문적, 또는 직업적 활동분야에서 유능한 업무수행자로서 적극적으로 참여할 수 있도록 학생들을 준비시키는 것을 그 관심대상으로 한다. 또한 Dudley-Evans and St John(1998,pp.4-5)는 일반영어와 달리 ESP를 절대적(absolute) 특성과 변인적(variable) 특성으로 다음과 같이 언급한다.

가) 절대적 특성

- 영어학습자의 특수한 요구에 부합하도록 고안한다.
- 특수한 학문, 직업, 활동의 기본 방법론을 활용한다.
- 이러한 활동들에 적합한 언어(문법, 어휘, 사용역 등), 언어기능, 담화 및 장르에 집중한다.

나) 변인적(가변적) 속성

- 특수한 학문을 위해 고안될 수 있다.
- 구체적인 교수 상황에서 일반영어와 다른 방법론을 사용할 수 있다.
- 주로 대학이나 전문직에 종사하는 성인들을 위해 고안될 수 있으나, 중등학교 학생들에게도 적용될 수 있다.
- 일반적으로 중급이나 고급 수준의 영어학습자를 위해 고안되어지지만 초급 학습자들에게도 사용할 수 있다.

ESP 프로그램의 특징은 학습자의 요구를 최우선적으로 고려하는 점에 있다. 따라서 ESP연구는 영어학습자 개개인의 특수한 요구를 분석하는 차원에서 출발해야 할 것이다. ESP 요구분석에는 다음과 같이 나누어진다.

3) ESP 요구분석

Hutchinson과 Waters (1987, p.127)는 ESP 요구분석에 있어 학습중심 접근법을 제시하는데, 그들은 ESP 상의 요구를 목표 요구와 학습요구로 구분하여 각각 다음과 같이 제시한다.

가) 목표요구의 분석의 틀은 다음과 같다.

- Why is the language needed? (왜 이 언어가 필요한가?)
- How will the language be used? (어떻게 이 언어가 사용될 것인가?)
- What will the content areas be? (내용영역은 무엇이 될 것인가?)
- Who will the learner use the language with?
  (학습자는 누구와 함께 그 언어를 사용할 것인가?)
- Where will the language be used? (그 언어가 어디에서 사용될 것인가?)
- When will the language be used? (언제 그 언어가 사용될 것인가?)

나) 학습 요구 분석의 틀은 다음과 같다.

- Why are the learners taking the course? (학습자가 왜 이 코스를 수강하는가?)
- How do the learners learn? (학습자가 어떻게 배우는가?)
- What resources are available? (어떤 자료가 이용가능한가?)
- Who are the learners? (누가 학습자들인가?)
- Where will the ESP course take place?
  (어디에서 ESP 코스 강의가 이루어질 것인가?)

이외에도 ESP 학습요구를 분석하는 방법들로서 다음의 것들이 사용된다.

- 목표상황분석 (Target-Situation Analysis)
- 현재상황분석 (Present-Situation Analysis)
- 책략분석 (Strategies Analysis)
- 수단분석 (Means Analysis)
- 목표(부족) 요구분석 (Target/Deficit Needs Analysis)
- 컴퓨터활용 요구분석 (Computer-base Needs Analysis)

4) ESP 장르분석

ESP는 영어학습자의 학문, 직업, 전문영역에 따라 다양한 장르로 구별된다. ESP 장르는 학자마다 다소 다르게 구분되고 있다. <그림 120>은 Dudly-Evans와 St John(1998)이 제시한 분류이다.

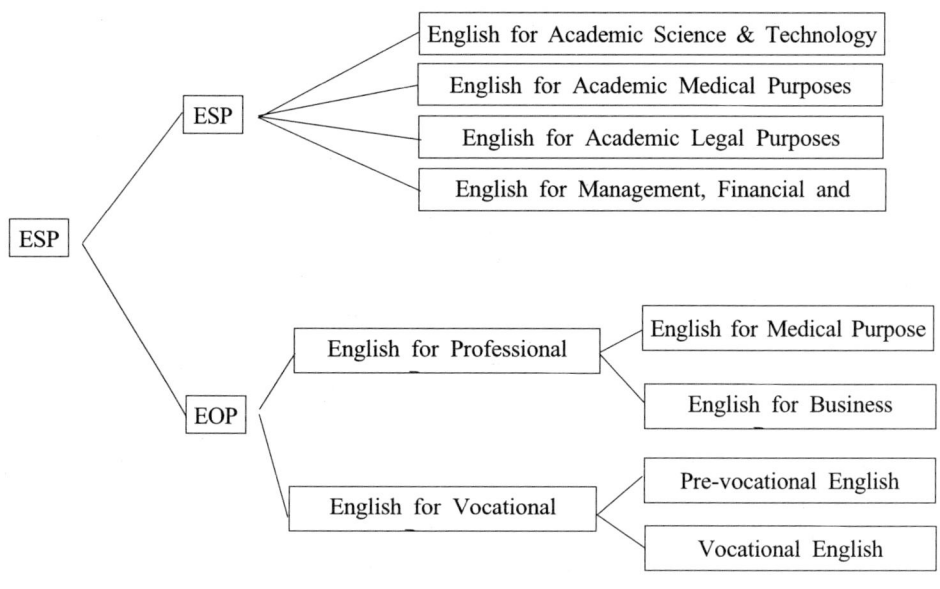

<그림 120> Dudley-Evans & St John의 ESP 장르분석

나. 비즈니스 영어(English for Business Purpose: EBP)

비즈니스 목적 영어(English for Business Purpose: EBP)는 ESP 분야 중 가장 광범위한 분야를 지닌다. 오늘날 대부분의 국제적 비즈니스 관계들은 원어민 영어 화자간의 영어 사용이 아니라 비원어민 영어 화자간의 영어 사용으로 이루어지고 있다. 국제적 비즈니스 관계의 대부분이 영어 사용을 매개로 이루어지는 점을 볼 때, EBP의 중요성은 더욱 증가할 것으로 예측된다. EBP는 목적을 기준으로 다시 일반 목적 영어(English for General Business Purposes: EGBP)와 특수 비즈니스 목적 영어(English for Specific Business English: ESBP)로 구분된다. EGBP는 비즈니스의 경험이 없거나 초보 비즈니스 종사자들을 위한 ESP로 보통 학습자의 직업보다는 언어사용 수준을 기초로 마련된다. 반면에 ESBP는 비즈니스 지식과 기술을 언어학습 상황에 접목시킬 수 있는 학습자들을 위한 ESP로서 언어 기능을 특수한 비즈니스 의사소통 상황에 맞게 적용시킨 ESP이다. 비즈니스 영어 특성을 살펴보자. 비즈니스 영어는 일반영어가 비즈니스 환경에 유입되면서 어휘들이 서로 새롭게 결합되거나 새로운 의미를 얻게 되는데 이는 다시 일반인들에게 사용되기도 한다. Dudley-Evans and St John(1998)은 비즈니스 영어가 차지하는 위치를 다음과 같이 보여준다.

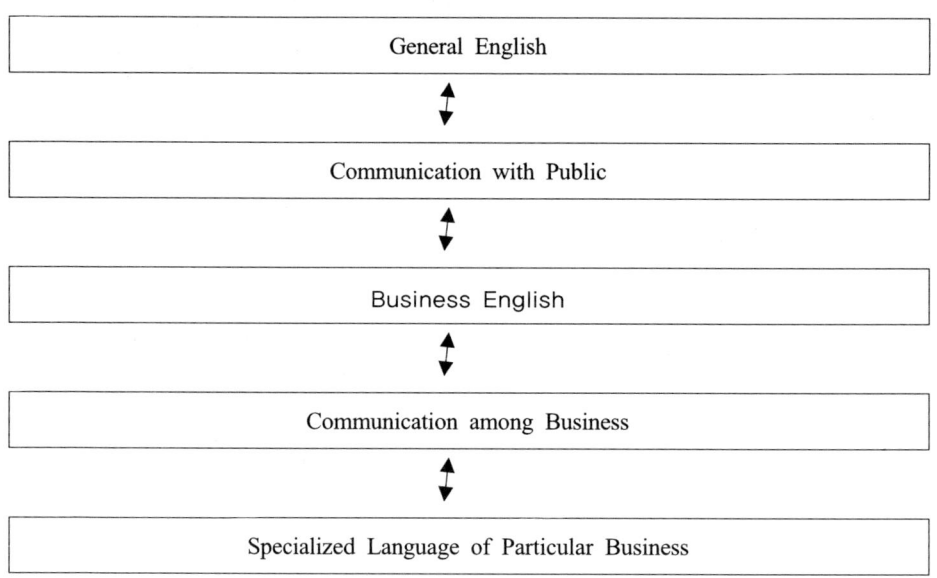

<그림 121> 의사소통에 있어서 비즈니스 영어의 위치

여기서 비즈니스 영어를 통한 의사소통은 두 가지 방향으로 나타나는데, 밖으로는 일반인과의 의사소통이며 안으로는 회사 내 또는 회사 간의 의사소통이다. Posteguillo와 Palmer(1997)에 따르면, 비즈니스 분야의 텍스트는 전달하려는 대상이 누구인가에 따라 달라지는데, Business Press Article(BPA)는 비즈니스 업무를 행하는 특정한 사람들을 위한 것이며, Business News in the Press(BNP)는 비즈니스 분야에 대해 그다지 상세히 알지 못하는 보다 더 넓은 범주에 속하는 일반인을 위한 것이다. 그러나 위와 같은 수형도 형태의 분류법으로는 다양한 유형의 ESP 교육의 연속적인 특성과 EAP 또는 EBP와 일반영어가 서로 중복된다는 사실을 보여줄 수 없다는 점에서 Dudley-Evans와 St John(1998)는 언어교육과 관련하여 <그림 122>와 같은 연속적 관계를 제시한다.

General Specific

1 Position1	2 Position2	3 Position3	4 Position4	5 Position5
English for Beginning	Intermediate to advanced EGP courses with focus on particular skills	EGAP/EGBP courses based on common core language and skills not related to specific disciplines or professions	Courses for broad disciplinary or professional areas, e.g., Report writing for scientists, Medical English, Negotiation or meeting skills for Business English	An 'academic support' course related to a particular academic course. One-to-one work with business people

<그림 122> Dudley-Evans와 St John(1998)에 의한 영어교육의 유형

다음 <표 80>은 국내 비즈니스목적영어 강좌 현황이다. EBP(English for Business Purpose) 영역은 비즈니스영어, 통상영어, 회의영어, 서식영어, 금융/재무영어 등을 포함하는데 다른 영역에 비해 강좌의 성격이 보다 구체적이며 그 종류도 다양함을 알 수 있다고 김현옥(2008)은 보고했다.

<표 80> EBP 활용 영역 조사대상 대학 및 교과

구분	대학	대학수	강좌수
국립대	강릉대, 강원대, 경북대, 공주대, 부경대, 부산대, 서울대, 서울시립대, 순천대, 안동대, 여수대, 인천대, 전남대, 전북대, 전북대, 제주대, 창원대, 충남대, 한국해양대	19	243
사립대	건국대, 경기대, 경희대, 고려대, 국민대, 단국대, 덕성여대, 동국대, 서강대, 서울여대, 성균관대, 성신여대, 세종대, 숙명여대, 순천향대, 숭실대, 아주대, 연세대, 영남대, 이화여대, 인하대, 중앙대, 카톨릭대, 포천중문의대, 한국외대, 한남대, 한동대, 한양대, 항공대, 홍익대	30	570
사이버대	경희사이버대, 국제디지털대, 사이버한국외대, 서울디지털대, 세종사이버대, 열린사이버대, 한국디지털대, 한국사이버대, 한성디지털대, 한양사이버대	11	145
합계		60	958

<표 80>에서 확인되는 바와 같이, 비즈니스 영어독해, 비즈니스 발표 등의 EGBP교과와 영문재무제표, 국내비즈니스와 국제비즈니스, 비즈니스 실무영어 등의 ESBP 등이 다수 개설되고 있는데, 주목할 만한 것은 비즈니스협상스킬, 비즈니스영어와 국제매너 등 대인의사소통능력의 비중이 더욱 두드러져, 다른 ESP 교과의 내용 구성과 교재의 선택에 있어 시사하는 바가 크다고 김현옥(2008)은 주장한다.

<표 81> EBP 강좌의 종류와 개설 현황

구분	강좌수	강좌명
비즈니스 영어	153	Business Communication (skills), (Current) Business English, Business Conversation, Business English Clinic, Business Presentation and Discussion, English for International Business, 국제경영영어, 국제비즈니스영어, 경영실용영어, 경영영어, 경영의사전달, 기업영어, 기업실무영어, 기업영어실습, 기업영어회화, 기업현장실습, (고급)비즈니스 글쓰기, 비즈니스발표, 비즈니스 실무영어, 비즈니스영어회화, 비즈니스영어와 국제매너, 비즈니스영작문, 비즈니스 전화영어, 비즈니스협상스킬, 인터넷 비즈니스 영어
통상영어	65	Trade English, 국제무역영어, (기초)무역영어, 무역실무영어, 무역영어연습, 무역통신영어, 무역영어통신연구, 무역영어회화, (국제)통상영어, 인터넷무역영어
회의영어	11	국제회의영어, 국제회의 커뮤니케이션, 컨벤션(실무)영어, 컨벤션영문작성법, 회의영어
서식영어	9	Business Letters, 국제실무영어(표기법), 비즈니스 영문이력서 작성, 사무영어, 실무(서식)영어, 영문서 기획 및 작성, 영문재무제표
금융영어	4	English Finance & Banking, 금융영어, 재무영어, 시사금융영어
전공영어	3	국제경영원강, 비즈니스영어독해, 회계학 영어원강

불행히도 현 고등학교에서 비즈니스 영어 교과서 및 강좌는 많이 개설되어 있지 않으며 극히 제한 적이다. 고등학교 비즈니스 관련 영어 교과서에 대한 연구 및 동향은 제6차 교육과정에서는 공통영어는 필수로 하고 계열과 진로에 따라 '영어 I (8단위), 영어II(8단위), 영어독해(6), 영어회화(6), 실무영어(6)를 교육과정에 명시해 놓았으나 제7차 교육과정에는 '영어작문'이 추가되고 실무영어는 사라지

게 되었다. 교육과정에 명시되지 않고 자율선택에 맡겨졌기 때문에 실업계 및 전문계 고등학교교육과정에서 비즈니스나 실무관련 교재는 채택되지 않거나 올바른 형태로 수업이 이루어지지 않고 있는 실정이다. 특수목적영어로서 비즈니스영어의 위치와 장르 및 국내 연구동향에 대해서 살펴보았다. 다음은 비즈니스 영어 학습을 위한 코퍼스의 분석을 통하여 비즈니스 영어의 특징에 대해서 알아보고자 한다.

다. 비즈니스 영어 학습을 위한 코퍼스 생성과 분석

1) 비즈니스 코퍼스의 종류 및 성격

코퍼스 분석을 하기에 앞서 이용 가능한 비즈니스 영어 코퍼스의 몇몇을 살펴보고자 한다. 비즈니스 코퍼스에는 구어(spoken) 비즈니스 데이터를 포함하여 만들어졌다. 백삼십만 단어를 포함하는 BNC(the British National Corpus)는 판매, 무역거래회의, 협의회, 인터뷰 등의 내용을 포함하며, ICE(The International Corpus of English)프로젝트는 다른 나라와 지역으로부터 추출한 약 2만단어의 구어영어 자료를 이용하여 만든 준(sub)영어코퍼스이다.

연구 방면으로는 Bargiela-Chiappini가 영국과 이탈리아에서 기록된 약 18시간 동안의 비즈니스 회의에 관한 비즈니스 코퍼스를 기반으로 의미있는 연구를 수행했으며 Nelson(2000)은 회의, 전화영어로부터 구어와 문어 자료를 포함한 백만 단어의 Kielikanava(핀란드, 터키) 비즈니스 코퍼스를 만들었다. 그는 벤치마크 코퍼스로서 출판된 비즈니스 영어 교수 자료 그리고 BNC를 그의 비즈니스 코퍼스와 비교했다. 그는 비즈니스 영어어휘를 일반영어 어휘와 구분했으며, 비즈니스 세계의 활동, 사건, 관계를 반영하는 비즈니스만의 제한된 의미영역도 코퍼스에 포함시켰다. 비즈니스 코퍼스의 몇몇 중 CANBEC 코퍼스를 통한 비즈니스 어휘의 특징을 살펴보겠다.

2) CANBEC 비즈니스 코퍼스의 분석

가) 최빈도 어휘 분석(Single Word Frequency Analysis)

구어비즈니스영어(SBE)의 연구는 CANBEC(Cambridge and Nottingham Corpus of Business Enlgish) 코퍼스를 기반으로 이루어졌다. CANBEC는 다양한 비즈니스 분야와 구어자료로부터 일백만 단어를 수집했다. 이 자료는 내부회의, 외부회의, 사무실 대화, 판매 프리젠테이션, 전화 대화 등을 포함한다. 이 중 회의 분야가 가장 큰 부분을 차지한다. McCarthy와 Hanford(2004)는 처음으로 CANBEC 코퍼스를 이용한 연구를 시행했다. 이 연구에서 다음과 같은 질문을 던진다. 비격식적 일반영어와 구어비즈니스영어(SBE)가 어느 정도까지 같거나 상이한가? 이 방법은 전문적 담화연구(Drew and Heritiage 1992, p.25; Larrue and Trongon 1993)에서 뿐만 아니라 인터뷰나 토크쇼 같은 미디어 연구(Greatbatch 1988)에서도 효과적으로 사용되어오고 있다.

McCarthy와 Handford는 또한 비즈니스 대화의 조직적 차원을 언급했다. 비즈니스 대화는 조직 안에서 지위를 구체화 또는 확립하는 과정에서 진화하며, 오랜 기간에 걸쳐 제도화된 역할과 문화 속에서 발달한다고 주장했다. 그러므로 조직화되고 제도화된 구어비즈니스영어(SBE)를 연구하는 것은 유용하다고 할 수 있겠다. 이러한 생각을 가지고 McCarthy와 Handford는 CANBEC 자료를 CANCODE(Cambridge and Nottingham Corpus of Discourse in English)의 학문분야와 비교했다. 학문과 비즈니스라는 두 분야의 비교로서, 비갈등적 환경, 계급과 권위의 상황, 특정한 조직적 격식이 요구되는 상황, 그리고 명료한 목표 지향적 상황에서 이 둘은 유사성이 있다는 것을 가설로 삼고 연구했다. 여기서 CANBEC과, CANCODE의 학문분야 34만 단어(표 3에서 ACAD로 표현:) 그리고 CANCODE의 사회적·친밀적 대화 부분의 백만단어 하위(준)코퍼스(표 3에서 CONV로 표현)에서 추출한 단어 빈도 목록을 비교해 보겠다. <표 82>를 보자.

<표 82> 일상대화, 비즈니스, 학문영어 내 상위 50위 단어 목록

	CONV	per million	CANBEC	per million	ACAD	per million
1	I	31,981	the	36,362	the	49,950
2	the	29,368	and	22,456	and	27,306
3	and	28,969	to	20,988	of	26,750
4	you	26,475	you	18,611	you	23,029
5	it	22,856	a	18,599	a	22,951
6	yeah	20,748	I	18,191	to	22,272
7	a	19,377	it	17,222	that	18,241
8	to	18,856	that	16,199	in	16,692
9	that	15,536	yeah	16,086	is	16,455
10	was	12,983	of	13,733	it	14,984
11	of	12,487	we	12,832	I	13,920
12	in	11,728	in	10,455	er	9,556
13	oh	10,333	is	10,085	so	9,338
14	it's	9,598	so	9,210	it's	8,280
15	know	9,227	it's	8,590	this	8,204
16	no	8,727	er	8,435	what	7,308
17	mm	8,566	but	7,729	yeah	7,288
18	like	8,516	on	7,638	erm	7,001
19	but	8,192	for	6,964	are	6,922
20	he	8,016	have	6,573	but	6,786
21	well	7,984	erm	6,493	on	6,313
22	they	7,771	they	6,175	have	6,009
23	is	7,501	know	6,143	be	5,684
24	we	7,352	be	6,140	we	5,516
25	er	7,229	if	5,972	right	5,504
26	have	7,018	do	5,692	know	5,478
27	so	6,995	well	5,393	as	5,229
28	on	6,944	just	5,356	they	5,159
29	what	6,554	that's	5,333	if	5,107
30	do	6,165	what	5,277	or	5,066
31	just	6,006	got	5,170	do	5,058
32	there	5,739	this	5,105	not	4,895
33	all	5,669	one	4,933	with	4,892

34	don't	5,635	with	4,831	all	4,858
35	she	5,419	no	4,618	for	4,837
36	for	5,230	at	4,571	which	4,739
37	not	5,113	not	4,515	at	4,585
38	got	5,101	right	4,456	one	4,573
39	that's	5,095	all	4,438	there	4,544
40	be	4,967	was	4,298	can	4,510
41	erm	4,965	there	4,283	about	4,472
42	one	4,905	are	4,150	that's	4,391
43	this	4,836	can	4,129	like	4,188
44	right	4,812	think	4,113	was	4,063
45	then	4,762	as	3,857	mm	3,901
46	yes	4,688	then	3,725	just	3,773
47	think	4,380	or	3,653	very	3,666
48	with	4,123	get	3,635	he	3,570
49	at	4,106	don't	3,481	okay	3,564
50	get	3,967	them	3,382	because	3,422

세 개의 코퍼스에서 상위 30단어는 대단히 유사하나, CONV 상위 30단어 중 몇 단어는 ACAD나 CANBEC의 범위 내에서 전혀 나타나지 않고 있다. 일상회화의 최빈도 단어와 구어 비즈니스 영어 그리고 구어 학문 영어는 뚜렷한 핵심 빈도 단어를 공유한다. 그러나 각각의 전문화된 코퍼스는 빈도수 목록으로부터 다음의 특징을 볼 수 있다.

- 대명사 *we*가 다른 두 영역에서보다 CANBEC 영역에서 높다.
- 부정관사 *no*는 ACAD에서는 상위 50 단어에서 벗어나지만 CONV나 CANBEC에서는 각각 16위와 35위에 위치한다.
- *well*은 ACAD에서 50위 밖으로 밀려나나 CONV와 CANBEC에서 각각 21, 27위에 나타난다.
- *like*의 경우 CONV은 18위, ACAD는 43위에 위치해 있으나, CANBEC에서는 50위를 벗어난다.
- 이러한 차이점 자체가 대단한 것이 아니라 이 차이점을 통해 어떤 통찰을 제공해준다.

즉, 전문화된 코퍼스를 만들 때, 이 차이점을 통해 그 분야의 키워드를 찾는데 정확한 통계자료를 제공해준다 Nelson(2000)은 비즈니스 영어의 연구에서 Keyword 분석이 비즈니스 어휘를 정의하는 보다 좋은 방법임을 주장했다. 왜냐하면 순수한 빈도수는 특히 앞서 본 상위 50위 최빈 단어는 비즈니스 영어와 일반영어 사이에 많은 중복이 있음을 보여준다. 이것은 <표 83>과 같이 명백히 구어 학문영어에도 역시 적용된다.

<표 83> 일상대화, 비즈니스, 학문영어 내 상위 50위 키워드 단어 목록

	CANBEC	ACAD		CANBEC	ACAD
1	we	the	26	us	therefore
2	we've	of	27	issue	effect
3	hmm	is	28	brand	analysis
4	customer	which	29	cent	particular
5	we're	are	30	two	associated
6	sales	in	31	if	examples
7	product	by	32	products	form
8	orders	this	33	website	cause
9	need	section	34	so	implied
10	customers	terms	35	client	a
11	meeting	okay	36	step	evidence
12	order	between	37	install	context
13	stock	example	38	batches	as
14	okay	these	39	gotta	means
15	company	process	40	list	society
16	marketing	within	41	markets	because
17	the	important	42	for	system
18	business	sense	43	batch	interpretation
19	mail	very	44	web	percent
20	gonna	will	45	our	surface
21	price	has	46	problem	structure
22	we'll	also	47	is	ways
23	per	contrast	48	target	more
24	month	an	49	market	question
25	will	common	50	which	fact

위의 표를 통해 특징을 살펴보자.

- CANBEC에서 1, 2, 5, 22, 26, 45위는 대명사 'we/us/our'의 형태를 취하나 'I'나 'you'는 상위 50위에는 들어있지 않다. 인칭 대명사중 어떠한 것도 ACAD에서는 키워드로 나오지 않았다.
- 'need'는 CANBEC에서 9위에 위치하나 ACAD에서는 키워드로 나타나지 않는다.
- CANBEC은 비즈니스 성향의 'customer(s) sales, product(s), order(s), market(s/ing), company, stock'과 같은 내용어(content word)를 많이 포함하고 있다.
- CANBEC은 'so, problem'을 상위 50위안에 올려놓고 있으나 ACAD에는 없다.
- ACAD는 'which'가 상위 4위에 올려져 있으나 CANBEC에서는 50위에 위치해 있다.
- ACAD는 'example, context, interpretation, question, implied, fact, important, particular와 같은 논항과 관련된 많은 단어들이 있다. CANBEC에서는 50위에 이러한 단어는 보이지 않는다.
- ACAD는 'associated, section, means, ways, contrast, cause, because'과 같은 논리적 관계를 표현하는 내용어를 가지고 있다. 그러나 CANBEC에서는 보이지가 않는다.
- ACAD는 'within'이 16위에 위치하나, CANBEC에서는 보이지 않는다.

키워드는 스냅사진과 같다. 키워드는 두 코퍼스(비즈니스, 학문)에서 예상 가능한 영역(prices, customers, meetings, paperwork, examples, facts, interpretations, etc.)을 말해 줄 뿐만 아니라, CANBEC에서 특정 대명사(we, us, our)의 선호를 드러내 주며, 특정한 조동사의 표현과 거리감에 따른 표현의 다양성을 보여준다. CANBEC의 경우, 키워드와 문맥은 구어 비즈니스 의사소통의 개인적 측면에 대한 통찰을 제공하며, 또한 이것은 일상회화 상황과 학문적 상황에서의 담화 자질의 공유성을 드러내며, 대화와 학문적 담화, 서로의 관계나 신분의 차이에서 나오는 독특한 사용역, 장르별 차이점 등에 대한 통찰을 제공한다. 마찬가지로 구어 학문영어도 학문적 특성의 문화와 유형을 창조하는데 이것은 학자가 강의나 수업을 통하여 지식을 전달하거나 토론의 과정 중에 일어난다.

나) 청크(Chunks)

청크란 단어들의 묶음으로서 사용역이나 장르적 특성을 드러내는 장치이다. O'Akey(2002)는 자주 발생하는 'it has been(shown/observed/argued)' 등과 that과 같은 청크가 사회과학, 의학, 기술과학 등에서 외부증거를 인용할 때 사용된다고 한다. 그러나 이 청크가 세 영역에서 다르게 분포함을 알아냈다. 따라서 CANBEC 비즈니스자료와 ACAD구어학문자료에서의 클러스터(cluster)는 서로 다른 장르로서 구어 비즈니스 영어(SBE)와 구어 학문 영어의 특징을 보여준다. 여기서 우리는 상위 20개의 청크를 살펴보도록 하겠다. 목록은 <표 84>와 같다.

<표 84> 일상대화, 비즈니스, 학문영어 내 상위 50위 청크 목록

	CANBEC	per million		ACAD	per million
1	I don't know	642	1	a lot of	477
2	a lot of	563	2	I don't know	469
3	at the moment	485	3	one of the	442
4	we need to	438	4	you can see	364
5	I don't think	378	5	this is a	358
6	the end of	376	6	you have to	343
7	in terms of	243	7	this is the	338
8	a bit of	241	8	in terms of	300
9	be able to	237	9	a sort of	297
10	at the end	235	10	there is a	276
11	end of the	230	11	and this is	271
12	and I think	229	12	look at the	268
13	I think it's	229	13	the end of	265
14	to do it	223	14	the sort of	265
15	we have to	208	15	at the end	253
16	have a look	196	16	you want to	253
17	I think we	194	17	you know the	250
18	you know the	192	18	do you think	247
19	a couple of	187	19	to do with	247
20	we've got a	184	20	and so on	239

위 <표 84>에서 'I don't know'는 양쪽 코퍼스에서 높은 순위를 나타내며 'I don't know'에 뒤이어 if나 whether 구문으로 시작되는 간접의문문 형식이 빈번히

관찰된다. 모호함의 표현 'a lot of, a couple of, sort of'과 'in terms of'라는 구체적 표현이 양쪽 코퍼스에서 또한 나타난다. CANBEC은 협상적 담화에서 끊임없는 사고를 반영하는 'think'와 관련된 4개의 청크가 위치해 있으나 ACAD에서는 단지 하나의 청크만이 보인다. 이것은 아마도 관점이나 사고를 지시해주기 위해서는 다양한 표현의 범위가 필요함을 반영한다고 볼 수 있다. 담화 상 빈번히 일어나는 구체화에 해당하는 'in terms of'는 CONV에서는 단지 19번 밖에 나타나지 않으나 CANBEC 이나 ACAD에서는 243번과 300번이나 드러나는데 이것은 두개의 전문 코퍼스의 특징을 이해하는데 도움을 준다. CANBEC은 'at the moment'가 높은 순위를 보이는데 이것은 비즈니스 상황에서의 끊임없는 유동과 변화를 드러낸다고 볼 수 있다. 또한 CANBEC에서는 Keyword인 'we'와 'need'의 높은 빈도수를 보인다. 이것은 구어비즈니스영어(SBE)에서 집단지향 목적진술을 드러냄을 알게 해준다. SBE에서 'need'는 체면을 살려주는 요구와 지시를 할 때 종종 사용된다. CANBEC에서 'we'는 대단히 넓고 광범위한 회사를 지시하는 것에서부터 보다 작은 그룹을 지시할 때나 개인적 화자까지를 포함한다. 이 사람들은 'we'를 회사의 권위에 숨거나 책임회피에 또는 대화자의 권위를 보호하기 위해서 사용한다.

구어비즈니스영어(SBE)나 학문적 담화 안에서 사용되는 반복된 패턴은 현장에서 사용되는 전문 용어를 반영하는 만큼 청크는 공동체의 관습을 특징 지어주는 의사소통적 자료를 제공한다고 Wenger(1998)는 언급했다. 예를 들어 'may'와 'might'의 가설적 사용은 CANBEC과 ACAD에서 매우 유사하게 드러나 CONV에서는 비율이 더욱 낮다. 우리는 가설이 주요한 기능인 ACAD에서 'may'와 'might'의 사용을 예상할 수 있다. 그러나 목표지향, 결정하기 등이 중요한 SBE에서도 사고의 정도에 따라 이 표현이 드러나기도 한다. 협력적 기업에서 깊은 사고나 가정을 통해 의견일치를 이끌어 낼 때, 의견을 개진하는 사람이나 반응하는 사람 모두에 체면을 보호해 줄 때, 이 표현은 중요한 역할을 한다.

다) CANBEC에서의 '문제(problem)'와 '제도화된 구조(institutional construction)

CANBEC에서의 'problem/problematic'이라는 단어는 ACAD나 CONV보다 4배 많은 빈도수를 보인다. 이것은 CANBEC의 특징으로서 주의를 기울일 가치가 있다. 이것들의 빈도수는 비즈니스 회의가 대부분 문제를 토론하고 이것의 해결점을 찾으려는 데에 있다는 것을 상기해 본다면 설명된다. 문제는 사정되어야하고 우선적으로 다루어져야하는데 이것은 CANBEC에서 나타나는 'the main problem, the other problem, a big problem, the bigger problem, the only problem'와 같은 청크에 반영되어 있다. 회의에서 인지된 문제의 진술은 또한 참여자의 안건을 반영한다(Boden 1995). Boden은 화자에 의해 문제가 어떻게 구성되는가에 대한 중요성과 이것이 어떻게 그들의 평가나 해결에 영향을 주는지를 언급했다. CANBEC에서 그러한 틀은 되풀이되고 확장된 은유나 관용어의 형태로 나타난다. Wenger(1998)는 정형화된 상황에서 문제에 접근하는 일상적인 방법인 농담, 이야기, 교훈, 관용어, 은유 등의 중요성을 언급했다. MaCarthy와 Handford(2004)는 은유와 관용적 표현의 사용을 다음과 같이 보여준다.

* 예시: IT 회사의 판매직원과 고객 사이의 회의이다. 고객은 인터넷 판매 회사의 관리이사이다. 그들은 컴퓨터 서버 문제를 토론하고 있다.

S1: Erm as you know with application problems you just it it's +
S2: Yeah.
S1: +it's it's
S2: It's a nightmare.
S1: Yeah.[sighs]
S2: Sometimes the experts don't know.
[laughter]
S1: Yeah exactly. But it can be a rea+
S2: Okay.
S1: +er can of worms. So.[inhales]
...[6 mins]

고객은 문제를 'nightmare'로 말하고 있으며 반면 IT판매직원은 'can of worms'로 표현하고 있다. 이러한 은유적 관용적 사고는 비즈니스 문화와 그들의 의사소통의 방식을 유지하고 강화하는 관습에 기여한다.

SBE와 ACAD는 관습화된 말의 형태이다. Nelson(2000)은 비즈니스 영어는 특별한 용어를 가진 일반영어가 아니라고 주장한다. 최적의 비즈니스영어 자료의 생성은 양적 자료 자체로나 한 번의 대화 스크립트 분석으로는 충분하지 않으므로, 양적자료나 대화스크립트 분석은 변증법적 관계로 이루어져야 함에 틀림없다. 즉, 하나에서 다른 하나로 끊임없이 합해지고 나누어지며 통합되는 과정을 통해 최대의 통찰력을 얻는 방법을 말한다. 위에서 논의한 바는 SBE가 어떤 면에서 구어학문자료와 유사성이 있으며 몇몇의 관습적 특징들을 공유하고 있음을 비교 코퍼스를 통해 살펴보았다. 두 가지 유형(비즈니스영어와 학문영어)의 담화는 일상생활영어 표현의 특징을 어느 정도 공유하며 예의와 목적성, 비위협적 선한 관계 등 그 유형 고유의 특징도 가지고 있음을 살펴보았다. 마지막으로 비즈니스 코퍼스 분석에 대한 요약 및 제언을 살펴보고자 한다.

3. 교육학적 제언

영어가 국제 비즈니스 활동을 위한 세계 공용어로서 자리를 차지하게 되면서 자연스럽게 관심이 높아진 분야가 바로 특수목적 언어(LSP)로서의 비즈니스 영어이다. 이러한 면에서 본 연구는 비즈니스 영어의 특성이 무엇인지를 어휘적 측면에서 살펴보고자 하였다. 본 연구에서는 비즈니스 활동에서의 의사소통에 필수적인 전문용어 및 이와 관련된 용례색인과 연어 관계를 파악하기 위하여 비즈니스 영어 코퍼스를 생성하여 분석하였다. 이러한 특수 분야 코퍼스 분석을 통해 비즈니스 영어는 일반영어와는 다른 핵심 어휘를 포함하고 있으며 이러한 어휘들은 비즈니스 영어 교육 및 교재개발에서 기본적인 자료로도 활용될 수 있음을 보였다. 비즈니스 코퍼스와 학문영어 코퍼스를 분석하여 어휘사용빈도수에 따른 특성과 핵심어를 추출하였다. 어울러 이러한 전문 또는 비전문 어휘들이 문맥 속에서 어떻게 사용되는지를 용례색인을 통해 살펴보았으며 또한 연어 관계를 갖는 어휘들도 살펴보았다.

특정분야에서의 언어사용의 특성을 살펴봄으로서 우리는 전문분야의 학업 및 실무에서 중요하다고 여겨지는 개념들이 무엇이며 이들이 어떠한 구조로 사용되는지를 밝힐 수 있었으며 이러한 정보는 ESP 교육, 교재개발, 또는 교재분석에서 기본적인 자료로 활용될 수 있음을 내포하고 있다. 다음은 비즈니스 코퍼스 분석을 통하여 내린 교육학적 관점이다.

첫째, 코퍼스 분석은 목표어인 영어가 다양한 맥락에서 실제로 사용되는 양식을 밝혀냄으로써 영어교육의 내용을 향상할 수 있다고 볼 수 있다. 또한 교수요목(syllabus)을 선정하고 배열함에 있어 언어 항목들이 사용되는 빈도를 측정하여 객관적인 근거로 활용 할 수 있을 것이다. 6, 7차 교육과정 실무영어나 비즈니스 영어를 코퍼스로 분석하여 재구성한다면 보다 현실적이고 구체적인 교재가 만들어질 수 있을 것이다.

둘째, 학습자 코퍼스(learner corpus), 즉 학습자 언어 수행의 결과물을 분석하여 특정 학습자 집단이 지닌 문제점을 진단하고 교육 및 학습에 반영함으로써 이를 해결해 나갈 수 있다. 학습자 오류 코퍼스는 대조분석 및 오류분석의 자료로 활용함으로써 개인별 교수 및 자기 주도 학습 능력 배양에 도움이 될 것이다.

셋째, 코퍼스 분석 자체가 영어교육 및 학습의 한 방법론이 될 수 있다. Tim Johns(1991)가 주장한 자료 기반 학습(Data-Driven Learning: DDL)으로 직접 코퍼스 자료를 탐색하여 언어 문제에 대한 해답을 스스로 찾아가게 함으로써 목표어에 대한 학습이 이루어지게 하는 것이다. 귀납적 추론 방식을 따르는 이러한 발견학습은 전형적인 학습자 중심, 그리고 과정중심적 학습방법이라고 할 수 있다. 점점 더 많은 구어 비즈니스와 학문 코퍼스가 만들어짐에 따라 용례색인(concordance)을 이용하는 Data-Driven-Learning(DDL)학습이나 코퍼스 파일에 대한 무료접근은 현실화되고 있다. 이제 코퍼스 조사자나 교사의 할 일은 비즈니스나 학문을 위한 영어사용자들이 그들이 처한 환경이나 언어적 목표에 접근하도록 도와주면 될 것이다. 언어를 적절하게 사용하기 위해서는 많은 학습이 필요하며 면밀한 관찰과 의식작용이 가장 중요한 요소이다. 코퍼스를 통해서라면 면밀한 관찰이 가능할 것이며 언어 사용의 적절성은 높아질 것이다.

교과서 분석을 위한 Coh-Metrix의 활용

1. Coh-Metrix

 본 장에서는 교과서 분석을 위하여 코퍼스의 개념과 코퍼스 언어학적 방법을 통한 교과서 분석에 대하여 알아본다. 또한 본 연구에서 교과서 분석 도구로 활용한 Coh-Metrix의 특성과 기능을 설명한다. 코퍼스로 정의되기 위하여 수집과 입력 과정에서 원형성이 유지되어야 하며 원래 자료의 변이나 누락이 있어서는 안 된다. 또한 해당 언어의 대표성과 균형성을 충족시켜야 한다. 대표성은 해당 언어를 통계적으로 대표할 수 있을 정도로 대상이 유의미한 규모로 확보되어야 한다는 것이다. 또한 언어의 다양한 변이를 반영해야 하므로, 코퍼스에 포함되는 범주와 유형에 따른 구성이 요구된다.

2. Coh-Metrix를 통한 텍스트 분석

 최근에는 대규모로 구축된 측정치를 통하여 다양한 분석 항목을 제공하며 언어의 심층적인 측면까지도 정량화된 데이터로 검증할 수 있는 Coh-Metrix가 개발되어 언어학적 연구에 활용되고 있다. 본 연구에서도 Coh-Metrix를 활용하여 학교급 간 교과서의 표층적인 측면과 심층적인 측면을 다각도로 분석하여 연계성에 미치는 요인을 분석하고자 하였다.

먼저 Coh-Metrix를 활용한 연구의 특징과 관련된 연구 주제들을 알아보고 본 연구에 적용할 수 있는 시사점을 도출하였다. 그리고 Coh-Metrix를 연구에 활용하기 위한 사용 방법을 기초적인 매뉴얼을 제시하였다. 마지막으로 Coh-Metrix에서 제공하는 분석 항목에 대한 발현 양상에 따라 표층적 측면과 심층적 측면으로 나누어 정리하였다.

가. Coh-Metrix의 개요

Coh-Metrix는 미국 멤피스대학교(University of Memphis) 지능형시스템연구소(Institute for Intelligent Systems)에서 개발한 웹기반 언어분석 시스템이다. 이는 다양한 유형의 텍스트 및 교재를 광범위한 언어학적 측정치들에 의해 분석하는 자동화된 컴퓨터 도구이다(전문기, 임인재, 2009, 2010; Graesser, Jeon, Cai & McNamara, 2008; Graesser, Jeon, Yan & Cai, 2007; Jeon, 2008). Coh-Metrix는 웹페이지(http://cohmetrix.memphis.edu/)로 접근하여 회원 가입을 하면 무료로 이용할 수 있고, 이 경우 60개의 대표적인 언어학적 측정치를 사용할 수 있다. 현재 멤피스대학교 지능형시스템연구소 연구원들에게만 연구용으로 제공되는 데스크톱(desktop) 컴퓨터용 프로그램은, 약 800여 개의 언어학적 측정치들을 제공하고 있다. 이러한 점에서 Coh-Metrix는 전산언어학 분야에서 측정 가능한 거의 모든 언어학적 측정치를 제공하는 컴퓨터 시스템이다(전문기, 2011). Coh-Metrix는 다양한 언어학적 특징들을 바탕으로 텍스트를 분석할 수 있게 해 주는 컴퓨터 기반의 언어 분석 도구로써, 언어 심리학과 다른 연구들의 요구를 충족시켜준다. 실제로 Coh-Metrix는 다양한 분야의 텍스트와 담화의 차이점을 밝히는 데 사용되고 있다(McNamara, Louwerse, McCarthy & Graesser, 2010).

이러한 Coh-Metrix를 통하여 전통적인 텍스트 난이도 측정 도구에서 다양한 수준의 담화 이해 체계를 수용하지 못하는 제한점을 개선하고자 하였다(Graesser & McNamara, 2011). 2002년부터 진행된 The Coh-Metrix Project는 기존의 기초산출치에 바탕을 둔 기존의 분석 방법이 텍스트의 일관성을 제대로 예측하지 못한다는 가정에서 시작한다. 이제까지 이루어져 온 전통적인 가독성의 측정방법을 통한 연구에서는 텍스트 난이도에 영향을 미치는 인식의 발달적 요소가 간과되었다는 것이다. 또한 텍스트의 응집성을 자동적으로 측정할 수 있는 방법이 없었으므로 이를 고려한 텍스트 난이도를 측정하는 유용한 도구로서 Coh-Metrix연구가 진행되었다. 이를 위하여 다양한 측정항목의 집합체가 필요하며 이러한 측면에서 언어와 담화에 관하여 다각도로 분석해 주는 도구로서 Coh-Metrix가 발전적으로 활용되게 되었다.

Coh-Metrix시스템은 현재 전산언어학 분야에서 광범위하게 사용되는 어휘집(lexicons), 코퍼스, 품사분석기(Brill, 1995), 통사구문분석기(Charniak, 2000), LSA(Latent Semantic Analysis, Landauer, 2007) 등으로 구성된다(전문기, 2011). Coh-Metrix가 기존의 코퍼스와 구별되는 가장 큰 특성은 광범위한 언어학적 분석 항목을 자동적으로 분석해 줄 뿐만 아니라, 텍스트의 일관성에 영향을 미치는 담화의 응집성까지 분석해 줄 수 있다는 것이다(McNamara, Louwerse, McCarthy & Graesser, 2010). 따라서 Coh-Metrix는 다양한 언어-담화 수준의 특성들을 분석하기 위하여 발전되었으며, 텍스트의 응집성을 자동적으로 측정해 주기 때문에 Coh-Metrix라고 이름 붙여졌다(Graesser, McNamara & Kulikowich, 2011).

나. Coh-Metrix 활용 연구

최근 Coh-Metrix를 활용한 연구에서는 다양한 연구 분야 간의 통합과 상호성이 강조되고 있다. Coh-Metrix를 기반으로 다양한 분야의 통합적 접근이 이루어지고 있으며 심리학, 언어학, 교육학, 문학 이론, 인지 과학, 통계학, 인공 지능 등이 이러한 연구에 이용되었다(McNamara, Louwerse & Graesser, 2008). 따라서 연구 분야 간의 통합과 협력이 강조되는 시기에 Coh-Metrix는 생산적이고 창조적인 연구를 촉진하는 도구가 되고 있다.

많은 연구들에서 컴퓨터로 출력된 결과를 정선된 언어와 담화, 응집성이 측정된 텍스트, 심리학적 자료, 기준(gold standards)으로 사용되는 텍스트 예문과 비교하여 Coh-Metrix의 측정치를 검증하였다(Graesser, McNamara & Kulikowich, 2011). Coh-Metrix를 활용한 연구는 다음과 같다. 먼저 Coh-Metrix는 구어와 문어 예문의 차이를 분석한 연구에 사용되었으며(Louwerse, McCarthy, McNamara & Graesser, 2004), 교재의 표면적 내용과, 연구자들이 준비한 텍스트, 그리고 개별

지도 대화(tutorial dialogue)의 담화의 차이를 분석하는 데도 사용되었다(Graesser, Jeon, Yang & Cai, 2007). 또한 다른 저자에 의해 저술된 글을 각기 비교하는 연구와(McCarthy, Lewis, Dufty & McNamara, 2006), 서론, 연구방법, 연구 결과와 논의의 체계를 갖춘 특정한 과학적 분야에서 선정된 텍스트 분석에서 사용되었다(McCarthy, Briner, Rus & McNamara, 2007). 그리고 제 2언어 학생들을 위한 차용된(실제적인) 텍스트와 개작된(단순화된) 텍스트에 대한 연구에도 활용되었다(Crossley, Louwerse, McCarthy & McNamara's, 2007). 이러한 Coh-Metrix의 활용 분야와 관련하여 Demo Site에서 대표적으로 제시하고 있는 특징적인 결과들을 정리해 본다. Coh-Metrix를 통하여 사람이 인지하기 어려운 언어의 세부적인 현상까지 구체적인 수치로 분석해 낼 수 있다. 아래 <표 85>는 Demo site에 제시된 텍스트의 일부분으로, 같은 주제에 대한 실제 사람의 대화와 가상 대화 학습 프로그램인 AutoTutor를 통한 대화이다.

<표 85> 동일 주제에 대한 실제 대화와 Autotutor 대화 예시

text 1: Computer Mediated Human Dialogue Sample	text 2: AutoTutor Dialogue Sample
Suppose you are running in a straight line at constant speed. You throw a pumpkin straight up. Where will it land? Explain. *Well, can you give some reasons for your answer?* *The pumpkin is only moving in the vertical direction.* *Yes, the pumpkin has been thorwn vertically up. What was the pumpkin's velocity just before the runner throws it? (이하 생략)*	*Okay, let's begin. Suppose a runner is running in a straight line at constant speed, and the runner throws a pumpkin straight up.* *Where will the pumpkin land? Explain why.* *The pumpkin will land behind the runner* *Well What can you say about the pumpkin's vertical velocity in relation to gravity? (이하 생략)*

여기서 제시된 text 2는 AutoTutor는 실제 사람의 발화가 아닌 컴퓨터 기반 언어학습 시스템으로 Coh-Metrix의 측정치를 비교함으로써 실제 언어 양상과 어떤 차이가 있는지 알 수 있다. 또한 대화문인 구어의 텍스트도 Coh-Metrix를 통하여 효

과적으로 비교가능하다. 문어와 마찬가지로 구어가 가진 언어적 특성도 정량적으로 분석이 가능하다는 것을 알 수 있다. 따라서 Coh-Metrix를 활용하며 교과서 텍스트의 문어와 구어를 대상으로 비교 분석하여 텍스트의 특성에 따른 발현 양상을 확인할 수 있다. 또한 정량적 수치를 통하여 학교급간 연계성이 텍스트 유형에 따라 어떤 차이를 보이는지 분석할 수 있다.

<그림 123>은 위의 텍스트를 Coh-Metrix를 통하여 분석한 측정치로, 실제 대화에 비해 AutoTutor 대화에서 상대적으로 응집성이 낮게 나타나고 있다. 따라서 실제 대화에 비하여 AutoTutor를 통한 대화가 글의 인과적 연결 관계나 의미적 응집성이 부족하여 학생들이 이해하기에 더 어려울 것이라는 예상을 할 수 있다.

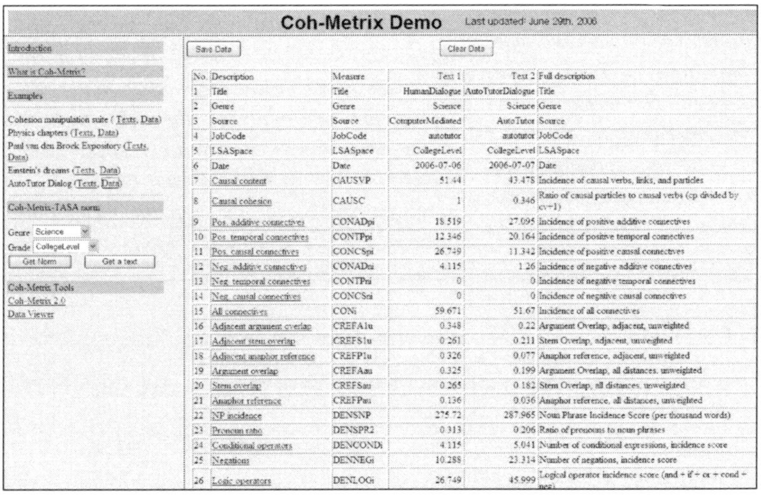

No.	Description	Measure	Text 1	Text 2	Full description
1	Title	Title	HumanDialogue	AutoTutorDialogue	Title
2	Genre	Genre	Science	Science	Genre
3	Source	Source	ComputerMediated	AutoTutor	Source
4	JobCode	JobCode	autotutor	autotutor	JobCode
5	LSASpace	LSASpace	CollegeLevel	CollegeLevel	LSASpace
6	Date	Date	2006-07-06	2006-07-07	Date
7	Causal content	CAUSVP	51.44	43.478	Incidence of causal verbs, links, and particles
8	Causal cohesion	CAUSC	1	0.346	Ratio of causal particles to causal verbs (cp divided by cv+1)
9	Pos. additive connectives	CONADpi	18.519	27.095	Incidence of positive additive connectives
10	Pos. temporal connectives	CONTPpi	12.346	20.164	Incidence of positive temporal connectives
11	Pos. causal connectives	CONCSpi	26.749	11.342	Incidence of positive causal connectives
12	Neg. additive connectives	CONADni	4.115	1.26	Incidence of negative additive connectives
13	Neg. temporal connectives	CONTPni	0	0	Incidence of negative temporal connectives
14	Neg. causal connectives	CONCSni	0	0	Incidence of negative causal connectives
15	All connectives	CONi	59.671	51.67	Incidence of all connectives
16	Adjacent argument overlap	CREFA1u	0.348	0.22	Argument Overlap, adjacent, unweighted
17	Adjacent stem overlap	CREFS1u	0.261	0.211	Stem Overlap, adjacent, unweighted
18	Adjacent anaphor reference	CREFP1u	0.326	0.077	Anaphor reference, adjacent, unweighted
19	Argument overlap	CREFAau	0.325	0.199	Argument Overlap, all distances, unweighted
20	Stem overlap	CREFSau	0.265	0.182	Stem Overlap, all distances, unweighted
21	Anaphor reference	CREFPau	0.136	0.036	Anaphor reference, all distances, unweighted
22	NP incidence	DENSNP	275.72	287.965	Noun Phrase Incidence Score (per thousand words)
23	Pronoun ratio	DENSPR2	0.313	0.206	Ratio of pronouns to noun phrases
24	Conditional operators	DENCONDi	4.115	5.041	Number of conditional expressions, incidence score
25	Negations	DENNEGi	10.288	23.314	Number of negations, incidence score
26	Logic operators	DENLOGi	26.749	45.999	Logical operator incidence score (and + if + or + cond + neg)

<그림 123> 실제 대화와 AutoTutor 대화 Coh-Metrix분석 결과

또한 Coh-Metrix의 웹 사이트의 Demo site에서는 동일한 주제에 대한 응집성이 다르게 구성된 텍스트와 분석 결과를 제시하고 있다. 응집성을 비교하기 위하여 4개의 텍스트를 제시하고 있는데 text 1, 2는 소설 Orlando의 서술적 형식의 텍스트이며, text 3, 4는 열(heat)의 특성을 설명하는 과학적인 형식의 텍스트이다. <표 86>은 제시된 4개의 텍스트 중 text 3, 4의 일부분이다. 설명적인 글의 경우에 내용의 이해를 목적으로 하기 때문에 텍스트의 응집성은 텍스트의 난이도를 결정하는

중요한 요소가 된다. 따라서 이러한 분석 항목의 중요성은 교과서의 편찬과 평가의 기준을 마련할 때에 세심하게 고려되어야 한다.

<표 86> 동일 주제에 대한 응집성 수치가 다른 텍스트 예시

text3: Heat (Low Cohesion)	text4: Heat (High Cohesion)
Effects of Heat *Moving Heat. Heat can move from one object or place to another. Heat moves from warm objects to cooler ones. You can warm your hands by holding a cup of warm soup. Heat moves from the soup through the cup to your hands. You can feel warm air rising above the cup. Heat moves through some materials more easily than others. Heat moves easily through conductors. Most metals are good conductors. Metal pots are used for cooking. Heat from the stove quickly moves through the metal. The heat warms the food.* (이하 생략)	*Effects of Heat on Objects, Matter, and Air* *Heat Moves. Heat can move from one object to another object, or it can move from one place to another place. Heat moves from warm objects to cooler ones. For example, you can warm your cold hands by holding a cup of warm soup. Your hands become warmer because heat moves from the soup, through the cup, to your hands. The heat from the soup also moves above the cup, so you can feel warm air rising above the cup. Heat moves through some materials more easily than other materials.* *Conductors are materials through which heat moves easily. Most metals are good conductors. For example, metal pots are used for cooking because heat from the stove quickly moves through the metal pots and the heat in the pot warms the food.* (이하 생략)

표면적으로 나타나는 텍스트의 특징은 text 3이 text 4보다 단어수와 문장수가 적다는 것이다. 그러나 언어의 심층적 측면을 판단할 때에 text 3의 난이도가 text 4보다 쉽다고 할 수 없다. 이제까지의 언어 분석 연구에서는 응집성의 수준을 판단하기에는 객관성의 한계가 있으며, 이를 정량적으로 비교할 수 있는 기준이 명확하지 않아 언어의 심층적 측면을 분석하기는 어려웠다. 그러나 Coh-Metrix를 통하여 텍스트의 난이도에 영향을 미치는 응집성의 요인을 정량적으로 분석하여 비교할 수 있게 되었다.

<그림 124>는 위의 텍스트를 Coh-Metrix로 분석한 측정치로, text 3은 낮은 응집성을 나타내고 있으며 text 4는 상대적으로 높은 응집성 수치를 보였다. 따라서 텍스트의 길이는 상대적으로 길지만, Coh-Metrix의 응집성 측면에서는 text 4가 더 이해하기 쉬운 텍스트라고 할 수 있다.

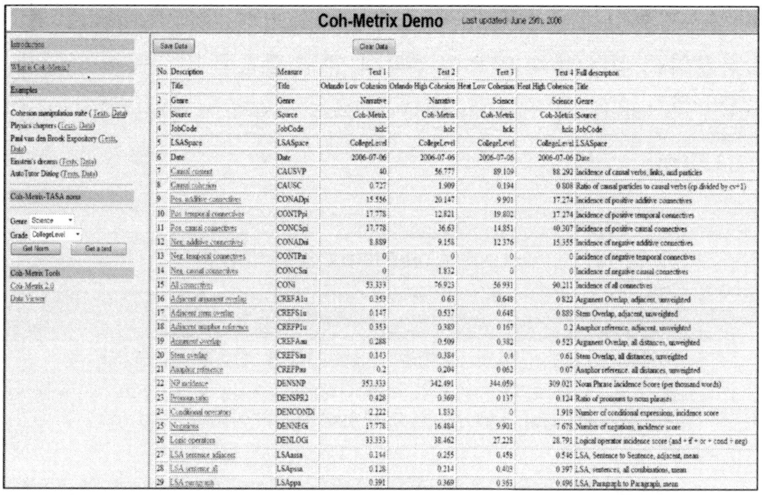

<그림 124> 응집성 차이에 따른 텍스트 Coh-Metrix 분석 결과

　이러한 결과 결과는 본 연구에 많은 시사점을 제시한다. 이제까지 이루어져 온 교과서 분석 연구는 주로 기초 산출치나 어휘, 문장의 측면 등 표면적인 측면에 한정되었다. 따라서 표면적으로는 나타나지 않으나 언어학적으로 중요한 비중을 가지는 응집성을 통하여 텍스트의 난이도를 측정하는 것은 교과서 간의 연계성을 총체적으로 판단하는 요소가 될 것이다. 따라서 본 연구에서도 Coh-Metrix에서 제공하는 광범위한 측정치들과, 참조적 응집성을 측정하는 논항반복비율과 의미적 응집성을 측정하는 LSA 측정치를 활용하여 텍스트의 연계성을 분석한다.

다. Coh-Metrix 활용 절차

　Coh-Metrix를 연구에 활용하기 위하여 웹 페이지로 접근하여 회원 가입을 하여 승인을 받으면 60개의 대표적인 언어학적 측정치를 제공하는 프로그램을 무료로 사용할 수 있다. Coh-Metrix는 인터넷을 통하여 어디서든 사용할 수 있으며 인터페이스가 효율적으로 구성되어 있어 사용법 또한 간단하다. 또한 Demo Site에서는 Coh-Metrix 사용법과 분석 항목들에 대한 설명이 제시되어 있고, 다양한 텍스트 유형에 따른 예시와 분석 결과를 제공하여 활용상의 편의를 도모하고 있다. 또한 DataViewer에 자동적으로 분석 결과가 저장되기 때문에 쉽게 엑셀 형태의 데이터로 저장하여 활용할 수 있으며 추후에 연구 결과를 검색하여 비교해 보기에도 용이하다. Coh-Metrix를 텍스트 분석 연구에 활용하기 위한 기본적인 매뉴얼은 <표 87>과 같다.

<표 87> Coh-Metrix 활용 매뉴얼

단계	그림 및 설명
웹 페이지 접속	Coh-Metrix는 인터넷 검색을 통하여 쉽게 접근할 수 있다. 웹 상에서 홈페이지 주소인 http://cohmetrix.memphis.edu/로 직접 접속하거나 google에서 'Coh-Metrix'를 검색하여 웹 페이지에 접속한다. 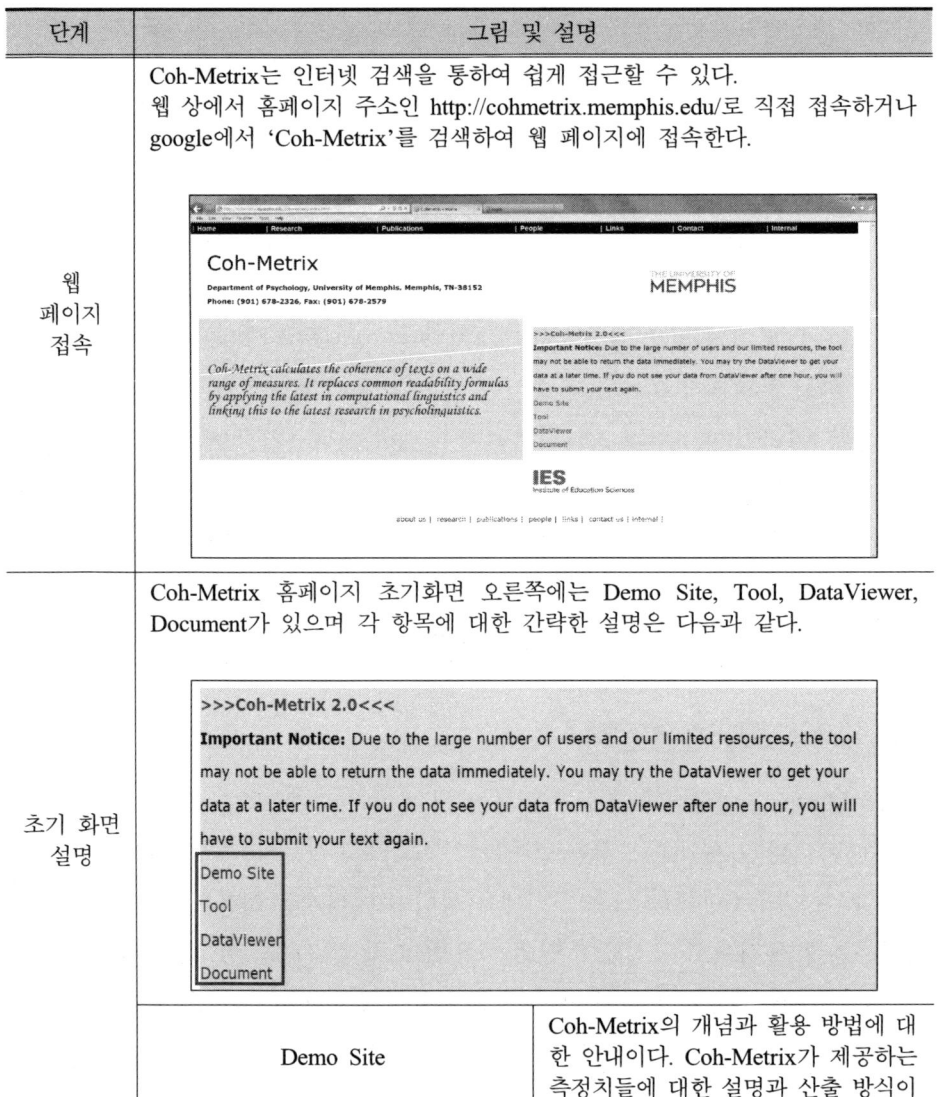
초기 화면 설명	Coh-Metrix 홈페이지 초기화면 오른쪽에는 Demo Site, Tool, DataViewer, Document가 있으며 각 항목에 대한 간략한 설명은 다음과 같다.
Demo Site	Coh-Metrix의 개념과 활용 방법에 대한 안내이다. Coh-Metrix가 제공하는 측정치들에 대한 설명과 산출 방식이

		자세히 제시되어 있다. 또한 어떻게 텍스트가 분석되는지를 알 수 있는 예시 텍스트와 분석 결과를 예시로 제공하고 있다.
	Tool	Coh-Metrix의 기본 기능으로 텍스트를 분석할 수 있는 분석 도구를 제공하며 분석된 데이터는 Coh-Metrix 데이터베이스에 저장된다.
	DataViewer	Tool에서 입력한 Job code를 이용하여 언제든 분석하였던 자료를 다시 볼 수 있다. 여러 개의 데이터를 한 번에 비교하며 보는 것도 가능하다.
	Document	Coh-Metrix의 기능과 측정결과들에 대한 색인과 참고문헌 목록을 제공한다.
회원 가입	초기화면에서 Tool을 클릭하면 회원가입을 위한 창이 뜬다. Sign up을 클릭하여 기본 사항을 입력하고 가입하면 초기비밀번호가 주어지고, 무료로 활용할 수 있다. 확인 메일을 통하여 초기비밀번호가 주어지므로 메일 주소를 정확히 입력해야 한다. 특정 분석 항목의 저작권 제한과 서버의 용량의 제한으로 인하여 연구와 교육적 목적에서만 사용할 수 있도록 하고 있으며, 상업적인 이용은 금지된다. 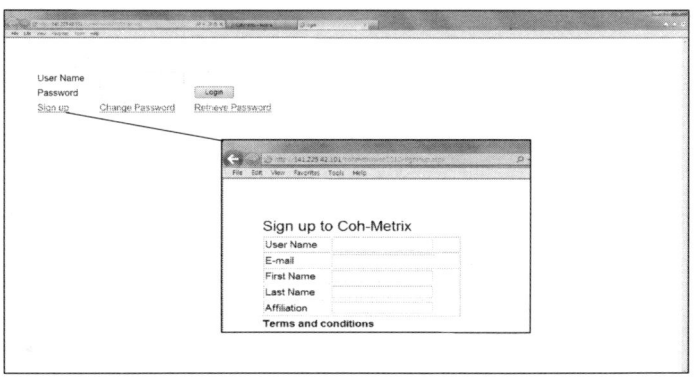	
Tool	Coh-Metrix의 초기 화면의 Tool을 클릭하여 로그인하여 접속하거나, 접속이 잘 안 될 경우는 Demo Site에서 Coh-Metrix Tools의 Coh-Metrix 2.0을 클릭하여 접속할 수 있다.	

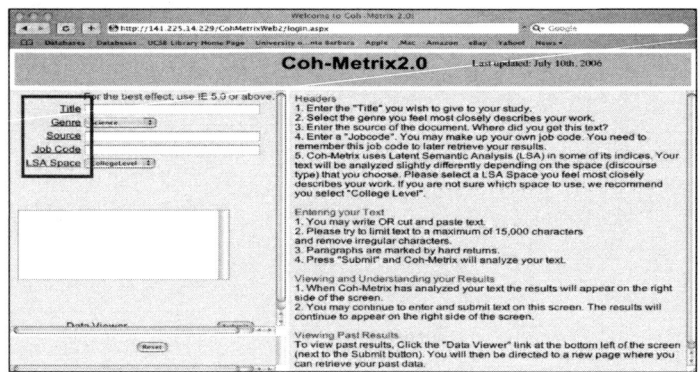

Tool화면의 왼쪽 상단에 Title, Genre, Source, Job Code, LSA Space를 입력하는 칸이 있다. 이 항목들은 입력할 데이터의 성격을 나타내기 위한 목적으로 각 항목에 대한 간략한 설명은 다음과 같다.

Title	분석 데이터의 이름을 입력한다.
Genre	Science, Narrative, Information 중에서 연구를 나타낼 수 있는 가장 유사한 분야를 선택한다.
Source	텍스트의 출처를 입력한다.
Job code	입력한 Job code로 추후에 분석한 데이터를 검색할 수 있으므로 기억할 수 쉽도록 목록화 하는 것이 좋다.
LSA(Latent Semantic Analysis) space	텍스트는 선택한 담화 유형에 따라 분석된다. College Level, Science, Narrative, Encyclopedia, Physics 중 연구를 나타낼 수 있는 가장 유사한 항목을 선택한다. 담화 유형이 확실하지 않을 경우에는 "College Level"을 선택하면 된다.
텍스트 입력	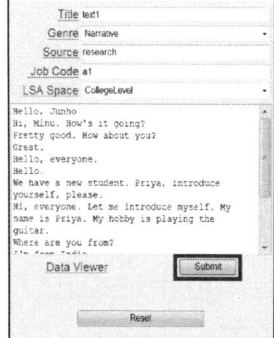 분석 대상 텍스트의 정보를 나타내는 Title, Genre, Source, Job Code, LSA Space를 입력하고, 텍스트를 복사하여 입력창에 붙여넣기한 후 아래에 있는 Submit 버튼을 클릭하면 자동적으로 텍스트의 언어학적 측정치들이 분석된다. 텍스트를 입력할 때에는 Coh-Metrix에서 영어 외의 다른 언어는 인식하지 못하므로 영어로 입력하여야 한다. 또한 대본 형식으로 제시된 구어 텍스트를 분석할 때에는 화자의 이름을 삭제한 후 입력하여야 한다. 그렇지 않으면 이를 하나의 단어로 인식하여 측정치를 산출하므로, 실제 측정 결과가 텍스트의 특성과 다르게 나오게 된다.

Data Viewer	Coh-Metrix를 통하여 분석된 텍스트의 데이터는 자동적으로 저장된다. DataViewer는 분석한 데이터를 다시 검색할 수 있는 기능이다. DataViewer에서 JobCode를 입력하고 자료를 작성한 기간을 선택하면, 텍스트의 분석결과를 보여준다. 또한 검색된 화면에서 Save Data를 클릭하면 데이터를 엑셀 형태로 저장할 수 있다. 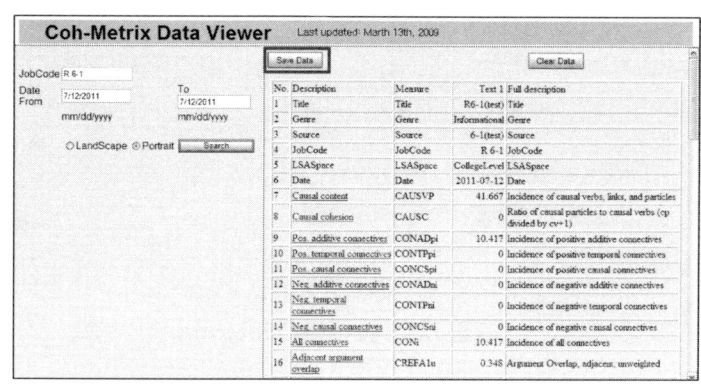

위에서 제시하였듯이 Coh-Metrix는 특별한 기술이 없이도 쉽게 텍스트의 언어학적 특성들을 정량적인 수치로 분석해 낼 수 있는 언어 분석 도구이다. 그러나 Coh-Metrix를 통하여 제공하는 분석 항목과 측정치가 나타내는 의미를 제대로 파악해야만 연구의 목적에 따라 효과적으로 사용할 수 있다. 따라서 Coh-Metrix의 분석 항목들을 본 연구에서 기준으로 삼은 표층적 측면과 심층적 측면을 중심으로 분류한다.

라. Coh-Metrix 분석 항목

<그림 125>는 웹 버전의 Coh-Metrix에서 제공하는 60개의 언어학적 측정치를 포함하고 있으며 이 수치들의 해석을 통하여 유의미한 결과를 도출할 수 있다. 연구 주제에 따라서 적절한 분석 항목들을 사용하여야 하므로 최근 연구에서 제시된 Coh-Metrix의 분석 항목에 대한 분류 체계를 분석하고 본 연구에 적용할 방법을 도출해 보도록 한다.

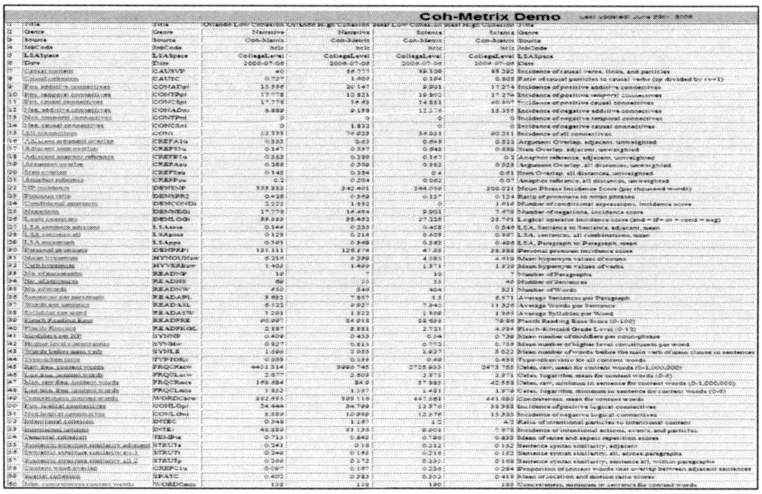

<그림 125> 웹 버전 Coh-Metrix 분석 항목

　　Coh-Metrix가 제공하는 측정치들은 텍스트의 표면적 특성뿐만 아니라 심층적인 측면을 분석해 준다. 즉, 한 문장을 개별적으로 분석하는 것이 아니라 맥락 속에서 활용되는 측면까지도 분석 항목에 포함하여 언어 분석 대상을 담화의 영역까지 확장할 수 있다. 이러한 Coh-Metrix의 특성을 통하여 이전까지 이루어진 코퍼스 기반 언어 분석 연구에 비하여 더 실제적인 언어의 발현 양상을 분석해 낼 수 있다. 담화는 발화로써, 다시 말하면 맥락화된 문장으로 정의할 수 있다(Schiffrin, 1994). 또한 담화는 언어적 본문(text)과 상황(context)을 모두 포함하며 언어가 사용되는 상황에 중점을 두는 좀 더 포괄적인 개념이다(Georgakopoulou & Goutsos, 1997). 구어나 문어의 발화는 언어가 형성되는 사회적, 문화적인 상황에서 완성된다. 따라서 담화에 대한 분석은 본문을 완성하는 언어적 패턴과 그것이 사용되는 상황 사이의 관계를 명확히 하여 모국어나 제 2언어의 교수에서 중요한 역할을 한다. 따라서 담화적 측면에 대한 분석은 영어 교과서의 난이도와 연계성을 판단하는 데 포함시켜야 할 필수 요소이다.

　　특히 Coh-Metrix에서는 다양한 담화 수준에 대한 광범위한 측정 방법을 제공하고 있다(Graesser & McNamara, 2011). 담화에 있어 다양한 수준의 이해에 대한 연구는 여러 학자들에 의해 이루어져 왔으며 이에 대한 분류 기준도 다양하다. 이러한 담화 수준은 5가지의 분류 체계: 표면적 코드(surface code), 텍스트 기반 (textbase), 상황 모델(situation model), 장르와 수사구조(genre and rhetorical structure), 화용적 의사소통(pragmatical communication)으로 분류할 수 있다. 따라서 본 연구에서도 이러한 특성을 고려하여 분석 항목을 표층적인 측면과 심층적인 측면으로 나누어 분석하고, 이를 종합하여 포괄적인 연계성을 파악하고자 한다. 전술한 담화 수준을 바탕으로 재구성된 Coh-Metrix의 분석 항목은 <표 88>과 같이 정리할 수 있다. 이 중 본 연구에서 교과서 분석에 활용된 Coh-Metrix 분석 항목은 밑줄로 표시하였다.

<표 88> 담화 수준에 따른 Coh-Metrix 분석 항목 분류

담화 수준	Coh-Metrix 분석 항목
BASIC STATISTICS	Number of texts Text length Words per sentence Flesch-Kincaid Grade Level
SURFACE CODE	Logarithm of frequency of content words Noun concreteness in hierarchy (hypernym) Verb concreteness in hierarchy (hypernym) All connectives Logical connectives , Negations , Personal pronouns Pronoun ratio per noun-phrase Modifiers per NP Words before main verb of main clause
TEXTBASE	Adjacent argument overlap Adjacent stem overlap, Content word overlap Type-token ratio
SITUATION MODEL DIMENSIONS	LSA sentence overlap - adjacent LSA sentence overlap - all , Causal cohesion Temporal cohesion

* 담화 수준에 따른 분류 기준을 발췌함(Graesser & McNamara, 2011, p. 398).
* 밑줄 : 본 연구에 활용한 분석 항목

<표 88>의 기준을 바탕으로 언어의 발현 양상에 따라 Coh-Metrix의 분석 항목을 표층적 측면과 심층적 측면으로 분류한다. 먼저 표층적 측면은 위 표의 분류에서 제시된 기본 통계(basic statistics)와 표면적 코드에서 발췌하고 텍스트 난이도의 비

교에 적합한 분석 항목들을 추가하여 구성하였다. 표층적 측면의 분석 항목에는 기초 산출치(단어수, 문장수, 문장 내 단어수), 단어빈도수, 표준가독성(FRE, FKGL), 접속사(인과적, 부가적, 시간적, 접속사 전체), 대명사(대명사 비율, 1인칭, 2인칭, 3인칭), 어휘정보(심상성, 구체적, 습득나이)외에 다양한 항목들이 포함된다.

단어 빈도수는 특정 내용어가 텍스트 내에서 얼마나 빈번하게 발생하는지 나타내는 수치로, 텍스트의 난이도를 평가하는 중요한 지표이다. 분석되는 내용어는 명사, 형용사, 부사, 주동사와 개념적 내용을 지닌 항목들을 포함한다. Coh-Metrix에서는 CELEX어휘 데이터베이스에 포함된 내용어(content words)에 대한 단어 빈도 정보에 근거해 내용어의 빈도수의 평균을 산출한다.

먼저 표층적 측면의 분석 항목에서는 전통적인 언어 연구에서 쓰인 산출치들을 포함하고 있다. 그러나 이러한 측정치들을 모두 제공하여 한 번에 분석할 수 있다는 것이 Coh-Metrix의 특징적인 장점이다. 기존에도 코퍼스를 바탕으로 텍스트의 표층적인 분석 항목에 대한 측정치와 가독성을 측정해 주는 자동화된 산출 도구는 있었다. 대표적으로 Edit-central의 웹사이트(http://www.editcentral.com)에서도 16종류의 가독성 지표를 데이터와 그래프로 자동적으로 분석해 주는 도구를 제공한다(Beaglehole, 2010). 그러나 Coh-Metrix는 기초산출치와 표준 가독성 외에도 언어 연구에 활용할 수 있는 광범위한 분석 항목을 포함하며, 담화적 측면까지도 측정해준다는 장점을 가지고 있다.

텍스트의 읽기 난이도를 측정해주는 표준 가독성(standard readability) 지수로 잘 알려진 것은 FRE(Flesch Reading Ease)와 FKGL(Flesch-Kincaid Grade Level)이다(Klare, 1974-1975). 가독성의 측정은 기본적으로 문장 내 단어수, 한 단어 내의 글자수나 음절수와 같은 요인에 바탕을 둔다(McNamara, Louwerse & Graesser, 2008).

FRE는 잘 알려진 읽기 지수 중 하나로, 텍스트를 얼마나 쉽게 읽고 이해할 수 있는지 측정해주며, 문서의 난이도 수준을 예상할 수 있게 해 준다(RFP Evaluation Centers, 2011). 따라서 미국의 많은 관공서에서도 문서나 양식에 특정 읽기 수준을 요구하고 있으며, FRE를 가독성의 기준으로 사용하고 있다(Wikipedia, 2011). 이는 읽기 지수의 조정이 중요하며 FRE가 읽기 난이도를 측정하는 신뢰성 있는 도구라는 것을 시사한다.

 FRE는 아래의 공식에 의해 산출된다. 아래 산출 공식은 기초산출치의 표면적인 난이도를 바탕으로 수치를 읽기 난이도에 따라 0부터 100까지 나타내어 활용할 수 있도록 변환하기 위한 것이다.

$$\text{Flesch Reading Ease(FRE)} = 206.835 - (1.015 \times ASL) - (84.6 \times ASW)$$

 위의 공식에서 사용된 ASL(average sentence length)는 문장 내의 평균 단어수로, 텍스트 내의 전체 단어수를 전체 문장수로 나눈 것이다. ASW(average number of syllables per word)는 단어 내의 평균 음절수로, 텍스트 내의 전체 음절의 수를 전체 단어의 수로 나눈 것으로 CELEX 데이터베이스를 바탕으로 산출된다.

 FKGL(Flesch-Kincaid Grade Level)는 좀 더 일반적으로 통용되는 표준 가독성 지수로, 0부터 12로 표시된다. FRE와 반대로 점수가 낮을수록 난이도가 낮음을 의미한다. FKGL의 숫자는 미국 학생 학년의 수준에 해당된다. 아래 산출 공식은 기초산출치의 표면적인 난이도를 바탕으로 수치를 읽기 난이도에 따라 변환하여 나타낸다.

$$\text{Flesch-Kincaid Grade Level(FKGL)} = (.39 \times ASL) + (11.8 \times ASW) - 15.59$$

 이러한 읽기 가독성 지표는 교사, 학부모, 사서들이 책과 텍스트의 읽기 수준을 판단하는데 쉽게 사용할 수 있으며 교육 분야에서 폭넓게 활용되어 왔다 (Wikipedia, 2011).

 Coh-Metrix에서는 읽기 가독성 외에도 접속사에 대한 정보를 제공한다. 웹 버전의 Coh-Metrix에서도 인과적 접속사, 부가적 접속사, 시간적 접속사에 대한 발생률과 접속사 전체에 대한 수치를 제공하고 있다.

 대명사 정보는 웹 버전의 Coh-Metrix에서 제공하는 전체 대명사의 비율에 외에도 데스크탑용 프로그램에서는 문장 속에 포함된 1인칭, 2인칭, 3인칭 대명사 발생률 점수가 포함된다. 대명사의 발생률 점수는 텍스트 속에 포함된 해당 대명사의 수를 전체 명사구의 수로 나눈 수치이다.

또한 Coh-Metrix에서는 The MRC Psycholinguistics Database에 포함된 150,837개의 단어와 이들 단어에 대한 26개의 다른 언어학적 특성을 바탕으로 어휘 정보를 제공한다. 측정치에는 내용어의 심상성, 구체성, 어휘 습득 나이 지표가 있다.

심층적 측면은 텍스트 기반, 상황 모델에 포함된 분석 항목을 기본으로 하되, 표면적 코드에서 통사적 복잡성에 대한 항목을 발췌하여 구성하였다. 심층적 측면의 분석 항목은 문장 간의 응집성(참조적 응집성, 의미적 응집성), 어휘 다양성, 통사적 복잡성(본동사 앞 단어수, 명사구 밀도, 평균 문장성분 수)이 포함된다.

심층적 측면에서 측정하는 응집성은 글의 일관성에 영향을 미쳐 읽기 이해도를 높여주고 가독성을 향상시켜주는 요소이다. 텍스트의 일관성은 독자의 읽기 활동과 텍스트의 응집성 간의 상호작용의 결과로 나타나는 정신적 표상으로 정의된다. 또한 일관성은 독자가 상황에 연관된 선행 지식이나 읽기 기술에 영향을 받는다. 반면 응집성은 명시적인 언어와 텍스트의 객관적인 특성을 나타내는 것이다. 이는 독자가 하나의 개념을 다른 개념과 연관시킴으로써 텍스트에서의 실질적인 의미를 파악하도록 도와주고, 글의 주제와 연관시킬 수 있게 도와주는 단어, 구 또는 문장을 나타낸다. 이러한 정합적인 장치들로 인해 독자는 텍스트에 대한 일관적인 표상을 형성하는 데 도움을 받을 수 있다(Graesser, McNamara, Louwerse & Cai, 2004).

Coh-Metrix에서는 분류에 따라 참조적, 시간적, 장소적, 인과적, 구조적 응집성 등 다양한 종류의 응집성 측정치를 제공하며, 여기에서는 언어 분석 연구에 주로 사용되어 온 논항반복비율과 LSA측정치를 설명한다.

논항반복비율은 참조적 응집성을 나타내며 논항이 반복된 인접 문장 쌍에 대한 수를 전체 인접 문장 쌍에 대한 수로 나눈 값으로 측정된다(전문기, 임인재, 2010). 의미적 응집성은 LSA(Latent Semantic analysis)에 의해 산출되며, 이는 서로 인접한 문장들이 얼마나 의미적으로 연결되어 있는지를 나타낸다(전문기, 2011). 의미적으로 유사한 두 단어는 비슷한 주변(surrounding) 단어를 공유하게 되는데, 예를 들어 단어 *hammer*는 같은 기능적 문맥에서 나타는 단어들: *screwdriver, tool, construction*과 연관성이 높게 나타난다(Graesser & McNamara, 2011).

또한 심층적 측면에서 타입-토큰 비율을 통한 어휘 다양성을 측정하여 텍스트 난이도와 응집성에 미치는 영향을 산출한다. 타입-토큰 비율은 텍스트 내의 특정(unique) 단어의 수를 텍스트 내의 전체 단어의 수로 나눈 것으로(Greasser & McNamara, 2011), 타입의 수를 토큰의 수로 나눈 비율이다. 타입은 텍스트 내에서 나타난 특정 단어를 말하는 것으로, 중복된 단어를 하나의 어휘 유형으로 산출한 수치이다. 토큰은 각 단어가 텍스트에서 사용된 예를 나타내는 것으로, 동일한 단어의 반복을 별개로 산출한 어휘 수이다. 예를 들어 '*like*'라는 단어가 텍스트 내에 5번 나타났을 때, 타입은 1이고 토큰은 5이다. 위의 경우 타입-토큰 비율은 0.2로 산출된다.

통사적 복잡성은 텍스트의 통사 구조에 대한 복잡한 정도를 나타낸다. Coh-Metrix에서는 본동사 앞 평균 단어수와 명사구 밀도를 통사적 복잡성의 측정치로 제공한다. 본동사 앞 평균 단어수는 문장의 주동사 앞에 나타나는 단어수의 평균을 산출한 것이다. 두 개 이상의 구로 이루어진 문장일 경우, 주절에 있는 동사를 대상으로 하여 분석된다. 명사구 밀도는 좀 더 세밀한 통사 구조를 측정해 주는 분석 항목으로, 각 명사구 내에 포함된 수식어(modifiers) 개수의 평균으로 산출된다. 이러한 수식어들은 명사구를 한정하는 형용사, 부사, 한정사(determiners)로 구성된다(전문기, 임인재, 2009). 또한 Coh-Metrix에서는 통사적 복잡성 측정치로 통사구조(syntactic structure)에 포함된 문장성분들(constituents)의 평균수도 제공하고 있다.

본 연구에서는 표층적 측면과 심층적 측면으로 나눈 분석 항목 중 연구의 목적에 따라 초등학교 6학년과 중학교 1학년 교과서 분석에 적절한 항목을 재선정하였다. 또한 Coh-Metrix의 웹 버전에서 제공하지 않는 항목은 분석할 수 없으므로 제외하였다. 본 연구에서 활용한 분석 항목은 3장 연구 방법에서 분석 방법으로 제시하도록 한다.

Coh-Metrix의 최근 버전은 많은 분석 항목을 제공하고 있으나, 앞으로 실제적 목적에 따라 어떤 항목을 언제 사용해야 하는지 바로 알 수 있는 교사를 위한 (teacher friendly) 기능이 제공될 필요성이 제기되고 있다(Elfenbein, 2011). 따라서 Coh-Metrix에 이러한 기능이 갖추어진다면 실제로 교육현장에서 더욱 유용하게 활용될 수 있을 것이다.

■ 참고문헌

강범모. (1995). 한국어 데이터베이스의 설계 및 응용을 위한 기초 연구. 서울: 민음사.

강범모. (2008). 언어 기술을 위한 코퍼스의 구축과 빈도(통계)활용. 한국사전학, 12, 740.

강현화, 강현화. 신자영. 이재성. 임효상 (2003). 대조분석론: 한국어·스페인어 문형 대조를 바탕으로 서울: 도서출판 역락.

고광윤. (2005). 한국적 영어학과 영어 코퍼스의 활용. 영어학연구, 19, 1-19.

권인숙. (2002). 중학교 영어 교과서의 코퍼스 언어학적 어휘 비교 분석. English Teaching. 57(4), 409-444.

권인숙. (2004). 한국 중학교 67차 및 7차 교육과정 영어 교과서의 코퍼스 언어학적 어휘 비교 분석. 외국어교육, 11(1), 211-251.

권혁승. (2008). 코퍼스 언어학의 실제 및 응용. 응용언어학회, 24(3), 1-30.

김규현. (2000). 담화와 문법: 대화분석적 시각을 중심으로. 담화와 인지, 7(1), 155-184.

김낙복. (2004). A collocational analysis of Korean high school English textbooks and suggestions for collocation instruction. 영어어문교육, 10(3), 41-66.

김낙복. (2005). 연어 중심 영어 어휘 교수·학습에 관한 연구. 미출간 박사학위논문. 충남대학교, 충남.

김명관. (2007). 불-한 병렬코퍼스 구축화 활용. 한국 프랑스학논집, 58, 1-18.

김방한. (2001). 언어학의 이해. 서울: 민음사.

김부자. (2004). 효과적인 문법지도 방법에 관한 연구. 영어어문교육, 9(2), 09-132.

김성식. (2004). Application of a corpus in english education. 한국영어교과교육학회 2004학술대회자료집, 한국영어교과교육학회. 103-108.

김성식. (2007). 코퍼스와 영어교육. 영어교육, 62(2), 281-307.

김승태. (2006). Teaching Collocation and Pattern Grammar through the development of Pedagogic Corpus and Its Use in English Classes. 미출간 박사학위논문. 한국교원대학교대학원, 충북.

김영숙, 최연희, 차경애, 남지영, 문영인, 김신혜, 김성연. (2004). 영어과 교육론 2: 교과 교육론. 서울: 한국문화사.

김용석. (2007). 최소주의 언어학의 탐구. 서울: 한성대학교 출판부.

김용진. (2004). 신문 뉴스 인용문의 담화 기능. 담화와인지, 11(2), 19-42.

김용진. (2007). 사회언어학적 코퍼스 분석의 실제. 서울: 올린책상.

김윤한. (2000). 언어학의 이론정립과 연구방법에 관한 비판적 고찰. 인문논총, 43, 69-105.

김인영. (2006). Comparative genre analysis of English and Korean Advertisements: Corpus, comparison and culture. Foreign Languages Education, 13(1), 169-191.

김정렬. (2001). 영어과 교수·학습 방법론. 서울: 한국문화사.

김종서·김영찬. (1970). 수업형태분석법- 플랜더즈 언어 상호작용 분석의 이론과 실제. 서울: 배영사.

김향신, 안병규. (2004). 코퍼스를 활용한 협력학습이 문법규칙 수용에 미치는 영향. 외국어교육, 11(2), 325-347.

김현옥. (2008). 특수목적영어 교과 현황 및 개발 방향. 영어교육연구, 20(3), 143-168.

김형주, (2008). Corpus linguistics. 월드와이드웹:http://www.aistudy.co.kr/ /linguistics/corpus.html에서 2009년 12월 20일에 검색했음.

김희진. (2004). A Corpus-based syllabus for teaching the lexical pattern. 어학연구, 40(1), pp.46-72.

문안나. (2009). 고등학교 영어 교과서에 나타난 명사 연어 빈도 분포: 코퍼스에 기반한 분석. 언어연구, 24(4), 731-753.

민찬규. (2002). 형태 초점 의사소통 접근 방법: 교수법적 특징과 영어교육에의 적용 방안. Foreign Languages Education, 9(1), 69-87.

박덕재. (1997). 교실 영어의 담화, 화용론적 연구. 인문사회과학논문집, 26(1), 49-59.

박미실. (2008). 교과서 코퍼스를 통한 실제적인 수업지도방안, 2008년 한국영어 교육학회 추계학술대회 발표자료집. 부산대학교.

박수연. (2006년 6월). 한국어 학습 사전의 연구 동향 분석. 이중언어학, 31, 35-42

박승혁. (2003). Chomsky의 "언어"와 "문법". 현대문법연구, 31, 25-46.

박승혁. (2004). 최소주의 프로그램 다시 읽기. 현대문법이론과 그 실제: 운촌 이홍배선생 정년기념논문집, 서울: 경진문화사

박승혁. (2005). 코퍼스언어학과 문법 연구. 현대문법연구, 41, 1-21.

박용수. (1994). 영문법이론 변천의 시대적 비교연구. 총신대학교 논문집, 13, 1-16

서상규, 한영균. (1999). 국어정보학 입문: 인문학과 컴퓨터. 서울: 태학사.

송경숙. (2005). 담화 화용론. 서울: 한국문화사.

신지연. (1997). 코퍼스 言語學의 理論과 實際. 어문학연구, 6, 131-152.

안동환, (2008). 코퍼스영어학. 서울: 한국문화사.

오현석. (2006). AI study월드와이드웹:http://www.aistudy.co.kr/linguistics/natural/natural_language_processing.htm/에서 12월 30일에 검색했음.

우윤식. (2001). 현대 통사론의 이해. 부산: 부산외국어대학교 출판부.

이기동, Guilfoyle, Patrick M. (2002). *High school English conversation*. 서울: (주) 능률 영어사.

이문복, 신동광, 전유아, 원장호, 이희종, 강동길. (2008). 코퍼스 활용을 통한 영어교사의 실제적 영어쓰기지도 능력 향상 방안 연구. (연구보고 RRI 2008-9). 서울: 한국교육과정평가원.

이 선. (2003). "Pour boiling water?" or "pour boiled water?": 어휘중심접근법과 concordance analysis의 활용방안. 외국어교육, 10(4), 87-100.

이성범. (2002). 영어화용론. 서울: 한국문화사.

이용훈. (2007). *NLPTools*를 이용한 코퍼스 분석과 활용: 언어학 연구, 영어교육, 그리고 영어교재 개발에서의 활용. 서울: 케임브리지.

이윤경. (2009). 코퍼스 기반 한국인 영어 학습자의 연어 능력 연구: "형용사+명사" 연어 능력 중심으로. 언어학, 17(2), 131-152.

이윤경. (2009). 코퍼스에 기반한 한국인 영어 학습자의 "부사+형용사" 연어 능력에 관한 연구. 언어과학연구, 48(1), 253-277.

이은주. (2004). A corpus-based analysis of the Korean EFL learners' use of conjunctive adverbials. 영어교육, 59(4), 73-92.

이은주. (2008). 영어교육과 응용언어학 분야에서 수행된 코퍼스 기반 연구의 분석. 영어교육, 63(2), 283-297.

이재성. (2003). 영-한 병렬 코퍼스로부터 외래어 표기 사전의 자동 구축. 컴퓨터교육학회논문집, 6(2), 9-21.

이진경. (2003). The roles of questions in English and Korean science popularizations: A corpus-based cross cultural text analysis from the perspective of dialogic interaction and the reader' involvement in text. Discourse and Cognition, 14(1), 21-40.

이해윤. (2003). 코퍼스를 이용한 독일어 연구: 정량적 분석의 응용사례. 독일문학, 88, 390-408.

이환묵. (1995). 전통문법의 전통; 라틴 문법. 한글, 229, 255-280.

임병빈· 연준흠· 장경숙· 안희성. (1998). 영어 교사 연수와 현장 연구 방법. 서울 : 신아사.

전문기, 임인재. (2009). 코메트릭스(Coh-Metrix)를 이용한 중학교 1학년 개정 영어 교과서의 코퍼스 언어학적 비교 분석. 영어교육연구, 12(4), 265-287.

전문기, 임인재. (2010). 고등학교 영어 교과서 읽기 자료의 코퍼스 언어학적 비교 분석. Foreign Languages Education, 17(1), 209-233.

전문기. (2011). Coh-Metrix를 이용한 중학교 1학년과 2학년 개정 영어교과서 읽기 자료의 코퍼스 언어학적 연계성 분석. 언어과학연구, 56, 210-218.

정규태. (1998). A textual analysis of English from a computational linguistics perspective. Journal of Language Sciences 61, 111-126.

정문용. (2003). 독일어 수업에서 코퍼스 활용. 독어교육-한국독어독문학교육학회, 28, 81-102.

정미애. (2007). 비즈니스 영어 코퍼스 생성과 분석. 언어연구. 23(3), 429-451.

지순정, (2003). 말뭉치(Corpus)의 연어 관계(collocation)를 이용한 영어 어휘학습 지도. 인제논총. 18(1), 171-185.

한국교육과정평가원. (2008). 코퍼스 활용을 통한 영어교사의 실제적 영어쓰기지도 능력 향상 방안 연구. 연구보고 RRI 2008-9. 서울: 한국교육과정평가원.

한진석, (2001). 연어 관계를 통한 어휘덩어리 학습으로 영어 유창도의 달성. 대전대학교 *인문과학논문집*. *31*, 53-72.

한학성, 김수연. (2002). *High school English conversation*. 서울: 대한교과서(주).

Adolphs, S. (2008). *Corpus and context: investigating pragmatic functions in spoken discourse*. Amsterdam: John Benjamins Publishing.

Aijimer, K., & B. Altenberg. (1996). Text-based contrastive studies on English. Presentation of a project. In Aijimer et al (eds.) (pp. 73-85). *Lexis in Contrast. Corpus-based approaches*. Amsterdam & Philadelphia: Benjamins.

Alsina, V. & DeCesaris, J. (2002). Billingual lwxicography, overlapping polysemy and corpus use. In *B. Altenberg and S. Granger (ed.)* (pp. 215-230). New York: Newbury House.

Altenberg, B., and S. Granger. (2002). *Lexis in Contrast. Corpus-based approaches*. Amsterdam & Philadelphia: Benjamins.

Aston, G., & Burnard, L. (1998). *The BNC handbook: Exploring the British National Corpus with SARA*. Edinburgh: Edinburgh University Press.

Ausubel, D. (1964). Adults versus children in second language learning: psychological considerations. *The Modern Language Journal. 48*. 102-111.

Bachman, L. (1990). *Fundamental considerations in language testing*. New York: Oxford University Press.

Baker, P. (2006). *Using corpora in discourse analysis*. London, UK: Continuum.

Barbara, S. (2009). *Vienna-Oxford International Corpus of English*. Retrieved January 8, 2010, from the World Wide: http://www.univie.ac.at/voice

Bargiela-Chiappini, F. & Harris, S. J. (1997). *Managing Language: The discourse of corporate meetings*. Amsterdam, Philadelphia: John Benjamins Publishing Company.

Bauer, L. (1994). *Watching English Change*. London & New York : Longmans.

Beaglehole, V. J. (2010). The full stop effect: Using readability statistics with young writers. *Journal of Literacy and Technology, 11*(4), 53-82.

Beebe, L. M. (1985). *Speech act performance: A function of the data collection procedure*? Paper presented at the 6th Annual TESOL Convention, New York, NY.

Bernadette, V. (1998). Guide to The Wellington Corpus of Spoken New Zealand English.

Retrieved January 8, 2010, from the World Wide : http://khnt.hit.uib.no/icame/manuals/wellman.

Biber, D. & Conrad, S. (1999). "Lexical bundles in conversation and academic prose" in Hasselgard, H. and Oksefjell, S. (Eds.) *Out of Corpora: Studies in Honor of Stig Johansson,* (pp. 485-493). Amsterdam: Rodopi.

Biber, D. & Conrad, S. (2001). "Quantitative corpus-based research: much more than bean counting". *TESOL Quarterly, 35*(2), 331-336.

Biber, D., Johansson, S., Leech, G., Conrad, S. & Finegan, E. (1999). *Longman Grammar of Spoken and Written English.* London: Longman.

Binchy, J. (2002). "Will I, Won't I?" Personal pronouns, grades, and changes over semesters in student academic writing. *Teanga, 21*, 53-74.

Blum-Kulka, S. (1982). Learning how to say what you mean in a second language: A study of speech act performance of learners of Hebrew as a second language. *Applied Linguistics, 3*(1), 29-59.

Boden, D. (1995). *The discourse of negotiation: studies of language in the work place,* Oxford: Pergamon.

Bonelli, E. T. (2002), Funtionally complete units of meaning across English and Italian: Towards a corpus-driven approach. In *B. Altenberg and S. Granger*(ed.) (pp. 73-96) New York: Oxford University Press.

Brill, E. (1995). Transformation-based error-driven learning and natural language processing: A case study in part-of-speech tagging. *Computational Linguistics, 21,* 543-566.

British National Corpus. (2005). 월드와이드웹: http://www.natcorp.ox.ac.uk/corpus/creating.xml에서 2010년 1월 20일 검색했음.

Brown, H. D. (2007). *Principles of language learning and teaching* (5th ed.). New York, NY: Person Education.

Bunton, D. (2005). "The structure of PhD conclusion chapters". *Journal of English for Academic Purposes, 4*(3), 207-224.

Cambridge University Press. (2010a). Cambridge and Nottingham Business English Corpus (CANBEC). Retrieved January 2, 2010, from the World Wide Web: http://www.cambridge.org

Cambridge University Press .(2010b). Cambridge International Corpus. Retrived January 26, 2010, from the world wide web: http://www.cambridge.org.

Canale, M, and Swain, M. (1980). Theoretical bases of communicative approaches to second language teaching and testing. *Applied Linguistics, 1*(1), 1-47.

Carter R. & McCarthy, M. J. (1995). Grammar and the spoken language. *Applied Linguistics 16*(2). 141-158.

Carter, R, & McCarthy, M. J. (2006). *Cambridge grammar of English : Spoken and written English grammar and usage.* Cambridge: Cambridge University Press.

Charles, M. (2003). "'This mystery...': a corpus-based study of the use of nouns to construct stance in these from two contrasting disciplines". *Journal of English for Academic Purposes, 2*(4), 313-326.

Charniak, E. (2000). *A maximum-entropy-inspired parser. Proceedings of the 1st conference on north American chapter of the association for computational Linguistics.* San Francisco, CA: Morgan Kaufmann Publishers.

Chaudron. C. (1995). *Second language classrooms-research on teaching and learning.* London: Cambridge University Press.

Chaudron, C. (1988). *Second language classroom.* New York: Cambridge University Press.

Chomsky, N. (1957). *Syntactic structures.* 월드와이드웹http://books.google.co.kr/books?id=a6a_b-CXYAkC&printsec=frontcover&source=gbs_v2_summary_r&cad=0#v=onepage&q=&f=false에서 2010년 2월 4일에 검색했음.

Chomsky, N. (1965). *Aspects of the Theory of Syntax.* Cambridge, Mass.: MIT Press.

Coates, J. (1983). *The semantics of the modal auxiliaries.* London: Croom Helm.

Collins, H. (2008). Collins wordbanks online. Retrieved January 15, 2010, from the World Wide Web: http://wordbanks.harpercollins.co.uk/auth/.

Conzett, J. (2000). Integrating collocation into a reading & writing course. In M. Lewis(Ed.),

Teaching collocation: Further development in the lexical approach (pp. 70-86). Hove: Thomsom & Heinle.

Cortes, V. (2004). "Lexical bundles in published and student writing in history and biology". *English for Specific Purposes, 23*(4), 397-423.

Crossley, S. A., Louwerse, M., McCarthy, P. M., & McNamara, D. S. (2007). A linguistic analysis of simplified and authentic texts. *Modern Language Journal, 91*, 15-30.

Crystal, D. (1997). *English as a global language.* Cambridge: Cambridge University Press

Dagneaux, E., Denness, S., & Mennier, F. (1996). *Error Tagging Manual (1st ed.):* Centre for English Corpus Linguistics. Universite Catholique de Louvain.

Davies, M. (1980). *BYU-BNC: BRITISH NATIONAL CORPUS.* Retrieved January 18, 2010, from the World Wide Web: http://corpus.byu.edu/bnc/.

Davies, M. (2008). *CORPUS OF CONTEMPORARY AMERICAN ENGLISH.* Retrieved January 22, 2010, from the World Wide Web: http://www.americancorpus.org/

de Haan, J. P. (1993) *English Language Corpora: Design, Analysis and Exploitation.* Amsterdam: Rodopi.

DeKeyser, R. (1993). Implicit and explicit learning of L2 grammar: A pilot study. *TESOL Quarterly, 27*, 188-194.

Diniz, L., & Moran, K. (2005). Corpus-based tools for efficient writing instruction. *Essential Teacher, 2*(3), 36-39.

Drew, P. and Heritiage, J. (1992). *Talk work : interaction in institutional settings.* Cambirdge: Cambridge University Press.

Dudley-Evans, T. and M. J. St. John. (1998). *Development in English for specific purposes: A Multi-disciplinary Approach.* Cambridge: Cambridge University Press.

Elfenbein, A. (2011). Research in text and the uses of Coh-Metrix. Journal Educational *Researcher Source, 40*(5), 246-248.

Ellis, R. (1989). Are classroom and naturalistic acquisition the same? A study of the classroom acquisition of German word order rules, *Studies in Second Acquisition, 11*, 305-328.

Ellis, R. (1990). Intergrating tasks for grammar teaching, *TESOL Quarterly, 29*(1), 87-105.

Ellis, R. (1993). Second language acquisition and the structural syllabus. *TESOL Quarterly, 27*, 91-113.

Ellis, R. (1994). *The study of second language acquisition.* London: Oxford University Press.

Ellis, R. (2003). *Task-based language learning and teaching.* Oxford: Oxford University Press.

Ewert, A., & Bromberek-Dyzman, K. (2008). Impossible requests: L2 users' sociopragmatic and pragmalinguistic choices in L1 acts of refusal. *EUROSLA Yearbook, 8*(1), 32-51.

Fillmore, C. (1992), 'Corpus Linguistics' or 'Computer-aided armchair linguistics', In: Svartvik, J. (ed.), *Directions in Corpus Linguistics* (pp. 35-60). Berlin: Mouton de Gruyter, S.

Fortune, A. (1992). Self-study grammar practice: Learner's views and preferences. *ELT Journal*, *46*(2), 160-171.

Fotos, S., & Ellis, R. (1991). Communicating about grammar: A task-based approach. *TESOL Quarterly, 25*, 605-628.

Fotos, S. (1994). Integrating grammar instruction and communicative language use through grammar consciousness-raising tasks. *TESOL Quarterly, 28*(2), 323-351.

Fraser, B. (1970). Idioms within a transformational grammar. *Foundation of language, 6*, 22-42.

Fraser, B. (1990). An approach to discourse markers. *Journal of Pragmatics, 14*(3), 383-398.

Fung, L., & Carter, R. (2007). Discourse markers and spoken English: Native and learner use in pedagogic settings. *Applied Linguistics, 28*(3), 420-439.

Gaies, Stephen J.(1983), Classroom-Centered Research: State of the Art-The Investigation of Language Classroom Processes, *TESOL QUARTERLY, 17*(2), June: pp.205-217.

Gardner, D . (2007). Validating the Construct of Word in Applied Corpus-based Vocabulary Research. *A critical survey. Applied Linguistics 28*(2), pp241-265.

Gazder, P. J. (1979). *Bloodstock, equine breeds, and types: Sources of information and the literature of husbandry and management.* Thorp Arch, UK: Science Reference Library(British Library).

Georgakopoulou, A., & Goutsos, D. (1997). *Discourse analysis: An instruction.* Edinburgh, UK: Edinburgh University Press.

Gilmore, A. (2009). Using online corpora to develop students' writing skills. *ELT Journal. 63*(4). 98-112.

Gloderer, Gabriele. 1993. *Morphological Regularisation of Irregular Verbs: A Comparison of British and American English.* Unpublished M.A. Thesis: Freiburg.

Google. (2010a). 원어민 교사와 대화. Retrieved January 21, 2010, from the World Wide Web: http://www.google.co.kr/

Google. (2010b). *Princess Diary.* Retrieved January 21, 2010, from the World Wide Web: http://www.google.co.kr/

Google. (2010c). *Love Actually*. Retrieved January 21, 2010, from the World Wide Web: http://www.google.co.kr/

Graesser, A. C., Jeon, M., Cai, Z., & McNamara, D. S. (2008). Automatic analyses of language, discourse, and situation models. In J. Auracher & W. van Peer (Eds.), *New beginnings in literary studies* (pp. 101-103). Cambridge, UK: Cambridge Scholars Publishing.

Graesser, A. C., Jeon, M., Yang, Y., & Cai, Z. (2007). Discourse cohesion in text and tutorial dialogue. Information *Design Journal, 15*(3), 199-213.

Graesser, A. C., & McNamara, D. S. (2011). Computational analyses of multilevel discourse comprehension. *Topics in Cognitive Science, 3*(2), 371-398.

Graesser, A., McNamara D, & Kulikowich J. (2011). Coh-Metrix: Providing multilevel analyses of text characteristics. *Educational Researcher serial online. 40*(5), 223-234.

Granger, S. (2001). International Corpus of Learner English. 월드와이드 웹:http://cecl.fltr.ucl.ac.be/Cecl-Projects/Icle/icle.htm에서 2010년 1월 13일 검색했음.

Granger, S. (2003). The International Corpus of Learner English: a new resource for foreign language learning and teaching and second language acquisition research. *TESOL Quarterly, 37*(3), 538-546.

Graf, Dorothee. 1996. *Relative Clauses in Their Discourse Context: A Corpus-Based Study.* Unpublished M.A. Thesis: Freiburg.

Greatbatch, D. (1988), A turn-taking system for British news interviews, *Languagein Society 17,* 401-430.

Grice, H. P. (1975). Logic and conversation. In Cole, P,, & Morgan, J. L. (Eds.), *Syntax and Semantics Speech Acts* (pp. 41-58). Oxford: Oxford University Press.

Halliday, M. A. K. (1991). Corpus studies and probabilistic grammar. In K. Aijmer & B. Altenberg (Eds.), *English corpus linguistics.* London: Longman.

Hammerly, H. (1975). The immersion approach : Litmus test of second communication. *Modern Language Journal, 71, 395-401.*

Hardie, A. (2007). Part-of-speech ratios in English corpora. *International Journal of Corpus Linguistics, 12*(1), 55-81.

HarperCollins Publishers. (2009). Word banks online. Retrived January 26, 2010, from the world wide web: http://www..collinslanguage.com.

Harris, Z. S. (1951). *Structural linguistics.* Chicago: University of Chicago Press.

Harwood, N & Hadley, G. (2004). "Demystifying institutional practices: critical pragmatism and the teaching of academic writing". *English for Specific Purposes, 23*, 355-377.

Hedge, T. (2000). *Teaching and learning in the language classroom.* Oxford: Oxford University Press.

Hewings, Martin & Richard T. Cauldwell. (1997). *The communicative value of intonation in English.* Cambridge: Cambridge University Press.

Holec, H. (1981). *Autonomy and foreign language learning*, Starsbourg: Coucil of Europe.

Hongkong corpus of English. 월드와이드웹 : http://rcpce.engl.polyu.edu.hk/HKCSE/에서 2010년 1월 25일 검색했음.

Hundt, M.. (1997). "Has British English been catching up with American English over the past thirty years?" Ljung, Magnus, (eds). *Corpus-Based Studies in English: Papers from the Seventeenth International Conference on EnglishLanguage Research Based on Computerized Corpora* (ICAME 17). Amsterdam: Rodopi. 135-51.

Hunston S (2002) *Corpora in Applied Linguistics.* Cambridge : Cambridge University Press.

Hutchinson, T., & Waters, A. (1987). *English for specific purposes.* Cambridge: Cambridge University Press.

Hyland, K. (1994). "Hedging in academic writing and EAP coursebooks". *English for Specific Purposes, 13*(3), 239-256.

ICAME. (1999). ICAME Corpus Manuals. 월드와이드웹:http://khnt.hit.uib.no/icame/manuals/에서 2009년 1월 13일 검색했음.

ICAME. (1999). ICAME 코퍼스 CD 모음. 월드와이드웹:http://icame.uib.no/newcd.htm 에서 2010년 1월 19일에 검색했음.

ICAME. (1999). 런던룬트 코퍼스 매뉴얼. 월드와이드웹: http://khnt.hit.uib.no/icame/manuals/londlund/index.htm에서 2010년 1월 24일에 검색했음.

ICAME. (1999). ACE 매뉴얼. 월드와이드웹:http://khnt.hit.uib.no/icame/manuals/ace/INDEX.HTM에서 2010년 1월 24일에 검색했음.

ICAME. (1999). 런던룬트 코퍼스 표본. 월드와이드웹:http://icame.uib.no/lolu-eks.html

에서 2010년 1월 24일에 검색했음.

ICAME. (1999). ACE 표본의 예.
월드와이드웹:http://khnt.hit.uib.no/icame/manuals/ace/KATMN.HTM)에서 2010년 1월 24일에 검색했음.

ICE-Corpora Net. (2009). International Corpus of English. 월드와이드웹: http://ice-corpora.net/ice/에서 2010년 1월 13일 검색했음.

ICE-GB. (2005). Great Britain of ICE.
월드와이드웹: http://www.ucl.ac.uk/english-usage/projects/ice-gb/에서 2010년 1월 26일 검색했음.

Jeon, M. (2008). *Automatic analyses of cohesion and coherence in tutorial dialogue. Unpublished doctoral dissertation,* TN: The University of Memphis, Memphis.

Jespersen, O. (1909): *A modern English grammar on historical principles.* Copenhagen: Munksgaard.

Johansson, S. (1998). On computer corpora in contrastive linguistics. In W.R. Cooper (ed.), Compare or contrast? Current issues in cross-language research. *Tampere English Studies 6*, 259-289.

Johnasson, S., & K. Hofland. (1994). Coding and aligning the English-Norwegian Parallel Corpus. In A Aijmet et al (eds) (pp. 87-112). *Languagein Contrast*, 1(2).

Johns, T. (1991). "Should you be persuaded two samples of data-driven learning". In T. Johns & P. King (Eds.), Classroom concordancing, *ELR Journal, 4.* 1-16.

Johns, T. (1994). From printout to handout: Grammar and vocabulary teaching in the context of data-driven learning. In R. Odlin (Ed.), *Perspective on pedagogical grammar.* (pp. 293-313) Cambridge, NY: Cambridge University Press.

Jucker, A. H. (1992). The pragmatics of the definite article in English. In Frens J. H. Dols (Eds.), *Pragmatic grammar components.* 117-133. Tilburg: Tilburg University Press.

Kachru, B. (1992). "Teaching World English". In Kachru, B. (ed.). *The other tongue*, 355-365 Urban & Chicago: University of Illinois Press

Kennedy, G. (1998). *An introduction to corpus linguistics.* London, UK: Longman.

Kennedy, G. D. (2003). Amplifier collocations in the British National Corpus: Implications for English language teaching. *TESOL Quarterly, 37,* 467-487.

Ketteman, B., Marko, G. (Eds.) (2002). *Teaching and learning by doing corpus analysis.* Amsterdam: Rodopi.

Kim, Chul-kyu. (2007). The roles of questions in English and Korean science popularizations: A corpus-based cross cultural text analysis from the perspective of dialogic interaction and the reader's involvement in text. *Discourse and Cognition, 14*(1), 21-40.

Klare, G. R. (1974-1975). Assessing readability. Reading *Research Quarterly, 10*, 62-102.

Kranz, D. (1997). "Implementing the lexical approach: putting theory into practice". *TESL-EJ v. 3*(1). 23- 32.

Krashen, S (1982). *Principles and practices of second language acquisition.* Oxford, UK: Pergamon Press.

Krzeszowski,T.P. (1990). *Contrasting languages.* Berlin: Mouton de Gryuter.

Labov, W. (1973). *The social setting of linguistic change.* In T. A. *Sebeok (ed.),* Current trends in linguistics II (pp. 195-253). The Hague: Mouton.

Larrue, J. and Trongon, B. (1993). Organisation of turn-taking and mechanism for turn-taking repairs in a chaired meeting, *Journal of Pragmatics, 19*(2). 177-196.

Larsen-Freeman D. (2001). Grammar. In Carter R & Nunan D (eds.), *The Cambridge Guide to TESOL* (pp. 93-98). Cambridge: CUP.

Laurie, B. (1993). *MANUAL OF INFORMATION to accompany The Wellington Corpus of Written New Zealand English.* Retrieved January 2, 2010, from   t h e World Wide: http://khnt.hit.uib.no/icame/manuals/wsc/VICT.HTM#1

Leech, G. (1992). Corpora and Theories of Linguistic Performance. In J. Svartvik(ed.), *Directions in Corpus Linguistics* (pp. 105-122). Berlin: Mouton de Gruyter.

Leech, G. (1997). "Teaching and language corpora: a convergence". In A. Wichmann, S. Fligelstone, T. McEnery & G. Knowles (Eds.), *Teaching and Language corpora,* 1-23. Harlow, Essex: Longman.

Lee, Sun. (2001). A study of Korean and English research paper introductions based on Swales' move analysis. *Journal of the Applied Linguistics Association of Korea, 17*(2), 23-53.

Levinson, S. C. (1983). *Pragmatics.* London, UK: Cambridge University Press.

Lewis, M. (1993). *The lexical approach.* London: Language teaching publications.

Lewis, M. (1997). *Implementing the lexical approach: Putting theory into practice.* Boston: Thomson & Heinle.

Little, D., & Singleton, D. (1992). Authentic Texts, pedagogical grammar and language awareness in foreign language learning. In C. James, & P. Garrett (Eds.), *Language awareness in the classroom* (pp. 123-132). London & New York: Longman.

Long, M. H. (1989). Linguistic and conversational adjustment to non-native speakers. *Studies in Second Language Acquisition, 5*, 177-193.

Louwerse, M. McCarthy, M., McNamara, P. M., & Graesser, A. C. (2004). Variation in language and cohesion across written and spoken registers. In K. Forbus, D. Gentner, & T. Regier (Eds.), *Proceedings of the 26th annual meeting of the cognitive science society* (843-848). Mahwah, NJ: Erlbaum.

Macmillan Publishers. (2010). 맥밀란 딕셔너리, 월드와이드웹: http://www.macmillandictionary.com/에서 2010년 1월 23일에 검색했음.

McCarthy, M. J., & Carter, R. (1994). *Language as discourse: Perspectives for language teaching.* London, New York: Longman.

McCarthy, M. J., & Handford, M. (2004) *Invisible to us: A preliminary corpus-based study of business English.* New York, NY: Longman Publishing.

McCarthy, M. J., McCarten, J., & Sandiford, H. (2005a). *Touchstone: Student's Book 1.* Cambridge, UK: Cambridge University Press.

McCarthy, M. J., McCarten, J., & Sandiford, H. (2005b). *Touchstone: Student's Book 2.* Cambridge, UK: Cambridge University Press.

McCarthy, M. J., & O'Dell, F. (2002). *English idioms in use.* Cambridge, UK: Cambrideg University Press.

McCarthy, P. M., Briner, S. W., Rus, V., & McNamara, D. S. (2007). Textual signatures: Identifying text-types using Latent Semantic Analysis to measure the cohesion of text structures. In A. Kao, & S. Poteet (Eds.), *Natural language processing and text mining* (pp. 107-122). London, UK: Springer-Verlag.

McCarthy, P. M., Lewis, G. A., Dufty, D. F., & McNamara, D. S. (2006). *Analyzing writing styles with Coh-Metrix.* In Proceedings of the Florida Artificial Intelligence Research Society International Conference (FLAIRS), (pp. 95-99). Melbourne, Florida.

McNamara, D. S., Louwerse, M. M., & Graesser, A. C. (2008). Coh-Metrix: *Automated cohesion and coherence scores to predict text readability and facilitate comprehension.* Final report on Institute of Education Science grant (R305G020018). University of Memphis, Memphis, TN.

McNamara, D. S., Louwerse, M. M., McCarthy, P. M., & Graesser, A. C. (2010). Coh-Metrix: Capturing linguistic features of cohesion. *Discourse Processes, 47*,

292-330.

Meyer, C. F. (2002). *English corpus linguistics: An introduction.* London, UK: Cambridge University Press.

Mishan, F. (2004). Authenticating corpora for language learning: A problem and its resolution. *ELT Journal, 58(3)*, 219-227.

Moore, T. & Morton, J. (2005). "Dimensions of difference: a comparison of university writing and IELTS writing". *Journal of English for Academic Purposes, 4*(1), 43-66.

Moskowitz, G. (1976). The classroom interaction of outstanding language teachers, *Foreign Language Annals 9*(2), 125-157.

Nation, I. S. P. (1990). *Teaching and learning vocabulary.* Boston, MA: Heinle & Heinle.

Nattinger, J., & DeCarrico, J. (1992). *Lexical phrases and language teaching.* Oxford, UK: Oxford University Press.

Nelson, M. (2000). *A corpus-based study of the lexis of business English and business English teaching materials.* Doctorial Dissertation. University of Manchester. Manchester.

O'Halloran, K. (2007). Critical discourse analysis and the corpus-informed interpretation of metaphor at the register level. *Applied Linguistics, 28*(1), 1-24.

O'Keefe, A. & Farr, F. (2003) "Using language corpora in initial teacher education: Pedagogic issues and practical applications", *TESOL Quarterly 37*(3), 389-418.

O'Keeffe, A., McCarthy, M., & Carter, I. (2007). *From Corpus to Classroom: Language use and language teaching.* Cambridge, UK: Cambridge University Press.

Parrot, M. (2002). *Grammar for English language teachers.* Cambridge: Cambridge University Press.

Pennycook, A. (1997). "Vulgar pragmatism, critical pragmatism and EAP". *English for Specific Purposes, 16*(4), 253-269.

Pica, T. (1983). The article in American English: what the textbooks don"t tell us. In: Wolfson, N. and Judd, E., (eds.), *Sociolinguistics and language acquisition* (pp. 222-233). Rowley, MA: Newbury House.

Piscioneri, M. (2008). "A history of ideas: A culture of inquiry and a content-based approach to teaching EAP". 외국어교육연구, *11*, 2-3. 서울대학교 교육종합연구소 외국어교육연구소.

Quirk, R. (1959) *Charles Dickens and appropriate language.* Durham: University of

Durham.

Quirk, R., Leech, G., & Svartvik, J. (1983). *A comprehensive grammar of the English language.* Longdon: Longman.

Reber, A. (1993). *Implicit learning and tacit knowledge.* Oxford: Clarendon.

Regents of the University of Michigan, (2002). *Michigan corpus of academic spoken English.* Retrieved January 15, 2010, from the World Wide Web: http://micase.umdl.umich.edu/m/micase/.

RFP Evaluation Centers. (2011).

FRE. Retrieved October 20, 2011, from the World Wide Web: http://rfptemplates.technologyevaluation.com/readability-scores/flesch-reading-ease-readability-score.html. Research and Development Unit for English Studies, (1999). *WebCorp linguist's search engine*, Retrieved January 20, 2010, from the World Wide Web: http://www.webcorp.org.uk/index.html.

Rivers, W. M. & Temperley, M. S. (1978) *A practical guide to the teaching of English as a second or foreign language.* UK: Oxford University Press.

Robinson, P. (1995). Attention, memory, and the 'noticing' hypothesis. *Language Learning, 45*(2), 283-331.

Rosamund, M. (1998). *Fixed expressions and idioms in English: A corpus-based approach.* Oxford, UK: Oxford University Press.

Schauer, G. A., & Adolphs, S. (2006). Expressions of gratitude in corpus and DCT data: Vocabulary, formulaic sequences, and pedagogy. *System, 34*(1), 119-134.

Schiffrin, D. (1994) *Approaches to discourse analysis.* Oxford, UK: Blackwell Publishers.

Schinke-Llano, L. (1983). Foreigner talk in content classrooms. In H. Seliger & M. Long(Eds.), *Classroom oriented research in second language acquisition* (pp.146-160). Rowley, Mass: Newbury, House.

Scott, Virginia M. (1989). "An empirical study of explicit and implicit teaching strategies in French", *The Modern Language Journal, 73*(1), 14-22.

Seidlhofer, B. (2001). Closing a conceptual gap: The case for a description of English as a lingua franca, *International Journal of Applied Linguistics, 11*, 135-158.

Seliger, Herbert W. (1983). Classroom-Centered Research in Language Teaching: Two Articles on the State of the Art, *TESOL Quarterly, 17*(2), 189-204.

Sinclair, J. (1991). *Corpus, concordance, collocation.* Oxford, UK: Oxford University Press.

Snow, M. A. (1997). "Teaching language through content". In M. Celce-Murcia. (ed.), *Teaching English as a second language or foreign language,* (2nd ed). Boston: Newbury House.

Softonic. (2010). 월드와이드웹: http://topocr.en.softonic.com/에서 2010년 1월 27일 검색했음.

Spada, N. & Lightbown, P. (1993). Instruction and the development of questions in the L2 classroom. *Studies in Second Language Acquisition, 15,* 205-221.

Stubbs, M. (1996). *Text and corpus analysis*, Oxford, UK: Blackwell Publishers Ltd.

Swain, M. (1985) Communicative competence: Some roles of comprehensible input and comprehensible output in its development. In Gass, S. and Madden, C. (Eds.), *Input in second language acquisition* (pp. 235-256). New York: Newbury House.

Swales, J. M. (2000). Languages for specific Purposes. *Annual Review of Applied Linguistics, 20,* 59-76.

Tao, H. and McCarthy, M. (2001) 'Understanding Non-restrictive Which-clauses in Spoken English, Which is Not an Easy Thing'. *Language Sciences, 23,* 651-77.

Teubert, W. (2002). *The role of parallel corpora in translation and multilingual lexicography.* UK: Oxford University Press.

Thompson, P. & Tribble, C. (2001). "Looking at citations: using corpora in English for academic purposes". *Language Learning & Technology, 5*(3), 91-105.

Thornbury, S. (1999). *How to teach grammar.* UK : Longman.

University of Helsinki. (2009). The ELFA Corpus. Retrived January 25, 2010, from the world wide web: http://www.uta.fi.

University of Limerick. (2010). L-CIE. http://www.ul.ie/~lcie/homepage.htm에서 2010년 1월 24일에 검색했음.

University of Memphis. (2006). Coh-Metrix Demo. Retrieved February 22, 2011, from the World Wide Web: http://cohmetrix.memphis.edu/CohMetrixDemo/demo.htm.

Upton, T. A., & Connor, U. (2001). Using computerized corpus analysis to investigate the textlinguistic discourse moves of a genre. *English for Specific Purposes, 20*(4), 313-329.

Wenger, E. (1998). *Communities of practice: learning, meaning, and Identity.* Cambridge: Cambridge University Press

Widdowson, H. G. (1979). *Teaching English as communication.* London: Oxford University Press.

Wikipedia. (2011). Flesch-Kincaid readability test. Retrieved October 21, 2011, from the World Wide Web: http://en.wikipedia.org/wiki/Flesch%E2%80%93Kincaid_readability_test.

Wilkins, D. A. (1972). *Linguistics in language teaching*. Cambridge, MA: MIT Press.

Wilson, A., & Thomas, J. (1997). *Semantic annotation and corpus annotation.* London: Longman.

Willis, D. & Willis, J. (1996). Consciousness-raising activities in the language classroom. In J. Willis & D. Willis (Eds.). *Challenge and change in language teaching* (pp. 172-180). Oxford: Heinemann.

Winnie Cheng., & Christopher Greaves., & Martin Warren. (2005). The creation of a prosodically transcribed intercultural corpus: The Hong Kong Corpus of Spoken English(prosodic). *ICAME journal, 29*(1), 47-68.

Youtube. (2010). 월드와이드웹: http://www.youtube.com/watch?v=erzSErESV8A에서 2010년 1월 27일 검색했음.

■ 찾아보기

▣ 영어용어

(A)

A Comprehensive Grammar of the English Language (CGEL) ······· 154
A Computerised Corpus of English in New Zealand (ACCENZ) ······· 70
A Grammar of Contemporary English (GCE) ······· 154
A Practical English Grammar (PEG) ······· 154, 157
academic corpora ······· 337
Academic LIBEL corpus ······· 330
Academic Word List (AWL) ······· 323
Adjunct Model ······· 320
Advanced Grammar in Use (AGIU) ·· 155
Affluent Language Input ······· 89
AMALGAM 품사분석 프로젝트 ······· 135
American National Corpus ······· 131, 185
annotation ······· 12
Artificial Language ······· 184
ASC Ⅱ ······· 128
Audio-lingual Approach ······· 4
AutoTutor ······· 366
Awareness Raising ······· 88
AWL ······· 323

(B)

BMRB (British Market Research Bureau) ······· 111
BNC Web ······· 109
British Academic Spoken English (BASE) ······· 328
British National Corpus ······· 107, 151
Business Corpora ······· 343

(C)

CALL (computer assisted language learning) ······· 84
Cambridge and Nottingham Corpus of Discourse in English (CANCODE) ······· 13, 16
Cambridge Corpus of Academic English (CCAE) ······· 13
Cambridge International Corpus (CIC) ······· 12, 16, 325
Cambridge International Dictionary of English (CIDE) ······· 170
CANCODE ······· 16, 352
CBI ······· 319
CCED ······· 164
Chunks ······· 357
CIDE ······· 170
CLAWS 품사분석기 ······· 139
CLC (Cambridge Learner Corpus) 13, 103
cloze test ······· 102
co-occurrence ······· 297
COBOL ······· 184
COBUILD(COBUILD)영어 사전 ······· 160
COCA (Corpus of Contemporary American English) ······· 251
cognitive procedures ······· 233

Coh-Metrix ·········· 363
coherence relations ·········· 233
Collins COBUILD English Dictionary
·········· 162, 164
Collins COBUILD English Grammar (CCEG) ·········· 156
Collins COBUILD New Student's Dictionary (CCSD) ·········· 167
Collins Concordance Sampler ·········· 213
Collins Corpora ·········· 15
Collins Word banks Online English Corpus ·········· 15
Collins Wordbanks ·········· 96
Collins WordBanks Online English Corpus ·········· 15, 277 289
collocation ·········· 102, 266
COLT ·········· 8
comparable corpus ·········· 180
Compleat Lexical Tutor ·········· 215
Computational Linguistics ·········· 186
ConcApp Concordancer ·········· 228
concordance ·········· 102
concordance search ·········· 306
Content-Enriched Foreign Language in the Elementary School ·········· 320
context frame rules ·········· 137
Contextual Encounters ·········· 88
contextual relevance ·········· 236
contrastive analysis ·········· 178
Conversation analysis: CA ·········· 234
Cool Edit ·········· 120
Cooperative Principle ·········· 233
Corpus Linguistics ·········· 177
Corpus of London Teenage English(COLT) ·········· 174
Corpus of Spoken Professional American English (CSPAE) ·········· 22
Corpus-based Writing ·········· 106
Creating Relationships ·········· 100

(D)

Data-Driven Learning; DDL ·········· 336
DCT (Discourse Completion Test) ·········· 245, 250
DDL ·········· 336
descriptive grammar ·········· 88
Direct Method ·········· 4
directive influence ·········· 299
discourse ·········· 229
Discourse analysis ·········· 234
Discourse Completion Test ·········· 245
Discourse tagging ·········· 146
Dragon Naturally Speaking ·········· 120

(E)

EAP ·········· 319
EBP ·········· 347
electronic corpus ·········· 5
Empirical Basis for Checking Intuition ·········· 98
EngCG-2 ·········· 137
EngFDG 구문분석기 ·········· 143
English as a Lingua Franca in Academic Setting (ELFA) ·········· 17
English Automatic Tagging system ·········· 188
English for Academic Purposes ·········· 319
English for Business Purpose: EBP ·········· 347
English for General Academic Purposes: EGAP ·········· 319
English for Special/Specific Purposes 319
English for Specific Academic Purpose: ESAP ·········· 319

English for Specific Purposes: ESP ··· 344
English Grammar in Use (EGU) ······· 155
English-Korean parallel Corpus ·········· 189
English-Norwegian Parallel Corpus ···· 181
Enhancing Learner's Autonomy ····· 92, 95
error-codding system ···························· 100
ESP ·· 319
Essential Grammar in Use (EGIU) ···· 155
ethnography of communication ··········· 237
Expansion of Content-Based Models
·· 320
Extensible Markup Language: XML ·· 131

(F)

False Friends ······································ 171
fixed expressions ································ 335
FKGL (Flesch-Kincaid Grade Level)
·· 376
Flanders ··· 298
Flanders의 언어 상호작용분석 방법 ·· 298
Flesch Reading Ease ·························· 376
FLint (Foreign Language interaction system)
·· 300
FORTRAN ··· 184
four-word lexical chunks ···················· 324
FRE (Flesch Reading Ease) ··············· 376
Freiburg-LOB corpus of British English
(ICAME, 1998) ····························· 26
Frown Corpus (Freiburg version of Brown
Corpus) (ICAME, 1999) ················ 23

(G)

General Service List (GSL) ··············· 323
general written corpus ······················· 327
genre and rhetorical structure ············ 375
Grammar Dimensions ························· 157

Grammar-Translation Method ················ 3
grammatical collocation ······················ 266
grammatical markup ··························· 127
GSL ·· 323

(H)

he London-Lund Corpus ······················ 41
Helsinki와 ARCHER 코퍼스 ·············· 175
Hongkong corpus of spoken English ··· 28

(I)

ICAME ·· 7
ICE Markup Assistant ······················· 133
ICE (the International Corpus of English)
·· 27
ICE-Great Britain 코퍼스 ··················· 118
ICE프로젝트 ······································· 129
idiom-prone words ······························ 272
illocutionary act ································· 236
imaginative writings ··························· 108
Immersion Education ·························· 320
Index to Modern English (IME) ········ 157
indirective influence ··························· 299
informative writings ··························· 108
Input Hypothesis ································ 296
interaction analysis approach ············· 298
International Computer Archive of Modern
and Medieval English (ICAME) ····· 7
International Corpus of English ··········· 35
International Corpus of Learner English
··· 35, 39

(K)

KWIC (Key Word in Context) ··········· 81
161, 165

(L)

Lancaster Oslo/Bergen (LOB) corpus ···· 5
language teaching panacea ················ 337
LDCE ··· 169
Learner Corpus ························ 99, 106
lemmas ·· 161
Lexical Approach ···························· 335
lexical chunk ··································· 265
lexical collocation ··························· 266
lexical phrases ································· 335
Limerick Belfast Corpus of Academic Spoken English (LIBEL) ···· 56, 328
Limerick Corpus of Irish English (LCIE) ·· 50
Lingua Franca ···························· 17, 75
Linguistic Data Consortium (LDC) ···· 185
LOB코퍼스 ················ 27, 36, 160, 136
locutionary act ································ 236
London Lund Corpus (Survey of English Usage) ·· 7
Longman Dictionary of Contemporary English (LDCE) ··························· 169
Longman Grammar of Spoken and Written English (LGSWE) ··············· 140, 154
Longman Spoken and Written English ·· 154
LSP ··· 343

(M)

Macquarie Corpus of Written Australian English (ACE) ······················ 60
Mark-up Language ·························· 112
Michigan Corpus of Academic Spoken English (MICASE) ····· 226, 280, 329
MONOCONC ··························· 94, 227
Monoconc Pro 2.2 ·························· 305
Monolingual corpus ························ 179

Monologue ·· 44
multi-word prefabricated chunks ········ 335
multi-word unit ······························· 265
Multilingual corpus ························· 179

(N)

Natural Approach ··························· 296
Natural Language ··························· 184
Natural Language Processing: NLP ··· 185
Nijmegan Corpus ···························· 142
Nijmegen TOSCA Tree 편집기 ········ 144
NLP Tools ······································ 186

(O)

O-H-E 패러다임 ······························ 151
OALD ··· 168
observation-comment ······················· 288
Observer's Paradox ························· 116
OCR Optical Character Recognition) ·· 124

(P)

panel discussion ································ 44
ParaConc ·· 189
parallel corpus ································ 180
parsing schemes ······························ 141
part-of-speech markup ····················· 127
particular chunks ···························· 327
PC-based concordancer ···················· 109
Penn Treebank ································ 185
perlocutionary act ··························· 236
Phrase Index ··································· 171
Plain style ·· 81
POS-tagged 버전 ······························ 24
PPP ··· 204
Practical English Usage (PEU) ·········· 155

pragmatic EAP ·················· 321
pragmatical communication ·········· 375
Pre-academic program ············ 320
prescriptive grammar ············· 88

(Q)
quantitative analysis ············· 2
Quirk ························ 9

(R)
Random House Webster's College Dictionary ················ 163
Reading Approach ··············· 4
Readiris ···················· 124
Reform Movement ··············· 4
Request Worksheet ············· 262
retrospective textual labelling ······ 324

(S)
Santa Barbara Corpus of Spoken American English ················ 133
semantic field ················ 146
sentence-meaning ·············· 232
SGML ····················· 113
Sheltered Model ··············· 320
Single Word Frequency Analysis ···· 352
social identity ················ 236
sociopragmatic ················ 230
Sound Scriber ················ 120
specialized corpora ············· 327
speech community ·············· 173
Spoken academic corpora ········· 328
standard readability ············ 376
structural markup ·············· 127
student talk ·················· 302
Studying in English as a Lingua Franca

(SELF) ···················· 18
Switchboard Corpus ············· 185
Syntactic Parsing ··············· 37

(T)
Task-Based Language Teaching ······ 5
teacher talk ·················· 301
Textual Markup ··············· 36
The Australian Corpus of English (ACE) ······················ 60
The Bank of English (COBUILD Corpus, Birmingham Corpus) ·········· 7
the Bank of English Corpus ······· 160
The British National Corpus (BNC) ···· 7
The Brown Corpus ··············· 6
The Cambridge and Nottingham Corpus of Discourse in English CANCODE) ······················ 7
The Inter-Varietal Applied Corpus Studies (IVACS) ················ 56
The International Corpus of English (ICE) ······················ 7
The Lancaster Oslo/Bergen LOB) corpus ······················ 7
The Lancaster/IBM SEC Corpus ······ 8
The London-Lund Corpus of Spoken English ··················· 8
The London-Lund Corpus(LLC) ····· 41
The Macmillan World English corpus ······················ 66
The New Oxford Dictionary of English (NODE) ·················· 161
the opaque idioms ············· 273
The Oxford English Grammar (OEG) ····················· 156
Theme-Based Model ············ 320

TopOCR ·· 124
TOSCA 구문분석기 ································ 142
TOSCA팀 ··· 136
translation corpus ································· 180

(U)

Understanding Sociolinguistic Backgrounds
··· 97
unique phrases and sentences ············· 335
utterance-meaning ································ 230

(V)

variation analysis ································· 237
Viavoice ·· 120
Vienna-Oxford International Corpus of
English (VOICE) ····························· 75
Visual thesaurus ····································· 68
VOICE Corpus ······································ 76
VOICE style ·· 81

VoiceWalker 2.0 ···································· 120
vulgar pragmatism ································ 321

(W)

WebCorp ··· 254, 282
WebCorp Searches Google ················· 222
Wellington Corpus of Spoken New Zealand
English (WSC) ································ 70
Wellington Corpus of Written New Zealand
English ······································ 74, 138
word family ··· 323
WordSmith ·· 109
Wordclass Tagging ································· 37
wordsmith tools ··································· 228
WSC ··· 8
WSP(Word-Specific Prepositions) ······· 162

(X)

XML ·· 115

■ 국어용어

(ㄱ)

결속성 관계 ··· 233
공기현상 ··· 297
관용어 ··· 265
관찰 기반 언어학 ···································· 9
교사발화(teacher talk) ························· 301
교실 담화 ··· 295
구어 영어 용법 조사(SEU) 프로젝트 ·· 47
구어 영어 조사(SSE) 프로젝트 ·········· 47
구어비즈니스영어 ································ 358
구조표기(structural markup) ······ 127, 134
국제 공통어(Lingua Franca) ················ 17

귀납적·연역적 연구 방법 ··················· 197
규범문법 ··· 88
균형성 ··· 11
기술문법 ··· 88, 196

(ㄴ)

내용강화 언어프로그램 ······················· 320
내용보호학습 ·· 320

(ㄷ)

다중어 ··· 265
담화 ··· 229

담화 완성형 평가지 ·············· 250
담화 표지어 ························· 297
담화분석(Discourse analysis: DA) ····· 234
담화불변화사의 빈도 목록 ·············· 303
담화적 품사분석 ···················· 146
대조분석 ···························· 178
대중담화 ···························· 28
대표성 ······························ 11
대화분석 ···························· 234
데이터 중심 귀납적 학습(Data-Driven &
  Inductive Learning) ············· 90

(ㄹ)

렉스튜터 ···························· 9
루바인 센터(The Louvain Centre) ······· 39

(ㅁ)

맥락적 관련성 ························ 236
몰입 프로그램 ························ 320
문맥적 조우 ·························· 88
문법-번역식 교수법 ···················· 3
문법연구의 예 ························ 151
문법적 연어 ·························· 266
문법표기 ···························· 127
문제 지향적 품사분석 ·················· 147
미시건 코퍼스 ························ 280
민족지학 ···························· 237

(ㅂ)

번역 코퍼스(Translation corpus) ········ 180
범주화기술(parsing) ····················· 87
변이 연구 ···························· 83
변이분석 ···························· 237
병렬코퍼스(parallel corpus) ········ 84, 183
병존언어학습(Adjunct Model) ·········· 320
분석 ································· 12

비교 언어학 ·························· 84
비교 코퍼스(comparable corpus) ······· 180
비즈니스 담화 ························ 28
비지시적 영향 ························ 299
빈도수측정기 ·························· 187

(ㅅ)

사전편찬자 ·························· 17
사전표제어 ·························· 161
사회적 정체성 ························ 236
상호작용 분석적 접근법 ················ 298
상호작용 언어학 ······················ 237

(ㅇ)

아르미 ······························ 124
암시적 문법 교수방법 ·················· 199
어구검색 ···························· 305
어휘 뭉치 ···························· 265
어휘구 ······························ 267
어휘적 연어 ·························· 266
언어 상호작용분석 방법 ················ 298
언어공동체(speech community) ········· 173
언어적 상호작용 ······················ 295
역사 언어 연구 ························ 84
연어 ································· 102
연어 격자(collocational grid) ·········· 292
영어 자동 태깅 시스템 ············ 186, 187
예의전략 ···························· 232
용어 색인 프로그램(concordancer) ····· 177
의미적 품사분석(Semantic tagging) ··· 146
인공문법 ···························· 200
인지적 처리절차 ······················ 233
읽기 교수법 ·························· 4

(ㅈ)

자료기반 학습 ························ 336

자료의 전산화 ········· 120	콘코던스(concordance) ········· 102
자연어 ········· 184	
자연언어처리 ········· 184, 185	**(ㅌ)**
전산언어학 ········· 184, 186	텍스트 언어학(text linguistics) ········· 233
접촉 언어(contact language) ········· 17	통사 분석(Syntactic Parsing) ········· 37
정량적 분석 ········· 2	통사구문분석기 ········· 365
정성적 분석 ········· 1	통시적(diachronic) 언어학 ········· 174
조립식의 덩어리들 ········· 335	특수목적 영어 ········· 344
주석달기 ········· 12	
주제중심 언어학습 ········· 320	**(ㅍ)**
지시적 영향 ········· 299	표기언어 ········· 128
직관 기반 언어학 ········· 9	표준 가독성 ········· 376
직접 교수법 ········· 4	품사분석기(tagger) ········· 127, 135, 365
	품사분석기술(POS-tagging) ········· 87
(ㅊ)	품사표기 ········· 127
청크(Chunks) ········· 357	품사표찰집합(tagset) ········· 135
청화식 교수법 ········· 4	프로그래밍 언어 ········· 184
최빈도 어휘 분석 ········· 352	
추상화 ········· 12	**(ㅎ)**
	학문적 담화 ········· 28
(ㅋ)	학생발화(student talk) ········· 302
코퍼스 ········· 2	학습자 코퍼스(learner corpus) ········· 361
코퍼스 기반 문법 학습 ········· 105	협조의 원리 ········· 233
코퍼스 기반 작문 ········· 106	화용론(pragmatics) ········· 230, 236
코퍼스 언어학 ········· 1, 3, 177	확장가능 표기언어 ········· 131
코퍼스 태깅 ········· 135	확장내용 프로그램 ········· 320
코퍼스 활용 게임 ········· 293	흡수(intake) ········· 296
코퍼스, 품사분석기 ········· 365	

■ 영어인명

(A)

Aijmer & Altenberg ········· 179
Alastair Pennycook(1997) ········· 321
Alsina & DeCesaris(2002) ········· 181
Altenberg & Granger ········· 181
Ausubel(1964) ········· 198

(B)

Bachman(1990) ········· 194
Baker(2006) ········· 232
Barbara Seidlhofer ········· 76
Beebe(1985) ········· 250
Bernadette ········· 71
Biber(2001) ········· 323
Biber(1999) ········· 152
Blum-Kulka(1982) ········· 250
Bonelli(2002) ········· 183
Brill(1995) ········· 365
Brown(2007) ········· 230, 234
Bunton ········· 324
Business Corpora ········· 343

(C)

Canale & Swain(1980) ········· 194
Carter & McCarthy(1995) ········· 204
Carter & McCarthy(2006) ········· 152
Charles(2003) ········· 324
Charniak(2000) ········· 365
Chaudron(1988) ········· 301
Chaudron(1995) ········· 298
Chomsky(1965) ········· 101
Coates(1983) ········· 151
Cobb(1977) ········· 9, 90
Conzett(2000) ········· 201

Crystal(1997) ········· 343

(D)

De Haan(1993) ········· 147
Dekeyser(1993) ········· 200
Della(2004) ········· 202
Diniz & Moran(2005) ········· 202
Dudly-Evans ········· 346

(E)

Ellis ········· 200
Ellis(1989) ········· 194
Ellis(2003) ········· 151
Ewert & Dyzman(2008) ········· 251

(F)

Fillmore, 1992 ········· 161
Fortune(1992) ········· 198
Fotos & Ellis(1991) ········· 153
Fotos(1994) ········· 197
Francis & Kucera ········· 5
Fraser(1970) ········· 266
Fung & Carter(2007) ········· 232

(G)

Gaies(1983) ········· 301
Gardner(2007) ········· 232
Gazder(1979) ········· 230
Geoffrey Leech ········· 24
Georgakopoulou & Goutsos(1997)
········· 229, 374
Graesser & McNamara(2011) ········· 367
Graesser, Jeon, Cai & McNamara(2008)
········· 364

Graesser, Jeon, Yan & Cai(2007) ······ 364
Granger(2003) ·· 99
Greene & Rubin ································· 136
Grice(1975) ··· 233

(H)
Hammerly(1975) ··································· 197
Hardie(2007) ·· 208
Harwood & Hadley(2004) ················· 322
Hedge(2000) ·· 197
Holec(1981) ··· 93
Hunston(2002) ····································· 150
Hutchinson & Waters(1987) ·············· 345
Hyland(1994) ······································· 323

(J)
Jeon(2008) ··· 364
Jespersen(1909) ····················· 152, 241
Johanssonn(1998) ······························· 182
Johns(1994) ································· 90, 203
Jucker(1992) ·· 307

(K)
Kachru(1992) ······································· 343
Kennedy(2003) ···································· 201
Ketteman & Marco ······························· 6
Kranz(1997) ··· 335
Krashen(1982) ······································· 87
Krzeszowski(1990) ······························· 183

(L)
Leech(1997) ·································· 10, 337
Lewis(1993) ··· 266
Lewis(1997) ······························· 202, 336
Little & Singleton(1992) ···················· 202

(M)
McCarten ··· 286
McCarthy(2007) ···························· 89, 286
McCarthy, McCarten & Sandiford(2005)
·· 287
McNamara, Louwerse, McCarthy &
  Graesser(2010) ································ 364
Meyer(2002) ···························· 2, 10, 115
Michel Pecheux ·································· 239
Mishan(2004) ······································ 203
Moore & Morton(2005) ····················· 327
Moskowitz ··· 298
Murrison-Bowie(1996) ······················· 203

(N)
Nattinger & DeCarrico(1992) ············ 268
Nelson(2000) ······································· 344
Nick Smith ··· 24

(O)
O'Keefe and Farr(2003) ······················· 88
O'Keeffe, McCarthy & Carter(2007) ···· 96
  97
O'Halloran(2007) ································ 232

(P)
Parrot(2002) ·· 310
Pica(1983) ·· 153
Piscioneri(2008) ·································· 321
Posteguillo & Palmer(1997) ·············· 348
Prrot(2002) ·· 315
pton & Connor(2001) ························ 232

(R)
Randolph Quirk ····································· 41
Reber(1993) ·· 200

Robinson(1995) ·················· 200

(S)
Samuel Johnson ·················· 66
Sandiford ·························· 288
Schauer & Adolphs(2006) ········ 232, 245, 250
Schiffrin(1994) ·············· 229, 236, 374
Scott(1989) ················· 199, 200
Seidlhofer(2001) ··················· 99
Seliger(1983) ···················· 300
Sidney Greenbaum ··············· 41
Sinclair(1991) ················ 2, 150
Snow(1997) ····················· 319
Spada & Lightbown(1993) ········ 196
St John ·························· 346

Swain(1985) ······················ 194

(T)
Tao & McCarthy(2001) ············ 240
Teubert(2002) ···················· 189
Thompson & Tribble(2001) ········ 324
Thornbury(1999) ············ 151, 197

(U)
udley-Evans and St John(1998) ····· 345

(W)
Wenger(1998) ····················· 358
Widdowson(1979) ················ 195
Willis & Willis ···················· 151
Wilson & Thomas(1997) ·········· 146

■ 국어인명

(ㄱ)
강현화 ··························· 190
권인숙(2004) ············· 269, 270
김규현(2000) ···················· 235
김낙복(2004) ···················· 202
김부자(2004) ···················· 153
김성식(2007) ···················· 255
김승태(2006) ···················· 154
김인영(2006) ···················· 201
김주영(2007) ············· 268, 271
김향신, 안병규(2004) ············ 201
김희진(2004) ···················· 154

(ㅁ)
민찬규(2002) ···················· 196

(ㅂ)
박덕재(1997) ···················· 231
박미실(2008) ············· 102, 103

(ㅅ)
손희연(1999) ···················· 236
송경숙(2005) ···················· 229
신지연 ···························· 2

(ㅇ)
우현이(2007) ···················· 269
유진원(2007) ···················· 271
이문복(2008) ···················· 255
이선(2003) ······················ 153
이용훈(2007) ···················· 186

이윤경(2009) ·············· 271
이은주(2004) ·············· 153
이재성(2003) ·············· 190
이진경(2003) ·············· 201
이해윤 ·················· 3
임선미(2006) ·············· 250

(ㅈ)
전문기, 임인재(2009), (2010) ········ 364
정규태(1998) ·············· 202

(ㅎ)
홍진주(2008) ·············· 188
황원정(2003) ·············· 270